上海合作组织国家粮食问题研究

魏 凤 等 编著

中国农业出版社
北 京

图书在版编目（CIP）数据

上海合作组织国家粮食问题研究 / 魏凤等编著. —
北京：中国农业出版社，2024.5
ISBN 978-7-109-31997-4

Ⅰ.①上… Ⅱ.①魏… Ⅲ.①粮食问题－研究－世界
Ⅳ.①F316.11

中国国家版本馆 CIP 数据核字（2024）第 103834 号

中国农业出版社出版

地址：北京市朝阳区麦子店街 18 号楼
邮编：100125
责任编辑：闫保荣
版式设计：王　晨　　责任校对：吴丽婷
印刷：中农印务有限公司
版次：2024 年 5 月第 1 版
印次：2024 年 5 月北京第 1 次印刷
发行：新华书店北京发行所
开本：787mm×1092mm　1/16
印张：23.5
字数：396 千字
定价：98.00 元

《上海合作组织国家粮食问题研究》
编 委 会

主 编 著：魏 凤

编著人员（按姓氏笔画排序）：

于金宽　马林燕　王　芳　杨月珠

李思宇　何江梦　沈　悦　张立峰

张雨田　陈　鹏　陈柄嵘　郝旭然

本书获得以下基金资助：

国家自然科学基金面上项目：西部与丝路经济带前段国家农业互补性合作研究：潜力测度与机制优化（项目编号：71673222）

国家留学基金委国别和区域研究人才支持计划项目：文化视角下中国与后苏联空间国家农业合作研究（项目编号：留金欧〔2023〕22 号）

国家留学基金委乡村振兴人才培养专项资助项目："丝绸之路"农业管理国际化人才培养项目（项目编号：XCZXRC20210001）

陕西省软科学研究计划一般项目：上海合作组织国家农业科技合作模式研究（项目编号：2024ZC‑YBXM‑195）

陕西省科技厅重点研发计划之国际科技合作计划项目：哈萨克斯坦粮食生产潜力研究（项目编号：2020KW‑029）

上合现代农业发展研究院项目：上合组织国家粮食发展潜力研究（项目编号：SCO21A002）

西北农林科技大学人文社科项目：中国与"一带一路"沿线国家农产品贸易隐含碳研究（项目编号：2452024328）

西北农林科技大学语言文化学院科研团队建设项目：区域国别研究

前　言

|*Foreword*|

　　粮食安全是关系一个国家和地区生存与发展的重大问题。人口增长、劳动力人口减少、土地和水资源约束加大、气候变化、自然灾害频发以及经济全球化等因素不断影响着各国粮食安全，在区域经济一体化发展趋势下，各国间联系越发紧密，希望推动本国农业经济的发展，深化多边贸易合作，进而保障国内粮食安全。由中国倡导建立的上海合作组织积极推动成员国间的合作交流，树立了区域合作的新典范，各成员国在各领域建立了互利互惠的合作关系，而粮食合作就是其中一个重要领域。

　　上合组织包括中国、俄罗斯、印度、巴基斯坦、伊朗、哈萨克斯坦、吉尔吉斯斯坦、塔吉克斯坦和乌兹别克斯坦九个成员国，总体地域辽阔、人口众多、农业资源禀赋充裕，组织成员国领土总面积超过欧亚大陆 3/5，人口占世界近一半，GDP 占全球 20% 以上，已成为当今世界人口规模最大、国土面积最宽广的综合性区域经合组织，具有开展粮食合作的突出优势。其中，中国是世界上人口最多的国家，但受制于人地比例悬殊这一基本国情，粮食生产难以完全满足国内需求，粮食进口将是长期趋势；俄罗斯是世界上国土面积最大的国家，2022 年其粮食产量达 1.507 亿吨，这一产量创造新高，小麦产量达到 1.04 亿吨，出口量达 4 400 万吨，是小麦出口第一大国；印度拥有全球 10% 的可耕地，是世界上较大的粮食生产国之一，拥有世界最大的农业研究系统，粮食生产潜力巨大，但存在地区发展不平衡、环境污染等问题；巴基斯坦作为以农业为支柱产业的发展中国家，拥有丰富的农业资源，粮食作物及经济作物是其农业的主要收入来源，但整体农业科技发展水平较低；伊朗因许多地区土壤贫瘠和水资源匮乏，只有总土地面积的 12% 被耕种，且只有不到 1/3 的耕地面积得到灌溉，因此对粮食的进口依赖度较高；中亚国家耕地面积较大，粮食出口能力较强，具有较大的粮食合作空间。整体来看，上合组织成员国在粮食生产上均具备一定优势，但各国在粮食发展上仍存在缺陷，比如中国人均耕地不足，俄罗斯农业劳动力不足，巴基斯坦、伊朗农业灌溉率低、技术装备水平不足，印度及中亚国家耕地利用效率低下等，这些因素导致各成员国均受到粮食问题的威胁，因此开展粮食贸易合作迫在眉睫；且各成员国间优势互补，具备较好的合作条件与基础，促进各国粮食合作有利于拓宽粮食贸易渠道、完善粮食安全体系，缓解当下粮食安全压力。此外，各成员国粮食发展状况存在差异，未来合作领域与重点也不同，当前的合作主要集中在农产品贸易、农业投资等领域，在粮食生产、进出口贸易及农业人才与科技交流等方面的合作仍有发展空间，这为今后进一步实现国际粮食合作提供了新的机遇和方向。

目前关于上合组织成员国粮食问题的研究主要集中在创始成员国的粮食贸易合作现状、贸易波动影响因素、粮食安全和粮食出口竞争力等方面，鲜有研究对各成员国粮食生产和贸易现状进行综合分析，缺乏对上合组织成员国在农业资源特点、粮食生产与贸易现状等方面的整体探究，不能满足上合组织国家粮食国际合作的实践需求。本书基于全球粮食安全的国际背景分析了上合组织国家的粮食安全问题，并在系统介绍各国自然资源和经济资源的基础上，从生产结构和产量变化层面分析了各国的粮食生产情况，从进出口总体趋势、进出口结构以及进出口市场分布等层面梳理了各国的粮食贸易现状，总结了各国相关的粮食政策，最后分析了当前上合组织国家开展粮食合作的机遇和挑战并提出相应的合作模式构想以及未来的合作对策。本书的出版为了解上合组织国家粮食合作提供了理论依据和数据支撑，有助于读者全方面地了解其粮食生产、贸易合作等问题，对于开展成员国间的粮食合作具有重要的现实意义。

西北农林科技大学哈萨克斯坦研究中心主任魏凤教授设计了本书提纲并对全书进行了统稿，各章节撰写分工如下：第一章，杨月珠、王芳；第二章，魏凤、杨月珠；第三章，魏凤、郝旭然；第四章，陈柄嵘；第五章，陈鹏；第六章，李思宇；第七章，何江梦、张立峰；第八章，马林燕、于金宽、张雨田、沈悦。

本书是在国家自然科学基金面上项目"西部与丝路经济带前段国家

农业互补性合作研究：潜力测度与机制优化"（71673222）、国家留学基金委国别和区域研究人才支持计划项目"文化视角下中国与后苏联空间国家农业合作研究"（留金欧〔2023〕22 号）、国家留学基金委乡村振兴人才培养专项资助项目"'丝绸之路'农业管理国际化人才培养项目"（XCZXRC20210001）、陕西省软科学研究计划一般项目"上海合作组织国家农业科技合作模式研究"（2024ZC-YBXM-195）、陕西省科技厅重点研发计划之国际科技合作计划项目"哈萨克斯坦粮食生产潜力研究"（2020KW-029）、上合现代农业发展研究院项目"上合组织国家粮食发展潜力研究"（SCO21A002）、西北农林科技大学人文社科项目"中国与'一带一路'沿线国家农产品贸易隐含碳研究"（2452024328）以及西北农林科技大学语言文化学院科研团队建设项目"区域国别研究"等课题的支持下完成的。本书编写历时两年多，来自俄罗斯、哈萨克斯坦、乌兹别克斯坦的一些学者在本书的数据获取以及资料翻译方面给予了大力支持，在此一并表示感谢！

　　本书是上合现代农业发展研究院、西北农林科技大学哈萨克斯坦研究中心的阶段性研究成果。

　　由于语言翻译、资料来源和研究水平的限制，书中疏漏和不足之处在所难免，敬请读者批评指正。

魏　凤

2023 年 11 月 27 日

目 录
| Contents |

第一章 CHAPTER 1
全球粮食安全问题 ▶▶▶

百年未有之大变局、逆全球化浪潮、新冠疫情对世界政治经济格局产生了深远影响，给维护世界粮食安全带来了严峻挑战。因此，把握新的世界背景，了解全球粮食生产和需求情况的重要性愈加凸显。

第一节　全球粮食安全的国际背景

一、百年未有之大变局

当今世界正在经历大发展大变革大调整，全球科技创新进入空前密集活跃的时期，大国竞争愈加激烈，国际体系和国际秩序深度调整，国际关系愈加复杂，人类文明发展面临着新机遇和新挑战。2017 年 12 月习近平总书记在接见驻外使节工作会议上的讲话中指出："放眼世界，我们面对的是百年未有之大变局。"随着全球人口不断增加，粮食安全问题越来越受到世界各国的重视，国际冲突、极端气候等多发的全球性问题不仅导致世界粮食贸易不确定性增加，同时使得粮食生产方面也面临着严峻挑战。

科技革命和产业革命深入发展。21 世纪以来，新技术不断涌现，科技成果的有效转化速度明显加快，产业组织形式多样，特别是在农业科技方面，现代农业正在逐渐步入信息化主导、生物工程引领、智能化生产和可持续发展阶段。农业科技的发展是保证粮食安全的有力支撑，多年来，各国通过农业科技与物联网、云计算、大数据、空间信息技术、区块链、人工智能等新一代信息技术的交融，在人工创造新品种、构建人工环境和数字农业等方面取得重大突破，达到高产、高效、优质的目标。随着国际农业科技竞争的趋势不断加剧，世界农业得到全面、深刻的变革，改变了世界农业的生产贸易格局，对全球粮食安全产生深远的影响。第一，农业投入品的安全问题。农业投入品是农业生产中必不可少的生产资料，但是一些科技产品的副作用或使用不当（如杀虫剂、杀菌剂等）易形成农药残留，增加了粮食质量不安全的风险；第二，科技进步带来农业发展的"马太效应"。发达国家凭借科技优势大力发展农业科技，垄断农业高新技术，使得发达国家与发展中国家间的农业科技发展差距越来越大；第三，科技革命短期效应与长期效应相互矛盾。部分科技在短期能缓解粮食紧缺的问题，但从长期看人类要付出更大的代价来消化由此带来的环境恶化的后果，例如农机漏油对土壤的污染等。

世界格局和国际秩序不断演变。当今世界处于全面竞争的时代，主要国家之间的力量对比发生深刻变化，以大国政治为基本框架的新型竞争态势和秩序格局正在形成，国际多边体系进入瓦解与重构过程，全球治理赤字日益扩大，不少国家开始对本国产品出口销售促进的同时对国外产品进口设限，使国际贸易竞争面临更加严峻的挑战。同时新兴市场国家经济快速增长，消费结构不断升级，推动粮食需求持续增长，逐步改变了全球粮食供需格局。国际格局的变化对世界粮食安全造成一定程度的影响，一是全球农业布局深刻变革，全球粮食处于供需格局趋紧的时期。全球的农业布局正在形成的趋势是，西方发达国家继续巩固其农业大国地位，而非洲、亚洲等不发达地区则逐渐从粮食净出口国变成净进口国；二是粮食贸易链韧性不足。因为世界人口与粮食生产区在空间上分布不均衡，使得一些发展中国家高度依赖少数大型粮食净出口国，不仅容易形成卖方市场势力，使得出口国可能会利用粮食贸易垄断对进口国发动"粮食战争"，而且如果出口国发生自然灾害、疫情疾病或政局不稳定等突发情况，会诱发全球粮食贸易格局扭曲，粮食市场供给出现不稳定、不畅通，进而引爆世界范围内的粮食供应短缺或粮食价格危机。

国际关系愈加复杂。18世纪以来，全球化是世界经济发展的大趋势，随着全球联系不断增强，使得国与国之间在经济贸易上互相依存，全球越来越发展成为一个整体。但是单边主义、贸易保护主义抬头，霸权主义、恐怖主义逐渐蔓延，以美英为主的西方国家，通过全球化进行资本输出，雇佣廉价劳动力为自己创造财富，开始逐渐破坏全球化带来的国际局势的稳定。复杂的国际关系将对全球粮食安全产生直接影响，不利于粮食可持续发展。第一，复杂的国际关系导致粮食流通不畅。西方国家将本国货币与国际各类财富资源挂钩，促进货币流通，实现霸权主义的目的，使得全球化发展遇到挫折，进而阻碍了粮食流通，导致世界各国面临着不同程度的粮食不安全问题。第二，国际冲突问题时有发生，使得粮食不安全状况愈加突出。根据联合国粮食及农业组织公布的数据可知，加上制度和环境脆弱性因素，冲突环境中的饥饿发生率要高11至18个百分点，全球8.15亿饥饿人口中有4.89亿生活在受冲突影响的国家，这些受冲突影响国家的饥饿发生率比其他国家高1.4至4.4个百分点，食物不足人数比其他地区高约2.5倍。全球主要地区冲突事件如俄乌冲突、叙利亚内战、阿富汗战争、伊拉克战争、利比亚内战、黎巴嫩战争和也门战争等，这些战争波及20多个国家和地区，使得这些国家和地区大都有着较严重的粮食不安全和人口营养不足现象。

二、逆全球化思潮

从2016年开始，美国陆续退出多个国际组织和多边国际协议，包括《跨太平洋伙伴关系协定》《巴黎协议》等，破坏了以自由主义为前提的国际秩序。2018年美国对中国发动贸易战，同时也在世界范围内发动了全面贸易战，这给全球多边贸易、投资体系带来严重打击，对世界经济带来极大的负面影响。与此同时，一些发展中国家的保护主义和民族主义也有不同程度的抬头，使得全球化的负面效益不断外溢，逐渐形成逆全球化思潮。

逆全球化是指与全球化相背、国际合作不断削弱、"地球村"概念逐渐模糊的全球性发展趋势。主要表现在以下方面：一是反多边主义贸易出现，单边主义盛行。美英等西方发达经济体对全球化的态度出现反转，开始减少与国外的贸易和文化交流，增加内倾政策，持单边主义态度，自由贸易理念逐渐边缘化。以世界贸易组织为代表的多边贸易体制遭遇挑战，同时一些发达经济体对国际货币基金组织、世界银行等多边机构的支持意愿和力度有所下降。二是极端政治出现。法国、意大利、德国等国家右派民粹主义势力抬头，鼓吹极端的理念和政策，压制和排斥部分民众的意志和利益。同时英国"脱欧公投"等政治事件，意味着区域一体化倒退，全球化陷入逆潮。三是全球经济陷入持续低迷状态。随着逆全球化思潮的掀起，经济的上行风险和不确定性显著上升，全球资源配置陷入不可持续的困境，使世界经济的运行与发展出现许多不确定的因素。在WTO发布的《2021年世界贸易组织年度监测报告》中指出，在与

COVID-19 无关的贸易措施方面,记录了 103 项货物贸易限制性措施,审查期间引入的进口限制措施的覆盖面为 1 059 亿美元。尽管新的进口限制措施的贸易覆盖面相对较低,但自 2009 年以来实施的、仍然有效的进口限制措施的存量估计为 1.5 万亿美元,截至 2021 年 10 月中旬,约占世界进口总量的 8.7%。

由于逆全球化思潮的抬头,世界格局变得动荡不安,增加了全球粮食问题的不确定性。第一,贸易保护主义加剧世界粮食危机。发达国家采取贸易保护主义政策,通过政府补贴和关税壁垒限制进口发展中国家农产品,给发展中国家的农业生产和出口造成巨大损失。贸易保护主义可能会阻碍可持续发展目标、影响食物安全和营养的进程,限制市场竞争活力。第二,全球经济下行不利于粮食价格稳定。发达国家的经济持续走软,复苏乏力,美欧日等发达国家现在的利率已经是零利率或是负利率,政府财政积累的负债率维持在较高水平。受经济下行影响,各国财富缩水,加上疫情和自然灾害,为保证本国粮食安全,俄罗斯、埃及等国家限制粮食出口,泰国、越南等国家抬高出口价格,粮食正在成为国际战略物资。由此导致全球粮价呈现总体上涨趋势,美国、欧洲小麦期货价格不断升高,俄罗斯小麦价格已经高于石油价格,全球第二大谷物出口国泰国,大米报价连续六周上涨,创下近年新高。第三,边境问题威胁难民的粮食安全。冲突、移民和食物不安全容易形成恶性循环,边境的收紧或关闭使难民的食物安全和营养健康状况受到影响。美国的"限穆令"、俄乌冲突等边境问题导致的被迫移民是全球饥饿和营养不良持续的重要原因。截至2022 年全球被迫流离失所者约有 1.03 亿人,其中包括难民、寻求庇护者、国内流离失所者和其他需要保护的人[①]。

三、后疫情时代

后疫情时代是指新型冠状病毒疫情暴发后的时代。面对全球疫情快速蔓延的严峻态势,世界各国一方面积极采取防控举措,限制或禁止群体活动,减少人群聚集风险,但造成实体经济增速放缓,另一方面纷纷实行边境控制,采取严格的旅行限制等措施,由此严重制约当地零售、批发、物流等行业发展,加

---

① 数据来源:联合国难民署。

剧经济下行压力。2020年3月31日联合国粮食及农业组织（FAO）发出严重警告，疫情可能引发粮食危机。此次疫情对粮食的可供性、获取性以及全球饥饿人数等方面产生不同程度的影响。

第一，新冠疫情影响粮食的可供性。多国为抗击疫情进入紧急状态，实行严格的限制措施，包括关闭边境口岸、"封城"防控等，但这些措施限制了粮农等产业工人流动，在一定程度上加剧农业劳动力短缺，粮食生产所需农业投入品流通受阻，进而影响粮食种植。另外，一些粮食出口国因防止本国出现粮食供应不足问题，采取禁止或限制粮食出口措施，疫情通过阻碍粮食流通、冲击粮食贸易削弱粮食可供性，导致粮食出口依存度较高、粮食储备不足的国家面临粮食可供性不足的问题。

第二，新冠疫情影响粮食的获取性。疫情引发经济衰退和购买力下降，限制流动性的隔离措施以及粮食流通受限和信贷环境收紧导致的成本上升，影响了经济发展，导致经济增长放缓甚至衰退，这使得欠发达国家家庭收入下降并削弱了粮食购买力。

第三，新冠疫情提高了全球饥饿人数。疫情重创了世界各国的粮食供应，导致无法保证食物营养充足的人数骤增。联合国粮食及农业组织（FAO）数据显示，2021年全球约有23亿人（占比29.3%）面临中度或重度粮食不安全状况，自新冠疫情暴发以来增加了3.5亿人。全球近9.24亿人（占比11.7%）面临严重粮食不安全状况，较2019年增加了2.07亿人。同时有8.28亿人受饥饿影响，较2020年增加了4 600万人，较2019年增加了1.5亿人。同时，在营养食品供应减少以及健康和营养服务中断的影响下，预计到2030年仍将有近6.7亿人（占比8%）面临饥饿，与2015年的水平相近，实现"零饥饿"的可持续发展目标仍存在巨大挑战。

第二节 全球粮食生产需求现状

粮食一般是各种主食食料的总称，有狭义和广义两种含义。狭义的粮食主要指禾本科作物的种子和非禾本科的荞麦种子。广义的粮食还包括马铃薯等可供食用的植物根或茎部。在中国，粮食的定义通常包括五大类，即小麦、大米、玉米、大豆及其他，其他类别中包括薯类、其他谷类以及杂豆。本书研究涉及全球和上合组织国家的粮食相关问题，因此采用联合国粮食及农业组织

（FAO）的定义和分类，即粮食包括麦类、水稻、粗粮等，其中粗粮又包括大麦、玉米、黑麦、燕麦、高粱、荞麦等。在此定义基础上，本书选取在全球粮食中所占比重较大的 9 类粮食作物进行分析研究，分别是：小麦、水稻、玉米、大麦、高粱、黑麦、燕麦、荞麦、谷子。

在人类社会发展进程中，粮食一直扮演着不可或缺的角色，它是人类所必需的基本食物，是人类赖以生存和发展的重要基础，也是人类进行其他一切活动的前提，关系国计民生，关乎社会的稳定发展和国家的安全。粮食安全因其基础性、复杂性一直是世界各国保障国运民生的重点关注领域。现阶段，虽然全球粮食生产和需求的数量相对平衡，但其区域间差异大、结构失衡问题愈加突出，因此粮食安全问题仍不容忽视。粮食生产和需求是粮食安全的两个关键基本面，本部分将从粮食全口径和三大主粮口径分别对全球粮食生产需求情况进行分析，通过对二者的考察，有助于加深对全球粮食安全问题的了解。

一、全球粮食生产情况

（一）粮食总产量

从粮食全口径来看，其产量水平较高，整体变化呈先降后升的趋势（图 1-1）。全球粮食作物产量变动趋势可分为三个阶段：第一阶段为波动减少期（1992—1995 年），这一阶段产量呈"倒 N"形波动，由期初的 19.58 亿吨先减少至第二年的 18.9 亿吨，随后又增长至 19.54 亿吨，紧接着又减少到期末的 18.74 亿吨，产量跌至谷底；第二阶段为平缓增长期（1996—2003 年），这一阶段产量基本稳定在 20.5 亿吨左右，其中产量在 1997 年之后出现了连续 3 年的下降，在 2001 年突破下降趋势，产量达到 20.86 亿吨，粮食产量进一步增长；第三阶段为波动增长期（2004—2021 年），其中 2004 年、2008 年、2013 年增幅明显，分别为 10.07%、7.4% 和 8%，2013 年后连续四年增产，2017 年突破 29 亿吨，粮食产量得到明显提升。截至 2021 年，产量达到 30.43 亿吨，相比 1992 年提高了 55.46%。

从三大主粮口径来看，其产量在 2003 年之后基本稳定，从高到低依次为玉米、水稻、小麦。三大主粮产量均呈现波动中增长的趋势，其中，玉米的年均增长速度明显大于其他两种粮食作物（图 1-2）。具体而言：①玉米产量波动变化较大。2003—2013 年玉米产量波动最为明显，遭遇过四次小幅下跌，

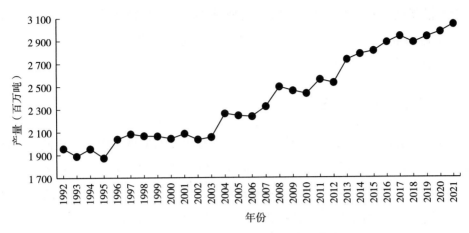

图 1-1　1992—2021 年全球粮食总产量
数据来源：联合国粮食及农业组织数据库。

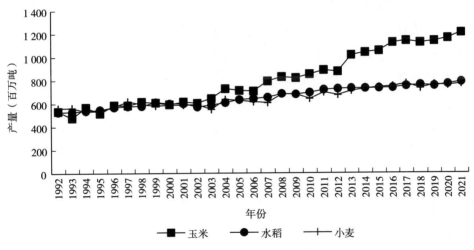

图 1-2　1992—2021 年全球三大主要粮食作物产量变化
数据来源：联合国粮食及农业组织数据库。

每次跌幅均不超过 2.5%，经历过三次大幅提升，每次增幅均超过 10%。
2013 年之后，产量连续 4 年攀升。截至 2021 年，玉米产量为 12.1 亿吨，相比
1992 年增长了 127%。②水稻产量波动较为平缓，总体呈"N"形。水稻产量
从 1992 年开始先波动上升，1999 年达到高点，然后波动下降至 2002 年的
5.71 亿吨，此后，除个别年份产量出现小幅回落外，其余年份平缓增长。截
至 2021 年，水稻产量为 7.87 亿吨，相比 1992 年增长了 49.14%。③小麦产量
波动变化也较明显。小麦产量从 1992 年开始先波动上升，1997 年达到第一个
产量高点（6.19 亿吨），然后 2003 年下滑至 5.5 亿吨，2011 年波动上升到第

二个产量高点（6.97亿吨），2012年有所跌落，此后保持较快增长速度，并在2017年达到第三个产量高点（7.72亿吨）。截至2021年，小麦产量为7.71亿吨，比1992年增长了37.43%。

（二）粮食生产空间分布

从粮食全口径来看，其生产空间分布具有明显的地域集中性，亚洲、美洲粮食产量高，播种面积广（图1-3、图1-4）。其中，亚洲是全球最大的粮食产区，其粮食产量和播种面积都占全球的40%以上，仅中国和印度两国的产量之和就约占全球的25%。其次是美洲，其产量和播种面积都比较稳定，分别占全球的25%和20%左右，特别是美国和加拿大两国产量之和约占全球的15%。欧洲粮食产量增长缓慢，2021年年均增长率仅为1%，播种面积下降趋势明显，29年间减少了约2000万公顷。非洲是全球粮食播种面积扩大最快的地区，其播种面积2021年已经扩张到全球的16%左右，但其粮食产量的增长则远落后于面积的扩大速度，2021年产量仅占全球的6.85%。大洋洲是全球粮食产量最低、播种面积最小的地区，分别仅占全球的1%和2%左右。

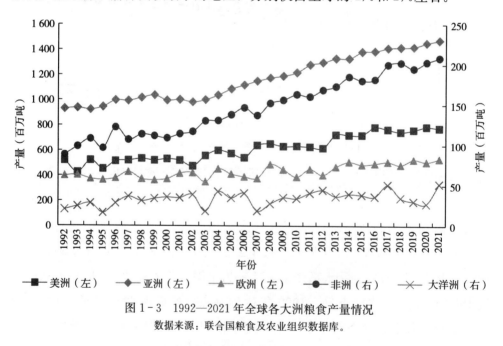

图1-3　1992—2021年全球各大洲粮食产量情况
数据来源：联合国粮食及农业组织数据库。

从三大主粮口径来看，其空间分布具有明显的区域性特征，小麦和水稻的主产区在亚洲，玉米的主产区在美洲（表1-1）。具体而言：①小麦生产主要

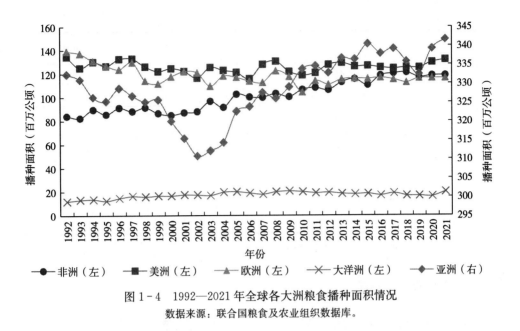

图 1-4　1992—2021 年全球各大洲粮食播种面积情况

数据来源：联合国粮食及农业组织数据库。

集中在亚洲和欧洲，这两大洲的小麦产量之和占全球的 75% 以上，播种面积之和占全球的 70% 左右。同时，小麦还是大洋洲种植面积最大、产量最高的粮食作物。2021 年小麦生产主要集中在 6 个国家（占全球小麦生产的 56.58%），分别是中国、印度、俄罗斯、美国、法国和乌克兰。②水稻生产极度集中，仅亚洲的水稻产量就占了全球约 90%，播种面积占了约 86%，大洋洲水稻种植面积很小，2021 年种植面积仅 5 万公顷左右，产量约 44 万吨。2021 年水稻生产主要集中在 10 个国家（占全球水稻生产 84.79%），分别是中国、印度、孟加拉国、印度尼西亚、越南、泰国、缅甸、菲律宾、巴基斯坦和巴西。③玉米在五大洲都得到较为广泛的种植。美洲是其最大的生产区，2021 年播种面积达 7 586 万公顷，产量达 5.92 亿吨。玉米也是非洲播种面积最大、产量最高的粮食作物。2021 年玉米生产主要集中在 5 个国家（占全球玉米生产的 70.04%），分别是美国、中国、巴西、阿根廷、乌克兰。

表 1-1　2021 年全球主要粮食作物（玉米、水稻、小麦）的洲际分布

		玉米	水稻	小麦
非洲	产量（百万吨）	96.64	37.19	29.22
	播种面积（百万公顷）	42.46	15.83	9.64

（续）

		玉米	水稻	小麦
美洲	产量（百万吨）	592.36	37.74	99.67
	播种面积（百万公顷）	75.86	5.7	35.21
亚洲	产量（百万吨）	378.86	708.15	340.46
	播种面积（百万公顷）	67.79	143.07	100.4
欧洲	产量（百万吨）	141.85	3.78	269.18
	播种面积（百万公顷）	19.7	0.61	62.82
大洋洲	产量（百万吨）	0.54	0.44	32.35
	播种面积（百万公顷）	0.07	0.05	12.69

数据来源：联合国粮食及农业组织数据库。

（三）粮食生产结构

从粮食全口径来看，随着各国农业种植结构的调整，谷类作物[①]在全球农作物播种面积中的比重呈持续下降趋势，与此同时，油料作物、蔬菜、水果等经济作物的播种面积则呈明显的上升趋势（表1-2）。1992—2021年，全球农作物播种面积由11.30亿公顷增加到14亿公顷，年均增长率0.74%。但是，谷类作物的播种面积仅由期初的7.07亿公顷增加到期末的7.39亿公顷，年均增长率仅为0.15%，是七类主要农作物中增长速度第二低的，仅高于纤维作物。此外，从谷类作物占农作物总播种面积的比重来看，研究期内该比重下降了近10个百分点，由期初的62.61%下降到期末的52.85%；与此同时，蔬菜、油料作物等经济作物的播种面积比重分别上升了1.56和7.26个百分点，显示出较强的上升势头，这也势必导致了对谷类作物的种植空间的不断挤压。

表1-2　1992—2021年全球农作物播种面积变化情况

单位：百万公顷

年份	谷类作物	水果	豆类作物	薯类作物	蔬菜	纤维作物	油料作物
1992	707.45	46.46	68.96	49.19	29.23	38.14	190.56
1993	694.41	46.98	67.91	49	31.01	34.19	191.88
1994	696.72	48.06	69.66	48.78	32.13	35.83	200.8
1995	683.19	49.12	70.74	49.14	34.43	39.22	208.72

---

① FAO数据库中的谷类作物包含本书所提及的粮食作物。

（续）

年份	谷类作物	水果	豆类作物	薯类作物	蔬菜	纤维作物	油料作物
1996	697.95	50.34	69.7	49.34	35.27	38.14	204.77
1997	701.45	50.72	68.94	48.93	36.27	37.76	209.29
1998	679.77	51.35	69.91	50.32	37.81	36.84	217.67
1999	670.2	52.1	68.22	52.05	39.96	35.99	224.96
2000	671.49	53.42	66.26	52.62	41.74	34.95	223.75
2001	672.47	53.73	67.69	52.23	42.87	38.12	222.12
2002	661.65	54.47	71.7	51.51	43.56	34.11	221.87
2003	670.55	55.4	72.25	52.27	45.66	34.36	233.93
2004	676.76	56.26	70.75	52.92	45.2	38.24	247.38
2005	693.84	57.04	71.47	53.05	46.3	37.94	254.36
2006	682.1	58.11	73.42	51.67	47.12	37.57	255.07
2007	695.72	58.94	75.81	52.26	47.81	36.67	249.89
2008	712.44	58.3	73.5	52.17	48.51	34.09	261.19
2009	699.83	59.36	70.03	52.47	49.47	33.19	265.39
2010	694.31	60.66	79.63	54.61	50.72	34.72	275.23
2011	706.83	61.49	79.55	57.65	52.17	37.76	284.21
2012	707.3	62.03	79.84	60.49	53.58	37.96	288.76
2013	722.8	63.37	80.41	61.57	54.62	35.18	297.15
2014	723.01	64.18	83.6	61.92	55.25	37.54	306.66
2015	722.61	64.47	82.77	63.49	57.03	34.66	304.55
2016	726.11	63.52	90.41	61.64	56.36	33.21	307.78
2017	728.32	62.86	97.22	62.04	56.87	37.6	323.32
2018	722.24	62.92	95.88	62.2	56.83	35.99	325.32
2019	718.36	65.27	89.06	65.24	57.27	37.27	321.71
2020	730.58	66.02	91.36	63.21	57.43	35.26	331.43
2021	739.42	66.48	95.44	66.41	58.03	35.87	337.54

数据来源：联合国粮食及农业组织数据库。

从三大主粮口径来看，其播种面积扩张速度明显快于其他粮食作物，粮食作物内部结构正在经历显著变化（表1-3）。在1992年和2021年，全球玉米、水稻、小麦这三种主要粮食作物播种面积分别占粮食总播种面积的71.98%和81.24%，三大主粮的播种面积扩大了近10个百分点，相对应的，其他粮食作物的播种面积在缩小。其中，小麦的播种面积呈波动中缓慢下降的趋势，玉米和水稻呈现波动增长趋势，并且玉米的播种面积增长速度明显高于水稻

（图1-5）。具体而言：①小麦始终是全球种植范围最广的粮食品种，播种面积稳定在2.2亿公顷左右，但是小麦作为主要粮食类型的种植范围有所下降，2021年为2.21亿公顷，相比1992年下降了约60万公顷；②水稻生产种植区范围有所扩大，1992—2006年间水稻播种面积变动趋势整体上呈"升-降-升"的N形，先上升到1999年的1.57亿公顷，接着连续三年下降，2002年下降到1.48亿公顷，随后又快速增长，下降趋势被遏止，2006年之后趋于平稳，稳定在1.55亿~1.65亿公顷；③玉米为主的种植区显著扩张，1992—2002年间玉米播种面积虽有波动，但增长并不明显，第一次显著的增长出现在2003年，播种面积达1.45亿公顷，此后，进入快速增长期，并在2007年首次超过水稻，成为全球播种面积第二的粮食作物。

表1-3 1992年和2021年全球主要粮食作物播种面积占比

全球	1992年		2021年	
	播种面积（百万公顷）	占比（%）	播种面积（百万公顷）	占比（%）
玉米	136.64	19.47	205.87	28.26
水稻	147.26	20.98	165.25	22.68
小麦	221.36	31.54	220.76	30.3
其他	196.68	28.02	136.69	18.76

数据来源：联合国粮食及农业组织数据库。

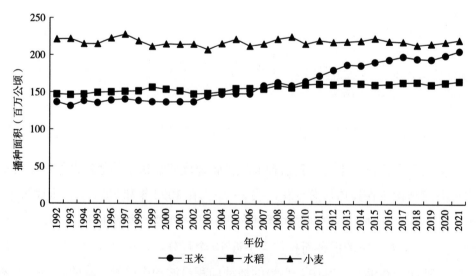

图1-5 1992—2021年全球主要粮食作物播种面积变化情况
数据来源：联合国粮食及农业组织数据库。

二、全球粮食需求情况

(一) 粮食总需求量

从粮食全口径来看，其总需求一直维持在较高水平，总体呈现波动增长趋势（图 1-6）。全球粮食需求量变动趋势可以分为两个阶段：第一阶段为平缓增长期（1992—2005 年），这一阶段粮食需求量从期初的 17.11 亿吨平稳增长至期末的 19.95 亿吨，增长了 16.6%；第二阶段为波动增长期（2006—2020 年），这一阶段粮食需求量从期初的 20.18 亿吨快速增长至 2008 年的 21.81 亿吨，在 2009 年下滑至 21.7 亿吨，第二年又急剧上升至 24.63 亿吨，此后在 2018 年出现小幅回落后又恢复增长，2020 年需求量为 29.53 亿吨，粮食需求水平进一步提升。

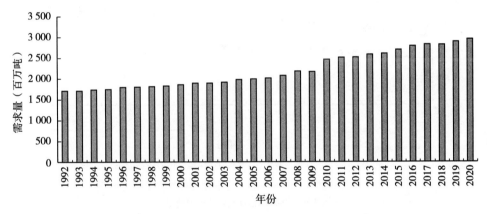

图 1-6 1992—2020 年全球粮食总需求量变化[①]
数据来源：联合国粮食及农业组织数据库。

从三大主粮口径来看，其需求量均呈现波动增长的趋势，但三大主粮的需求量经历过两次较为明显的变化，第一次变化是在 1997 年，玉米需求量超过小麦，此后稳定在第一，第二次变化是在 2010 年，水稻需求出现大幅增长，和小麦不相上下（图 1-7）。具体而言：①玉米需求量整体呈先直线上升，后波动增长的趋势。在 1992—2006 年间逐年较快增长，在 2008 年达到 8.14 亿吨，创历史新高，2009 年需求量出现下跌，之后两年需求量快速上升，2011 年突破 9 亿吨，2012 年又出现小幅回落，最后几年稳步爬升。截至 2020 年，

[①] 由于 FAO 数据库中部分数据缺失，本节内粮食需求数据不包含荞麦数据。

玉米需求量为 11.74 亿吨，比 1992 年增加了 131.16%。②小麦需求量变化波动较大，是三大主粮中波动最为频繁的，整体呈增长趋势。其中，需求量在 1993 年达到研究期内最低水平，为 5.46 亿吨，在 2008 年出现大飞跃，为 6.46 亿吨，相较前一年增长了近 3 700 万吨。截至 2020 年，小麦的产量为 7.61 亿吨，相比 1992 年增加了 38.66%。③水稻需求量整体呈扩大趋势，并在 2010 年超过 6 亿吨，2012 年和 2014 年需求量出现小幅缩减，之后进入需求量连年增长的阶段。截至 2020 年，水稻需求量为 7.41 亿吨，比 1992 年增加了 118.74%。

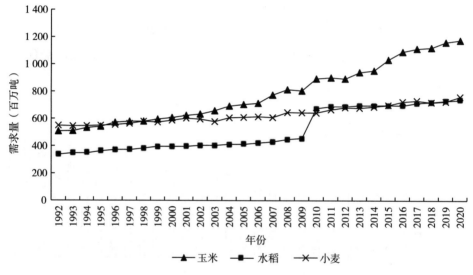

图 1-7　1992—2020 年全球三大主要粮食作物需求量变化

数据来源：联合国粮食及农业组织数据库。

（二）粮食需求空间分布

从粮食全口径来看，全球粮食贸易形势较为稳定，进口量与出口量稳步增长，发展中国家①仍是全球粮食进口的重点区域（图 1-8）。研究期内，发展中国家粮食进口量整体呈现先下降再上升的趋势，由 1992 年的 1.47 亿吨快速下降至 1994 年的 1.08 亿吨，创历史新低，直到 2006 年才首次超过期初的初始进口量水平，此后 11 年持续增长，在 2018 年出现下降趋势，2019 年下降趋势被遏止，进口量增长至 2.75 亿吨。发展中国家的粮食进口量占全球的比

---

①　本书发展中国家行列包含 2020 年联合国发布的《世界经济展望》中认定的 36 个新兴国家。

重变动较为平缓，基本稳定在 55％～70％。其中，世界粮食进口主要集中在中国、墨西哥、日本、爱尔兰和韩国等，上述 5 个国家 2021 年进口粮食 1.47 亿吨，占世界进口总量的 31.53％，主要原因是这些国家和地区人口稠密，因而粮食消费数量庞大（表 1-4）。

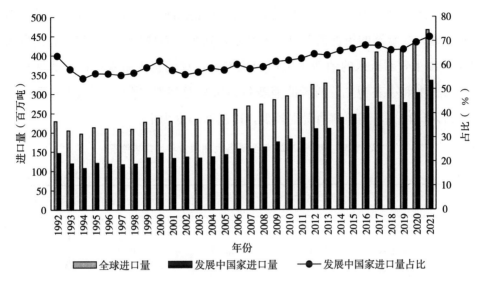

图 1-8　1992—2021 年全球粮食国际贸易规模
数据来源：联合国粮食及农业组织数据库。

表 1-4　1992 年和 2021 年全球粮食进口量排名前十的国家

	1992 年			2021 年	
国家/地区	进口量（万吨）	排名	国家/地区	进口量（万吨）	排名
俄罗斯	2 969.87	1	中国	6 604.32	1
日本	2 766.28	2	墨西哥	2 236.77	2
中国	1 813.27	3	日本	2 192.22	3
韩国	1 047.05	4	爱尔兰	2 019.65	4
意大利	777.95	5	韩国	1 619.03	5
墨西哥	736.31	6	越南	1 533.96	6
埃及	674.38	7	土耳其	1 369.96	7
沙特阿拉伯	630.10	8	西班牙	1 349.12	8
巴西	523.53	9	荷兰	1 339.19	9
乌兹别克斯坦	465.39	10	意大利	1 328.84	10

数据来源：联合国粮食及农业组织数据库。

　　从三大主粮口径来看，其需求空间分布也具有明显的区域性特征，亚洲主要消费水稻，美洲和非洲主要消费玉米，欧洲和大洋洲主要消费小麦（表1-5）。具体而言：①亚洲水稻消费量约占粮食总消费量的35％以上，小麦消费量增长较为平稳，玉米消费量在快速增长，2013—2020年，其消费量已经超过小麦，成为消费量第二大的粮食作物；②美洲是最大的玉米生产区，同时也是最大的玉米消费区，其玉米消费量一直占粮食总消费量的60％以上，对玉米的消费偏好明显；③欧洲的粮食消费以小麦为主，其小麦消费量一直占粮食总消费量的45％以上，对玉米的消费量出现较快增长，仅消费少量水稻；④非洲粮食消费以玉米和小麦为主，两者的消费量占粮食总消费量的60％以上；⑤由于大洋洲人口稀少，其粮食消费也较少，以消费小麦为主。

表1-5　1992—2020年全球各大洲粮食年均需求情况

单位：百万吨

		1992—1998年	1999—2005年	2006—2012年	2013—2020年
非洲	粮食总需求量	128.85	155.29	204.29	267.81
	玉米需求量	44.13	53.51	70.3	95.95
	水稻需求量	13.24	17.48	30.52	48.47
	小麦需求量	35.34	42.23	57.2	72.94
美洲	粮食总需求量	395.29	443.66	537.49	633.39
	玉米需求量	255.09	302.58	393.95	477.54
	水稻需求量	17.97	20.66	26.85	35.26
	小麦需求量	69.9	72.18	74.32	79.6
亚洲	粮食总需求量	855.86	930.55	1 145.49	1 460.42
	玉米需求量	178.56	211.27	276.62	394.39
	水稻需求量	327.4	360.92	481.39	620.8
	小麦需求量	277.26	297.31	325.05	373.19
欧洲	粮食总需求量	369.49	365.99	374.65	392.95
	玉米需求量	67.89	77.1	86.61	104.21
	水稻需求量	3.19	3.67	4.78	6.25
	小麦需求量	168.64	175.63	179.26	181.9
大洋洲	粮食总需求量	10.24	12.84	14.76	15.89
	玉米需求量	0.46	0.56	0.59	0.7
	水稻需求量	0.32	0.43	0.6	0.94
	小麦需求量	4.45	6.16	7.57	8.89

数据来源：联合国粮食及农业组织数据库。

（三）粮食需求结构

从粮食全口径来看，其粮食总需求呈上升趋势，主要包括口粮消费需求、饲料用粮需求、工业用粮需求、种子用粮需求和其他用粮需求五方面。进入21世纪以来，随着人们收入水平提高和食物消费需求升级，全球粮食需求数量及结构发生了明显变化，主要表现为口粮占粮食总需求的比重出现下降趋势，畜产品需求量增加，相应带动了饲料用粮需求量的增加（图1-9）。具体而言：①口粮指的是可用作人类食物的粮食作物，在全球粮食需求结构中占比第一，但该比重总体呈下降趋势，1992年口粮占粮食需求总量的47.3%，之后在波动中略微下降，2020年约占45.67%左右。②饲料用粮指的是用于喂养牲畜和家禽的粮食作物，其消费数量稳定增长，在全球粮食需求结构中占比第二，该比重总体呈现先下降后上升的趋势，从1992年开始下降，在2012年下降至最低，仅30.47%，之后缓慢增长，稳定在33%左右。③种子用粮指的是预留用于播种或种植的粮食作物（考虑双重或连续播种或种植），其需求基本维持在0.6亿~0.8亿吨，但所占粮食总需求的比重呈平稳下降趋势，由期初的4.19%下降到期末的2.67%。④工业用粮指用粮食作为主要原料或辅料的生产行业所用粮食的统称（不包括饲料行业用粮），其所占比重很小，该比重在29年间仅由3.5%增长到4.14%。⑤其他用粮是指的是用于制造生物能源、

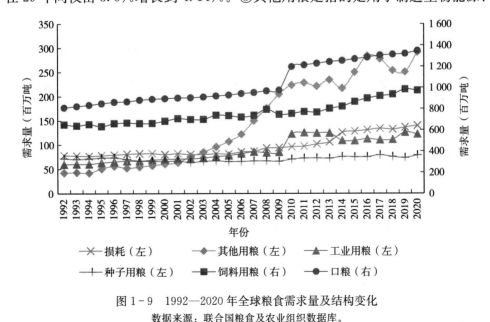

图1-9　1992—2020年全球粮食需求量及结构变化

数据来源：联合国粮食及农业组织数据库。

肥皂油等非食品目的的粮食作物，其需求增长较快，由期初的 0.42 亿吨增加到期末的 2.92 亿吨，年均增长率为 6.89％，所占比例由 2.5％增加到 9.9％。

从三大主粮口径来看，不同品种的需求结构也有很大差异，小麦和水稻需求以口粮为主，玉米需求以饲料用粮为主。具体而言：①小麦总需求增长较为平缓，年均增长速度为 1.13％（图 1-10）。小麦需求以口粮为主，口粮在小麦总需求中所占比重大约为 70％，其占比整体呈先上升后下降的趋势。饲料用粮需求量在波动中增加，但其占小麦总需求的比重略有下降，由期初的 18.26％下降到期末的 15.89％。种子用粮增加较少，研究期内，其需求量稳定在 3 000 万吨左右。工业用粮和其他需求所占比重较小。②玉米总需求增长速度较快，年均增长速度为 2.93％，在 2015 年已经突破 10 亿吨（图 1-11）。饲料用粮是玉米第一大用途，占玉米需求总量的 50％以上，其需求量由期初的 3.4 亿吨增长到期末的 6.72 亿吨，年均增长率为 2.38％。近年来，由于玉米作为燃料乙醇的原料需求大大增加，导致玉米的其他需求增长迅速，在 2007 年完全超过口粮需求，成为玉米的第二大需求，2020 年占玉米总需求的比重约为 18.84％。③水稻总需求总体呈上升趋势（图 1-12）。水稻主要是以口粮需求为主，在水稻需求中的比重一直呈增长趋势，占水稻总需求的比重约为 80％，其余 20％以饲料用粮需求和种子用粮需求为主。水稻作为全球主要的种子之一，其种子需求数量缓慢上升。

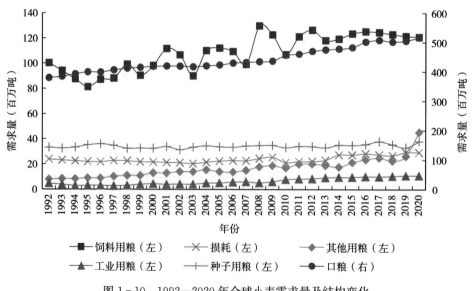

图 1-10　1992—2020 年全球小麦需求量及结构变化
数据来源：联合国粮食及农业组织数据库。

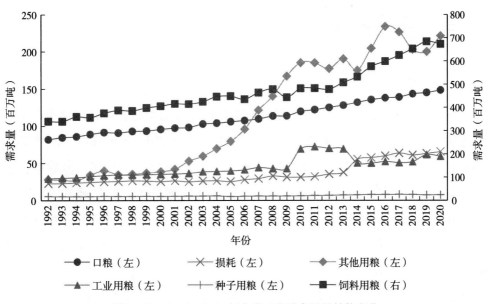

图 1-11 1992—2020 年全球玉米需求量及结构变化
数据来源：联合国粮食及农业组织数据库。

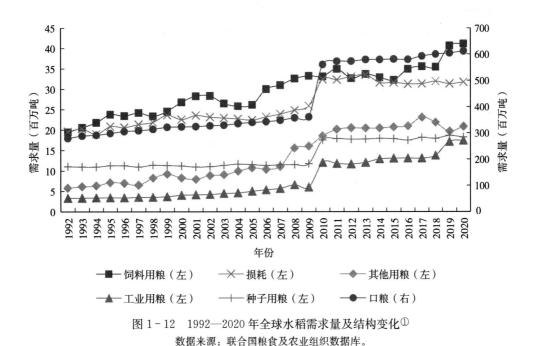

图 1-12 1992—2020 年全球水稻需求量及结构变化①
数据来源：联合国粮食及农业组织数据库。

① 由于 FAO 数据库中对水稻需求的统计口径发生变化，即 1992—2009 年与 2010—2020 年的口径不一致，导致数据显示 2010 年水稻需求出现激增。

三、全球粮食产需形势

(一)粮食产需处于 "紧平衡"

从粮食全口径来看,其生产量和需求量均在波动中增长,且粮食生产量略高于需求量,粮食产需长期处于紧平衡状态,仅在 2010 年出现过一次产需结余缺口,但结余量整体呈下降趋势(图 1-13)。1992—2020 年,世界粮食总产量和总需求量分别从 19.58 亿吨和 17.11 亿吨增至 29.79 亿吨和 29.53 亿吨,年均增长率分别为 1.46%和 1.9%。值得注意的是,即使现阶段粮食产量略高于需求量,但由于产量增幅低于需求增幅,未来全球粮食安全形势仍然紧迫。2000—2003 年,由于世界粮食主产国减产,导致产需结余持续下降,甚至不足 1.5 亿吨。2007 年世界粮食危机后,粮食生产受到各国政府的高度重视,全球粮食供需逐步呈宽松态势,年度结余保持较高水平,2008 年达到历史最高,为 3.15 亿吨。2010 年产需结余突变。随后七年,产需结余波动剧烈,呈现"升-降-升-降-升"的波动情况。2018 年结余量骤跌至 0.65 亿吨,2019 年和 2020 年下降趋势进一步加重,降幅分别为 30.46%和 41.9%。截止 2020 年,产需结余量仅为 0.26 亿吨,相比 1992 年降低了 89.34%。

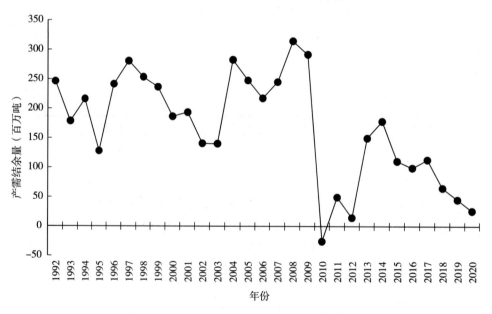

图 1-13 1992—2020 年全球粮食产需结余变化

数据来源:联合国粮食及农业组织数据库。

从三大主粮口径来看，玉米和小麦产不足需状况时有发生，仅水稻未出现过产需缺口（图 1-14）。具体而言：①玉米产需结余波动频繁。1992—2020年，全球玉米产量和需求量从 5.34 亿吨和 5.08 亿吨增至 11.63 亿吨和 11.74 亿吨，年均增长率分别为 2.72% 和 2.93%，产量增速低于需求。其结余量在 2000—2003 年间出现过连续四年的短缺，2012 年之后大幅度提升，2014 年达到历史高峰值（0.88 亿吨），随后再次出现下降，2019 年再度降为负值。②小麦产需波动幅度较大。1992—2020 年，小麦产量和需求量分别从 5.61 亿吨和 5.49 亿吨增至 7.57 亿吨和 7.61 亿吨，年均增长率分别为 1.04% 和 1.13%。小麦当年产需比在 95%～110%，波动频繁，研究期内最大结余缺口为 2003 年的 0.28 亿吨，最多结余为 1997 年的 0.55 亿吨。2013—2020 年间小麦结余在一定程度上呈现平稳态势，基本围绕在 0.32 亿吨上下波动，但 2020 年出现 0.04 亿吨的产需缺口。③水稻供求波动阶段性明显。1992—2009 年为高水平阶段，结余区间为 1.68 亿～2.36 亿吨，结余量远超其他两种主粮。2010—2020 年为较高水平阶段，结余区间为 0.21 亿～0.4 亿吨，结余量在个别年份排列第二。虽然水稻产量一直大于需求量，但是第二阶段的结余量平均值仅为第一阶段的 16%，结余量呈断崖式下跌。

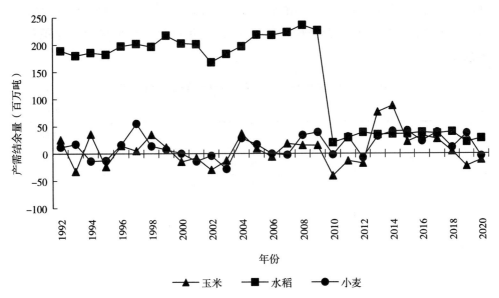

图 1-14　1992—2020 年全球三大主粮产需结余变化

数据来源：联合国粮食及农业组织数据库。

（二）粮食产需空间分布不平衡

从粮食全口径来看，粮食产需空间分布不平衡，粮食结余量和自给率差距大，两极分化严重。其中，美洲和大洋洲长期粮食结余为正，欧洲仅在2003年出现过一次结余负值，结余长期为负的地区依次是亚洲、非洲（表1-6）。具体而言：①美洲一直是粮食最充足、自给率高的地区，但结余量和自给率均有所下降，分别由期初的1.43亿吨、138%下降为期末的1.08亿吨、116%，但仍处于较高的粮食安全水平。②大洋洲粮食生产基本满足需求，且略有结余，结余量最低为382万吨（2007年），最高也仅达到0.34亿吨（2017年），自给能力高，有22年自给率均高于200%。③欧洲是传统的粮食充足地区，仅在2003年短暂出现过一次产需缺口，结余量稳中有进，由期初的226万吨增长为期末的1.10亿吨，自给率有所上升，但幅度不大，基本处于100%～130%。④亚洲是粮食产需状况恶化最严重的地区，1992—2009年间每年均有超过0.5亿吨的结余量，但2010年开始该区粮食结余量和自给率出现骤降，产需缺口从2010年的0.75亿吨扩大至2020年的1.14亿吨，且该缺口呈扩大趋势，2015年之后自给率降至95%以下，粮食自我保障能力被严重削弱。⑤非洲一直是粮食短缺严重的地区，产需缺口由1992年的0.29亿吨上升至2020年的0.9亿吨，产不足需情况进一步恶化，粮食自给率由75%下降至69%，且产需缺口仍有扩大趋势，该地区2020年粮食安全形势较十年前更加严峻。

表1-6　1992—2020年各大洲粮食产需结余和粮食自给率变化

单位：百万吨

年份	非洲		美洲		亚洲		欧洲		大洋洲	
	结余量	自给率	结余量	自给率	结余量	自给率	结余量	自给率	结余量	自给率
1992	−28.92	75%	142.74	138%	119.66	115%	2.26	101%	10.66	209%
1993	−22.57	81%	47.34	113%	114.07	114%	24.86	107%	15.01	256%
1994	−17.89	86%	117.42	129%	88.28	111%	8.67	102%	19.72	335%
1995	−32.49	75%	77.03	121%	75.23	109%	2.97	101%	5.26	148%
1996	−11.26	92%	104.86	126%	108.69	112%	21.86	106%	17.23	259%
1997	−28.23	79%	111.72	127%	113.58	113%	58.66	116%	25.16	326%
1998	−26.53	81%	114.07	127%	128.41	114%	17.65	105%	20.05	284%
1999	−32.71	77%	96.87	123%	130.2	114%	19.61	106%	22.65	303%

（续）

年份	非洲		美洲		亚洲		欧洲		大洋洲	
	结余量	自给率	结余量	自给率	结余量	自给率	结余量	自给率	结余量	自给率
2000	−36.9	75%	100.13	123%	77.13	108%	22	106%	24.31	317%
2001	−35.01	77%	83.13	119%	84.29	109%	38.54	110%	22.83	290%
2002	−36.23	76%	48.05	111%	53.4	106%	49.28	113%	26.42	315%
2003	−28.99	82%	106.37	124%	61.62	107%	−2.61	99%	3.98	128%
2004	−31.13	81%	132.33	128%	92.98	110%	60.15	115%	28.67	310%
2005	−36.05	79%	102.46	122%	125.12	113%	37.3	110%	19.26	225%
2006	−32.83	82%	68.29	114%	133.54	114%	23.63	106%	24.83	259%
2007	−46.57	75%	129.06	125%	150	115%	8.99	102%	3.82	126%
2008	−37.5	80%	123.19	123%	143.21	114%	74.02	118%	11.74	174%
2009	−43.99	78%	99.43	119%	142.61	114%	72.3	119%	21.6	262%
2010	−55.09	75%	55.02	110%	−74.69	94%	30.14	108%	18.94	226%
2011	−61.53	72%	61.07	111%	−41.12	97%	64.58	117%	26.53	288%
2012	−68.64	71%	47.6	108%	−41.98	97%	48.26	114%	29.5	300%
2013	−69.86	71%	127.78	121%	−12.82	99%	81.97	121%	22.97	269%
2014	−64.32	74%	120.79	120%	−17.82	99%	115.08	129%	24.8	270%
2015	−76.97	70%	106.72	117%	−38.67	97%	95.68	125%	23.86	266%
2016	−88.07	67%	139.37	122%	−76.85	95%	103.65	127%	21.06	239%
2017	−71.39	74%	117.97	118%	−83.86	94%	116.49	130%	33.86	299%
2018	−74.95	73%	126.17	120%	−96.83	94%	93.77	124%	16.94	195%
2019	−86.08	69%	105.4	116%	−105.05	93%	119.81	129%	11.11	158%
2020	−89.81	69%	108.38	116%	−114.16	93%	109.75	128%	12.11	178%

数据来源：联合国粮食及农业组织数据库。

从三大主粮口径来看，其产需结余量由低到高依次是玉米、小麦和水稻，且其结余的分布区域集中度较高，其中，玉米主要结余地为美洲，小麦主要结余地为美洲和欧洲，水稻结余则集中在亚洲。具体而言：①玉米产需结余波动频繁，美洲是最主要的结余区（图 1-15）。美洲仅在 1993 年出现过一次玉米结余缺口，其余年份结余量均为正，2013 年之后结余量基本稳定在 0.7 亿吨左右。欧洲玉米产需缺口变化较大，期初结余缺口约为 1 000 万吨，但在 2010 年之后缺口彻底被扭转为盈余，并稳步提升至期末的 0.16 亿吨。亚洲和非洲玉米结余缺口均呈扩大趋势，分别由期初的 0.22 亿吨、0.11 亿吨扩大至期末的 0.75 亿吨、0.15 亿吨。大洋洲玉米结余量及变化幅度均较小。②小麦

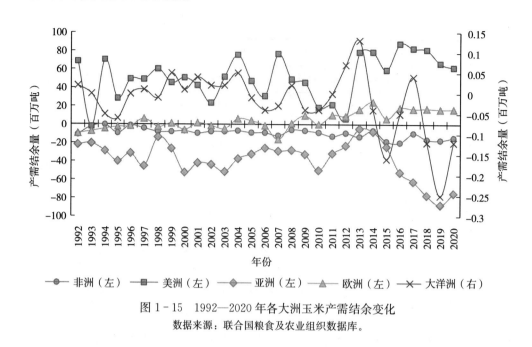

图 1-15 1992—2020 年各大洲玉米产需结余变化
数据来源：联合国粮食及农业组织数据库。

多数年份产大于需，美洲和欧洲是最主要的结余地区（图 1-16）。美洲在
29 年间从未出现过产需缺口，结余均值约为 0.36 亿吨，但结余量在此期间下
降了 0.17 亿吨。欧洲和大洋洲也一直是小麦产大于需的地区，两者的小麦结
余量在 2004 年之前不相上下，但 2004 年之后，欧洲结余量出现明显增长，
2020 年为 0.75 亿吨，约是大洋洲的 11 倍。亚洲和非洲一直存在小麦产需缺

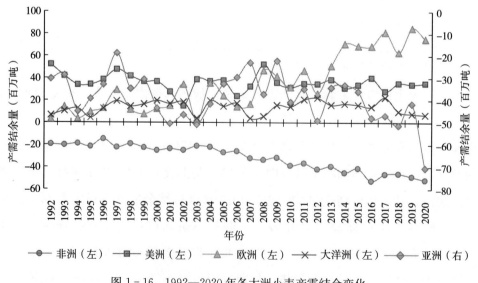

图 1-16 1992—2020 年各大洲小麦产需结余变化
数据来源：联合国粮食及农业组织数据库。

口，亚洲缺口波动较大，2020年结余缺口达历史最高（0.71亿吨），而非洲结余缺口在明显扩大，期末较期初扩大了2.6倍。③水稻在各大洲的结余量均呈下降趋势，亚洲尤为严重（图1-17）。亚洲和美洲绝大多数年份产大于需，但期末结余量较期初分别下降了3.6倍和6.6倍，降幅明显。大洋洲和非洲在2010年之前产大于需的年份居多，但2010年之后结余缺口骤然增大，且非洲的缺口增速较大洋洲而言相对平缓。欧洲水稻结余量常年为负，且缺口仍在增长，截至2020年，其结余缺口为271万吨。

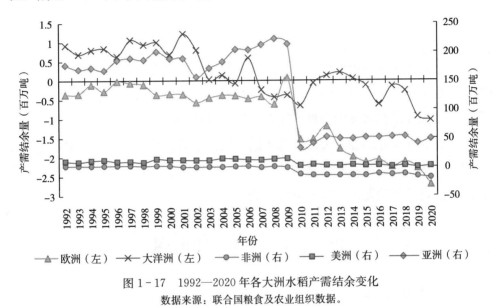

图1-17　1992—2020年各大洲水稻产需结余变化

数据来源：联合国粮食及农业组织数据。

第二章 CHAPTER 2
上合组织国家与其粮食问题 ▶▶▶

　　上海合作组织是由中国、俄罗斯、哈萨克斯坦、吉尔吉斯斯坦、塔吉克斯坦、乌兹别克斯坦于 2001 年 6 月 15 日在中国上海宣布成立的永久性政府间国际组织。上合组织成员国为地区安全、稳定、繁荣而努力，不断强化各国之间的信任与友好和睦的邻邦关系，并不断增强在政治、经贸、农业、文化能源等领域的合作。成员国在互利合作的原则下，综合国力显著提升，从而有利于维护国际战略平衡和促进多极化世界发展。

第一节　上海合作组织

一、历史沿革

（一）“上海五国”机制确立

　　1991 年苏联解体后，国际格局发生了巨大改变，中苏边境变为中国同俄罗斯、哈萨克斯坦、吉尔吉斯斯坦、塔吉克斯坦四国的边境，中国与四国就边境问题谈判内容不断丰富，以中国为一方，以俄罗斯、哈萨克斯坦、吉尔吉斯斯坦、塔吉克斯坦四国为另一方，就边境军事领域互信、边界划分等问题进行磋商。

　　1996 年 4 月 26 日，中国、俄罗斯、哈萨克斯坦、吉尔吉斯斯坦、塔吉克斯坦等五国进行了第一次会晤并签署《关于在边境地区加强军事领域互信的协定》，确定“上海五国”会晤机制。此后“上海五国”分别在俄罗斯、哈萨克斯坦、吉尔吉斯斯坦、塔吉克斯坦共举行过五次会晤。2001 年 1 月，乌兹别克斯坦作为正式成员加入“上海五国”。同年 6 月 15 日“上海五国”元首在上海举行第六次会晤，乌兹别克斯坦以完全平等的身份加入"上海五国"，签署了《上海合作组织成立宣言》《打击恐怖主义、分裂主义和极端主义上海公约》。六次会晤的谈话内容逐渐丰富，从传统安全问题逐渐扩大到非传统问题，并加入地区经济合作。

在"上海五国"机制的基础上由中国、俄罗斯、哈萨克斯坦、吉尔吉斯斯坦、塔吉克斯坦、乌兹别克斯坦等六国组成的区域性多边合作组织——上海合作组织正式成立。"上海五国"的进程，翻开了中国、俄罗斯、哈萨克斯坦、吉尔吉斯斯坦和塔吉克斯坦五国关系史上崭新的一页。上海合作组织的成立，将为中国、俄罗斯、哈萨克斯坦、吉尔吉斯斯坦、塔吉克斯坦和乌兹别克斯坦六国长期睦邻友好合作，奠定更加坚实的基础。

（二）上合组织逐步扩大

2002 年 6 月 7 日，上海合作组织成员国第二次元首会晤在俄罗斯圣彼得堡举行，会上签署了《上海合作组织宪章》《关于地区反恐怖机构的协定》《上海合作组织成员国元首宣言》三个文件，为该组织未来的发展奠定了稳固的法律基础。2003 年 5 月 29 日，上海合作组织成员国第三次元首会晤在俄罗斯莫斯科举行，会议签署了《上海合作组织成员国元首宣言》《地区反恐怖机构执行委员会细则》等文件，确定上合组织各机构条例、徽标和秘书长人选。2004年1月，上海合作组织常设机构——设在北京的上海合作组织秘书处及设在塔什干的地区反恐怖机构启动；同年 6 月 17 日，上海合作组织峰会在乌兹别克斯坦首都塔什干举行，接纳蒙古国为观察员国。各成员国签署《上海合作组织成员国元首塔什干宣言》，正式启动塔什干的"上海合作组织地区反恐机构"。2005 年 7 月 4 日，在哈萨克斯坦首都阿斯塔纳举行首脑会议，六国元首签署了《上海合作组织成员国元首宣言》；呼吁美国等制定撤离驻中亚军事基地的期限；接纳伊朗、巴基斯坦和印度为观察员国。

2006 年 6 月 15 日，上海合作组织成员国理事会会议在中国上海举办，主要议题是关于加强当代信息安全，通过合作加大各国保障信息安全的力度。2007 年 8 月 16 日，上海合作组织元首理事会会议在吉尔吉斯斯坦首都比什凯克举行。2008 年 3 月 24 日，伊朗正式申请加入上海合作组织；同年 8 月28 日，在塔吉克斯坦首都杜尚别举行了上海合作组织成员国元首理事会第八次会议，成员国元首共同签署了《上海合作组织成员国元首杜尚别宣言》等重要文件。2009年6月15日至16日，上合组织元首理事会第九次峰会在俄罗斯叶卡捷琳堡举行，成员国元首签署了《叶卡捷琳堡宣言》《反恐怖主义公约》等重要文件，并给予斯里兰卡和白俄罗斯对话伙伴国地位。

2010年6月11日，上海合作组织元首理事会第十次峰会在乌兹别克斯坦首都塔什干举行。会议发表了《上海合作组织成员国元首理事会第十次会议宣言》，批准了《上海合作组织接收新成员条例》和《上海合作组织程序规则》。2011年6月15日，在哈萨克斯坦首都阿斯塔纳举行第十一次峰会，签署了《上海合作组织十周年阿斯塔纳宣言》。2012年6月7日，同意接收阿富汗为上合组织观察员国、土耳其为上合组织对话伙伴国。2013年9月13日，上海合作组织成员国元首理事会第十三次会议在吉尔吉斯斯坦首都比什凯克举行，成员国元首签署了《上海合作组织成员国元首比什凯克宣言》，会议批准《长期睦邻友好合作条约实施纲要》。2014年8月1日，上海合作组织通过了关于接纳观察国程序的文件草案，同年9月12日通过《给予上海合作组织成员国地位程序》《关于申请国加入上海合作组织义务的备忘录范本》修订案。2015年7月10日，上海合作组织成员国元首理事会第十五次会议在俄罗斯乌法举行，乌法峰会通过关于启动接收印度和巴基斯坦加入上合组织程序的决议，这是上合组织继2001年后首次扩容。此外，本次峰会也决定给予白俄罗斯观察员国地位，给予阿塞拜疆、亚美尼亚、柬埔寨和尼泊尔对话伙伴国地位。2016年6月23至24日，上海合作组织元首理事会第十六次会议在乌兹别克斯坦首都塔什干举行。2017年6月9日，印度和巴基斯坦正式成为上海合作组织成员，同年11月30日上海合作组织成员国政府首脑理事会第十六次会议在俄罗斯索契开幕。2018年6月9日至10日，上海合作组织青岛峰会在山东省青岛市举办，会上签署了《上海合作组织成员国元首理事会青岛宣言》。2019年6月14日，上海合作组织成员国元首理事会第十九次会议在吉尔吉斯斯坦首都比什凯克举行。

2021年6月15日，上海合作组织成立20周年。截至2021年，上合组织的经济总量接近20万亿美元，比成立之初增加13倍多，对外贸易总额达到6.6万亿美元，比20年前增加了100倍。2021年9月17日，上海合作组织成员国元首理事会第二十一次会议在塔吉克斯坦首都杜尚别举行，通过关于启动接收伊朗成为正式成员国的程序，并吸收沙特阿拉伯、埃及、卡塔尔为对话伙伴国。

2022年9月16日上海合作组织成员国元首理事会第二十二次会议在乌兹

别克斯坦撒马尔罕举行，会议发表了关于维护国际粮食安全、国际能源安全、应对气候变化、维护供应链安全稳定多元化等多份声明和文件，签署关于伊朗加入上海合作组织义务的备忘录，启动接收白俄罗斯为成员国的程序，批准埃及、沙特、卡塔尔成为对话伙伴国，同意巴林、马尔代夫、阿联酋、科威特、缅甸为新的对话伙伴，批准成员国睦邻友好长期合作条约未来5年实施纲要等一系列决议。

截至 2023 年，上海合作组织国家见表 2-1。

表 2-1　上海合作组织国家

成员国 （9 个）	印度、哈萨克斯坦、中国、吉尔吉斯斯坦、巴基斯坦、俄罗斯、塔吉克斯坦、乌兹别克斯坦、伊朗
观察员国 （3 个）	阿富汗、白俄罗斯、蒙古国
对话伙伴 （14 个）	阿塞拜疆、亚美尼亚、埃及、柬埔寨、卡塔尔、尼泊尔、沙特阿拉伯、土耳其、斯里兰卡、科威特、巴林、马尔代夫、缅甸、阿联酋

资料来源：上海合作组织，http：//chn.sectsco.org/。

二、组织宗旨

在苏联解体、美国霸权主义、地区秩序不稳定等各因素的刺激下，中俄与中亚国家的合作意愿强烈，上海合作组织顺势成立。上海合作组织作为区域性合作组织，以为地区间人民发展繁荣而创立，在多极化国际格局中，为一些国家提供了更多的发展选择。上海合作组织的宗旨共四个方面，分别是加强各成员国之间的相互信任与睦邻友好；鼓励成员国在政治、经贸、科技、文化、教育、能源、交通、旅游、环保及其他领域的有效合作；共同致力于维护和保障地区的和平、安全与稳定；推动建立民主、公正、合理的国际政治经济新秩序。上海合作组织对内遵循"互信、互利、平等、协商，尊重多样文明、谋求共同发展"的"上海精神"，对外奉行不结盟、不针对其他国家和地区及开放原则。

一是促进相互信任和睦邻友好合作。因为综合国力差异与历史遗留问题，上合组织成员国之间在不同程度上都存在政治不信任的问题。成员国中中国的综合国力最强，其次是印度与俄罗斯，综合国力的不平衡极容易引起其他国家的不安全感，引起冲突。同时历史遗留问题也是产生冲突的原因之一，上合组织成员国中中印、印巴、乌塔等都存在国际关系问题。因此必须强调相互信任，促进睦邻友好合作。

二是加强地区和平、安全与稳定。"上海五国"机制的初衷就是解决安全问题，尤其是在打击恐怖主义、毒品走私和跨国犯罪等方面。百年未有之大变局和新冠疫情叠加，使国际形势复杂深刻演变，地区安全形势复杂多变，这对上海合作组织安全合作提出了更高要求：坚决遏制毒品走私、网络犯罪、跨国有组织犯罪蔓延势头，积极倡导政治解决国际和地区热点问题。上合组织的成员国逐渐增加，成员国覆盖中亚、南亚，以及西亚，这增加了维护地区安全的难度。因此更应该强调维护地区安全与稳定，上合组织不仅成为欧亚地区的安全稳定器，而且逐渐成为推动世界和平发展的重要力量。

三是开展多领域合作。在政治领域，各成员国将捍卫多边主义，反对强权政治，面对单边主义和霸权主义的挑战，推动构建更加公正合理的国际政治治理新秩序。在经济领域，各国积极开拓合作新市场，深化经贸等各领域务实合作，激发区域经济合作活力。拓展交通、能源、工业和金融等领域交流合作，促进技术创新和现代技术应用。完善区域内金融服务体系和投资风险控制机制，创新多元化的金融模式。同时，推动区域"数字化、网络化、智能化"发展，促进成员国经济转型与升级。在文化领域，各国保护本地区特别是丝绸之路沿线文化和自然遗产。积极促进中国上合组织睦邻友好合作委员会和乌兹别克斯坦上合组织民间外交中心开展合作交流，支持吉尔吉斯斯坦关于上合组织国家和丝绸之路文化一体化中心的倡议。

四是推动建立民主、公正、合理的国际政治经济新秩序。随着全球化进程的不断深化，世界经济在动能转换、资源占有和权力分布方面面临着重组。世界进入百年未有大变局，已有的国家伦理原则、国际体系规则以及全球治理方式都面临着挑战与冲击，包括联合国在内的国际组织也遇到各种复杂局面和困境。"所有成员国一律平等""在利益一致的领域逐步采取联合行动""和平解决成员国间分歧"等基本组织原则，将是上合组织在新时代继续保持凝聚力和影响力的根本。

三、机构设置

上海合作组织已建立国家元首、总理、总检察长、安全会议秘书、外交部长、国防部长、经贸部长、文化部长、交通部长、紧急救灾部门领导人、国家协调员等会议机制。每个会议机制的运作，均有相应的文件予以规范。上海合作组织的协调工作由成员国国家协调员理事会负责。

上合组织最高决策机构是成员国元首理事会，该会议每年举行一次，决定本组织所有重要问题。政府首脑（总理）理事会每年举行一次，讨论本组织框架下多边合作和优先领域的战略，决定经济及其他领域的原则性和重要问题，通过组织预算。除元首理事会会议和政府首脑理事会会议外，运行的机制还有议会领导人会议、安全会议秘书会议、外长会议、国防部长会议、紧急救灾部门领导人会议、经贸部长会议、交通部长会议、文化部长会议、教育部长会议、卫生部长会议、执法部门领导人会议、最高法院院长会议、总检察长会议等。

上合组织成员国国家协调员理事会是上合组织框架下的协调机制。上合组织有两个常设机构，分别是设在北京的上合组织秘书处和设在塔什干的上合组织地区反恐怖机构执行委员会，上合组织秘书长和地区反恐怖机构执行主任由国家元首理事会任命，任期三年。

四、合作活动

上海合作组织成立的初心是打击恐怖主义、分裂主义和极端主义、维护地区长治久安。自成立以来，上合组织积极践行共同、综合、合作、可持续的新安全观，为维护地区安全稳定作出了重要贡献，同时积极与各国际组织展开合作，以维护区域稳定发展。

联合国作为具有公认合法性的国际组织，在维护世界和平与安全、促进共同发展、加强国际合作方面发挥着核心作用。上合组织成立以来一直与联合国保持着稳定的合作。自 2004 年 12 月 2 日在联合国大会第 65 次全体会议上，通过《给予上海合作组织联合国大会观察员的地位》后，上合组织获得了作为观察员参与联大会议和工作的权利，这意味着上海合作组织要与联合国秘书处、联合国系统在京代表机构保持定期信息交流。2009 年、2010 年分别通过《联合国与上海合作组织之间的合作》《关于上合组织秘书处与联合国秘书处相互合作的联合声明》，以加强联合国和上合组织之间的对话、合作与协调。2012 年上合组织同联合国及其下属机构——联合国毒品与犯罪问题办公室

（简称"联合国毒罪办"）和联合国亚洲及太平洋经济社会委员会（简称"联合国亚太经社会"），建立了密切合作。

上海合作组织的9个成员国中有五个都是独联体国家，因此独联体与上合组织间继续加强安全合作的空间很大。2005年4月12日，上合组织与独联体签署了《上海合作组织秘书处与独联体执行委员会谅解备忘录》。该文件确定的优先合作领域包括安全领域（保障地区和国际安全，打击恐怖主义、极端主义、分裂主义、非法贩卖毒品和武器、跨国有组织犯罪），经济领域（贸易、商品流通便利、服务与金融、鼓励和保护投资、交通与通信领域、环境保护、信息、旅游）和人文领域（文化、教育、科学、卫生）。双方在保障安全、应对当前威胁与挑战方面继续加强合作，并在快速发展的电子商务和服务贸易方面有着很大的合作潜力。在全球市场和资源竞争日益激烈的情况下，上合组织与独联体之间开展协调行动并实施有发展前景的互利项目、深化经贸关系、扩大区域及边境合作有着重要意义。

上海合作组织与东南亚国家联盟作为两大区域经济体，组织中的成员国、对话伙伴国共同利益广泛，尤其是在经济领域合作前景光明，双方可以通过多种渠道互联互通。2005年4月21日，上合组织与东盟在雅加达签署了《上合组织秘书处与东盟秘书处谅解备忘录》，该文件确定双方将在反恐、打击毒品和武器走私、反洗钱和打击非法移民等领域优先合作，指明了经济与金融、能源（包括水电和生物燃料）、旅游、环保及自然资源利用、社会发展等其他可能的合作领域。

上合组织与集体安全条约组织作为两大区域组织虽然成员组成大部分重叠、所处地域的大面积交叉和组织功能的局部重合，但组织之间不但没有展开竞争，反而合作意愿强烈。2007年10月5日，上合组织与集安条约组织在杜尚别签署了《上海合作组织秘书处与集体安全条约组织秘书处谅解备忘录》。该文件明确了上合组织秘书处和集安组织秘书处将就保障地区和国际安全与稳定、打击恐怖主义、打击非法贩卖毒品、杜绝非法贩运武器、打击跨国有组织犯罪等其他共同关心的问题建立并发展平等和建设性合作。

上合组织国家大部分是亚洲国家，而亚洲相互协作与信任措施会议是泛亚多边安全对话论坛，二者围绕"亚洲安全"开展安全领域方面的合作存在了很大可能性。2014年5月20日，在上海签署了《上海合作组织秘书处与亚洲相互协作与信任措施会议秘书处谅解备忘录》。近年来上合组织同亚信就解决地区冲突、巩固不扩散的基本制度、寻找应对重大威胁——恐怖主义、分裂主义、极端主义、毒品贸易、跨国犯罪、非法武器交易等始终保持一致态度和立场。

第二节　上合组织国家的粮食问题

粮食是人类生存的基础，保障粮食安全是"2030 年可持续发展议程"的重要目标之一。上合组织人口总量占全球总人口的 40％，因此保证粮食安全始终是各成员国政府面临的重要任务。然而近年来由于自然环境变化、新冠疫情暴发、国际冲突频发、粮食供需不平衡等因素导致上合组织国家面临粮食产量波动、贸易受阻、粮价不断变化、粮食紧缺等问题，粮食不安全状况突出。

一、自然环境及其变化引起粮食产量波动

良好的自然环境是农业赖以生存的基础，一个国家抵御粮食不安全的能力与该国资源禀赋及自然环境变化密切相关，耕地问题和气候变化极大影响了上合组织国家的粮食产量。

耕地问题制约上合组织成员国的粮食生产。根据世界银行数据库显示，截至 2021 年，成员国耕地总面积为46 697.91万公顷，约占世界现有总耕地面积的 33.32％，耕地资源总体较为丰富，但由于频发的耕地问题，使得上合组织国家的耕地资源总体呈减少趋势，严重影响粮食产量的稳定增长。第一，耕地质量下降。由于耕地资源分布不均、缺乏专业的养护和合理的经营，耕地资源出现侵蚀、浸淹、盐渍化、灌木侵入等问题，耕地陷入"撂荒—退化—产量不稳"的恶性循环，尽管各国使用化肥代替了土壤中作物需要的营养物，但无法在微观层面改善土壤，再加上重型机械的大量使用，土壤被不断消耗，而土壤所需水分得不到及时补充，导致耕地总面积呈下降趋势。1992—2020 年，农业大国中国、俄罗斯、印度的耕地面积呈现波动下降的变化趋势，与 1992 年相比，2020 年耕地面积分别减少 3.31％、7.85％、4.50％，致使粮食产量波动变化[①]。第二，耕地"非粮化"问题突出。随着经济发展，上合组织国家耕

---

① 数据来源：联合国粮食及农业组织（FAO）。

地"非粮化"现象日益普遍，主要表现为经济作物用地增加、粮食生产用地减少、土地撂荒闲置或用于"非农"建设。耕地"非粮化"意味着用于粮食种植的耕地减少，直接影响粮食产量。以中国为例，中国粮食播种面积自 2016 年开始逐渐下跌，2020 年粮食播种面积减少至 17.5 亿亩，与 2016 年的 17.9 亿亩相比，减少 2.29％（李雪等，2021）。

极端气候是造成粮食减产的重要原因之一。农业属于弱质性产业，极易受到天气变化的影响，频发的极端天气将削弱粮食的综合生产能力，影响整个粮食生产系统的平衡，导致的受灾面积和成灾面积对粮食产量有较强的削弱影响，加重了粮食生产的灾害风险，给上合组织国家粮食生产带来巨大挑战。第一，全球变暖造成水资源紧张。气温上升带来的影响主要体现在大麦、小麦、玉米、大米、小米等作物生长、收获等方面。中亚地区各国受气温上升的影响较大，因为中亚地处内陆，水资源总量虽比较丰富，但大部分淡水都以高山冰川和深层地下水的形式存在，地表水不足且各地水资源分布不均，由于气温上升导致水资源紧张，加剧了干旱化趋势，对中亚农业产生直接影响。中亚国家利用的水资源有 60％来自塔吉克斯坦，该国境内原本有大约 1.4 万处冰川，但气候变化导致 1 000 多处冰川完全融化，更是导致整个中亚地区冰川容量减少 1/3，使得耗水量大的农作物大量减产（张宁，2019）。2020 年夏季干旱导致中亚各国作物减产、牲畜死亡和水体干涸。以哈萨克斯坦为例，受气候变化影响，2030 年哈萨克斯坦政府预计阿克莫拉州、阿克托别州、西哈州、卡拉干达州、巴甫洛达尔州、库斯塔奈州和北哈州小麦收获量减产至 2020 年的 63％～87％[1]；同时吉尔吉斯斯坦受气温变化的影响也较大，由于气候异常，夏季高温干旱，农田灌溉用水明显不足，导致吉尔吉斯斯坦农作物大幅减产，在粮食作物中小麦产量降幅最明显。从 1997 年开始，吉尔吉斯斯坦小麦总产呈现波动下降趋势，2019 年的总产量相较于 1997 年下降约 67 万吨[2]。第二，异常降水影响粮食收成。由于气候变化导致异常降水，引起的水害不仅使降水地区当年粮食减产，连续降水还引发田间涝渍，对作物根系产生较大影响，甚至可能导致减产甚至绝收，同时如果抗灾救灾措施不力，或连续受灾，会使粮食生产持续几年难以恢复，进而造成粮食生产的大幅波动。例如，2021 年中

---

① 数据来源：联合国开发计划署。
② 数据来源：联合国粮食及农业组织数据库。

国的粮食主产区遭遇异常的持续性强降水天气，造成农作物受灾面积 75 000 公顷，成灾面积 25 200 公顷，绝收面积 4 700 公顷，因灾粮食共减产 28.16 亿千克[①]。

二、新冠疫情导致粮食贸易受阻

新冠疫情使得全球经济状况恶化，对粮食安全造成的冲击不容忽视。粮食供给依赖于国际贸易系统的正常运转，然而为应对疫情造成的冲击，保障本国粮食安全，部分国家限制粮食出口、抬高出口价格，导致粮食流通不畅、国际贸易受阻，进而加剧了部分粮食对外依存度较高的国家和地区粮食供应不足的风险。

在疫情影响下，上合组织各国基于粮食安全以及维持国家通货膨胀水平的考虑，实行出口限制政策。例如，粮食出口大国俄罗斯 2020 年 4 月 12 日至 6 月 30 日，禁止粮食类产品出口到欧亚经济联盟以外国家，具体包括黑麦、大米、小米、荞麦、荞麦米、荞麦制成品、粮食碎粒、全麦面粉、谷物颗粒、大豆和大豆碎、葵花籽；吉尔吉斯斯坦政府 2020 年 11 月 19 日实行为期 6 个月的出口管控，临时禁止向欧亚经济联盟之外的国家出口大麦、小麦、大米等与民生密切相关的粮食产品；印度为防止疫情蔓延，临时封锁 75 个城市，包括新德里、孟买、清奈等众多港口城市，进而导致物流中断和劳动力短缺，使得该国大米贸易受到阻碍，为此部分印度大米贸易商停止签署新的大米出口合同；哈萨克斯坦作为世界产粮大国，全球小麦出口大国，为了疫情防控，确保粮食安全，2022 年哈萨克斯坦政府决定对粮食出口实行限制，限制数量为 100 万吨，防止疫情下出现商品短缺的现象。这些粮食限制政策使得粮食贸易受阻，造成部分国家饥饿问题严重。以巴基斯坦为例，该国的全球饥饿指数在 119 个国家中排在第 106 位，由于营养不足、微量元素缺乏和安全饮水不足，巴基斯坦面临着"严重"的饥饿状态。在新冠疫情影响下，巴基斯坦的粮食获取和供应不足的问题进一步严重，恶化了巴基斯坦粮食不安全状况，导致存在粮食不安全问题的人数增长至占比达 37% 左右。

---

① 数据来源：国家统计局。

三、国际冲突引起粮食价格波动

国际冲突不仅会引发区域粮食不安全，对粮食的生产供应、运输等环节产生负面影响，还会导致能源价格异常，进而影响全球粮食价格。

冲突会影响粮食的生产供应导致粮价提升。一方面，国际冲突发生会直接影响冲突区域的播种面积。冲突导致农业人口迁移，破坏农田基础设施和农业设备，使地区经济陷入瘫痪，进而影响粮食的产量，对以粮食为原料进行加工的行业造成冲击，引起粮食价格的波动。例如，上合组织成员国俄罗斯和其邻国乌克兰发生冲突，导致以小麦、玉米为代表的国际粮价持续走高。因为俄罗斯和乌克兰在全球粮食生产和供应中发挥着重要作用，两国合计占全球大麦供应的19％、小麦供应的14％和玉米供应的4％，占全球谷物出口量的1/3以上，俄乌冲突极大影响了冲突发生区域的粮食种植，造成粮食不同程度减产；另一方面，冲突会阻碍粮食运输。俄乌冲突导致港口的正常运输受阻，直接影响两国农产品出口，这使得俄罗斯农产品进入国际市场的困难程度增加，对国际粮食供应链造成冲击，引起各国粮食价格的剧烈波动，联合国粮食及农业组织的数据显示，2022年粮食价格比上年同期上涨10％以上。巴基斯坦超过40％的小麦进口量来自乌克兰，受俄乌冲突影响，乌克兰小麦出口中断，导致巴基斯坦粮食进口受限进而引起该国粮食价格上涨[①]。

冲突可能会引发能源和化肥价格的上涨，增加了粮食的生产成本，造成粮食供应缺口，进而引起粮食价格波动。俄乌冲突引发能源价格上涨，导致石油和天然气价格暴涨，而天然气又是化肥的主要原料，进而推动化肥价格大涨，使得粮价上涨。据世界银行数据，2022年3月化肥价格指数涨至237.6，较上年同期上涨1.3倍，创下自2008年以来新高。其中，氯化钾肥3月涨至每吨562美元，较上年同期上涨1.8倍，创出主要化肥中最高的涨幅，尿素价格也上涨1.6倍，至每吨907美元左右，化肥价格不同程度的增长导致种粮成本提高，进而引起粮价上涨。此外，联合国粮食及农业组织也提出国际粮食价格可能因为冲突在现有的价格水平上进一步上涨，涨幅或将达到20％。

---

① 数据来源：联合国粮食及农业组织（FAO）。

四、供需不平衡导致粮食紧缺

粮食供应平衡是保证粮食安全的基础，但是由于气候、疫情等原因破坏全球粮食供需平衡，使得全球粮食系统韧性不足，造成世界各国面临不同程度的粮食紧缺。

粮食供需区域结构不平衡，造成部分国家粮食紧缺。在上合组织国家内，一些地区供应过剩，一些地区却供应不足面临饥饿问题，既有俄罗斯、哈萨克斯坦等产粮大国，也有塔吉克斯坦、巴基斯坦等粮食进口国。整体看，上合组织粮食供应分配不均衡，导致部分国家粮食紧缺问题严重。例如，中国作为世界上最大的小麦生产国，2020 年 8 月中国社会科学院发布《中国农村发展报告 2020》预计到"十四五"期末，中国可能要面临 1.3 亿吨左右的粮食缺口，2035 年中国粮食净进口量将扩大到 1.84 亿吨，粮食自给率将降至 79.5%。另外，印度也面临着严重的粮食短缺问题。印度本是粮食生产和出口大国，但是由于自然环境、新冠疫情等因素导致印度的粮食供需十分不平衡，根据联合国粮食及农业组织数据，在 2019 至 2021 年间，印度有 5.6 亿人（大约占印度人口的 40.6%）遭受了中度或重度的粮食短缺，在 2019 年至 2021 年间，印度遭受重度粮食短缺的人口比例从 2018 年至 2020 年间的 20.3% 上升至 22.3%，而长期饥饿人口则从 2018 年至 2020 年间的 14.6% 上升至 16.3%。在全球重度粮食短缺人口中，仅印度就占了 37%，长期饥饿人口达 2.24 亿人。

粮食供需品种结构不平衡导致粮食紧缺。近年来，世界粮食产量连年增产，上合组织国家的三大主粮产量也在波动增长，但一些产粮大国由于粮食供需品种结构的不平衡，仍面临粮食供需"紧平衡"问题。随着消费结构调整和粮食能源化发展，越来越多粮食作物和其他农产品用作饲料，同时工业需求也逐年增加，人类对优质粮食的需求愈高。以中国为例，粮食品种结构方面，中国的稻谷和小麦等口粮产量有绝对保障，库存充足，但优质强筋小麦、玉米、大豆等作物产量不足，其中 90% 以上的大豆需要进口，进口依赖度较高，供需逐渐趋紧。另外，在哈萨克斯坦生产的粮食中，超过 80% 为小麦，10% 为大麦，种植品种单一，仍需要通过大量进口满足国内需求[1]。

---

[1] 数据来源：驻哈萨克斯坦经济商务参赞处。

第三章 CHAPTER 3
上合组织国家农业自然资源条件 ▶▶▶

农业自然资源是指在一定技术、经济和社会条件下自然界存在的能被利用作为农业生产原材料的物质和能量来源,主要包括农业生产可以利用的自然环境要素,如耕地资源、气候资源、水资源、森林资源、草原资源等。农业自然资源禀赋、空间分布、利用情况等对上合组织国家农业可持续发展有着举足轻重的作用,掌握农业自然资源的基本情况对农业可持续发展有重要意义,因此本章将介绍上合组织国家农业自然资源情况。

第一节 上合组织国家农业自然资源概况

耕地资源方面,上合组织成员国耕地资源总量较多,人均占有量整体较低,耕地质量较高,土壤类型多样。根据世界银行数据库显示,截至2021年,成员国耕地总面积为46 697.91万公顷,约占世界现有总耕地面积的33.32%。印度、中国和俄罗斯是世界耕地面积排名前十的国家,非常适宜种植业的大规模生产。其他成员国按现有耕地面积大小排名依次为巴基斯坦、哈萨克斯坦、伊朗、乌兹别克斯坦、吉尔吉斯斯坦和塔吉克斯坦;由于人口基数大且人口增长处于上升期,导致许多成员国家人均耕地占有量不断减少。除俄罗斯和哈萨克斯坦外,其他成员国人均耕地占有量均未达到世界平均水平,中国和塔吉克斯坦人均耕地面积最少分别仅有0.085公顷和0.088公顷,人均耕地占有量整体较低;耕地质量方面,俄罗斯西南部和中国的东北有大片黑土区,十分有利于农作物有机物质的积累;耕地土壤类型多样,包含黑钙土、栗钙土、灰钙土、灰漠土、褐土、浅褐土、沙质土、草甸土等多种类型土壤,而各种农作物对土壤要求有所不同,因此可以形成众多不同的农业区。

气候资源方面，受地形地势、大气和海洋环流的影响，上合组织成员国家横跨寒、温、热三带，气候类型复杂多样，典型的季风气候和大陆性干旱气候占主导，少数地区属于地中海式气候、高山高原气候和高寒气候。其中，中国西北部、俄罗斯大部分地区、哈萨克斯坦、吉尔吉斯斯坦、塔吉克斯坦和乌兹别克斯坦属温带大陆性气候，伊朗东部和内地属于大陆性的亚热带草原和沙漠气候，大陆性气候主要表现为冬季严寒，夏季炎热，气温变化大，降水量少且降水季节和地区分布不均；中国东部地区、巴基斯坦以及印度属季风气候，其特点是终年高温，夏季潮湿多雨、冬季干燥少雨，雨热同期；伊朗西部山区多属亚热带地中海式气候，气候温和湿润；中国西北地区还包括有高山高原气候，全年低温，降水较少，俄罗斯北极圈以北属于寒带气候，全年寒冷。复杂多样的气候类型使世界上大多数作物都能在上合组织成员国家中得以生存，造就了农作物物种的丰富。受季风环流、北极涛动和南方涛动的共同影响，气候的纬向地带性和垂直地带性显著，气温变化梯度较大。年平均气温空间分布遵循纬度和高山垂直分异规律，由北向南气温逐渐上升。光照资源方面，太阳能覆盖面广，光合生产潜力较大。

水资源方面，上合组织成员国家基本属于水资源严重缺乏、水资源缺乏和水资源基本满足三个类型，水资源严重缺乏国具体包括中亚四国、伊朗、印度及巴基斯坦，而中国和俄罗斯分别属于水资源缺乏国和水资源基本满足国。关于人均水资源，受到各国人口基数与气候不同的影响，水资源人均占有量分布十分不均衡。北部与中部国家的人均水资源位于世界前列，具体包括俄罗斯与中亚四国，而位于西部与东南部的伊朗、中国、印度和巴基斯坦均被列为水资源短缺的国家。降水从空间变化特征来看，年平均和各季节降水量由南向北、从东向西逐渐递减，遵循"从沿海到内陆、低纬到高纬降水量逐渐递减"的空间变化规律。同时，众多河流流经不同的国家，成为世界上跨界河流最复杂和密集的区域之一，跨界河流水资源管理对农业发展有重要的影响。

森林资源方面，上合组织成员国家森林资源总量较为丰富，并且自21世纪以来，森林面积整体呈现上升趋势，森林总面积由上合组织成立之初的10.12亿公顷上升至2020年的11.3亿公顷，占世界森林总面积约28%，发展势头较好。森林资源的空间分布呈现出"南北多，中部少"的分布特点，南北两侧的俄罗斯、中国和印度是世界森林资源总量排名前十的国家，其中俄罗斯更是世界上森林资源第一大国，而中亚四国由于气候等因素的影响森林面积及森林覆盖率均较低。森林资源中以自然原始林为主，森林资源增长主要依靠人造林的面积增加，并且森林类型种类多样。除中国、乌兹别克斯坦外，其他各国自然原始林比重均超过 70%，具有绝对比重优势，其次是人造林和其他自然再生林。随着各国森林保护意识的不断提高以及对森林资源需求的不断增加，森林面积增加的主要原因是人造林的快速且持续增长。森林类型多样，层次分明、地域特征明显，主要包括针叶林、针阔混交林、落叶阔叶林、常绿阔叶林、季雨林、雨林、灌木林、旱生林、高山以及亚高山草甸、半稀树草原和山地草原等。

草原资源方面，上合组织成员国家草原资源总量较为丰富，自 21 世纪以来，其成员国的草地及牧场面积整体呈小幅度下降。草原资源主要集中在中国和中亚四国，其中就包含了世界著名天然牧场呼伦贝尔草原、巴音布鲁克草原、欧亚草原、那拉提草原、锡林郭勒草原等。草地及牧场面积由上合组织成立之初的 7.67 亿公顷下降至 2020 年的 7.48 亿公顷，除吉尔吉斯斯坦、乌兹别克斯坦、印度和伊朗的草地及牧场面积下降明显外，其他成员国草地及牧场面积均呈上升趋势或保持稳定。草原类型种类丰富，包括典型草原、草甸草原、荒漠草原、山地草原、沼泽草地以及中国青藏高原孕育的全世界最独特的高寒草原。草原资源在使用过程中也出现了超载过度放牧、掠夺式经营等问题，造成了牧场退化，草地生产力下降，这也成为草地及牧场面积缩小的主要原因。

第二节　中　　国

中国的农业自然资源在世界上的地位具有明显的二重性，即总量上是资源大国，而人均农业资源却面临短缺的问题。耕地资源十分丰富，但人地关系较为紧张；典型的季风气候，光热条件优越，水热同期的气候条件有利于农牧业生产；水资源总量大，降水和河流是主要的灌溉方式。

一、耕地资源

中国耕地面积居世界第四，地势西高东低，呈阶梯状分布，地形多种多样，山区面积广大。拥有农业用地 52 853 万公顷，耕地面积为 11 947 万公顷，占土地面积 12.7%，人均耕地面积仅为 0.085 公顷，由于山区面积广大，平原较少和人口众多的原因，人均耕地资源不足。

耕地面积方面，整体呈现出波动式下降趋势，从 1992 年的 12 356 万公顷，连续下降且减幅较大，直到 2000 年下降至 11 967 万公顷后这一现象才有所改变。2001 年起耕地面积有较为明显的回升，这一现象持续近十年，2009 年耕地面积达到 12 198 万公顷，之后再次出现连续的下降。到 2020 年耕地面积为 11 947 万公顷，相比 1992 年下降了 409 万公顷，降幅为 3.31%（图 3-1）。1992—2020 年间人均耕地面积呈现出连续的下降。1992 年人均耕地面积为 0.11 公顷，之后连续下降至 2020 年的 0.085 公顷，远远小于世界平均水平，人均耕地面积较为紧张。截至 2020 年，灌溉面积达到 7 400 万公顷，居世界第一，其中耕地灌溉面积为 6 800 万公顷，占全国耕地总面积的 56.92%。

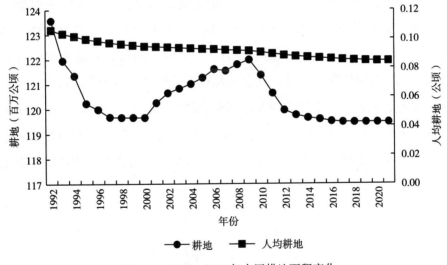

图 3-1　1992—2020 年中国耕地面积变化

数据来源：世界银行数据库。

耕地的分布具有很强的不均衡性，60% 以上的耕地集中在国土面积 20% 的行政区域。耕地主要分布在沿海东部季风区，即年降水量 400 毫米等值线以东的湿润半湿润地区。东北、中部省份，西南区的四川盆地也分布着大量的耕地，另外关中地区、江汉平原也分布着数量较为可观的耕地，而西北地区只有少量耕地分布，分布零星。划分人口密度的对比线胡焕庸线（瑷珲-腾冲线），也是两侧耕地分布悬殊的界线，此线西北一侧约占 60% 的国土面积上分布着境内 12% 的耕地。反之，此线东南一侧 40% 的国土面积分布着其境内 88%

的耕地。

二、气候资源

从气候类型上看，中国东部属季风气候，西北部属温带大陆性气候，青藏高原属高寒气候。从温度带划分看，有热带、亚热带、暖温带、中温带、寒温带和青藏高原区，全年平均气温是8～18℃（图3-2）。年平均气温由南向北逐渐降低，南北温差可达30℃以上。南方年平均气温在15℃以上，北方年均气温15℃以下，西部地区受地形影响，西南部的青藏高原年平均气温多在0℃以下，而西北部多在5℃以上。复杂多样的气候，使世界上大多数农作物都能找到适宜生长的地方，造就了丰富的农产品资源。

中国幅员辽阔，地理位置优越，太阳能资源覆盖面广，年日照时数大于2 000小时的地区约占全国总面积的70％以上，具有良好的光热利用条件和开发潜力。境内太阳能资源主要集中在甘肃、青海、西藏、新疆和内蒙古等省份，太阳能资源除川黔地区外，其余大都相当或超过其他国家同纬度地区。据估算，境内陆地表面每年接受的太阳辐射能约为$50×10^{18}$千焦，各地太阳年辐射总量达335～837千焦/（平方厘米·年），中值为586千焦/（平方厘米·年）。在主要农业区，作物生长期间的光合有效辐射量多，为作物高产提供了充足的光能。

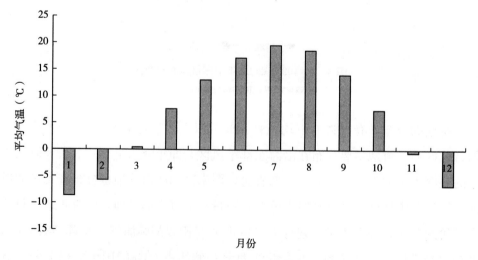

图3-2　1992—2020年中国月平均气温情况
数据来源：世界银行数据库。

三、水资源

中国水资源总量较为丰富，拥有 31 605.2 亿立方米的水资源蕴藏量，居世界第六位。人均水资源占有量不足 2 100 立方米，不到世界人均水平的 1/3，位于世界 125 位，是一个水资源短缺的国家。

降水方面，平均年降水深为 649.9 毫米，平均年降水量为 61 775 亿立方米。南方地区包括东南诸河、珠江、西南诸河和长江 4 个水资源一级区，面积占全国面积的 36.3%，多年平均年降水量占全国的 67.8%。北方地区（包括松花江辽河、黄河、淮河、海河和西北诸河 6 个水资源一级区）面积占全国面积的 63.7%，多年平均年降水量占全国的 32.2%。受季风气候和地形的影响，降水空间分布极不均匀，总体特点是：东南地区降水量大，西北地区降水量小；山丘区降水普遍大于平原区，山地迎风坡降水多于背风坡。

地表水资源方面，境内地表水资源量由河流、湖泊、冰川等构成。境内多年平均地表水资源量为 27 388 亿立方米，折合年径流深 288.1 毫米。南方地区多年平均地表水资源量为 23 010 亿立方米，占全国的 84.0%。北方地区为 4 378 亿立方米，占全国的 16.0%。总体地表水资源量变化不大，但北方地区的年代变化十分显著，整体呈现由偏丰向偏枯状态发展，其中海河区和辽河区地表水资源量衰减较为剧烈。河流众多，绝大多数河流分布在气候较为湿润和多雨的东部与南部地区，西北地区则河流稀少，且有较大范围的无流区。全国流域面积在 50 平方千米以上的河流有 45 203 条，总长度为 150.85 万千米；流域面积在 100 平方千米及以上的河流有 22 909 条，总长度为 111.46 万千米；流域面积大于 1 000 平方千米的有 2 221 条，总长度为 13.25 万千米，主要集中在长江、黄河、珠江、淮河、海河、松花江和辽河等大江大河流域内（《中国水资源》），主要河流情况见表 3-1。

表 3-1　中国主要河流情况

主要河流	流域面积 （平方千米）	长度 （千米）	年径流量 （亿立方米）	年径流深 （毫米）
长江	1 782 715	6 300	9 857	518.2
黄河	752 773	5 464	592	49
松花江	561 222	2 308	818	102.9

（续）

主要河流	流域面积 （平方千米）	长度 （千米）	年径流量 （亿立方米）	年径流深 （毫米）
辽河	221 097	1 390	137	22.8
珠江	442 527	2 214	3 381	615.5
海河	265 511	1 090	163	42.8
淮河	268 957	1 000	595	215.2

数据来源：《中国统计年鉴2021》。

地下水资源也较为丰富，年平均地下水天然资源量为9 235亿立方米，约占全国水资源总量的33％。北方地区多年平均地下水资源量占全国多年平均地下水资源量的29.9％，南方地区占70.1％。山丘区多年平均年地下水资源量为6 770亿立方米，占全国多年平均年地下水资源量的82.4％，山丘区地下水资源量的分布特点是南方多（占79.6％）、北方少（占20.4％）。平原区多年平均年地下水资源量为1 765亿立方米，占全国多年平均年地下水资源量的21.5％（《中国水资源》）。

四、森林资源

中国森林资源较为丰富，森林面积占世界森林面积的5.51％，在全世界森林面积中排名第五。森林面积整体呈现持续上升趋势，发展势头较为良好。1992年森林面积为16 111万公顷，之后进入持续上升期，到2020年升至21 998万公顷，相比1992年上升了5 887万公顷，年均增加量为210.25万公顷（图3-3）。森林类型多样，具有明显的地带性分布特征。陆地由北向南，森林主要类型依次为针叶林、针阔混交林、落叶阔叶林、常绿阔叶林、季雨林和雨林，森林类型层次分明、地域特征明显。森林资源中以天然原始林为主，在森林面积中所占的比例达到60％以上，其次是人造林和其他自然再生林。天然原始林、人造林整体呈现稳定增长的态势，且人造林对森林总量的增加贡献明显。

森林主要分布在东北、西南的深山区和边疆地区以及东南部山地，而西北地区由于常年干旱导致森林资源贫乏。东北地区的森林资源主要集中在大兴安岭、小兴安岭和长白山等地区。东北林区是其境内最大的天然林区，横跨温带和寒温带两个气候带，属于针阔混交林与北方针叶林的过渡区域，形成温带落叶阔叶林、温带针阔混交林和寒温带针叶林 3 个基本林区。西南地区的森林资源主要分布在川西、滇西北、藏东南的高山峡谷地区，主要林区处在横断山脉，西南林区是境内第二大天然林区。南方地区森林资源分布比较均匀，人工林占很高比重。

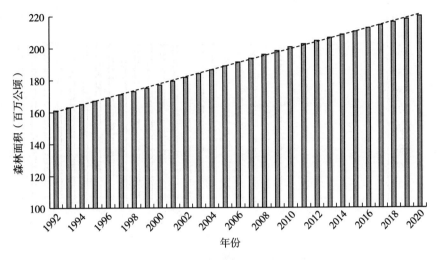

图 3 - 3 1992—2020 年中国森林面积及其变化趋势

数据来源：世界银行数据库。

五、草地资源

中国草场分布广泛，拥有丰富的草原资源，牧场资源和天然草场约占全国国土面积的 40％以上，是世界少有的草原大国之一。永久性草地及牧场面积比较平稳，整体变化不大。1992 年永久性草地及牧场面积为 38 362 万公顷，之后进入逐年增长态势，到 1994 年增长至 39 283 万公顷，随后稳定在这一水平保持不变（图 3 - 4）。2020 年，永久性草地及牧场面积达到 39 283 万公顷，相比 1992 年增加了 921 万公顷，增长幅度为 2.4％。草原资源以天然草原为主，天然草原面积约占全球草原面积 12％，居世界第一，主要分布在北部和西部地区，十分适合畜牧业的发展。

草原是欧亚大陆草原的重要组成部分，具有典型的干旱、半干旱草原景观和植被成分，拥有原生的草甸草原、典型草原、荒漠草原、沼泽草地和次生的灌草丛。草原类型全面，不仅拥有热带、亚热带、暖温带、中温带和寒温带草原，位于西南的青藏高原孕育了全世界最独特的高寒草原类型。植被类型上，可以概括为典型草原、草甸草原、荒漠草原和高寒草原，以及主要分布在沼泽湿地和南方草山草坡的草甸、草丛。天然草地主要分布在其境内的西藏自治区、内蒙古自治区、新疆维吾尔自治区、青海省、四川省、甘肃省和云南省。

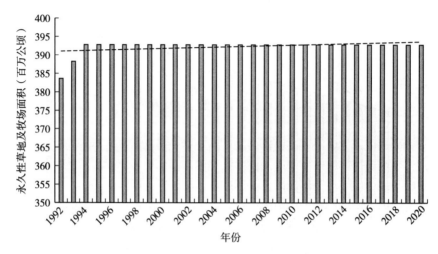

图 3-4　1992—2020 年中国永久性草地及牧场面积变化

数据来源：联合国粮食及农业组织数据库。

第三节　俄　罗　斯

在农业自然资源方面，俄罗斯具备得天独厚的条件。境内的耕地资源十分丰富，其中耕地里的优质黑土地占世界黑土地的一半以上；气候类型多样，气候的多样性也带来了丰富的农作物品种；水资源十分丰富，拥有众多河流和湖泊，淡水储量居世界第二位。

一、耕地资源

俄罗斯位于欧洲东部和亚洲北部，横跨欧亚大陆，是世界上领土面积最大的国家。地形地势上整体呈东高西低，大约有 3/4 的领土是平原，因此境内农业用地整体呈现出平坦、肥沃、规模大的特点。受到寒冷气候的影响，大片土地属于冻土，耕地面积仅为 12 165 万公顷，约占世界耕地面积的 8%，但人均耕地面积为 0.84 公顷，远超世界平均水平。

耕地面积变动方面，整体下降较为显著。苏联解体后，俄罗斯从中央计划经济向市场经济体制转轨，"休克疗法"使国家经济陷入长期低迷状态，使农业从业者减少生产积极性，耕地面积不断减少。1992 年耕地面积为 13 200 万公顷，之后以年均下降 149.5 万公顷的幅度下降至 1996 年的 12 602 万公顷。在 1997 年耕地面积出现了一个短暂的上升，后又连续下降至 2006 年的 12 157 万公顷，之后基本维持在一个稳定的状态（图 3-5）。与耕地面积相对应，人均耕地面积也呈现出相近的变化趋势，变动趋势呈"W"形。1992 年人均耕地为 0.89 公顷，之后呈下降态势，降至 1996 年 0.85 公顷后于 1997 年出现第一个上升期，后又连续下降。受到人口增长为负值的影响以及对农业的重视，人均耕地面积有了一定程度的回升，并长期维持在 0.84～0.85 公顷。境内耕地灌溉比重低，约占农业用地面积的 2% 左右，截至 2020 年，灌溉面积达 431 万公顷左右。

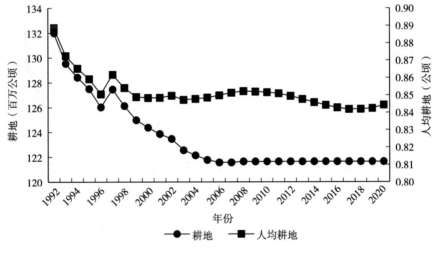

图 3-5 1992—2020 年俄罗斯耕地面积变化
数据来源：世界银行数据库。

俄罗斯主要的农业用地集中在伏尔加联邦区、西伯利亚联邦区、中央联邦区、北高加索联邦区、乌拉尔联邦区。耕地面积较大的地区有阿尔泰边疆区、鄂木斯克州、诺夫哥罗德州、新西伯利亚州、特维尔州、鞑靼斯坦共和国、克拉斯诺亚尔斯克边疆区、基洛夫州、伊尔库茨克州、阿穆尔州、克麦罗沃州等。境内高产耕地面积不到耕地总面积的 10%，高产耕地主要分布在南方联邦区，占高产耕地总面积的 60%，其次为中央联邦区、伏尔加联邦区和西北联邦区。

二、气候资源

俄罗斯幅员辽阔，气候复杂多样，总体属于北半球温带和亚寒带的大陆性气候，1月份平均气温约−27℃，7月份平均气温约15℃，相对湿度30％～80％（图3−6）。大部分地区冬季漫长寒冷，夏季短暂、温暖，春秋两季很短。依其大陆性程度的不同，以叶尼塞河为界分为两部分，西部属温和的大陆性气候，东部属强烈的大陆性气候；西北部沿海地区具有海洋性气候特征，而远东太平洋沿岸则带有季风性气候的特点；其北部和西伯利亚地区是接近极地的寒带气候，气候最为寒冷、冬季非常漫长；境内的欧洲地区、南部地区、伏尔加地区为人口密集地区，气候稍温和。

境内夏季日照时间长，冬季日照时间短，纬度越高，夏季的日照时间就越长，冬季就越短。西南部和南部地区光照资源十分丰富，贝加尔边疆区、滨海边疆区以及几乎整个远东地区的日照时间都很长。年均日辐射量每平方米3.5～4.5千瓦时，夏天部分地区日辐射量高达每平方米6千瓦时，阿穆尔（Amur）州全年有240天的日照时间。

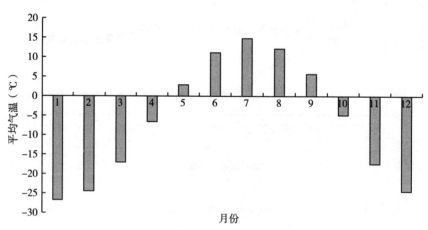

图3−6 1992—2020年俄罗斯月平均气温情况
数据来源：世界银行数据库。

三、水资源

俄罗斯的水资源蕴藏量较为丰富，其平均年降水量为590毫米，年内可再生水资源量为 43 130 亿立方米，人均占有量为 29 115 立方米。是世界上淡水储量最多的国家之一，其淡水储量达 60 万亿立方米，仅次于巴西，居世界第二位。

降水方面，境内平均年降水量为 590 毫米，但不同地区差别很大，总体上山区降水多于平原，其中北高加索地区的平均年降水量为 2 500 毫米，居全国首位，平原为 500～700 毫米，东西伯利亚则为 200～300 毫米。

地表水资源方面，境内河流总长度 900 万千米有余，200 多万条河流中绝大部分河流长度不到 100 千米。境内欧洲部分有 18 条河流，主要有欧洲最长的河流伏尔加河、北德维纳河、乌拉尔河和顿河等。亚洲部分河流比较集中且数量多，西伯利亚和远东有 40 多条河流。鄂毕河是最长和流域面积最大的河流，叶尼塞河是泄水量最大的河流。境内共有 270 多万个湖泊，总面积近 49 万平方千米（不包括被视为内陆海的里海），淡水湖远多于咸水湖，其中 90% 的湖泊面积在 0.01～1 平方千米，深度约为 15 米。2.7 万立方米的水储存在湖泊，89% 的湖水储存在三大湖（贝加尔湖、拉多加湖和奥涅加湖）中。河川径流往往会受到自然界变化的影响，在极枯水年份，径流量可能只是多年平均值的 20%～40%；而在个别枯水月份，流量还可能减至多年平均值的 10%。

四、森林资源

俄罗斯森林资源丰富，是世界上森林资源第一大国。森林面积整体呈上升的趋势，1992 年森林面积为 8.09 亿公顷，之后每年出现小幅度的增加，到 2001 年起增长速度明显增加；到 2010 年森林面积为 8.151 亿公顷，之后开始下降，但下降态势并不显著，下降状态持续到 2015 年；之后又出现小幅度的上升，并在 2017 年之后多年稳定在 8.153 亿公顷保持不变（图 3-7）。森林以自然再生林为主，21 世纪以来自然再生林面积呈现小幅波动态势，人造林面积出现先增长后下降的趋势，2017 年后稳定在 1 888.01 万公顷。

森林树种结构较为单一。针叶树种占 68.4%，具有绝对优势，主要分布在远东和西伯利亚地区。森林中北方以针叶林为主，南方以混阔叶为主（包括桦树、橡木、山杨、山毛榉、栎树等），其中硬阔叶落叶树种占 2.4%，软阔叶落叶树种占 19.3%。西伯利亚地区落叶松为主要优势树种，还有一些其他品种的松树、云杉、西伯利亚红松和冷杉等。森林资源主要分布在乌拉尔地区以东北极圈以南的亚洲范围地区，远东和西伯利亚地区具有十分丰富的森林资源。远东地区森林总面积约占森林总面积的 43％，东西伯利亚地区森林总面积约占森林总面积的 27％。这两个地区的森林面积总和约占森林总面积的 3/4。西北联邦地区以及伏尔加河沿岸联邦区是森林资源在欧洲部分的主要分布区，而中央联邦区以及南方联邦区森林资源分布最少。

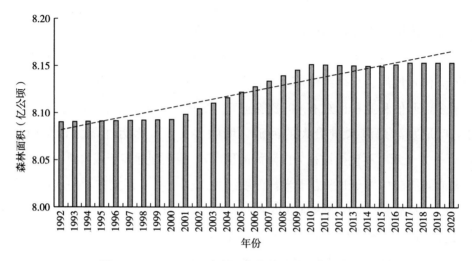

图 3-7　1992—2020 年俄罗斯森林面积及其变化趋势

数据来源：世界银行数据库。

五、草原资源

俄罗斯是世界四大草原资源大国之一，草原资源十分丰富。该国自 20 世纪 90 年代以来永久性草地及牧场面积虽然略有波动，但整体呈上升趋势，草地生态保护较好，草场资源发展势头较为良好。1992 年永久性草地及牧场面积为 8 792 万公顷，之后缓慢下降，到 1995 年永久性草地及牧场面积下降至 8 700 万公顷。1995 年后进入较为稳定的逐年增长态势，2000 年后增长速度相比前期有所缓慢，到 2006 年永久性草地及牧场面积增长至 9 211.7 万公顷。随后连续两年出现小幅下降，2008 年下降至 9 205 万公顷，近年来稳定在这一水平保持不变（图 3-8）。2020 年永久性草地及牧场面积为 9 205 万公顷，相比 1992 年增加了约 413 万公顷，年平均增加 14.75 万公顷。该国由北向南植被和土壤变化显著，植被以耐旱草类为主。

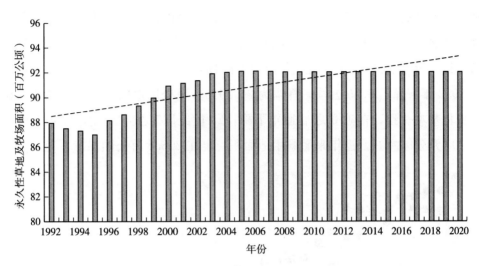

图 3-8　1992—2020 年俄罗斯永久性草地及牧场面积变化

数据来源：联合国粮食及农业组织数据库。

第四节　哈萨克斯坦

哈萨克斯坦作为最大的内陆国，具有独特的自然景观和气候特征，农业自然资源整体较为丰富，主要面临的问题是干旱。境内地广人稀，耕地资源十分丰富，土地成本低；日光充足，昼夜温差大，尤其适宜种植含糖量较高的农产品；干旱和沙漠化是农业发展最大的制约因素，整体水资源约束趋紧，加之全球气候变暖引发极端天气等情况，进一步抑制了其农业发展。

一、耕地资源

哈萨克斯坦地势西北低、东南高，土地面积居世界第九位，土地资源十分丰富。拥有农业用地 21 603 万公顷，其中耕地面积 2 955 万公顷，人均耕地 1.57 公顷，还有大量可供开垦的荒地，但其土地利用率并不高，有 900 万公顷的土地未被开发。

耕地面积方面，独立以来呈减少趋势，1992 年耕地面积为 3 506 万公顷，之后开始逐年下降且减幅明显，到 2002 年降至 2 835 万公顷；2002 年后耕地面积逐渐回升出现增长，但增速十分缓慢，远不及独立初水平（图 3-9）。同时人均耕地面积随着耕地面积的变化呈波动下降趋势。1992—1999 年人均耕地面积不断波动，1995年达到最高点，为2.20公顷，1996年人均耕地面积出现下降之后逐渐回升，至1999年恢复到了2.15公顷，变动趋势总体呈"N"形。1999年后人均耕地面积进入持续下降期，到2020年降至1.57公顷，相比1992年下降了0.56公顷，降幅为26.29％。灌溉用地的变化与其耕地面积的变化基本一致，在独立之后逐年下降，21世纪以来虽有波动，但基本稳定在200万公顷左右，近年来灌溉用地面积稳定在206.6万公顷保持不变。

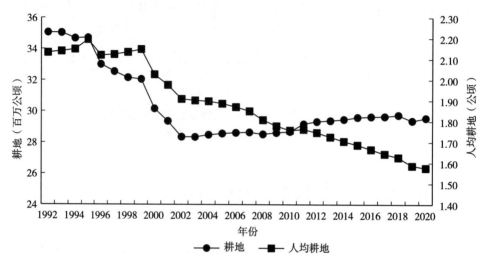

图3-9　1992—2020年哈萨克斯坦耕地面积变化
数据来源：世界银行数据库。

哈萨克斯坦耕地资源分布具有明显的地域性。其耕地资源大部分分布于北部及东北部平原地区，这些区域内部整体地势较为平坦，气候及自然条件良好，机械化条件也较好，主要包括北哈萨克斯坦州、科斯塔奈州、阿克莫拉州及巴甫洛达尔州等，丰富的耕地资源也使得这些区域成为主要农业区。其中北哈萨克斯坦州耕地面积达400万公顷，在其农业用地中的比例将近70％。西部及西南部地区耕地较少，如阿特劳州、阿克托别州等耕地面积很小，而曼格斯套州由于草地牧场面积占比较高，农业用地几乎全服务于畜牧业，耕地面积更小。其余可耕地则主要位于西部的伏尔加河下游、东部的阿尔泰山脉以及南部的北天山后伊犁阿拉套山。

二、气候资源

哈萨克斯坦气候类型为显著性大陆性气候，夏季炎热干燥，冬季寒冷少雪

（图 3-10）。1 月平均气温约−12℃，7 月平均气温约 23℃，绝对最高和最低气温分别为 49℃和−57℃，昼夜温差和季节温差都很大。境内南北地区之间气温差异较大，北方少数城市如彼得罗巴甫洛夫斯克、巴甫洛达尔等地 1 月平均气温可低至−19℃，7 月较为凉爽，平均气温为 19℃。南部地区如奇姆肯特、克孜勒奥尔达等地区气候较温和，1 月平均气温为−4℃，7 月平均气温为 26℃，气候条件较北部地区优越。随着全球气候变暖，西哈萨克斯坦州等地面临严重干旱，而北哈萨克斯坦州、科斯塔奈等因邻近俄罗斯的西伯利亚地区，气候寒冷，极端天气频发。

全年光热资源十分丰富，境内自北向南，年均日照时间达 2 200～3 000 小时。光热同季，充足日照使其能获取较多的热量，通常每天的太阳辐射量为 3.8～5.2 千瓦时/平方米，日照所产生的热量为每年 1 300～1 800 千瓦/平方米，图尔克斯坦州、克孜勒奥尔达州和咸海沿岸等地区太阳辐射量尤为丰富。除丰富的太阳能资源，较长的光照时间和较大温差也十分有利于农作物生长和养分积累。

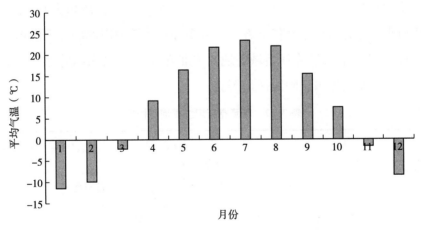

图 3-10　1992—2020 年哈萨克斯坦月平均气温情况
数据来源：世界银行数据库。

三、水资源

哈萨克斯坦水资源较为丰富，境内多河流、湖泊。水资源总量约为 64.35 亿立方米，其中地表水总量 56.5 亿立方米，年人均水资源量在 9 500 立方米左右，高于世界年人均水资源占有量（8 600 立方米）。

降水方面，大部分地区降水稀少，部分山区、南部地区及阿拉木图地区降水量稍丰。境内年均降水量约为256毫米，作物生育期4—10月的降水量达158.47毫米，占全年降水量的60%。森林带年均降水量为300～400毫米，丘陵带为300～400毫米，草原带只有250毫米，而在半干旱和干旱地区降水量只有100～200毫米。东西部区域降水主要集中在夏、冬季，南部降水主要集中在春、冬季，中部降水量春季和夏季较多。

地表水资源方面，水源类型丰富，境内河流和湖泊众多，还有相当一部分雪水和冰川资源。境内共有8.5万条大小河流和季节性河流，大部分为内流河，其中长度1000千米左右的有6条，100千米以上的有228条，10～100千米之间的河流有近万条。主要河流有额尔齐斯河、锡尔河、伊希姆河、乌拉尔河和伊犁河等，平均年径流量达1380亿立方米（表3-2）。拥有湖泊48262个，其中94%属于小型湖，面积超过10平方千米的中型湖泊有296个，100平方千米以上的大型湖泊有21个，主要有巴尔喀什湖、阿拉湖和马尔卡科尔湖等，占全部湖域面积的60%，还有两个具有海洋性特征的跨境湖泊里海和咸海。境内冰川约有2724条，面积达2033平方千米，体积为98.4立方千米，冰川水资源总量约950亿立方米，大多分布在境内南部的北天山山脉（外伊犁-阿拉套山脉、齐利克河流域等地）和准噶尔-阿拉套山脉等地，主要冰川有科尔热涅夫斯基冰川、阿拜冰川等。

表3-2　哈萨克斯坦主要河流情况

主要河流	流域	集水面积（万平方千米）	河流长度（千米）		年总径流量（亿立方米）
			总长度	哈国境内长度	多年平均
锡尔河	咸海-锡尔河流域	46.2	2 219	1 400	179
伊犁河	巴尔喀什-阿拉胡流域	13.1	1 001	815	178
额尔齐斯河	额尔齐斯河流域	1 529.2	4 248	1 698	335
伊希姆河	伊希姆河流域	15.5	2 450	1 400	22
努拉河	努拉-萨雷斯河流域	5.5	978	978	9
托博尔河	托博尔-图尔盖河流域	39.5	1 591	800	6
塔拉斯河	楚河-塔拉斯河流域	5.3	661	—	8
楚河		14.8	1 186	800	28
乌拉尔河	乌拉尔河-里海流域	23.1	2 428	1 082	92

数据来源：龙爱华，邓铭江，等.哈萨克斯坦水资源及其开发利用［J］.地球科学进展，2010（12）.

地下水资源方面同样较为丰富,总量约 580 亿立方米,天然补给量约达 480 亿立方米,可更新资源量为 370 亿立方米/年,已探明的可采储量为 43 384 立方千米/昼夜,其中耕地灌溉用水占地下水总储量的 54.4%。地下水在所有山区都有分布,但将近 60% 分布在南部阿拉木图州、江布尔州、克孜勒奥尔达州;北部、西部和中部各州则较为贫乏,西部地区分布比例约 20%,主要分布在里海沿岸,中部契尔卡尔-捷恩古兹湖地区占比约 16.9%,其余分布在东哈萨克斯坦州。

四、森林资源

哈萨克斯坦森林资源极其短缺,林地总面积为 1 978.8 万公顷,占国土总面积的 7%。其中森林资源面积为 345.47 万公顷,占林地资源的比例为 17.5%,其余均为其他林地。森林面积自独立以来总体呈持续下降趋势,1992 年森林面积为 316.12 万公顷,之后进入持续下降期,到 2010 年降至 308.22 万公顷;随后开始逐年上升,2020 年上升至 345.47 万公顷,相比 1992 年增加了 29.35 万公顷,年均增加量为 1.05 万公顷(图 3-11)。森林资源中以自然再生林为主,自然再生林占森林总面积的 80% 以上,人造林面积 1992 年达到了 51.94 万公顷,但之后逐年下降,到 2020 年仅为 42.08 万公顷,相比 1992 年减少了 9.86 万公顷。

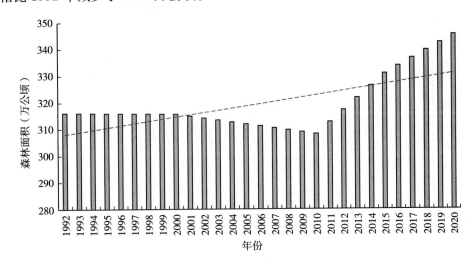

图 3-11 1992—2020 年哈萨克斯坦森林面积及其变化趋势

数据来源:世界银行数据库。

森林资源的分布呈现不均衡性，主要分布在东部及其向南北方向的延伸地带，西部部分地区也有分布。其中东哈萨克斯坦州所占比重最大，为林地总面积的 44%，靠近东部的巴甫洛达尔州、阿克莫拉州和阿拉木图州也占有一定比重。西哈萨克斯坦州森林资源也占有一定比例，是林地总面积的 15%，但西部大部分州府（卡拉干达州、科斯塔奈州）覆盖率还不到 0.2%。就树种类型来看，森林资源中梭梭林所占面积最大，占到森林面积的 50%；其次是灌木林，利用价值较高的高大乔木（主要为针叶林和阔叶林）所占比例不及 1/4，即近 2/3 的林木不具有工业利用价值。

五、草地资源

哈萨克斯坦境内草原面积广布，国土面积的 1/4 是草原，牧场面积居世界第 5 位，永久性草地及牧场面积在中亚地区居于首位，草地资源总量丰富。独立后永久性草地及牧场面积总体呈增长态势，1992 年永久性草地及牧场面积为 18 626 万公顷，之后逐年在增加。1995 年突降至 18 233 万公顷，1995 年后虽呈波动性增长，但 2000 年后再次进入逐年下降趋势，减少趋势逐渐明显，到 2009 年永久性草地及牧场面积只有 18 205 万公顷。2010 年永久性草地及牧场面积猛增至 18 836 万公顷，之后一直保持下降趋势（图 3 - 12）。2020 年，

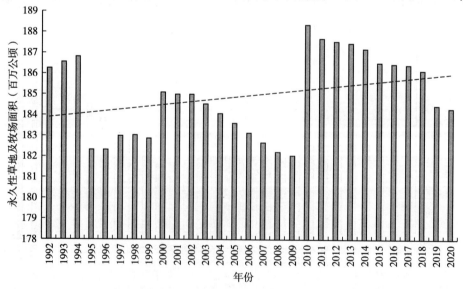

图 3 - 12　1992—2020 年哈萨克斯坦永久性草地及牧场面积变化
数据来源：联合国粮食及农业组织数据库。

永久性草地及牧场面积达到 18 432 万公顷，相比 1992 年下降了 194 万公顷，年均下降近 7 万公顷。草原资源以人工种植为主，占比近 60％，但人工草地面积正在缓慢缩减。天然生草地及牧场近年来呈增长态势，主要分布在北部地区，多数草地可以全年利用，为发展畜牧业创造了有利的条件。

草原类型方面包括草原草地、荒漠和半荒漠草地、草甸草地、沼泽草地等。其中草原草地主要分布在有水源或积雪较厚的山前平原，荒漠和半荒漠草地主要分布于水源稀少、湿度低、地面裸露地区，草甸草地主要在平原和山地分布，而积水和浅薄积水地区则主要分布着沼泽草地。草场资源中近 60％牧场缺少水塘，利用率不高，被利用的牧场中有 2 700 万公顷草场已退化（中国驻哈萨克斯坦经济商务参赞处，2020）。

第五节　吉尔吉斯斯坦

吉尔吉斯斯坦是一个以农牧业为主的国家，该国具有发展农牧业得天独厚的条件。境内山地众多，草场资源丰富，农业发展以畜牧业为主；河流广布，天然水质较好，矿化度不高，适于农田灌溉；太阳辐射强，阳光充足，一年当中有 300 多天是晴天，是典型的旱作农业区。

一、耕地资源

吉尔吉斯斯坦 93％的国土面积为山地，耕地资源并不丰富。农业用地面积为 1 054.10 万公顷，耕地面积为 128.74 万公顷，占比约 12.2％，真正适于耕种的土地仅为全国陆地面积的 7％，而人均耕地仅为 0.2 公顷，能够稳定投入农业生产的耕地比例更小。

耕地面积变动方面，耕地整体波动较大。独立初期耕地有所恢复，1992—1999 年耕地面积持续增加，1999 年涨至历史最高，为 136.8 万公顷；1999 年后出现骤降，到 2005 年降至 128.4 万公顷，之后基本稳定在 128 万公顷左右；到 2020 年耕地面积为 128.74 万公顷，相比 1992 年下降了 3.26 万公顷（图 3-13）。由于人口的不断增长，人均耕地面积持续下降，1992 年人均耕地面积为 0.29 公顷，有过短暂的少许增加之后便进入持续下降期，到 2020 年，人均耕地面积为 0.19 公顷，相比 1992 年下降了 34.48％。境内耕地灌溉比例较高，灌溉面积达 100 万公顷左右，在耕地中占比接近 80%，灌溉区域主要在锡尔河上游地区费尔干纳盆地及楚河州、奥什州。

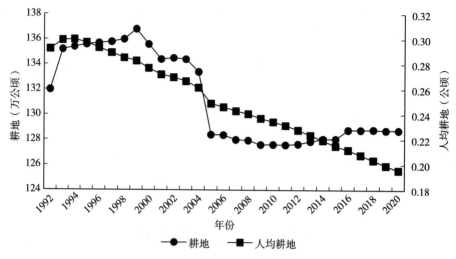

图 3-13　1992—2020 年吉尔吉斯斯坦耕地面积变化
数据来源：世界银行数据库。

吉尔吉斯斯坦耕地资源分布较为集中，主要分布于楚河州和伊塞克湖州的楚河谷地、伊塞克湖盆地等，两者耕地占比合计将近 50%，是重要的粮食和经济作物产区，西南部的费尔干纳盆地和北部的塔拉斯河谷地一带分布着诸多小面积低地，占比仅为 15%。

二、气候资源

吉尔吉斯斯坦气候类型为明显干旱的大陆性气候，部分地区地处温带，南部呈现亚热带气候特征，气候较为脆弱（图 3-14）。1 月平均气温 −13.3℃，最低的阿克赛河谷为 −50℃，7 月份平均气温 15.57℃，最高的奥什市温度曾达 50℃。在平原和山麓地区，年均气温为 10～13℃，高山地区在 −8℃ 左右，昼夜及地区温差较大。由于靠近沙漠，高山地貌复杂同时又受到伊塞克湖的影响，气候特征较为多样，极端大陆性气候与近似海洋性气候并存，夏季炎热干燥，冬季寒冷，四季分明。山谷山麓地带具有亚热带气候特征，较为温暖，高寒地区海拔高，冬季漫长寒冷，雪原与冰川广布。

年均太阳辐射量高，阳光充足，尤其是在山区全年日照时间长。但夏冬两季日照时间相差很大，6月一般在10～12个小时以上，而12月只有5～6个小时，在高山地区的峡谷之内，日照时间更短。除了季节时间差异较大之外，不同地区的日照时间也有较大的差异。位于伊塞克湖州的卡拉科尔地区日照时数最为充足，达2 965小时；其次即为伊塞克湖西岸地区，晴朗天气主要集中在冬季，年日照时数达2 881小时，而伊塞克湖东岸地区日照时数为2 670小时；琼克孜勒苏谷地年均日照时数最低，不足1 700个小时。根据其国家能源部数据，境内全年日照时数超过2 800小时，全年辐射总量为每平方米1 000～1 700千瓦时。

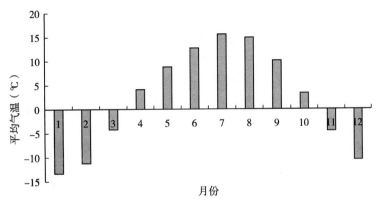

图3-14　1992—2020年吉尔吉斯斯坦月平均气温情况
数据来源：世界银行数据库。

三、水资源

吉尔吉斯斯坦拥有丰富的水资源，主要依靠河流与湖泊，境内有500亿立方米的水资源蕴藏量，人均水资源占有量居世界前列。

降水方面，由于空气干燥，降水量有限，年降水量在200～800毫米，高山地区可达1 000毫米以上。降水集中在边缘山脉，如普斯克姆山、恰特卡尔山和费尔干纳山降水量达1 000～1 500毫米；而巴雷克奇地区、巴特肯地区及贾拉拉巴德州的部分高山地区，大都不足200毫米。降水集中在冬春季3—4月份，占到全年降水的70%左右，夏季7—9月份几乎没有降水。

地表水资源方面，境内河流有25万多条，总长度超过50万千米，大部分是10～50千米或小于10千米的小型河流，地表径流量达450亿～600亿立方米/年，主要有纳伦河、恰卡尔河、楚河、萨雷查斯河、塔拉斯河、克孜勒苏河等。此外拥有湖泊数量1 923个，水面总面积达6 836平方千米，储量达17 060亿立方米，主要湖泊有伊塞克湖、松格里湖、索恩湖、恰特尔湖、萨雷切列克湖等，84%的湖泊分布在海拔3 000～4 000米处的山地（表3-3）。冰川是其重要河流的源头，境内共有冰川8 208条，总面积8 077平方千米，储量约6 500亿立方米，主要分布在海拔3 000～6 500米处。向北的冰川占比为69.9%，向南的仅为18%，其余冰川分布于东、西向。冰川在阿姆河流域、锡尔河流域、楚河塔拉斯河及阿萨河流域、塔里木河流域、伊塞克湖流域均有分布，面积最大的位于塔里木河流域，冰川覆盖率达11.9%，最小的在锡尔河流域，仅为2%。

表3-3 吉尔吉斯斯坦主要河流情况

河流名称	流域面积（万平方千米）	径流形成区	流经国家	流向
阿姆河	30.9	塔吉克斯坦、吉尔吉斯斯坦	塔吉克斯坦、乌兹别克斯坦、阿富汗、土库曼斯坦	咸海
卡尔卡拉河	—	吉尔吉斯斯坦东部与哈萨克斯坦交界地界	吉尔吉斯斯坦、哈萨克斯坦	伊犁河
锡尔河	21.9	吉尔吉斯斯坦	吉尔吉斯斯坦、乌兹别克斯坦、塔吉克斯坦、哈萨克斯坦	沙漠
塔拉斯河	5.27	吉尔吉斯斯坦	吉尔吉斯斯坦、哈萨克斯坦	咸海
塔里木河	100	吉尔吉斯斯坦、塔吉克斯坦	吉尔吉斯斯坦、塔吉克斯坦、中国	台特马湖
楚河	6.75	吉尔吉斯斯坦	吉尔吉斯斯坦、哈萨克斯坦	

资料来源：李湘权，邓铭江，等. 吉尔吉斯斯坦水资源及其开发利用 [J]. 地球科学进展，2010（12）.

地下水资源较为丰富，预计总蕴藏量6 972立方千米，潜在储量为11立方千米/年，平均年抽取量2.4立方千米，有效地下水储量为5.3立方千米/年。全国44个主要产区可供利用的地下水储量为60亿立方米/年，利用量为每昼夜520万立方米。地下水主要分布在北部的楚河、伊塞克湖和西部的费尔干纳谷地，可更新资源总量约为110亿立方米/年。但地下水抽取量近些年来逐渐下降，到2014年，抽取量只有2.25亿立方米，总体利用水平不高。

四、森林资源

吉尔吉斯斯坦森林资源较为缺乏，全国林业用地面积为320万公顷，其中

131.54 万公顷是林地。独立后森林面积进入逐年持续的上升期，增幅较为明显。1992 年森林面积为 114.53 万公顷，之后经历了长达 28 年的逐年增长，至 2020 年增至 131.54 万公顷，相比 1992 年增加了 17.01 万公顷，增长幅度为 14.85％（图 3 - 15）。森林资源中以天然原始林为主，其次是人造林和其他自然再生林。天然原始林在森林资源中所占比例一直保持在 80％以上，具有绝对比重优势，且天然原始林随境内森林面积的增加而持续增加。人造林面积较小，在森林面积中占比也小，人造林面积独立之初为 16.03 万公顷，逐年增加至 2020 年的 22.87 万公顷。此外，境内还分布着很小比例的其他自然再生林。

吉尔吉斯斯坦森林面积占全国总面积的 6.9％，云杉、冷杉、柏、槭、柳、白杨和白桦等树木较为常见，其中，云杉林面积最大，为 10.4 万公顷，面积较大的还有冷杉林、槭树林、柏树林和核桃林。

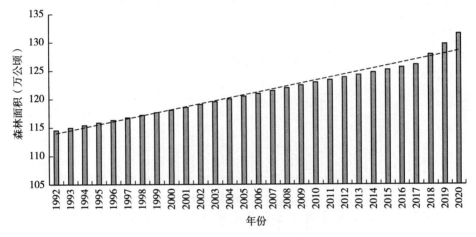

图 3 - 15　1992—2020 年吉尔吉斯斯坦森林面积及其变化趋势
数据来源：世界银行数据库。

五、草地资源

吉尔吉斯斯坦牧场资源和天然草场约占全国国土面积的 50％，约占全国农业用地的 90％，草地资源较为丰富。1992 年永久性草地及牧场面积为 870 万公顷，之后开始逐年上涨，至 2003 年达到了 942.9 万公顷；2003 年后开始消减，但减少趋势稍缓；到 2020 年，永久性草地及牧场面积为 900.37 万公顷，相比 1992 年增加了 30.37 万公顷，年平均增加 1.08 万公顷（图 3 - 16）。永久性草地及牧场中,自然生草地占有较大比重,且与永久性草地及牧场面积变化趋势同步,整体呈下降趋势,人工种植草地面积较小,只有几千公顷并且近些年来也在逐年消退。

草原植被类型复杂多样,主要是由于该国地形、水文、土壤等条件差异而形成。其中最具代表性的是山地草原和山地草甸草原,广泛分布于海拔 700~3 000 米之间,山地草甸草原植被覆盖度达 80%~95%,鲜草产量最高;山地草原植被是天山山脉和帕米尔-阿赖山山脉最有代表性的草原类型,占国土面积的 23.15%,因此吉尔吉斯斯坦又被称为高山草原之国。分布面积最广的则是疏林干草原,草原面积达 77.74 万公顷,多分布于西天山、阿赖山、天山山脉。草甸草原包括高山草甸和高寒草甸草原,占据国土面积的 18.14%,分布在海拔 2 300~3 600 米,植被覆盖度达 90%。费尔干纳盆地北缘有荒漠草原分布,此外还有一定面积的山地荒漠和高寒草原分布于天山山脉。

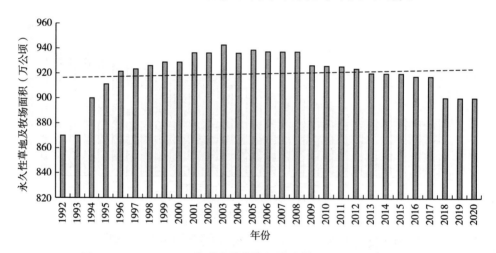

图 3-16　1992—2020 年吉尔吉斯斯坦永久性草地及牧场面积变化

数据来源:联合国粮食及农业组织数据库。

第六节　塔吉克斯坦

农业在塔吉克斯坦经济中的地位十分重要,得益于境内丰富的自然资源,但同时面临耕地资源稀缺的问题。境内光热资源丰富,尤其在该国的南部,良好的光热资源使其成为主要的农业生产区;水资源相当丰富,便于农业灌溉与生产;作为"高山之国",土地资源较少造成农业用地面积供给受到约束,农业土地绝大多数是山地，海拔高，土壤肥力较低，作物单产量不高。

一、耕地资源

塔吉克斯坦是高山国，高原和山地面积达 90％，耕地资源稀缺。农业用地面积在上合组织国家中最小，只有 491.6 万公顷，占国土面积的 34.35％，而耕地面积仅为 83.94 万公顷，仅占其农业用地面积的 17％，人均耕地面积仅有 0.088 公顷。

耕地面积总量有限，且一直处于波动变化中。1992—1998 年耕地面积出现大幅的下降，从 86 万公顷减少到了 78.4 万公顷；1998 年后下降趋势放缓，基本稳定在 78 万公顷左右；2004 年后，耕地面积再次出现大幅下降，波动明显，2006 年只有 73.7 万公顷；自 2009 年以后耕地面积变化同样保持着下降趋势，但下降缓慢；2012 年后，耕地面积开始增长并持续到 2016 年，后又出现小幅波动；2020 年，耕地面积为 83.94 万公顷（图 3-17）。人均耕地面积呈逐年下降趋势。1992 年，人均耕地面积为 0.15 公顷，之后呈持续性下降；2020 年人均耕地面积只有 0.088 公顷，仅相当于独立之初的一半左右。同时灌溉用地比例很高，达到了 98.75％，几乎实现了耕地全覆盖，基本稳定在 74.2 万公顷这一水平。

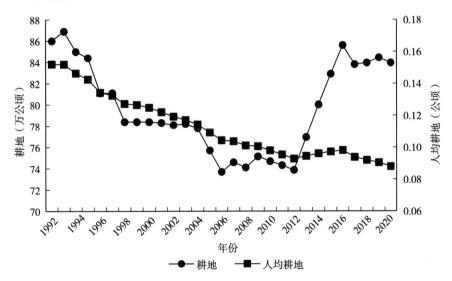

图 3-17　1992—2020 年塔吉克斯坦耕地面积变化

数据来源：世界银行数据库。

塔吉克斯坦耕地资源大多分布在较大的河谷和平原地带，土地相对平整连片，能够进行农业机械作业，主要分布于西北部费尔干纳盆地的西缘、西南部瓦赫什谷地、吉萨尔谷地和喷赤谷地等。

二、气候资源

塔吉克斯坦全境属典型的大陆性气候，南部地区与亚热带气候特征相近，光热条件较好。季节气温变化明显，1月平均气温约−9℃，最低气温−20℃；7月平均气温约16℃，最高气温可达40℃（图3-18）。地域上南北温差不大，南部的哈特隆州年均气温为16.5℃，北部的苦盏地区年均气温在14.7℃左右，南北两地月平均气温差仅为4℃。而在山谷和山底地区年均气温在6～17℃，帕米尔西部地区终年积雪，年均气温为−6～1℃。

塔吉克斯坦日照条件良好，光热资源也十分丰富。每年晴天日数在280～330天之间，年日照时数基本为2 500～3 000小时，年总辐射量为6 000～8 000兆焦/平方米，平原地区的太阳能辐射在280～925兆焦/平方米，高原地区则在360～1 120兆焦/平方米。良好的日照时数和太阳能辐射形成了充沛的年积温，大于10℃的年积温为4 500℃左右，南部哈特隆州由于纬度低，大于10℃的年积温高达5 800～6 000℃，是国内第一大农业生产区，独特的气候条件和丰富的光热资源为牧业、林果业等的发展提供了良好的自然资源条件。

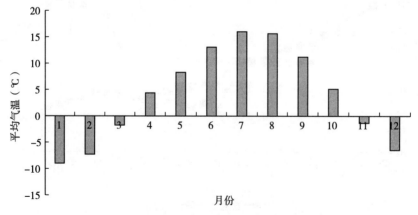

图3-18　1992—2020年塔吉克斯坦月平均气温情况
数据来源：世界银行数据库。

三、水资源

塔吉克斯坦被称为"中亚水塔",水资源在中亚国家中最为丰富,储量居世界第八位,人均水资源拥有量居世界第一。境内集中了中亚地区55.49%的水流量以及60%以上的冰川,水资源量总体积约为983.46立方千米,已有开发量只有总水资源量的10%。

降水方面,境内年降水量为500毫米左右,主要集中于10月至次年3月,降水量占比达90%以上,4月至9月间降水量很少。冰川区域降水量达2 400毫米,中部山区降水量也在1 800毫米以上。寒冷季节平原地区的固体降水量占总量的35%~60%,山麓和山区的占比为45%~80%,高山区达到100%。

地表水资源方面,可再生地表水资源量每年为604.6亿立方米,每年实际可利用地表水量为189.1亿立方米。河流主要属阿姆河流域、泽拉夫尚河流域和锡尔河流域,阿姆河流域面积占比为84%,每年在其境内产生548.1亿立方米的水量。河流总长度为28 500千米,长度500千米以上的河流有4条,长度超过10千米的河流有947条,主要河流有阿姆-喷赤河、瓦赫什河、锡尔河、泽拉夫尚河等(表3-4)(对外投资合作国别指南,2019)。境内拥有湖泊约1 300多个,湖水面积总计1 005平方千米,较大的湖泊有22个,面积可达625平方千米,其中80%位于海拔3 000米的帕米尔高原和中部山脉地带,面积较小。雪水、冰川分布也很广,积雪覆盖面积广阔,大都从11月底或12月初开始,至次年3月中旬或4月初结束,其中东帕米尔的平均积雪天数为45天,东吉萨尔山脉平均积雪天数达245天。塔吉克斯坦还是中亚冰川中心,有145 092处冰川,覆盖面积达7 600~8 400平方千米,主要分布于东南部帕米尔高原、天山及其支脉,蕴含超过13立方千米的水量,几乎是全国河流年径流量的1/4,纯净淡水总量可达559立方千米,积雪和冰的总容量可达845立方千米。

表3-4 塔吉克斯坦主要河流及其流域情况

主要河流	长度 (千米)	流域面积 (万平方千米)	产生水资源量 (亿立方米)	年均径流量 (亿立方米)	径流量高峰期
阿姆-喷赤河	921	11.4	210.89	17.57	6—8月
锡尔河	110	44.4	10.10	0.84	年内分配较均匀

（续）

主要河流	长度 （千米）	流域面积 （万平方千米）	产生水资源量 （亿立方米）	年均径流量 （亿立方米）	径流量高峰期
泽拉夫尚河	350	1.23	46.37	3.86	6—8月
瓦赫什河	524	3.91	205	16.83	5—9月
卡菲尔尼甘河	387	1.16	54.52	4.54	4—7月

数据来源：根据鲜丽菊《气候变化对流域径流的影响研究——以塔吉克斯坦典型流域为例》（2015）整理。

地下水资源方面同样十分丰富，总蕴藏量约为187亿立方米，其中可利用部分为60.2亿立方米，平均每年抽取水量为24亿立方米。且水资源利用水平较高，部分地区地下水既适合日常饮用，又适合灌溉。

四、森林资源

塔吉克斯坦森林资源较为丰富，境内原始森林分布较广。森林面积自独立以来发展势头较为良好，总体呈增长态势。1992年森林面积只有40.84万公顷，之后出现小幅增长，到2000年增至41万公顷并稳定在这一水平保持不变（图3-19）。2010年以后，森林资源再次实现增长，且增长速度较前一次更快，2020年达到了42.38万公顷，相比1992年增长了3.77%，约占国土面积的2.9%。森林资源构成主要以原始林为主，但其持续增长主要依靠人造林的面积增加。森林面积增加幅度小，而原始林面积多年来稳定在29万～30万公顷，在其森林面积中占比超过70%，自然再生林面积也一直维持在1.2万公顷，两者面积保持在固定水平不变；而人造林则从1992年的11.27万公顷增加到2020年的11.74万公顷，增长较为缓慢。

森林资源分布较为集中，主要围绕吉萨尔-达尔瓦泽山系分布，该区域植被最为丰富，代表植物是杜松林、阔叶林、旱生林、高山以及亚高山草甸、半稀树草原和山地草原。植被特点以孑遗阔叶林为主，还有旱生向阳林、高草及半热带稀树草原和喜温的桧柏林。但森林林木资源利用率较低，林业、木材加工业、纸浆及纸张制造业相应发展水平均较低，在全部工业产值中的比例不足1%。而近些年来，过度放牧和砍伐使得不合理利用现象严重，森林资源未来发展趋势堪忧。

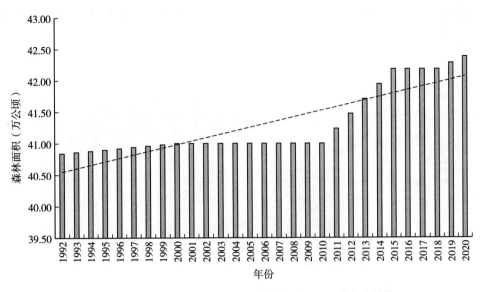

图 3 - 19　1992—2020 年塔吉克斯坦森林面积及其变化趋势

数据来源：世界银行数据库。

五、草地资源

　　塔吉克斯坦草场面积广阔，草原资源较有优势，在独立前牧场面积已达330 万公顷，独立之后牧场面积不断缩小。该国自独立后永久性草地及牧场面积整体呈上升趋势，略有波动。1992 年永久性草地及牧场面积为 350.4 万公顷，之后开始波动变化，1997 年后进入较为稳定的逐年增长态势，2002 年后增长速度相比前期有所加快，到 2009 年增长至 387.5 万公顷，随后一直稳定在这一水平保持不变（图 3 - 20）。2020 年永久性草地及牧场面积为387.5 万公顷，相比 1992 年增加了 37.1 万公顷，年平均增加 1.33 万公顷。当前天然草地面积为 368.95 万公顷，牧场面积很大一部分未能得到有效使用。

　　草原植被类型方面以草本植物群落和半灌木植物群落为主，两者占比达到国家农业土地的 70%。在低山和山间谷地，沙漠和半沙漠植物种类占优势，而在山前低矮草、短命植物、半荒漠植物占比更多；在中山和高山带分布有亚高山、高山低矮草草甸草原，面积较广，多年生草本植物伴生有半灌木植物，植物群落分布在海拔 2 800～3 000 米的范围内；在高山区域，主要是在西帕米尔和东帕米尔地区分布有荒漠植物，即多年生低矮草和半灌木。沼泽是湿地植

物的主要类型，分布面积不大，高山区域也有分布，主要是作为各种家畜冬季
放牧场和割草场利用。

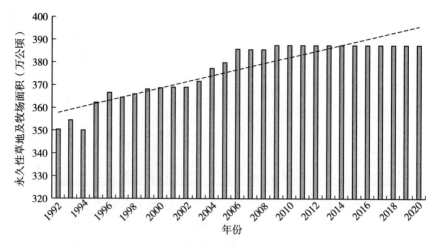

图3-20 1992—2020年塔吉克斯坦永久性草地及牧场面积变化
数据来源：联合国粮食及农业组织数据库。

第七节　乌兹别克斯坦

乌兹别克斯坦作为传统农业国，农业是该国的经济命脉和支柱产业，水资
源缺乏是限制其农业发展的主要原因。境内有丰富的耕地资源，农业用地面积
占比一半以上；日照时间较长，光热资源充足；水资源缺乏严重，主要是由于
干旱气候导致的降水稀少和蒸发量大。

一、耕地资源

乌兹别克斯坦土地资源在中亚国家中仅次于哈萨克斯坦，土壤肥沃，耕地
资源较为丰富。2020年农业用地面积达2 568.25万公顷，其中耕地面积为
402.3万公顷，约占农业用地面积15.66%，但由于有着中亚地区最为庞大的
人口数量，人均耕地面积仅为0.12公顷，耕地负载较重，承载水平低。

独立后30年内乌兹别克斯坦耕地面积整体呈先增长后下降趋势，1992年
耕地面积为447.4万公顷，随后逐年缓慢增长，到2002年增至448.4万公顷。
2002年后人口激增，相当一部分耕地转化为其他用途，耕地面积急转下降，

且降幅较大。直至 2014 年降至 404.4 万公顷后剧烈下降态势得到缓解，耕地面积出现恢复态势，但仅仅一年后耕地面积再次出现下降（图 3‐21）。到 2020 年耕地面积为 402.3 万公顷，相比 1992 年下降了 10.08%。由于人口数量庞大，人均耕地面积也进入持续下降状态。到 2020 年，人均耕地面积只有 0.12 公顷，相比 1992 年下降了 42.86%。境内灌溉面积居中亚地区首列，农业生产活动集中在自然条件与灌溉条件优越的盆地地区，灌溉比例高，占比约 95%。由于灌溉设施建设不足，以及中亚地区水资源紧张，灌溉用地面积呈波动下降，逐渐稳定到 421.5 万公顷。

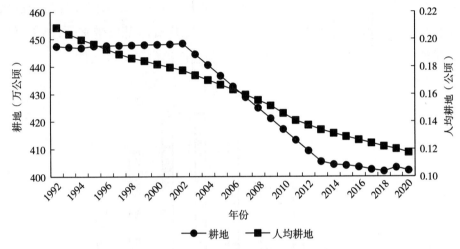

图 3‐21　1992—2020 年乌兹别克斯坦耕地面积变化
数据来源：世界银行数据库。

由于水资源相对丰富，灌溉比例较高，耕地资源多分布在卡什卡达里亚州、卡拉卡尔帕克斯坦自治共和国、吉扎克州、撒马尔罕州等地区。境内适合耕种的土地大都分布在河谷和绿洲地带，所占比例不足 10%，作为中亚地区最大的以农作物灌溉为主的农业生产国，其农业用地主要为旱地和灌溉地，灌溉地中一半是含盐和盐渍化的土地。

二、气候资源

乌兹别克斯坦是位于中亚腹地的"双重内陆国"，气候类型以严重干旱的大陆性气候为主（图 3‐22）。其中陆地面积的 20.4% 为半干旱及草原气候，67.3% 为干旱及沙漠气候，其余为高山及高原气候，夏季漫长、炎热，干燥少雨；冬季短促、寒冷，雨雪不断。1月平均气温约−2℃，最冷时，地面最低温度可达−30～−20℃，北部绝对最低气温为−38℃，南部气温为2～3℃，7月平均气温约27℃，最热时，地面最高温度可达40～44℃，南部白天气温高达40℃，昼夜温度变化明显。沙漠地区是最为干旱的地区，也是气温最高、蒸散强烈的地区。

由于光热资源充沛，该国被称为"太阳的国度"，日照时间较长。全年日照时数长达2 410～3 090小时，日照时数南北差异大，南部地区全年日照时数超过3 000小时，光照积温达到4 000～5 000千瓦时，北部地区年照射时间则相对较少，为2 000小时。由于年日照天数逾300天，太阳能资源潜力巨大，在可再生能源中所占比例高达97%，丰富的光热资源不仅带来预计510亿吨油当量的太阳能产量，也为粮食作物种植和生产提供了良好条件。

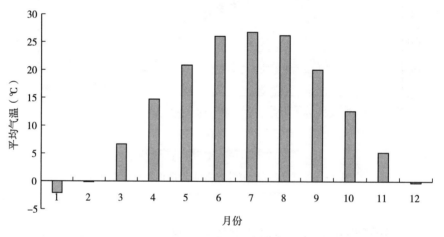

图3−22 1992—2020年乌兹别克斯坦月平均气温情况

数据来源：世界银行数据库。

三、水资源

乌兹别克斯坦水资源十分缺乏，水资源主要依靠河流，主要分布于费尔干纳盆地、塔什干州和撒马尔罕州，淡水资源人均占有量只有625立方米，是世界第八大缺水国。

降水方面，境内大部分地区比较干旱，大气降水较少，且地区分布极不均匀。年降水量从西北的97毫米到中部和南部山区的425毫米不等，平均年降水量为 264 毫米。其中平原地区降水量 90～580 毫米，山区的降水量可达 460～910 毫米，部分地区可超过 1 000 毫米，平均降水深度为每年 206 毫米。大气降水主要集中在秋冬季，基本在冬季 10 月至次年 1 月之间。

地表水资源方面，河流是主要来源，其河流年均径流量大，但只有极少部分的河流流入。水资源主要依赖阿姆河和锡尔河的径流补给，而这两条河流的源头属于其他国家。其中阿姆河年均径流量为 790 亿立方米，约 8% 的水量流入乌兹别克斯坦；锡尔河有 2 个源头，分别是纳伦河和卡拉尔河，年均径流量为 380 亿立方米，但只有 5% 的水量流入乌兹别克斯坦。境内建有许多人工湖和水库，构成了众多而广泛的水系和水网密度，极大地改变了境内水流模式。河流的上游山区由于巨大的水位落差形成了明显的生态梯度，径流形成区内约有 90% 的水资源被用于农业灌溉，同时多高山湖泊和平原湖泊。高山湖泊面积一般在 10 平方千米以下，大多位于海拔 2 000～3 000 米的山地，数量相对较多。平原湖泊主要依托于较大河流的水源补给，多位于阿姆河和锡尔河的三角洲地带，数量有限。主要湖泊有艾达尔湖、坚吉兹湖、图达湖等，其中艾达尔湖面积较大，湖面面积为 1 248 平方千米，坚吉兹湖湖面面积为 312 平方千米、图达湖为 225 平方千米。位于西北部的卡拉卡尔帕克斯坦共和国分布着许多面积较小的湖泊，多为咸水湖，其中最大的是苏多奇耶湖，此外，中亚最大湖泊咸海的南部也属于乌兹别克斯坦。

四、森林资源

乌兹别克斯坦森林覆盖率在中亚国家中居于首位，人均森林面积为 0.11 公顷，森林面积整体呈持续上升的趋势。1992 年森林面积为 263.18 万公顷，之后开始逐年增长且增长态势明显；到 2020 年增至 368.97 万公顷，年平均增长量为 3.78 万公顷，年均增长率为 1.44%（图 3-23）。森林面积构成中，独立之初，原始林和人造林占比基本持平。1992 年原始林面积为 136.83 万公顷，占比 52%，2020 年原始林面积为 142.3 万公顷，占比 38.44%。人造林面积则随着森林面积的增加而持续增加，所占比例也上升至 61.56%。

森林资源类型中，水土保持林占比较大，为 93%，主要分布在沙漠地带的河谷及绿洲周边。生物多样性保护林主要分布在山区，所占比例为 6%，其余主要为用材林，分布在山谷地带，干旱稀疏林主要分布在沙地平原、山谷河滩（洪泛区）和山区。最大的林区位于卡拉卡尔帕克、布哈拉和纳沃伊地区，主要树种是梭梭树、红柳等耐旱植物，占森林总面积的 87.9%。小面积山林主要分布在天山、突厥斯坦和吉萨尔山脊西坡，占森林总面积的 10.4%；其余森林资源呈带状分布在阿姆河和锡尔河沿岸，约占森林总面积的 1.7%。

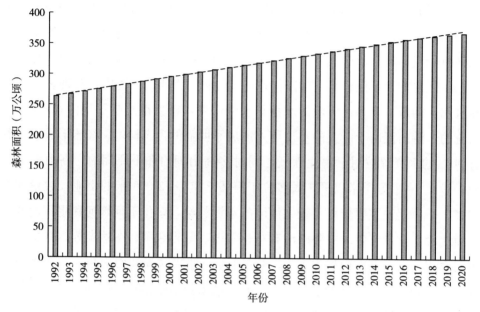

图 3-23　1992—2020 年乌兹别克斯坦森林面积及其变化趋势

数据来源：世界银行数据库。

五、草地资源

乌兹别克斯坦草原资源总量较有优势，永久性草地及牧场分布较广。1992年草场资源情况较好，永久性草地及牧场面积为 2 287 万公顷，1993 年降至 2 280 万公顷并稳定在这一水平。1998 年由于经济发展迫使一部分草场资源被开发而转向其他用途，永久性草地及牧场面积再次下降至 2 250 万公顷，并保持这一水平至 2001 年。2002—2013 年间永久性草地及牧场面积打破稳定水平再次下降至 2014 年的 2 112.6 万公顷，并基本在这一水平保持稳定（图 3-24）。自独立以来永久性草地及牧场面积整体呈阶梯形变动，下降趋势明显，到2020 年，永久性草地及牧场面积依旧保持在 2 124.43 万公顷，相比 1992 年下降了 162.57 万公顷，年均下降 5.8 万公顷。

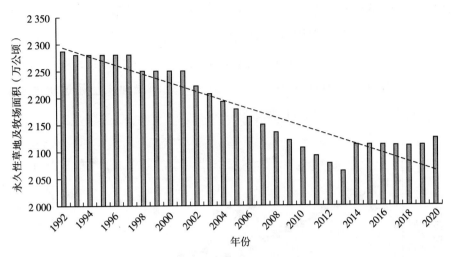

图3-24　1992—2020年乌兹别克斯坦永久性草地及牧场面积变化趋势

数据来源：联合国粮食及农业组织数据库。

第八节　巴基斯坦

农业是巴基斯坦的主要传统产业，该国的农业自然资源较为稀缺，面临着严重的生态环境问题。境内耕地土壤肥力较弱；水资源严重缺乏，绝大部分土地处于干旱或半干旱状态，缺水成为限制农业发展的一大障碍；气候变化较大，会影响农令时节的灌溉用水量，因此农业生产部门通常采用调整播种时间、选用耐旱的作物品种、改变种植结构等措施。

一、耕地资源

巴基斯坦拥有约79.6万平方千米的土地，全境约3/5的地区是山地和丘陵，特别是在南部沿海一带，有大片的荒漠。拥有农业用地总面积3 630万公顷，占国土面积的47.09%，其中耕地面积为3 093万公顷，人均耕地为0.14公顷，小于世界人均水平。

耕地面积变动方面，耕地整体波动较小。1992年耕地面积为2 992万公顷，之后出现逐年增长，1998—2000年出现一个小幅的下降，并于2001年达到最高点，为3 103万公顷，后又出现波动式的下降，其间虽然有过增长，但整体下降趋势明显，2010年下降至2 939万公顷，之后再次进入增长的状态，变动趋势总体呈"M"形（图 3-25）。1992 年人均耕地面积为 0.263 公顷，之后持续下降。2020 年人均耕地面积仅为 0.14 公顷，仅为 1992 年的一半左右，下降了 46.77%。多变莫测的自然环境决定了该国的农业高度依赖灌溉系统，截至 2020 年，灌溉面积为 1 935.3 万公顷，灌溉面积已超过耕地总面积的 3/4，是世界上灌溉面积占比最大的国家之一。

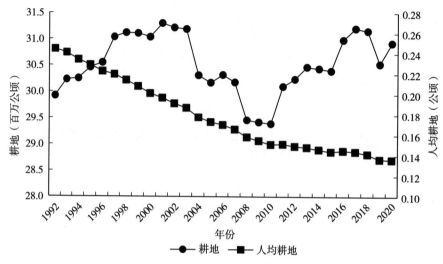

图 3-25　1992—2020 年巴基斯坦耕地面积变化
数据来源：世界银行数据库。

巴基斯坦整体耕地分布东多西少，东部的旁遮普省和信德省的耕地面积几乎占境内耕地面积的 80% 左右，尤其旁遮普省分布着境内一半以上的耕地资源，而西部的开伯尔-普赫图赫瓦省和俾路支省的耕地面积只占 20%。

二、气候资源

巴基斯坦除南部属热带气候外，其余属亚热带气候，气候总体炎热干燥，空间上南部气温高于北部年平均气温 27℃（图 3-26）。高温区年平均气温在 30℃ 左右，主要集中于南部中低海拔的印度河平原和三角洲地区，低温区年平均气温在 0℃ 左右，分布于北部高海拔山区，同时地形的巨大差异造成了气温的区域差异。最炎热的时节是 6 月、7 月，大部分地区中午气温超过 40℃，信德省和俾路支省部分地区中午气温最高可达 50℃ 以上。气温最低的时节是 12 月至 2 月，海拔高度超过 2 千米的北部山区比较凉爽，且温差大。

巴基斯坦拥有较丰富的日照资源，平均日照量约在每平方米 5～6 千瓦时，太阳能能够达到 1 000 瓦/平方米。境内太阳辐射量较高，气候炎热干燥，光照时间长，大部分地区，特别是在信德省、俾路支省和旁遮普南部，一年中超过 3 000 小时光照时间，接收太阳辐射 0.2 万千瓦时/平方米，是全球日光照射较强的地区。俾路支省的很多地区，年直接太阳光辐射在 7～7.5 千瓦/（平方米·天），该地区年平均日照时间为 8～8.5 小时，这一数据在世界上都是很高的。在旁遮普南部和信德北部之间，太阳光辐射量在 5～5.5 千瓦/（平方米·天），该地区其他地方约为 4.5～5 千瓦/（平方米·天）。丰富的光热资源有利于植物进行光合作用，农业耕作区昼夜温差大，有利于糖分积累。

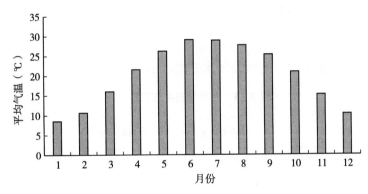

图 3-26　1992—2020 年巴基斯坦月平均气温情况

数据来源：世界银行数据库。

三、水资源

巴基斯坦约 92% 的国土位于干旱和半干旱地带，人均水资源低于世界平均值，是世界上水资源最贫乏的国家之一。根据水资源研究委员会研究表明，境内水资源危机正在恶化，若有关部门不立刻采取应对措施，到 2025 年可能面临"绝对"的水资源短缺。

降水方面，68% 的地区年均降水量低于 250 毫米，24% 的地区年均降水量在 250～500 毫米左右，仅有 8% 的地区年均降水量超过 500 毫米。全国年均降水量约 494 毫米，主要为夏季季风降雨。降水分配极不平衡，随地域变化明显。降水分布差异大主要与季风和西部气流有关，降水不是全年连续的，而是每年都有变化。在 6 月和 9 月之间，受季风的影响，河流流域内平均降水量

38毫米，北部地区大约为150毫米。在一些地区，雨量大会导致洪水，在沙漠地区，雨量少会导致干旱。

地表水资源方面，主要是印度河及其支流，印度河及其支流多年平均径流量约1 690亿立方米，占全国河流年径流总量的90%以上。全国人口的80%集中在印度河平原，对印度河水的依赖程度极高，印度河被当地人视为生命河。印度河长约2 900千米，流域面积约112万平方千米。从东侧注入印度河干流的5条主要支流分别是杰赫勒姆河（Jhelum）、杰纳布河（Chenab）、拉维河（Ravi）、比亚斯河（Beas）和萨特莱杰河（Sutlej），从西侧注入印度河干流的主要支流则是喀布尔河（表3-5）。该国是除南北极以外拥有冰川最多的国家，境内冰川面积达13 680平方千米。由于冰川融化和雨季的重合导致印度河及其支流夏季河水暴涨，加之缺乏大型水库和水坝，河水往往泛滥成灾，而到了冬季枯水季节则面临河水枯竭的威胁。

表3-5　巴基斯坦主要河流情况

河流名称	流经国家	河长（千米）	流域面积（平方千米）
奇普恰普河（下游称希欧克河）	中国、印度、巴基斯坦	509	31 701
喀布尔河（Kabul）	阿富汗、巴基斯坦	471	91 082
古马勒河（Gumal）	阿富汗、巴基斯坦	304	39 239
杰赫勒姆河（Jhelum）	印度、巴基斯坦	722	56 762
拉维河（Ravi）	印度、巴基斯坦	638	36 113
杰纳布河（Chenab）	印度、巴基斯坦	1124	173 138（含各支流）
萨特莱杰河（Sutlej）	中国、印度、巴基斯坦	1553	141 916

数据来源：涂华忠.中国的巴基斯坦研究述评：巴基斯坦主要水系及水文资源 [R]. 2017.

地下水资源方面，大部分集中在印度河平原，地下水净补给量约为78亿立方米。从喜马拉雅山麓一直延伸到阿拉伯海，并储存于冲积层，这片平原长约1 600千米，占地21万平方千米，拥有广阔的非承压含水层，正迅速成为灌溉用水的补充水源。

四、森林资源

巴基斯坦由于降水较少，森林资源较为匮乏，森林覆盖率较低，仅为4%左右。森林面积自20世纪90年代以来总体呈现下降趋势，1992年森林面积为 489.17 万公顷，之后进入持续下降的趋势，到 2020 年下降至 372.59 万公顷，相比 1992 年下降了 116.58 万公顷，年均下降量为 4.16 万公顷（图 3-27）。森林资源中以天然原始林为主，其次是人造林和其他自然再生林，天然原始林约占森林面积的 93%，具有绝对的优势。天然原始林从 1992 年起持续下降，每年下降约 4.2 万公顷，年下降幅度约 0.89%。人造林面积在 1992—2020 年间基本保持在 25.39 万公顷，无明显变化。

森林资源分布不均衡，森林类型因从南到北的地理变化而呈现出多样性，优势森林种群是针叶林，森林类型包括沿海和沼泽森林、热带干燥落叶阔叶林、热带次生林、亚热带常绿阔叶林、亚热带松树林、喜马拉雅潮湿的温带森林、喜马拉雅干燥的温带森林以及部分亚高山森林和高山灌丛。森林用途包括生产林和保护林，生产林属郁闭林，用于木材采伐，而保护林的主要功能是保持水土。

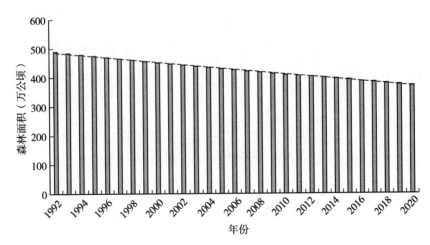

图 3-27　1992—2020 年巴基斯坦森林面积及其变化趋势
数据来源：世界银行数据库。

五、草地资源

巴基斯坦牧场资源和天然草场约占全国国土面积的 6%，约占全国农业用地的 14% 左右，自 20 世纪 90 年代后永久性草地及牧场面积整体保持稳定的状态。1992 年以来始终在 500 万公顷，并且稳定在这一水平保持不变（图 3-28）。草地有 5 种类型分别是高山草地、亚高山草地、温带草地、山前丘陵草地和干旱草地。高山草地位于海拔 3 500～5 200 米，包括长有禾本科牧草及其他草本植物和阔叶草本植物的永久草甸；亚高山草地海拔在 2 500～3 000 米，在这一地区，牧场位于平地或陡坡上的树林内，主要是夏秋牧场，草地从北部的高海拔区向南延伸一直到肥沃的农区；温带草地海拔在 1 300～3 500 米，因为人为影响，这里的林地已经退化为草地，由于夏季的季风雨，使该地区的禾草长势旺盛；山前丘陵草地包括海拔低于 1 300 米的地区，由于管理粗放，牧草场载畜量已经下降，现正在向农田转变；干旱草地位于旁遮普、新德、巴拉奇斯坦和西北边境各省。

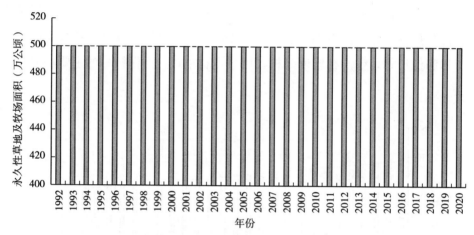

图 3-28　1992—2020 年巴基斯坦永久性草地及牧场面积变化
数据来源：联合国粮食及农业组织数据库。

第九节　印　　度

农业在印度国民经济中占有十分重要的地位，这主要归功于印度丰富的自然资源。该国是南亚次大陆最大的国家，有着丰富的耕地资源；热带季风气候给其带来了丰富的光热资源；水资源总量丰富，农业对降水的依赖性极大，但同时也遭受因降水而引发的洪涝灾害。

一、耕地资源

印度地势特点是中间低，南北两侧高，平原占总面积的 40%，山地只占 25%，大部分山地、高原海拔不超过 1 000 米，低矮平缓的地形使其发展农业有着绝对优势。农业用地面积为 17 905 万公顷，耕地面积为 15 537 万公顷，占农地用地面积约 86.77%，人均耕地面积为 0.116 公顷，是全球可耕种土地面积最大的国家之一，也是主要的农业生产国之一。

耕地面积变动方面，自 20 世纪 90 年代以来呈减少趋势，1992 年耕地面积为 16 270.6 万公顷，之后开始下降至 1996 年的 16 102.5 万公顷；1997 年出现一个短暂的回升迹象后又逐渐下降，2001 年跌至 16 032.5 万公顷，2002 年又有所恢复，之后再次进入长期下降状态；直到 2018 年开始基本维持在一个较稳定的状态（图 3 - 29）。人均耕地面积随着耕地面积的减少而逐年呈下降趋势。1992 年，人均耕地面积为 0.179 公顷，之后逐年下降至 2020 年的 0.116 公顷，约占 1992 年的 64.8%。境内约有 3 900 万平方千米土地由地下水灌溉，2 200 万平方千米土地由灌溉渠灌溉，灌溉比例约为 40%。

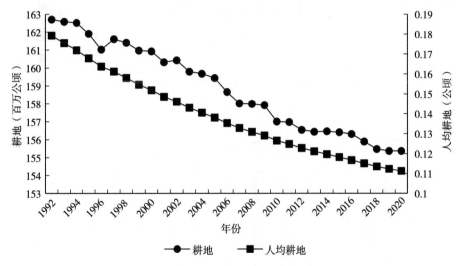

图 3 - 29　1992—2020 年印度耕地面积变化
数据来源：世界银行数据库。

印度的耕地主要分布在中部的恒河平原和南部的德干高原。就邦而言，北方邦、比哈尔邦、哈里亚纳邦等以耕地为单一类型，这里地处恒河平原，自古便是著名农业地区。印度南半部的德干高原和东部的那加丘陵区的各邦也分布着大片耕地。西北部以古吉拉特邦和拉贾斯坦邦为主，两邦以农业和畜牧业为主，但土地退化较严重，土地利用程度不高。地处印度中心地带且面积最大的联邦——中央邦，该邦地处德干高原与恒河平原之间，耕地与其他土地利用类型镶嵌分布。

二、气候资源

印度位于北纬 8°～34.5°，大部分地区处于热带，是世界上最热的国家之一。因其北侧的高山峻岭挡住了北方的冷空气，加之国土广阔，三面临海，所以温度较高，年平均气温在 22℃ 以上，最冷月一般在 16℃ 以上（图 3-30）。南部属热带季风气候，北部为温带气候，一年分为凉季（10 月至翌年 3 月）、暑季（4 月至 6 月）和雨季（7 月至 9 月）三季。年平均气温在 22℃ 以上，最冷月一般在 16℃ 以上。

印度是世界上太阳能资源最丰富的国家之一。据该国太阳能项目部门估计，大部分地区每年约有 250～300 天光照日，尤其是中部和西北部地区能够达到每年 300～330 天光照日。从太阳平均辐射强度上看，该国达到了 20 兆瓦/平方千米，且每天的日照强度高达 4～7 千瓦时/平方米。日照时间充足，年均太阳辐射量可达 1 700～2 500 千瓦时/（千瓦特·年）。每年约有 3 000 小时的太阳辐射，相当于 5 000 万亿千瓦时的规模。

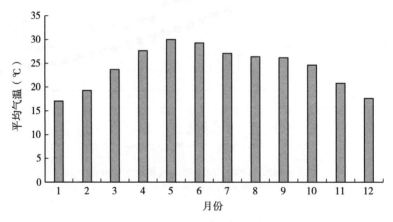

图 3-30　1992—2020 年印度月平均气温情况

数据来源：世界银行数据库。

三、水资源

印度是世界水资源最丰富的国家之一，截至 2016 年，年平均实际可利用水资源总量为 1.123 万亿立方米，但是随着人口数量的迅猛增加，人均实际可再生水资源量仅为 1 588 立方米，处于"水资源紧张"的行列。

降水方面，境内多年平均降水量 1 170 毫米。水资源时空分布极不平衡，时间上，主要集中在每年的 6—9 月，约占全年降水的 80% 以上，在雨季来临时，15 天内的降水量占到全年的 50%，而其他月份均为干旱少雨；空间上，全国 36% 的地区平均降水量在 1 500 毫米以上，其中有 8% 的地区超过 2 500 毫米，喜马拉雅山东部和西海岸的山脉降水量最大可达 4 000 毫米，东部阿萨姆地区为 1 000 毫米，33.5% 的地区为 750 毫米以下，其中约 12% 的地区平均年降水量小于 610 毫米，南方主要依靠季风降水，水源极不稳定，枯水期漫长且会出现断流，丰水期由于降水量过于丰富又往往酿成洪灾。

地表水资源方面，境内主要河流有恒河、布拉马普特拉河、印度河、纳尔默达河、戈达瓦里河、克里希纳河和默哈纳迪河等，其中恒河最长，被誉为母亲河。布拉马普特拉河、恒河和梅克纳河在孟加拉国汇合，注入孟加拉湾。多年平均径流量为 18 694 亿立方米，水资源可以利用量为 11 220 立方米，约占水资源总量的 60%，布拉马普特拉河（含梅克纳河）水资源量最多，其次是恒河和印度河，全长分别为 2 525 千米和 1 114 千米，平均流量 25 100 立方米/秒，这 3 条河的水资源量占水资源总量的 59.4%（表 3-6）。

表 3-6 印度主要河流情况

河流	河长（千米）	流域面积（立方米）
印度河（Indus）	1 114	321 289
恒河（Ganga）	2 525	814 000
布拉马普特拉河（Brahmaputra）	725	186 000
纳尔默达河（Narmada）	1 312	98 796
达布蒂河（Tapti）	724	65 145
婆罗门河（Brahman）	799	39 033
白塔尔尼河（Baitarni）	355	12 879
默哈讷迪河（Mahanadi）	851	141 589
戈达瓦里河（Godavari）	1 465	312 812
克里希纳河（Krishna）	1 400	258 948
本内尔河（Pennar）	597	55 213
高韦里河（Cauvery）	800	87 900
萨巴尔马蒂河（Sabarmati）	371	21 674

数据来源：NairK. S. International River Management in India - Challenges in Changing Environments.

关于地下水资源，随着该国地表水被污染，地下水逐步成为居民饮用和灌溉水源。据统计，可更新地下水资源大约为 4 320 亿立方米，约占总水源的 23%。随着境内水资源私有化的发展，境内大部分贫民区和农村的饮用水主要来源于地下水。

四、森林资源

印度属于森林资源丰富的国家，森林覆盖率为 20.64%，占世界森林资源的 1%，世界排名第 10 位，亚洲第 3 位，森林类型中以热带森林为主。森林面积自 20 世纪 90 年代以来总体呈现持续上升趋势，1992 年森林面积只有 6 467 万公顷，之后进入持续上升期，到 2020 年上升至 7 216 万公顷，相比 1992 年上升了 749 万公顷，年均增加量为 26.75 万公顷（图 3 - 31）。森林资源中以天然原始林为主，其次是人造林，天然原始森林比重约占森林资源的 80% 以上，在森林资源中具有绝对的比较优势。森林面积持续增加的主要原因是人造林的快速且持续的增长，人造林从 1992 年的 600.62 万公顷增加到 2020 年的 1 326.9 万公顷，在森林面积的占比从 9.29% 增加至 18.39%。

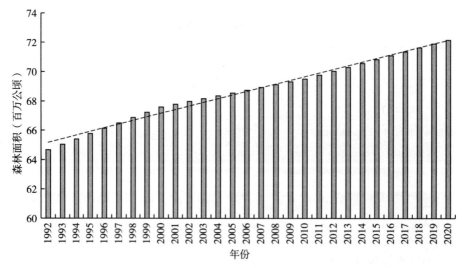

图 3 - 31 1992—2020 年印度森林面积及其变化趋势
数据来源：世界银行数据库。

森林资源分布就区域而言，分布在东北部阿萨姆地区，喜马拉雅和希瓦拉克地区、中部地区、安达曼尼科巴群岛、高止山脉东西两侧及沿海地带，就邦而言，主要分布在米佐拉姆、安达曼-尼科巴群岛、特里普拉邦、阿萨姆邦和奥里萨邦。主要的森林类型为热带湿润常绿林、热带湿润落叶林、热带干旱落叶林、亚热带松林、湿润温带林和亚高山和高山林。按功能划分，防护林用于流域保护，生产林主要为满足对林产品的需求，社区林主要满足人们的多种需求，还有部分森林划为保护区用来保护生物多样性。同时，该国是世界上唯一每隔2年就利用现代技术进行全国森林资源清查的国家，几乎所有的森林归国家所有和管理。

五、草原资源

印度牧场资源和天然草场约占全国国土面积的3%～4%，约占全国农业用地的6%左右，草地资源占比较小，20世纪90年代后永久性草地及牧场面积整体呈下降趋势，略有波动。1992年永久性草地及牧场面积为1 129.9万公顷，之后进入一个短暂的下降期，1994年永久性草地及牧场面积下降至1 096.6万公顷，随后两年有所上升之后再次出现下降。1999年又上升至1 089.6万公顷，之后进入较为稳定的逐年下降态势，2015年降至1 025.6万公顷后保持不变，几年后又进入缓慢的上升期（图3-32）。2020年永久性草地及牧场面积为1 038万公顷，相比1992年下降了91.9万公顷，年平均下降约3.3万公顷。这个过程是由于人畜剧增造成的过度放牧所引起的，另一方面

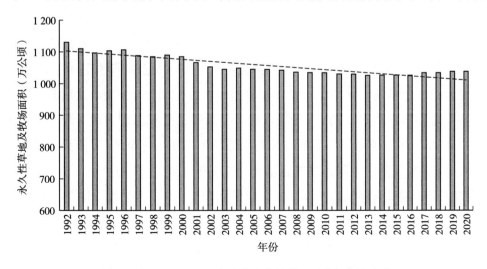

图3-32　1992—2020年印度永久性草地及牧场面积变化
数据来源：联合国粮食及农业组织数据库。

越来越多的热带稀树草原开垦成了农田，开渠引水进行灌溉带来的盐渍化也与草场退化息息相关。

草地植被划分为 5 个类型，即沟颖草-双花草型、双花草-蒺藜草型、芦苇-斑茅-白茅型、黄背茅-野古草型、温带和高山植被。其中沟颖草-双花草型占据了整个印度半岛（尼尔吉里除外）干旱、半湿润地带，双花草-蒺藜草型延伸至古贾拉特和拉贾斯坦北部（不包括阿拉瓦里斯）、北方邦、德里邦和旁遮普邦西部（半干旱地带），芦苇-斑茅-白茅型位于北部恒河冲积原，黄背茅-野古草型扩展至湿润的山地和阿萨姆邦、曼尼普尔、西孟加拉邦、北方邦、旁遮普邦、喜马偕尔邦等。随着人口的不断增长，导致草原放牧压力的增加，由于过度放牧，草原正处于掠夺式经营的严重局面。

第十节　伊　朗

伊朗农业生产自然条件整体较差，农业生产水平较低。境内以山地和高原为主，耕地面积少，可复垦的耕地更少；气候特点是干热季节长，适合耐旱性植物生长，干旱少雨和蒸发量大的气候同样限制农业的发展；土地荒漠化较严重，不利于农业生产活动。

一、耕地资源

耕地资源方面，伊朗耕地资源较为丰富，耕地面积为 1 565 万公顷。根据世界银行 2022 年发布的伊朗耕地数据显示，自 20 世纪 90 年代以来，耕地面积变动趋势总体呈"W"形，1992 年耕地面积为 1 697 万公顷，之后开始逐年上升，到 1995 年升至 1 739 万公顷；1995 年后耕地面积出现大幅下降，下降至 2000 年的 1 492 万公顷；随后再次出现上涨，2007 年恢复至 1 687 万公顷；之后开始出现逐年下降，下降速度较为显著，2013 年降至 1 469 万公顷，并一直保持至 2016 年；后又有小幅增长，2020 年耕地面积为 1 565 万公顷（图 3 - 33）。人均耕地面积随着耕地面积的变化呈波动下降趋势，从 1992 年的 0.29 公顷下降至 2020 年 0.18 公顷，减幅达 37.93%，其中有两个降幅明显的时期，分别发生在 1995—2000 年以及 2007—2015 年。在里海之滨，在中央高原的山前平原和山间盆地的绿洲上，到处渠道纵横，绿洲灌溉主要靠坎儿井和河水，灌溉面

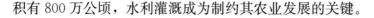

积有 800 万公顷，水利灌溉成为制约其农业发展的关键。

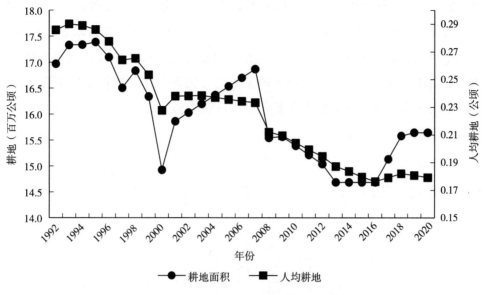

图 3-33 1992—2020 年伊朗耕地面积变化
数据来源：世界银行数据库。

伊朗是一个高原和山地相间的国家，地形崎岖，平原和低地很少，耕地只能分布在降水或灌溉条件较好的沿海平原、山间盆地、谷地和绿洲。里海沿岸平原、西南部的胡齐斯坦平原土地肥沃、东南部的锡斯坦盆地、北部霍腊散的马什哈德盆地、内沙布尔平原、中央荒漠盆地区的贾兹木里安盆地等是重要的农业区。境内拥有耕地数量大于 100 万公顷的省份有呼罗珊、洛雷斯坦、胡齐斯坦、法尔斯、东阿塞拜疆和科尔曼沙阿等，耕地数量大于 50 万公顷的省份有阿尔达比勒、伊拉姆、戈莱斯坦、西阿塞拜疆、北呼罗珊和哈马丹等，上述省份拥有的耕地共占耕地的 75.1%。可见，尽管耕地在地域分布上比较零散，但在各省之间又相对集中。

二、气候资源

伊朗国内除了里海沿岸平原和北部山地属于亚热带湿润气候区和亚热带半湿润山地气候区，其他内陆大部分地区均为热带、亚热带干旱气候区和亚热带半干旱山地气候区，大陆性强，其特点是干热季节长，气候变化剧烈，夏季干燥炎热，冬季寒冷多风。由于境内高山对冷空气的阻挡作用，年平均气温大部分地区在 15℃以上，比同纬度的许多地方都高。冬季大部分地区受西伯利亚寒流的影响，1 月平均气温大都在 10℃以下；夏季除沿海一带外，其他地区得不到海洋气流的调剂，炎热干旱，7 月平均气温中央高原在 28℃以上，南部沿岸和中央高原低盆地达到 32℃以上，绝对气温超过 40℃，是境内最热的地方。太阳能资源方面，伊朗也拥有高原国家的绝对优势——位于中东太阳带，80%的土地每年至少有 300 天阳光普照，平均日照为每平方米 2 200 千瓦时，具有发展农业的良好光热条件。

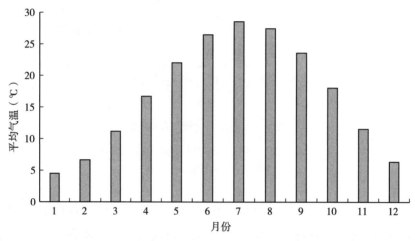

图 3-34　1992—2020 年伊朗月平均气温情况
数据来源：世界银行数据库。

三、水资源

受环境和气候因素的影响，伊朗的水资源十分匮乏，是面临"极高"水资源压力的国家之一。水资源总量少于世界平均水平的 1/3，年人均可用水量仅为 1 300 立方米左右，形势不容乐观。严酷的环境和气候条件使得其十分重视水源与农业生产的关系。

降水方面，降水量少而蒸发量大，年均降水量仅有 220 毫米，而全年降水量中被直接蒸发的高达 179 毫米，占降水总量的 71%。境内降水量还存在严重的时空分布不均，时间上，冬季（10 月到次年 4 月）多降水，而气候更炎热需水量更大的夏季却鲜有降水。空间上，伊朗降水北多南少，西部多而中部、东部少。伊朗北部里海沿岸平原地区降水较丰沛，全年可达 680～

1 700 毫米；中部及东部盆地为大陆性气候，全年降水量 200 毫米以下；南部波斯湾及阿拉伯海沿岸平原地区的年降水量为 150～350 毫米。

地表水资源方面，境内地表河流数量较少、流量较小且分布不均，湖泊多为利用受到限制的咸水湖，大部分河流集中于北部（阿拉斯河）和西部（德兹河与卡伦河），东部和中部地区大部分被卢特沙漠覆盖。干旱气候对伊朗的自然水体有重大威胁，出现大量湖泊干涸、湿地萎缩、河流断流等状况。最具代表性的是国内最大的湖泊——乌鲁米耶湖的干涸，干涸前该湖的水域面积约为 4 000～6 000 平方千米，但受严重的干旱和水环境危机影响，水域面积已萎缩了近 70%，湖水变成血红色。

关于地下水资源，地下水资源是水资源开发的主要来源，据伊朗议会调研组调查结果显示，可再生的深层地下水大约有 20 亿立方米。在这种较干旱的气候环境中，地下水本应是补给地表水的重要来源，但由于其对地下水资源的过度开采，使得地下水储量锐减。近 50 年来，伊朗对地下水的开采量已增长了 3 倍，截至 2016 年底，境内一半的地下水资源已经耗尽。

四、森林资源

伊朗的森林资源较为稀少，覆盖率仅占全境面积的 6.6%，自 20 世纪 90 年代以来森林资源整体呈现出逐年上涨的趋势，发展势头较好。根据联合国粮食及农业组织（FAO）2022 年发布的伊朗森林数据显示，1992 年森林面积为 912.60 万公顷，之后开始逐年持续增加，2010 年增至 1 069.2 万公顷；2010 年后继续保持增长态势，但增长速度较之前有所放缓；2020 年森林面积达 1 075.19 万公顷，相比 1992 年上涨了 162.59 万公顷，年均增加面积为 5.81 万公顷（图 3‐35）。森林资源中以天然原始林为主，天然原始森林约占森林资源的 90% 以上，在森林资源中具有绝对的比重，人工林的面积虽小，但在逐年增长。

森林可划分为 5 个森林植物生长区，以生长稀疏草类和多刺植物为主。里海森林区，分布在伊朗北部，为天然实生混交林，主要树种为各种栎、紫杉、榆、桧、槭、鹅耳枥、桦、梣、花楸、槐、椴、桤及扁柏等；伊朗‐图拉年斯克森林区，分布在霍拉桑、阿塞拜疆和中、西部省。该区可划分为山地亚区和草原亚区，山地亚区生长着多种桧柏，草原亚区主要树种有柽柳、榆、朴、柳等；札格罗斯森林区，分布在伊朗西部和南部的札格罗斯山脉，包括西阿塞拜疆、库尔德斯坦、克尔曼沙赫、洛雷斯坦、法耳斯、恰哈马哈勒-马赫蒂亚里、亚兹德省以及胡泽斯坦省北部，主要树种为各种栎，次要树种有黄连木、朴和榉等；波斯湾和阿曼湾森林区，分布于伊朗南部，包括胡泽斯坦、布什尔、霍尔木兹甘及锡斯坦-俾路支斯坦省，主要树种有相思、海榄雌、红树及杨等。

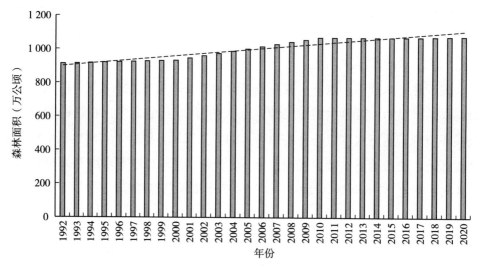

图 3-35　1992—2020 年伊朗森林面积及其变化趋势
数据来源：世界银行数据库。

五、草原资源

伊朗草原面积广阔，草场分布众多，约占国土面积的 27.6%。自 20 世纪 90 年代以来境内永久性草地及牧场面积整体呈下降趋势。根据联合国粮食及农业组织（FAO）2022 年发布的伊朗草原数据显示，1992 年永久性草地及牧场面积为 4 550 万公顷，之后一路稳定在 1995 年；1996 年上升至 4 660 万公顷并一直保持到 2004 年，随后一年出现断崖式下降，跌至 2 952.4 万公顷；2005—2009 年间有小幅下降，下降速度较之前缓和了许多，2009 年面积为 2 947.7 万公顷，之后一直保持至今（图 3-36）。永久性草地及牧场中，几乎都是自然生草地，且与永久性草地及牧场面积变化趋势同步。草原类型属于荒漠草原，通常生长有旱生灌木及禾本科植物。

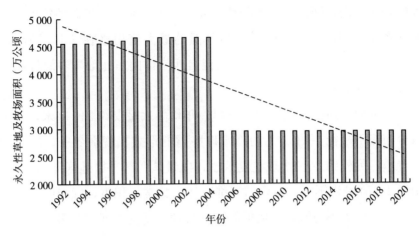

图 3-36　1992—2020 年伊朗永久性草地及牧场面积变化

数据来源：联合国粮食及农业组织数据库。

第十一节　观察员国与对话伙伴国

一、观察员国

（一）阿富汗

阿富汗农业自然资源条件整体有限，致使农产品产量呈波动性变化，在资源开发和农业生产等方面仍存在较大的发展潜力。境内地形以山地和高原为主，耕地总量较为丰富；气候干燥，温差较大；水资源匮乏，是世界上最干旱的地区之一。

耕地资源方面，阿富汗耕地面积为 770.3 万公顷，约占总面积的 11.8%，总量较为丰富。根据世界银行 2022 年发布的阿富汗耕地数据显示，自 20 世纪 90 年代以来耕地面积变动趋势总体呈"W"形，1992—1996 年耕地面积出现逐年下降，从 791 万公顷下降到了 764.7 万公顷；1996 年后耕地面积出现小幅上涨，上升至 1998 年的 775.7 万公顷；一年后再次出现下降并降至 765.3 万公顷，后耕地面积有所回升，2004 年耕地面积回升至 781.6 万公顷；之后几年耕地面积持续下降，2018 年后又有所回升，2020 年耕地面积为 782.9 万公顷。人均耕地呈逐年下降趋势，1992 年人均耕地面积为 0.66 公顷，之后呈持续性下降，2020 年人均耕地面积为 0.2 公顷，还不到 1992 年的一半。

气候资源方面，阿富汗属大陆性气候，四季分明，昼夜温差较大，全年干燥少雨，冬季严寒，夏季酷热。平均气温的最大值出现在 7 月，为 25.7℃，最小值出现在 1 月，为 0.7℃，平均气温自西南部向东北部随着海拔高度的增加呈下降的空间分布。

水资源方面，阿富汗气候较为干旱，年均降水量仅约 240 毫米，且随季节和地域分布极不平衡。约 50% 的降水以降雪的形式出现在冬季，30% 的降水出现在春季，另外约 20% 出现在夏秋季；雨量从西部平原地区年均 75 毫米到中部山区 1 170 毫米不等。境内的兴都库什山脉常年积雪，气温回升时，积雪融化，注入境内大小河流，呈放射状流向各地。境内虽河流众多，但大多为跨境河流，流出境外，河水利用率极低，最重要的四大河流——喀布尔河（Kabul）、阿姆河（Amu Darya）、赫尔曼德河（Helmand）及哈里卢德河（Harirud）皆为跨境河流。

森林资源方面，阿富汗森林资源较为稀缺，森林覆盖率为 1.9%。根据联合国粮食及农业组织（FAO）2022 年发布的阿富汗森林数据显示，自 20 世纪90 年代以来森林资源基本保持平稳，1992 年森林面积为 120.84 万公顷，之后稳定在此水平至 2020 年，几乎没有变化。森林资源构成全部为原始林，无人工种植森林，常见的森林类型为阿月浑子林、天然郁闭林、天然疏林、荒废林和灌木林 4 类，天然郁闭林和天然疏林主要位于东部和南部。

草原资源方面，阿富汗草原资源主要以荒漠草原为主。根据联合国粮食及农业组织（FAO）2022 年发布的阿富汗草原数据显示，1992 年以来始终在3 000 万公顷，并且稳定在这一水平保持至 2019 年，2020 年上升至 3 026.2 万公顷。永久性草地及牧场中，自然生草地占比百分之百，几乎所有草地资源来源于自然生长。

（二）白俄罗斯

白俄罗斯气候条件适宜、水土资源丰富，具备发展农牧业的良好条件，农业一直比较发达，曾是苏联重要的农产品生产基地。境内大部分地区为平原和盆地，适宜大规模机械化作业；土质较肥沃，有机质含量多在 3.5% 以上；气候总体温和湿润，雨量充足，雨热同期，适宜发展雨养农业。

耕地资源方面，白俄罗斯耕地面积为 571.2 万公顷，约占总面积的28.1%，属于人少地多的国家。根据世界银行 2022 年发布的白俄罗斯耕地数据显示，20 世纪 90 年代以来耕地面积总体呈现下降趋势，1992 年耕地面积为 608.4 万公顷，1995 年增加至 622.5 万公顷，此后六年平稳波动、缓慢下降，2001 年突然下降至 576.1 万公顷，2002 年后逐年下降，2004 年耕地面积为 554.8 万公顷，2004 年至 2012 年，耕地面积在 552 万公顷左右上下波动；2012 年后呈现出上升趋势，2020 年耕地面积恢复到 566 万公顷，相比 1992 年减少了 42.4 万公顷。人均耕地基本保持平稳，基本保持在 0.6 公顷左右。

气候资源方面，白俄罗斯属温带大陆性气候，境内温和湿润，夏季温暖，秋季多雨，冬季多雪。平均气温由于区域位置不同，也存在差别，7 月境内北部的平均气温为 17℃，南部为 18.5℃；1 月份的平均气温，西南部为零下 4.5℃，东北部为零下 8℃。

水资源方面，白俄罗斯水资源较为丰富，年均降水量约 700 毫米，总可再生水资源量为 58 立方千米/年，其中产自境内的可再生水资源量为 37.2 立方千米/年。拥有河流 2 万多条，总长 9.06 万千米，东南部有第聂伯河及其支流普里皮亚季河、别列津纳河和索日河，北部有西德维纳河，西部有涅曼河，西南部有布格河。境内大小湖泊有 1.08 万个，享有"万湖之国"的美誉，总水面面积 1 600 平方千米，占国土面积的 0.8%，总水量 7.2 立方千米。除湖泊外，还有 1 550 座池塘，总面积 350 平方千米，总水量 0.5 立方千米。

森林资源方面，白俄罗斯森林资源十分丰富，森林覆盖率为 43.2%，在独联体中仅次于俄罗斯，居第 2 位。根据联合国粮食及农业组织（FAO）2022 年发布的白俄罗斯森林数据显示，自 20 世纪 90 年代以来境内森林资源整体呈现出上涨的趋势，发展势头较好，1992 年森林面积为 787.86 万公顷，之后开始逐年持续增加至 2010 年的 863 万公顷，年增幅为 2.68%；后继续逐年增加，增长速度较之前有所放缓，2015 年森林面积增至 863.35 万公顷；2015 年后增幅再次上升，到 2020 年上升至 876.76 万公顷。森林资源构成主要以原始林为主，人工林涨势较为明显，森林资源增长也主要依靠人工林面积的增加。境内森林以针叶林为主，主要树种是松类，其次有云杉、白桦、橡树、赤杨、塔树和榆树等。

草原资源方面，白俄罗斯境内草原面积广阔，自 20 世纪 90 年代以来其永久性草地和牧场的变化趋势总体呈现"N"形，整体呈下降趋势，略有波动。根据联合国粮食及农业组织（FAO）2022 年发布的白俄罗斯草原数据显示，1992 年永久性草地及牧场面积为 313 万公顷，1992—2000 年间波动下降，

2000年面积达299.5万公顷，之后三年保持较快速的增长，2003年面积达329.7万公顷；随后再次进入波动变化状态，2008年开始出现逐年下降态势，并于2011年以后出现断崖式下降，2020年面积为252.1万公顷。永久性草地及牧场中，人工种植草地占有较大比重，且与永久性草地及牧场面积变化趋势同步。

（三）蒙古国

农牧业占蒙古国经济活动近一半，但蒙古国农牧业发展水平低，仍以粗放型农牧业为主。境内耕地资源稀少，近半数的土地是干旱地区，水资源匮乏导致农业生产很难进行；大陆性气候特征十分明显，温度差别较大；拥有丰富的森林资源和天然草场，农牧业发展潜力巨大。

耕地资源方面，蒙古国耕地面积为132.74万公顷，约占总面积的0.9%，属于耕地资源十分紧张的国家。根据世界银行2022年发布的蒙古国耕地数据显示，自20世纪90年代以来耕地面积变动整体呈现波动状态，1992—1997年耕地面积出现连年的下降，从136.2万公顷减少到了122.7万公顷；1998年上涨至134.6万公顷，随后一年又出现断崖式下跌至119万公顷，之后几年整体起伏较小，基本维持在117万公顷左右；2007年后再次出现逐年上涨，且增长速度较快，2012年耕地面积回升至131.91万公顷；随后继续呈现出波动式增长，直至2020年，耕地面积为134.05万公顷。人均耕地面积随耕地面积变化同样呈现波动的趋势，但整体保持较为稳定。

气候资源方面，蒙古国以"蓝天之国"而闻名于世，一年有2/3时间阳光明媚，气候为典型的大陆性温带草原气候。蒙古国春、秋两季短促，冬季漫长严寒，气候干燥，常有暴风雪，是亚欧大陆"寒潮"发源地之一，最低气温可至－40℃（最低曾达到－60℃）；夏季短暂干热，最高气温可达38℃（最高曾达到45℃），早晚温差较大。年平均日照时数为2 600～3 300小时，是全世界日照时间最长的国家之一。

水资源方面，蒙古国被列为世界上22个水资源极度短缺的国家之一，水资源十分紧张。境内降水量自北向南递减，平均年降水量为230毫米，大部分集中在暖季。境内共有大小河流1 200条，总长度为70 000千米，分属北冰洋、太平洋和亚洲内陆水系。北冰洋流域和太平洋流域河流的主要补给来源是雨水，雨水形成的径流占全年径流量的40%～65%。阿尔泰山区河流的雨水补给要少得多，仅占全年径流量的 25%～40%。

森林资源方面，蒙古国森林资源较为丰富，森林覆盖率为 9% 左右，人均占有量居世界第三位，自 20 世纪 90 年代以来森林资源整体保持较为稳定的状态，有小幅的下降。根据联合国粮食及农业组织（FAO）2022 年发布的蒙古国森林数据显示，1992 年森林面积为 1 433.44 万公顷，之后出现逐年持续下降，到 2010 年降至 1 418.39 万公顷；随后森林资源再次下降，下降速度较之前有所缓慢，2020 年达到了 1 417.28 万公顷，相比 1992 年下降了 16.16 万公顷，年均下降面积为 0.58 万公顷。森林资源构成主要以原始林为主，人工林占比极小。境内森林主要分布在北部山区，山地针叶森林带主要分布雪松和雪松-落叶松林，矮灌丛。

草原资源方面，蒙古国牧草地占地比重最大，占农用地的 96.16%，人均草场面积居世界首位，自 20 世纪 90 年代以来境内永久性草地及牧场面积整体呈下降趋势，波动起伏较大。根据联合国粮食及农业组织（FAO）2022 年发布的蒙古国草原数据显示，1992 年永久性草地及牧场面积为 12 223 万公顷，之后进入一个下降期；1996 年永久性草地及牧场面积上升至 11 715 万公顷，随后一年剧增至 12 766 万公顷；1997—2002 年间波动式上涨，之后陷入断崖式下跌，2003 年下降至 11 310 万公顷，之后进入较为稳定的状态，2020 年面积为 11 135 万公顷。永久性草地及牧场中，自然生草地占有较大比重，且与永久性草地及牧场面积变化趋势同步。荒漠草原的主要植物类型是细羽毛植物、蛇形羽叶草、鳞茎羽叶草和盐生羽叶草，而其他禾本科植物则很稀少或完全没有。

二、对话伙伴国

（一）阿塞拜疆

阿塞拜疆具有适宜发展农业的自然条件。境内耕地资源丰富，农业用地占国土面积一半以上，特殊土壤条件使得当地牧草中的蛋白、糖类成分含量较高；同时拥有良好的气候条件，温度较高，光照充足，生长期长，有利于培育众多高产值作物；河流众多，水量充沛，为发展农业提供了灌溉条件。

耕地资源方面，阿塞拜疆耕地资源较为丰富。农业用地占国土面积 52.3%，约 460 万公顷可以耕种或放牧，其中约 178 万公顷为水浇地，其余大约 280 万公顷为旱地。根据世界银行 2022 年发布的阿塞拜疆耕地数据显示，自 20 世纪 90 年代以来耕地面积变化总体呈上升趋势，1992 年耕地仅有 170.45 万公顷，后开始逐年上升，直至 2018 年耕地面积达到 209.79 万公顷；之后两年又有所下降，2020 年耕地面积为 208.43 万公顷。人均耕地基本保持在 0.2 公顷左右。

气候资源方面，阿塞拜疆气候呈多样化特征。中部和东部是干燥的亚热带气候，冬温夏热，1 月平均气温为 -0.775℃，7 月平均气温为 24.44℃。北部与西部山区气温较低，冬季平均气温为 -9℃，夏季为 12℃。地势越高温度越低，高山地区 7 月份平均气温为 10℃，1 月份平均气温达零下 10℃。里海沿岸地区相对湿润、温暖，十分适合农作物生长。

水资源方面，阿塞拜疆水力资源较为丰富，有待开发的水资源更是相当丰富。境内大部分地区全年降水量 500 毫米左右，但少数地区，如高加索山脉的高海拔区，以及东南部的连科兰平原全年降水量可达 1 000 毫米左右。大部分地区夏天为旱季，干燥少雨；秋末至次年春季为雨季，部分地区有降雪。境内有 61 个水库，水库总容积为 21.5 立方千米，大多数水库根据季节进行管理，用于灌溉。河流系统由三组组成：跨界河流，边境河流和当地河流。包括库尔河及其分支，以及通往里海的河流，共有 8 350 多条，湖泊有 450 个，总面积为 395 平方千米，其中 10 个湖泊的面积超过 10 平方千米。

森林资源方面，阿塞拜疆的森林资源总量稀少，森林覆盖率约为 13%。自 20 世纪 90 年代以来阿塞拜疆森林资源整体呈现出逐年上涨的趋势，发展势头较好。根据联合国粮食及农业组织（FAO）2022 年发布的阿塞拜疆森林数据显示，1992 年森林面积为 95.32 万公顷，之后开始逐年持续增加，到 2020 年上升至 113.18 万公顷，相比 1992 年上涨了 17.86 万公顷，年均增加面积为 0.64 万公顷。森林资源构成主要以原始林为主，森林资源增长同样主要依靠原始林的面积增加。境内森林主要分布在海拔 1 000～2 000 米的高山和东南、东北的低地以及沿主要河流的两岸，尤其集中在小高加索山脉与库拉河谷地带。

草原资源方面，阿塞拜疆十分适宜种植牧草，草原资源较为丰富。其中高加索地区的特殊土壤和气候条件使得当地牧草中的蛋白、糖类成分含量较其他地区相比更高。根据联合国粮食及农业组织（FAO）2022 年发布的阿塞拜疆草原数据显示，其永久性草地和牧场的变化趋势总体呈现"N"形，1992 年永久性草地和牧场面积为243.14万公顷，1992—2001年间波动增长，2001年面积达268.29万公顷，之后五年一直保持平稳波动，2005年面积达到最高点，为269.39万公顷，2006年起出现缓慢下降，2017年出现断崖式下降，2020年面积为242.3万公顷，与1992年相比恢复持平状态。

（二）亚美尼亚

亚美尼亚农业资源较为匮乏，耕地、气候、水资源等自然条件较差。境内土地贫瘠，山多，耕地盐碱化严重；气候干旱，降水较少，水资源较为缺乏，绝大部分土地需要灌溉；受农业私有化的影响，多年来灌溉系统年久失修，导致土壤侵蚀严重，养分失衡和土壤肥力下降。

耕地资源方面，亚美尼亚耕地资源较为稀缺，耕地面积为44.56万公顷，约占总面积的15.7%。根据世界银行2022年发布的亚美尼亚耕地数据显示，自20世纪90年代以来耕地面积变动趋势总体呈"M"形，1992年耕地面积为42.3万公顷，之后开始逐年上升且涨幅明显，到1997年升至45.5万公顷；1997年后耕地面积出现小幅下降，下降至1999年的45万公顷；随后一年基本保持稳定后再次出现上涨，2001年恢复至45.5万公顷且维持在这一水平直至2005年；2005年后开始出现逐年下降，下降速度较为缓慢，2020年降至44.4万公顷。同时人均耕地面积随着耕地面积的变化呈波动增长趋势。1992—2009年人均耕地面积不断上升，2009年达到最高点，为0.16公顷，之后又有所回落至0.15公顷。

气候资源方面，亚美尼亚属亚热带高山气候。由于山脉的阻挡，来自北方的冷空气和来自南方的暖空气都受拦截，各地气候差异较大。低地夏季干热，高地夏季温和，7月份平均气温为24～26℃；冬季漫长严寒，1月份平均气温为-2～12℃。

水资源方面，亚美尼亚是一个较为干旱的国家，年降水量为620毫米。在人口最稠密的阿拉特山谷地区，年总降水量约为220毫米，而在高山地区，年总降水量可达1 000毫米，降水集中发生在4月和5月（约占年降水量的37%），而12月至2月的降水量仅占17%，而7月和8月的比例不到10%。境内约47%的河水来自地表水，53%来自地下水，河网由大约9 500条中小河流组成，其中只有379条河流长达10公里以上。

森林资源方面，亚美尼亚森林资源较为稀缺，森林覆盖率约为11%，自

20 世纪 90 年代以来亚美尼亚森林资源整体呈现出小幅下降的趋势。根据联合国粮食及农业组织（FAO）2022 年发布的亚美尼亚森林数据显示，1992 年森林面积为 33.43 万公顷，之后逐年持续下降，到 2020 年降至 32.85 万公顷，相比 1992 年下降了 0.58 万公顷，年均下降面积为 0.02 万公顷。森林资源构成主要以原始林为主，人工林占比较小，人工林虽然整体有所增长，但增幅较小。

草原资源方面，亚美尼亚草原分布广阔，草原资源丰富，自 20 世纪 90 年代以来永久性草地及牧场面积整体呈上升趋势，略有波动。根据联合国粮食及农业组织（FAO）2022 年发布的亚美尼亚草原数据显示，1992 年永久性草地及牧场面积为 68.7 万公顷，之后进入一个持续的上升期，1998 年永久性草地及牧场面积上升至 83.5 万公顷，随后三年保持不变后再次出现上涨。2006 年上升至 125.25 万公顷，之后逐年下降至 2017 年，2017 年及其之后一直稳定在 117.2 万公顷保持不变，此时草场资源较 1992 年相比增加了 48.5 万公顷，年均增长量为 1.73 万公顷。永久性草地及牧场中，自然生草地占有较大比重，且与永久性草地及牧场面积变化趋势同步。

（三）柬埔寨

柬埔寨是传统农业国，耕地、水资源、气候光照等自然条件优越。境内耕地资源十分丰富，且主要分布在靠近水源的平原地区；水资源也极其丰富，湄公河流贯该国东部；年平均气温较高，光照充足。总体来说，柬埔寨的资源条件非常适宜农业生产。

耕地资源方面，柬埔寨耕地资源较为丰富，耕地面积占国家土地面积的 21.10%。耕地主要分布在洞里萨湖区，在雨季，有 51% 的耕地面积用于种植作物；在旱季，用于种植作物的耕地面积仅占 10%。境内耕地面积自 20 世纪 90 年代以来整体呈上升趋势，根据世界银行 2022 年发布的柬埔寨耕地数据显示，1992 耕地面积为 370 万公顷，之后一年出现小幅上涨后再次下降至 370 万公顷，并一直保持在这一数值直至 2009 年；随后 2010 年、2015 年分别爆发式上涨至 380 万公顷和 387.6 万公顷，并保持至今。随着境内人口的增长，人均耕地从 1992 年的 0.38 公顷下降至 2020 年的 0.24 公顷。

气候资源方面，柬埔寨属热带季风气候。全年高温，年平均气温为 24℃，2—5 月份最热，日均气温高达 30℃ 以上，6—11 月气温在 23～30℃，12—

1月气温在18～23℃。终年平均正午太阳高度比较大，太阳辐射强，光热资源充足。

水资源方面，柬埔寨位于湄公河的中心位置，近86％的领土位于湄公河流域，拥有丰富的水资源。境内降水量大，而且时空分配不均，全国平均年降水量为1 700毫米左右，而全年90％的降水集中在5—11月；大象山脉、豆蔻山脉与东北部高原的年降水量可高达2 200毫米，中部的洞里萨湖地区降水量低至1 200～1 600毫米。境内的湄公河是旱季时灌溉用水重要的水源。

森林资源方面，柬埔寨森林资源十分丰富，森林覆盖率61.4％，自20世纪90年代以来柬埔寨森林资源整体下降较为明显。根据联合国粮食及农业组织（FAO）2022年发布的柬埔寨森林数据显示，1992年森林面积为1 096万公顷，之后出现持续下降，到2010年降至1 058.92万公顷；随后持续保持下降态势，且下降速度较之前更为显著，2015年达到了884.68万公顷；随后虽仍然持续下降，但下降幅度有所缓和，2020年森林面积为806.84万公顷，相比1992年下降了26.38％。森林资源构成主要以原始林为主，人工林虽然占比较小，但整体增长较为明显。森林类型以常绿林、半常绿林、落叶林、非林地和其他林五种为主，常见树种为龙脑香科、豆科、千屈菜科、壳斗科、竹柏科和竹类等，主要分布在北部、中部和西部。

草原资源方面，柬埔寨草原资源十分丰富，草原分布广阔，自20世纪90年代以来永久性草地及牧场面积整体呈上升趋势。根据联合国粮食及农业组织（FAO）2022年发布的柬埔寨草原数据显示，1992年永久性草地及牧场面积为70万公顷，之后进入持续增长态势，到2005年增长至150万公顷，随后稳定在这一水平保持不变。2020年永久性草地及牧场面积为150万公顷，相比1992年增加了80万公顷，面积增加了一倍多。

（四）尼泊尔

尼泊尔是一个典型的农业国家，农业生产水平十分低下，基本处于自给自足的状态。境内山多地少，耕地资源有限且分布不均衡；同时，该国是世界上对气候变化最敏感的地区之一，季风气候的不稳定性给农业生产带来不利；降水集中在个别月份，致使一些地区干旱季更长，不利于农业的发展。

耕地资源方面，尼泊尔耕地面积有限，人口增长较快导致人多地少的问题较为突出，并且自20世纪90年代以来耕地面积下降趋势显著。根据世界银行

2022 年发布的尼泊尔耕地数据显示，1992—2001 年耕地面积出现小幅的上涨，从 232.73 万公顷上升至 235.5 万公顷；2001 年后出现断崖式下降，下降幅度明显，直至 2012 年下降至 211.8 万公顷；自 2012 年以后耕地面积基本保持平稳，直至 2020 年，耕地面积为 211.37 万公顷。人均耕地的变化随着耕地面积的减少而逐年呈下降趋势。1992 年，人均耕地面积为 0.11 公顷，之后呈持续性下降，2018 年人均耕地面积只有 0.07 公顷。

气候资源方面，尼泊尔南北地理变化巨大，地区气候差异明显，全国分北部高山、中部温带和南部亚热带三个气候区。北部为高寒山区，终年积雪，最低气温可达−41℃；中部河谷地区气候温和，四季如春；南部平原常年炎热，夏季最高气温达 45℃。一年基本上只有两季，每年的 10 月至次年的 3 月是冬季（旱季），每年的 4—9 月是夏季（雨季），冬季早晚温差较大，夏季气候尤其闷热，最高气温常达到 36℃。

水资源方面，尼泊尔水资源极为丰富，但降水空间和时间分布极不平衡。境内有 2 个雨季：受西南季风的影响，每年的夏季（6—9 月）是降水量最为丰沛的时期，超过全年降水总量的 80%，而其中的大部分水量也主要集中在不到 15 天的时间；其余的降水是在冬季。整个国家的平均年降水量是 1 530 毫米，年均降水的幅度从尼泊尔中部喜马拉雅山脉安纳普尔纳南坡的 6 000 毫米以上至西藏高原附近尼泊尔北方地区的 250 毫米以下不等。全国拥有大小河流6 000 余条，总长度 4.5 万千米，自北向南经印度汇入恒河流域。根据河流分布，全国共有四大水系，均为发源于喜马拉雅山区的融雪型河流：马哈卡利河、格尔纳利河、甘达基河及萨普塔柯西河。

森林资源方面，尼泊尔森林资源丰富，加之政府鼓励植树造林，森林覆盖率已达 44.74%。根据联合国粮食及农业组织（FAO）2022 年发布的尼泊尔森林数据显示，1992 年森林面积为 569.38 万公顷，之后出现逐年上涨，2000 年增长至 597.08 万公顷，后一年又出现断崖式下跌至 579.89 万公顷；下跌后森林资源再次持续增长，2010 年达到了 596.2 万公顷，并一直保持至今，相比1992 年增长了 4.7%。森林资源构成主要以原始林为主，森林资源增长同样主要依靠原始林的面积增加。境内森林系统分布有着明显的海拔梯度，热带森林主要位于海拔 1 000 米以下，亚热带阔叶林位于海拔 1 000～2 000 米，亚热带松林分布在海拔 1 000～2 200 米，温带阔叶林分布在海拔 1 700～3 500 米，亚高山森林位于海拔 3 000～4 100 米，高山灌丛则分布在海拔 4 100 米以上。

草原资源方面，尼泊尔草原资源较为丰富，全国国土总面积 12％被草地覆盖，自 20 世纪 90 年代以来草原资源整体保持平稳。根据联合国粮食及农业组织（FAO）2022 年发布的尼泊尔草原数据显示，1992 年永久性草地及牧场面积为 179.3 万公顷，之后开始逐年下降，1999 年达到了 178.6 万公顷并一直保持在这一水平至 2002 年；后一直保持增加的态势至 2011 年，永久性草地及牧场面积为 179.53 万公顷；随后两年有所下降之后再次上涨至 179.53 万公顷并基本保持稳定。永久性草地及牧场中，自然生草地占有十分重要的比重，且与永久性草地及牧场面积变化趋势同步。

（五）土耳其

在土耳其人民的生活中，农业占了十分重要的地位，正是因为土耳其拥有适宜农业生产的自然条件。相比世界其他山地高原区域，土耳其的地势相对平缓，山区土层较厚，土壤质量也比较好；日照长，昼夜温差大，适合农业的发展；河湖众多，方便灌溉；另外境内有大片高原草场，适合畜牧业发展。

耕地资源方面，土耳其耕地资源较为丰富，耕地面积为 1 972 万公顷，约占总面积的 25.6％，自 20 世纪 90 年代以来耕地面积一直处于波动下降的走势。根据世界银行 2022 年发布的土耳其耕地数据显示，1992—2000 年耕地面积出现小幅波动的下降，从 2 451 万公顷减少到了 2 383 万公顷；2000 年后波动较之前有所增长，但整体基本稳定在 2 380 万公顷左右；2005 年后，耕地面积再次出现大幅下降，波动明显，2011 年下降至 2 054 万公顷，之后耕地出现短暂小幅上涨；自 2014 年以后耕地面积变化同样保持着下降趋势，但下降缓慢，直至 2020 年，耕地面积为 1 959 万公顷。人均耕地的变化随着耕地面积的减少而逐年呈下降趋势。1992 年人均耕地面积为 0.44 公顷，之后呈持续性下降，2020 年人均耕地面积为 0.23 公顷。

气候资源方面，土耳其气候变化较大，而气候的多样性也带来了丰富的农作物品种。境内西部及南部沿海地区属典型的地中海型气候，夏季炎热、少雨，冬季则温和、多雨；北部沿海地区终年温和；中部和东部等非沿海地区为大陆性高原气候，夏季炎热、干燥，冬季寒冷、温差较大。

水资源方面，土耳其河流资源丰富，湖泊众多，但因区域水分蒸发量大以及时空分配不均的问题，属于水资源压力国。境内年降水量平均在 200～400 毫米，沿海地区全年降水量为 500～700 毫米。降水量的年际变化以及各流域之间的差别很大，东黑海区域的年降水深达 250 厘米，而在安纳托利亚高原中部地区只有 30 厘米。大多数水资源都蕴藏在东南部和黑海地区，最主要的河流是幼发拉底河和底格里斯河，都是发源于土耳其的跨国河流，最后注入波斯（阿拉伯）湾。其他包括梅里奇河、乔鲁赫河、阿拉斯河、阿拉伯塞河和阿西河等也是跨国河流，并且土耳其与邻国之间的国境线约有 22% 是以国际河流为界的。

森林资源方面，土耳其森林资源也很丰富，森林覆盖率居中东国家之首。根据联合国粮食及农业组织（FAO）2022 年发布的土耳其森林数据显示，1992 年森林面积为 1 985.65 万公顷，之后出现持续增长，年均增长面积为 7.71 万公顷，到 2015 年增至 2 163.03 万公顷；随后一年保持持平后森林资源再次持续增长，且增长速度较前一次变快，2020 年达到了 2 222.04 万公顷，相比 1992 年增长了 11.9%。森林资源构成主要以原始林为主，森林资源增长同样主要依靠原始林的面积增加。森林主要分布在黑海和地中海沿海地区及爱琴海、马尔马拉海沿岸，森林类型分为北部高山森林生态类型、西部和南部沿海的内陆森林生态类型、中部及东部地区的干旱半干旱带森林生态类型。

草原资源方面，土耳其草原资源较为丰富，自 20 世纪 90 年代以来草原资源整体恢复较好。根据联合国粮食及农业组织（FAO）2022 年发布的土耳其草原数据显示，1992 年永久性草地及牧场面积为 1 237.8 万公顷，之后保持在这一水平至 1997 年，1998 年增长至 1 295 万公顷后开始持续增长；到 2001 年，永久性草地及牧场面积为 1 461.7 万公顷，之后稳定在这一水平保持不变，相比 1992 年增加了 223.9 万公顷。

（六）斯里兰卡

斯里兰卡四面环海，土地肥沃，气候条件优越，盛产热带经济作物，具有发展农业的良好自然条件。境内拥有丰富的耕地资源；河流众多，水流量大；终年如夏，光热资源十分丰富；林地面积广阔，林业对斯里兰卡农业生产的贡献尤为突出。

耕地资源方面，斯里兰卡耕地资源丰富，耕地面积为 137.16 万公顷，约占总面积的 22.2%，可耕地面积近 400 万公顷，农业利用率较低。根据世界银行 2022 年发布的斯里兰卡耕地数据显示，耕地面积自 20 世纪 90 年代以来整体呈波动式上升，1992—2003 年耕地面积出现小幅的上涨，从 90.5 万公顷上升到了 95 万公顷；2003 年后耕地面积表现出连续"下降-增长"的波动变化，直至 2013 年上涨至 130 万公顷；2013 年后的两年耕地面积保持平稳，后继续保持上涨趋势，直至 2020 年耕地面积为 137.2 万公顷，相比 1992 年增长了 46.7 万公顷，增长幅度为 51.6%。人均耕地随耕地面积的上涨而有所上升，基本保持平稳。

气候资源方面，斯里兰卡为热带季风气候，分三个气候带，干燥地带、潮湿地带和山区地带。终年如夏，全年无四季之分，只有雨季和旱季，雨季包括 5—8 月为西南季风雨季，11—2 月为东北季风雨季。从全岛来看，年均气温 28℃，每年 3—6 月气温最高，11—1 月气温较低，沿海地区平均最高气温 31.6℃，最低气温 24.2℃，山区平均最高气温 26.6℃，最低气温 18.2℃。

水资源方面，由于受到印度洋季风的影响，斯里兰卡水资源极为丰富，一年中的降雨成系统性地迁移。平均降水量从东南沿海的不足 1 000 毫米到西部高原的 4 500 毫米以上。暖湿的西南季风被中南部的高山挡住，导致斯里兰卡只有西南地区因锋面雨而形成湿润区，大部分地区为干旱区或半干旱区。湿润区 1 月和 2 月会出现短暂的旱季，其他月份降水量充足；干旱区存在明显的干燥季节和湿润季节，干旱季节一般为 10 月至次年 2 月。境内河流众多，大部分发源于中部高地，以放射状流向大海。此外，还有大量的水库，包括古代灌溉用水库和近代建成的多用途水库，总面积约为 1 699.41 平方千米。

森林资源方面，斯里兰卡原是森林资源十分丰富的国家，森林覆盖率约 30%。自 20 世纪 90 年代以来森林面积整体降幅明显，略有波动。根据联合国粮食及农业组织（FAO）2022 年发布的斯里兰卡森林数据显示，1992 年森林面积为 231.36 万公顷，之后出现持续下降，到 2000 年降至 216.64 万公顷；后保持持续下降的态势，但下降速度较前一次有所缓和，2010 年达到了 210.36 万公顷，之后出现小幅上涨后再次下降，2020 年森林面积达 211.3 万公顷，相比 1992 年下降 20.06 万公顷，年降幅约 0.72 万公顷。森林资源构成主要以原始林为主，森林资源下降同样主要是由于原始林的面积大幅下降而导致的。

草原资源方面，斯里兰卡草原资源较为丰富，自 20 世纪 90 年代以来境内永久性草地及牧场面积整体保持稳定的状态。根据联合国粮食及农业组织（FAO）2022 年发布的斯里兰卡草原数据显示，1992 年永久性草地及牧场面积为 43.9 万公顷，之后出现小幅增长。1993 年增长至 44 万公顷，随后稳定在这一水平保持至今。

（七）埃及

埃及是一个传统农业国，具有适宜发展农业的自然条件。境内耕地资源虽然有限，但土壤肥沃；气候干燥炎热，光照充足；降水稀少，但尼罗河纵贯南北，为其提供了源源不断的水资源，灌溉条件优良。因此，良好的自然环境利于本国农业生产发展。

耕地资源方面，埃及的耕地面积是十分有限的。根据世界银行2022年发布的埃及耕地数据显示，1992—2020年耕地面积变化整体呈现波动式上升态势。1992年耕地面积为261.5万公顷，之后耕地面积表现出连续"增长-下降"的波动变化，直至2016年耕地面积波动至278.7万公顷，后持续上升，2020年耕地面积上升至336.5万公顷，相较于1992年增长了75万公顷，增长了约28.68%。人均耕地资源随人口的上涨而有所下降，约为0.03公顷，不及世界平均水平。

气候资源方面，埃及尼罗河三角洲和北部沿海地区属亚热带地中海气候，其余大部分地区属热带沙漠气候，全境干旱炎热。开罗地区夏季平均气温最高34.2℃，最低20.8℃，冬季气温最高19.9℃，最低9.7℃。南方地区夏季平均气温最高42℃，最低20.8℃，冬季平均气温最高25.8℃，最低9.6℃，早晚温差大。此外，埃及拥有丰富的太阳能资源，平均日照时长可达9~11个小时，年均太阳直接辐射强度高达每平方米2 000~3 200千瓦时，无疑是发展农业的沃土。

水资源方面，埃及水力资源较为匮乏。大气降水十分稀少，开罗地区年降水量约18毫米，地中海沿岸城市亚历山大平均年降水量约200毫米。世界上最长的河流尼罗河（河长6 650千米）自南向北流经该国，境内97%的水源来自尼罗河，灌溉用水占用水量的90%。此外，地下水储藏于西部沙漠的洼地、奥维那特东部新的河谷区域中，总储量大约为40万亿立方米。人均用水量不足600立方米，低于联合国确定的人均用水标准（1 000立方米），属于"缺水国家"。

森林资源方面，埃及全年干旱少雨，因此造就了遍布的荒漠地貌，缺少森林资源，覆盖率只有0.1%，是世界上森林覆盖率最低的国家之一。根据世界银行2022年发布的埃及森林数据显示，1992年森林面积为468.9平方千米，之后出现逐年上涨趋势，2010 年增长至 656.4 平方千米，随后又逐年下跌，2016 年下降至 449.8 平方千米，之后稳定在这一水平保持不变，相较于 1992 年减少了 19.1 平方千米。森林主要分布在西瓦绿洲等地，以椰枣树等为主，北部海岸线分布有地中海常绿硬叶林（生长有野葡萄、野橄榄树等）。

草原资源方面，埃及气候不支持牧草的生长，草原资源同样十分有限。根据联合国粮食及农业组织（FAO）2022 年发布的埃及草原数据显示，1992—2020 年草原面积变化整体呈现稳定增长态势，1992 年草原面积为 248.45 万公顷，至 2020 年增长到 282.03 万公顷，相较于 1992 年增长了 33.58 万公顷，年增长率为 0.48%。

（八）卡塔尔

卡塔尔是一个半岛国家，农业资源匮乏。全国地势低平，多为沙漠或岩石戈壁，境内仅有极少的土地适于耕种；常年受副热带高气压带和信风带的控制，终年高温干燥；降水稀少，且无永久性河流，水资源严重短缺，农牧业的发展条件较差。

耕地资源方面，卡塔尔是一个沙漠国家，缺乏天然耕地。根据世界银行 2022 年发布的卡塔尔耕地数据显示，耕地面积变化整体呈现上升趋势，1992 年耕地面积为 1.2 万公顷，1993 年上升至 1.3 万公顷，之后至 2003 年一直保持在 1.3 万公顷，随后耕地面积有小幅度下降，2005 年下降至 1.2 万公顷，后开始逐年上升，2018 年耕地面积上升至 2.1 万公顷，并至 2020 年一直保持在此水平，相较于 1992 年增加了 0.9 万公顷，年增长率为 2.6%。人均耕地资源随人口的上涨而有所下降，由 1992 年的 0.03 公顷持续下降至 2020 年的 0.01 公顷。

气候资源方面，卡塔尔属于热带沙漠气候，光照充足，太阳能资源丰富。受副热带高气压带和东北信风的影响，全年干燥炎热。卡塔尔四季不是很明显，全年主要分夏、冬两季，夏季从 5 月至 10 月，天气炎热漫长，气温一般在 25～46℃，最高时可达 50℃ 以上；冬季从 11 月至来年 4 月，天气凉爽干燥，气温一般在 10～30℃，最低时为 7℃。

水资源方面，卡塔尔水资源严重短缺。全年干旱少雨，降水稀少，年均降水量不足 100 毫米，没有天然的淡水河流，仅有数量不多的季节性咸水河流和一个咸水湖（乌达德咸水湖），都位于卡塔尔与沙特阿拉伯交界或相邻地区。

据卡塔尔政府门户网站 2020 年的信息，该国依赖三个来源供水：淡化的海水、地下水和处理后再利用的水，其淡化水产量在过去 20 年翻了两番。

森林资源方面，卡塔尔森林资源非常稀缺。根据联合国粮食及农业组织（FAO）2022 年发布的卡塔尔森林数据显示，该国没有天然森林覆盖。由于该国干旱的气候不支持茂密树木的生长，在这里生长的植物种类有限，主要是沙漠乔木灌木丛和绿化乔木。

草原资源方面，卡塔尔草原面积总量稀少。根据联合国粮食及农业组织（FAO）2022 年发布的卡塔尔草原数据显示，草原面积变化趋势总体呈现缓慢增长型，1992 年草原面积仅为 5.2 万公顷，随后逐年缓慢增长，2018 年增长至 6.4 万公顷，而后至 2020 年出现了较前期大幅上涨，增长至 7.16 万公顷，相较于 1992 年增长了 1.96 万公顷，年增长率为 1.34%。境内北部洼地有少量的自然绿地和草场，中部地区平时仅有一些可供骆驼食用的刺草，冬季雨后有些地方会长出一些绿草，主要草本植物有虎尾草、狗牙根、狼尾草、马齿、凤仙草和芦荟等。

（九）沙特阿拉伯

沙特阿拉伯在农业生产上不具有优势。全境 70% 的面积为半干旱荒地或低级草场，真正适合耕种的土地极其有限；光照充足，气候炎热干旱；降水稀少，再加之地表没有江河补充，农业的发展受到极大限制。

耕地资源方面，耕地资源非常有限，约占全国土地面积的 1.5%，集中分布在降水量较充沛的西南部地区。根据世界银行 2022 年发布的沙特阿拉伯耕地数据显示，1992—2020 年耕地面积变化整体呈缓慢下降趋势，1992 年耕地面积为 365 万公顷，之后虽然有很小幅度的上升，1993 年上涨至 367.2 万公顷，但随后开始逐年下降，2013 年下降至 306.8 万公顷，后两年有所上升，2015 年上升至 349 万公顷，而后又缓慢下降，2020 年降至 343.04 万公顷，只占土地面积的 1.6%，相较于 1992 年下降了约 6%。人均耕地随耕地面积的下降而有所减少，从 1992 年的 0.21 公顷持续下降至 2020 年的 0.1 公顷。

气候资源方面，沙特西部高原属地中海气候，其他地区属亚热带沙漠气候。夏季炎热干燥，最高气温可达 50℃ 以上；冬季气候温和，最低温度在 10℃ 左右。此外，沙特光照充足，是全球光热条件最好的国家之一。

水资源方面，沙特水资源十分匮乏。全国地处于极端沙漠环境，荒漠化严重，地表水和地下水资源枯竭，整个国家缺乏非季节性河流和湖泊，降雨稀少，全国平均年降水量不足 100 毫米，且人均水资源量只占世界平均水平的 1.2%。

森林资源方面，沙特森林覆盖率很低，植被稀少。根据联合国粮食及农业组织（FAO）2022 年发布的沙特阿拉伯森林数据显示，1992—2020 年沙特阿拉伯森林面积始终保持为 9 770 平方千米，约占国土面积的 0.5%，以热带植物种类为主，如椰枣树、铁树、棕榈树等，而且林地面积只占到全部土地的 1.4%。

草原资源方面，沙特 70% 的面积为半干旱荒地或低级草场。根据联合国粮食及农业组织（FAO）2022 年发布的沙特阿拉伯草原数据显示，1992—2020 年沙特草原面积波动式变化，总体呈先下降后上升态势。1992 年草原面积为 194.39 万公顷，之后至 2008 年期间表现为连续"增长-下降"的波动变化，直至 2008 年草原面积波动下降至最低点 169.64 万公顷，随后开始逐年缓慢上升，2020 年草原面积增长到 184.1 万公顷，相较于 1992 年草原面积减少了 10.29 万公顷，减少幅度约 5.3%。

第四章 CHAPTER 4
上合组织国家农业经济资源条件 ▶▶▶

农业经济资源是直接或间接对农业生产发生作用的社会经济因素和社会生产成果。主要包括人口和劳动力、农业基础设施、农业生产资料，其中农业基础设施包括交通基础设施、水利设施等，农业生产资料包括农业机械、化肥、农药等，各资源要素间互相联系、互相制约，对农业的发展产生重要影响。

▦▦▦ 第一节　上合组织国家农业经济资源总体概况 ▦▦▦

人口及自然增长率方面，2021 年上合组织成员国人口总数达到 33.30 亿，约占世界人口总数的 43%。自上合组织成立至 2021 年，人口总数呈持续增长趋势，2001 年人口总数为 27.57 亿，到 2021 年增加了 5.73 亿人口，增幅达到 20.78%。其中，中国、印度、巴基斯坦、俄罗斯人口总数位居前四，占成员国人口总数的 95.94%，各成员国人口数量存在较大差异。反观上合组织成员国人口自然增长率，除个别年份外呈下降趋势，2017 年后下降速度进一步加快，至 2021 年自然增长率为 0.54%，人口增长速度逐渐放缓（图 4 - 1）。

农村人口数量方面，2001—2021 年除 2002 年与 2021 年有小幅度增加外，其他年份均呈下降趋势。2021 年成员国农村人口总数为 16.77 亿，相比组织成立之初略有减少，但依旧占据该组织人口总数的 50.36%。各成员国在农村人口数量上也存在较大差距，其中，中国、印度、巴基斯坦农村人口数量较多，占据上合组织成员国农村人口总数的 95% 以上；而吉尔吉斯斯坦农村人口数量最少仅为 420.61 万。农业就业人员数量方面，2001—2019 年期间除 2002—2003 年有小幅度增加外，其他年份均呈下降趋势。2019 年农业就业人员总数为 4.50 亿，仅占农村人口总数的 26.72%，相比 2001 年减少 1.97 亿，

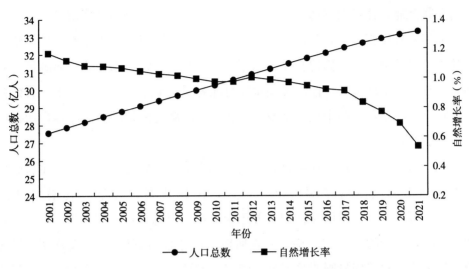

图 4-1 上合组织成员国人口总数及自然增长率变化
数据来源：世界银行数据库。

降幅达到 30.44%。综上可见，在总人口不断增加的情况下，农村人口和农业就业人口不增反降（图 4-2）。

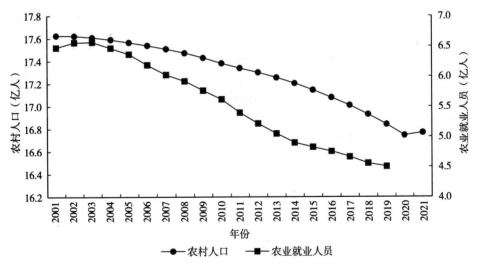

图 4-2 上合组织农村人口与农业就业人员变化情况
数据来源：世界银行数据库。

交通基础设施方面，成员国交通运输便利化程度较高，运输方式以公路、铁路、航空、水运为主，截至 2021 年上合组织成员国公路运行总里程约 1 400 万千米，铁路运行总里程约 40 万千米。除吉尔吉斯斯坦、塔吉克斯坦、伊朗等国受自身地理位置及地形地貌影响，交通基础设施较为落后外，其余各国间互联互通，并且在交通基础设施建设中取得了举世瞩目的成就。

水利基础设施方面，各成员国水资源总量较为丰富，建设水利基础设施条件优越，成员国多通过修建水库、沟渠来储蓄水源和调节水量，进而满足农业灌溉和改善生态环境。目前成员国水库总库容量达到 2 000 立方千米，有效提高了农业灌溉率，其中中国、俄罗斯、印度和哈萨克斯坦国内总库容量均超过100 立方千米。

化肥与农药的使用方面，化肥与农药作为重要的农业生产资料，在农业生产中起到不可或缺的作用。2020 年上合组织成员国化肥使用总量达到8 858.29 万吨。但不同国家使用量差距较大，中国总用量达到 4 579.60 万吨，占成员国总用量的 51.7%，而吉尔吉斯斯坦化肥总用量仅有 2.92 万吨。与化肥用量相比，农药用量则明显不足，国家间差异依然较明显。除中国外，其他国家每公顷耕地农药使用量均低于 1 千克，农药用量小导致病害严重阻碍了农业发展，可能的原因是部分国家农药完全依靠进口，因此使用量的增长速度十分缓慢（表 4-1）。

表 4-1　2020 年上海合作组织成员国化肥及农药使用情况

国家	使用总量		单位面积使用量	
	化肥（万吨）	农药（吨）	化肥（千克/公顷）	农药（千克/公顷）
中国	4 579.60	1 773 665	383.32	14.84
俄罗斯	308.14	90 534.96	25.33	0.74
哈萨克斯坦	16.48	14 492	5.57	0.49
塔吉克斯坦	8.12	265	96.75	0.32
吉尔吉斯斯坦	2.92	692.6	22.65	0.54
乌兹别克斯坦	102.38	—	254.51	—
印度	3 253.56	61 702	209.40	0.40
巴基斯坦	479.88	—	155.15	—
伊朗	107.21	5 855.93	68.53	0.37

数据来源：世界银行数据库。

农业机械使用方面，上合组织成立以来各成员国农业机械水平发展较快，机械拥有量除 2016 年整体呈上升趋势。2001—2015 年农业机械拥有量始终呈增长趋势，由 2 368.93 万台增加到 4 716.21 万台，增幅达到 99.09%，但2016 年略有下降，机械拥有量减少至 4 305.85 万台，此后呈缓慢增长趋势，至 2019 年增至 4 629.54 万台，略低于 2015 年拥有量。各成员国中，中国农业机械使用量最多，2019 年中国拥有量达到 3 492.80 万台，占成员国总拥有量

的 75.45％，其余部分国家不足 10 万台，地区间差异较大（图 4-3）。

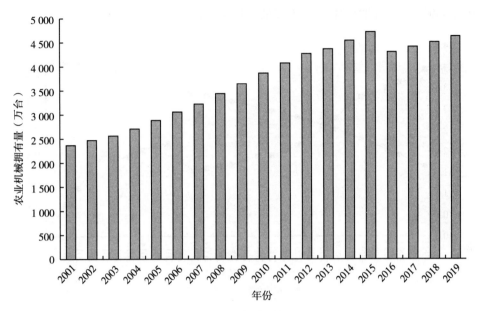

图 4-3 上合组织成员国农用机械总量变化情况

数据来源：美国农业部世界农业生产率数据库。

第二节 中国

中国农业经济资源总体较为丰富。中国作为人口大国拥有大量的农业劳动力资源，但随着城镇化进程和机械化发展速度加快，农村人口及农业就业人员数量正处于下降趋势。作为农业大国，中国的化肥、农药及农业机械使用量也远远高于其他国家；同时为保障农业发展条件，政府正不断加快农业基础设施建设，消除农业发展的后顾之忧。

一、人口及农业劳动力

人口总量方面，中国是世界上人口最多的国家[①]。1992—2021 年人口数量呈稳步增长趋势，由 11.65 亿增加到 14.12 亿，占上合组织成员国人口总数的 42.40％，人口总数位于成员国之首。在人口增长率方面，除 2010—2012 年、

_____

① 2023 的 4 月 14 日，印度人口首次超过中国成为世界第一人口大国。本书数据统计截至 2021 年底。

2016—2017 年有小幅度上升，其余年份均呈下降趋势，2021 年人口增长率降至 0.089%，人口增长速度逐年降低（图 4-4）。

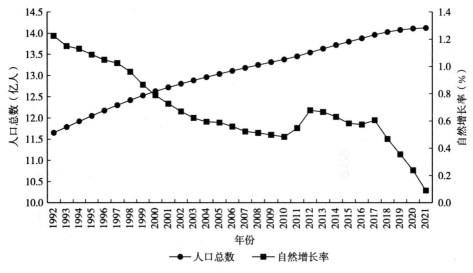

图 4-4　中国人口总数与人口增长率变化
数据来源：世界银行数据库。

农村人口数量方面，中国农村人口较多，2021 年占总人口的 37.49%，占比较大。1992—2021 年，随着城镇化水平不断提高，农村人口数量呈持续下降趋势，根据下降速度不同可以分为两个阶段，1992—2000 年为缓慢下降阶段，由 8.36 亿降至 8.10 亿；2001—2021 年为加速下降阶段，2021 年农村人口数降至 5.29 亿，相比 1992 年共减少 3.07 亿，降幅达到 36.72%。农业就业人员数量方面，1992—2019 年，总体呈波动下降趋势。其中，1992—1996 年，由 3.85 亿缓慢降至 3.52 亿，1997—2002 年缓慢上升至 3.72 亿；2002 年后下降幅度较大，2019 年降至 2.03 亿，相比 1992 年减少 1.82 亿，降幅达到 47.27%（图 4-5）。

农业就业人员占比方面，中国农业就业人员占就业总数的比重及农业男、女性就业人员占该性别就业人员的比重变动趋势几乎一致，总体均呈先下降后趋于平稳再下降的趋势。1992—1997 年农业就业人员占比呈下降趋势；1998—2002 年占比趋于稳定，保持在 50% 左右，但农业男性就业人员和女性就业人员所占比重分别呈下降和上升的趋势，变动幅度较小；2003—2019 年农业就业人员占比再次呈下降趋势，2019 年仅占就业人员总数的 25.33%，相比 1992 年下降了 33.17%。其中农业女性就业人员占女性就业人员的 22.01%，农业男性就业人员占男性就业人员的 27.94%，男性比重高于女性（图 4-6）。

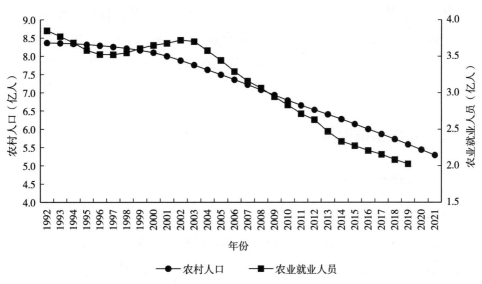

图 4-5 中国农村人口与农业就业人员变化情况
数据来源：世界银行数据库。

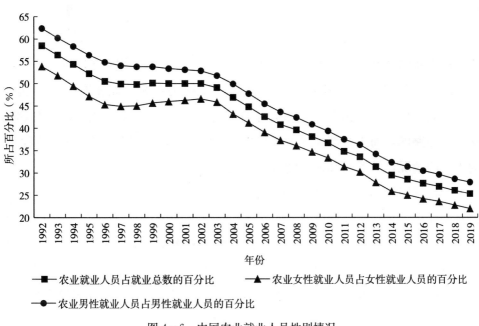

图 4-6 中国农业就业人员性别情况
数据来源：世界银行数据库。

中国农业就业人口空间分布不均衡，在西部大部分地区农业生产资源条件较差、气候条件相对恶劣，农业人口密度低；东部地区气候条件良好，资源相对丰富，使得东部地区综合生产力较高，经济较为发达，农业人口集中且密度大。从事行业及分布方面，农业就业人员主要从事种植及畜牧养殖等活动，种植业从业人员主要分布在东部平原和沿海地区，包括东北平原、华北平原、长江中下游等地区；畜牧业从业人员主要分布在西部的高原、草场，包括内蒙古草原、青藏高原等。

二、农业基础设施

(一) 交通基础设施

新中国成立以来，交通基础设施建设取得了举世瞩目的成就，走出了一条中国特色交通发展之路。在交通系统中，铁路、公路、航空、水运为主要的交通运输方式。其中高速铁路营业里程、全高速公路通车里程位居世界第一。中国正在加快推动高质量发展，建设现代化综合交通体系，将各种运输方式从各自发展逐步转向互联互通、融合发展，加快从交通大国向交通强国迈进。

(1) 公路。2020 年末中国公路总里程 519.81 万千米，以国家干线公路为主，比上年末增加 18.56 万千米，增加 3.7%。公路养护里程 514.40 万千米，占公路总里程 99.0%。国家高速公路里程 11.30 万千米，同比增加 0.44 万千米。从高速公路国道覆盖情况看，东部发达地区已经初步形成了高速公路路网、国道路网，而中西部地区虽然加快了建设步伐，但仍然存在道路阻塞，交通不畅的情况，缺乏与其他运输方式的良好衔接（表 4-2）。

(2) 铁路。2020 年末铁路营业里程 14.63 万千米，比上年末增长 5.3%。铁路复线率为 59.5%，电化率为 72.8%。铁路网密度 152.3 千米/万平方千米，比上年增加 6.8 千米/万平方千米。全年铁路旅客发送量 22.03 亿人，旅客周转量 8 266.19 亿人千米。其中高速铁路营业里程 3.79 万千米，高速铁路建设居世界前列，为世界少数拥有高速铁路的国家之一，并且营运里程数逐年增长。

(3) 水运。2020 年末中国内河航道通航里程 12.77 万千米，比上年末增加 387 千米。其中等级航道里程 6.73 万千米，占总里程比重为 52.7%，提高了 0.2 个百分点；三级及以上航道里程 1.44 万千米，占总里程比重为 11.3%，提高了 0.4 个百分点。航道等级稳步提高，港口吞吐能力持续增强。全国港口万吨级及以上泊位 2 592 个，沿海港口万吨级及以上泊位 2 138 个。

表 4 - 2　2020 年中国国家干线公路

主要公路	总长度（千米）	主要公路	总长度（千米）
101 国道	909	223 国道	323
102 国道	1 337	224 国道	309
103 国道	162	225 国道	429
104 国道	2 420	227 国道	347
105 国道	2 717	228 国道	—
106 国道	2 466	301 国道	1 680
107 国道	2 698	302 国道	1 028
108 国道	3 331	303 国道	1 263
109 国道	3 901	304 国道	889
110 国道	1 357	305 国道	815
111 国道	2 123	306 国道	497
112 国道	1 228	307 国道	1 351
201 国道	1 964	308 国道	637
202 国道	1 818	309 国道	2 208
203 国道	720	310 国道	1 613
204 国道	1 031	311 国道	748
205 国道	3 160	312 国道	4 967
206 国道	2 375	314 国道	1 948
207 国道	3 738	315 国道	3 063
208 国道	990	316 国道	2 915
209 国道	3 435	317 国道	2 043
210 国道	3 097	318 国道	5 476
211 国道	691	319 国道	2 984
212 国道	1 302	320 国道	3 695
213 国道	2 796	321 国道	2 220
214 国道	3 542	322 国道	1 039
215 国道	641	323 国道	2 915
216 国道	857	324 国道	2 712
217 国道	1 117	325 国道	868
218 国道	1 067	326 国道	1 562
219 国道	2 342	327 国道	424
220 国道	585	328 国道	300
221 国道	668	329 国道	292
222 国道	363	330 国道	327

资料来源：国家统计局。

（二）农田水利设施

2020 年末中国共建有水库大坝近 10 万座，总库容量为 10 亿立方米。其中大型水库 744 座，主要包括三峡水库、丹江口水库、龙滩水库等。这些水库大坝在提供农业用水、调节利用水资源、改善生态环境中发挥了重要作用。但是，各类水库大坝多建于 20 世纪 50—70 年代，部分水库存在病险及不安全因素亟待解决。2021 年中国农业用水总量为 3 644 亿立方米，占全国用水总量的 61.5%，部分地区超过 90%。然而，农业灌溉用水效率总体不高，农田灌溉水有效利用系数仅 0.554，高效节水灌溉率仅为 25% 左右，远低于国际先进水平。因此，为更有效地利用灌溉水，缓解水资源短缺和相关的环境问题，中国正在大力推进节水灌溉技术。

三、农业生产资料

（一）化肥

化肥使用方面，中国属于化肥消费大国，化肥使用量居世界首位。新中国成立以来，中国为促进国内粮食生产、提高亩产量而加快了化肥工业的发展速度。1992—2020 年化肥使用量呈波动增加趋势，2005 年首次突破 4 000 万吨，2014 年达到顶峰，总使用量达到 4 898 万吨，2014 年后缓慢下降，2019 年降至 4 187 万吨，2020 年有所回升并增至 4 579 万吨，与 1992 年相比增加 1 819 万吨，增幅达 65.91%。从单位面积使用量看，整体变动趋势同总使用量保持一致，每公顷耕地投入的化肥从 1992 年的 223.42 千克增长至 2020 年的 383.32 千克，增幅达 71.57%，位居上合组织成员国之首（图 4-7）。

化肥生产方面，2021 年中国农用氮、磷、钾化肥产量为 5 544 万吨，同比增长 0.9%。在国家政策的支持下，化肥行业发展迅速，产量也随之提高，导致供给远高于需求。因此，2015 年国家开始出台相关政策抑制化肥产量的增加，部分化肥企业纷纷开始转型升级。从各省份产量情况来看，化肥产量前三的省份为青海、湖北和河南。随着化肥产业的不断发展，化肥行业市场规模也随之不断增长，但受限于产业结构调整及政策监管等原因，规模增速日益趋缓。

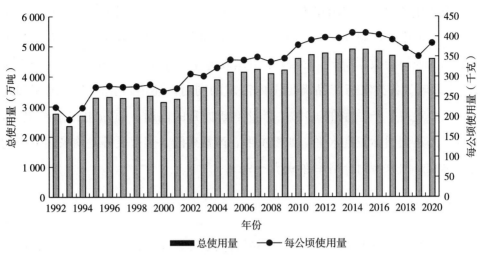

图 4 - 7　中国化肥使用总量和每公顷耕地使用量情况
数据来源：世界银行数据库。

（二）农药

农药使用方面，中国作为农药生产与消费大国，农药总使用量逐年上升且应用前景较好。1992—2012 年，农药总使用量由 80.92 万吨稳步增加到 181.55 万吨，2012 年后虽有小幅度下降但总量依然保持在 178 万吨左右，2020 年总使用量为 177.37 万吨，相比 1992 年增加 96.45 万吨，增幅达 119.19%。从单位面积使用量看，整体变动趋势同总使用量保持一致，每公顷耕地投入的农药从 1992 年的 6.55 千克增长至 2020 年的 14.85 千克（图 4-8）。

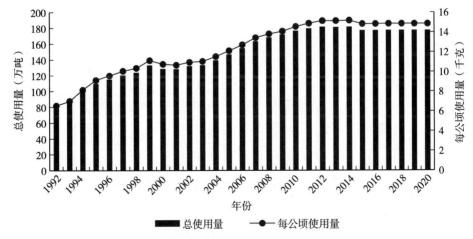

图 4-8　中国农药使用总量和每公顷耕地使用量情况
数据来源：联合国粮食及农业组织数据库。

农药生产方面，中国作为全球农药生产和出口大国，目前已逐步形成科研开发、原药生产、制剂加工、原材料及中间体配套的完整农药产业体系。据中国农药工业协会数据统计，2020年中国农药生产企业约1 800家，农药产量217.1万吨。各类农药产品满足国内需求的同时，还出口到188个国家和地区，出口量占生产总量的60%。产量不断提升的同时，质量也在不断提高，部分产品达到国际先进水平，如吡虫啉、溴氰菊酯、多菌灵等，均采用或等同国际标准，国家检测合格率在93%～95%。

（三）农业机械

改革开放以来中国机械产业取得显著的发展，无论是制造业的总产量还是其技术水平都有了大幅提升。机械制造业在产品研发、技术装备和加工能力等方面均取得了巨大的进步。农机工业各项总量指标均实现了持续快速增长，产品种类逐步丰富，成为全球第一农机制造大国，对农业机械化的支撑保障能力进一步增强。

农业机械拥有量方面，1992—2019年，中国农业机械拥有量呈先增加后减少再增加的趋势。1992年为1 030万台，其中，农用拖拉机76.61万台，每100平方千米耕地投入的拖拉机数量为62台，农业机械化条件相对较好。1992年后，随着经济的发展，农用机械数量不断增加，2015年增至3 798万台，2016年小幅度降低后继续增长，2019年为3 493万台，相比1992年增加2 463万台，增幅高达239.13%（图4-9）。

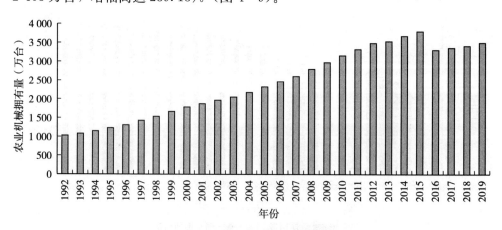

图4-9　中国农用机械变化情况

数据来源：美国农业部世界农业生产率数据库。

第三节　俄罗斯

俄罗斯幅员辽阔，但农业经济资源相对匮乏。苏联解体后俄罗斯"继承"大部分土地，但政治与经济体系的崩塌使得俄罗斯的农业在短时间内发展严重受阻，劳动人口、农业基础设施和农业生产资料均出现不同程度的减少或退步，造成农业自然资源利用率下降。

一、人口及农业劳动力

人口总数方面，1992—2021 年俄罗斯人口总数呈先减少后增加再缓慢减少的趋势。1992 年苏联解体，俄罗斯人口总数开始持续下降，1992—1997 年下降速度缓慢，1997 年后下降速度明显加快，2008 年跌至低谷仅为 1.43 亿。2008 年后人口总数缓慢增加，2017 年增长至 1.5 亿，但 2018—2021 年再次出现小幅度下降，2021 年人口总数为 1.43 亿，占上合组织成员国人口总数的 4.29％，人口总数在成员国中位列第四。在人口增长率方面，同样呈现先下降后上升再下降的变动趋势，其中 1993—2008 年、2018—2021 年期间内人口增长率均为负值，2021 年人口增长率为 −0.44％（图 4 - 10）。

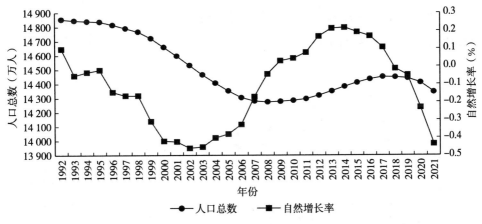

图 4 - 10　俄罗斯人口总数与人口增长率变化
数据来源：世界银行数据库。

农村人口数量方面，俄罗斯独立后农村人口大量流失，1992—2021 年，农村人口总体呈下降趋势，由 3 953 万人下降到 3 595 万人，共减少 358 万人，2021 年农村人口仅占人口总数的 25.25%。农业就业人员数量方面，1992—2019 年农业就业人员数同样呈下降趋势，但 1997—1999 年经历了骤降后又迅速回升，2019 年下降到 428.65 万，相比独立之初减少 739.59 万，降幅达 63.31%（图 4-11）。

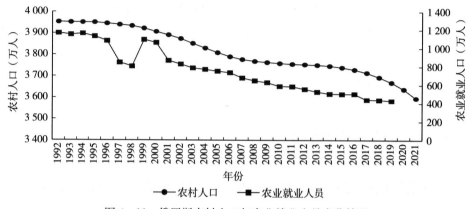

图 4-11　俄罗斯农村人口与农业就业人员变化情况
数据来源：世界银行数据库。

　　农业就业人员占比方面，1992—2019 年，俄罗斯农业就业人员占总就业人数的比重及农业男、女性就业人员占该性别就业人员比重的变动方向和趋势几乎一致，总体均呈先上升后下降再上升再下降的趋势，其中 1992—1999 年波动较频繁，1999 年后保持较平缓的下降趋势，2019 年农业就业人员仅占就业总数的 5.83%，相比 1992 年的 15.42% 下降了 9.59%，其中农业女性就业人员占女性就业人员的 4.01%，农业男性就业人员占男性就业人员的 7.57%，男性比重略高于女性（图 4-12）。

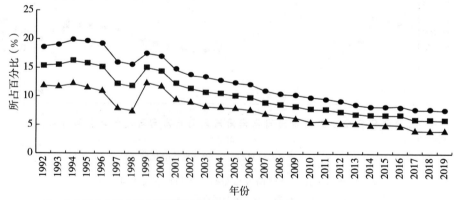

图 4-12　俄罗斯农业就业人员性别情况
数据来源：世界银行数据库。

俄罗斯农业就业人口主要从事耕作业和畜牧业，其中从事耕种作业人员集中分布在森林草原带和草原带内，包括西西伯利亚南部地区、伏尔加河东岸地区、中央黑土区、北高加索；畜牧业从业人员主要分布在南部泰加林区、森林草原区和草原区。

二、农业基础设施

（一）交通基础设施

俄罗斯交通基础设施主要包括铁路、公路、航空、水路交通等。受地理环境复杂多变影响，公路交通相对落后，铁路、航空和水运有一定基础，但多为在苏联时期建造，较为陈旧。根据世界经济论坛发布的《2019 年全球竞争力报告》显示，俄罗斯铁路基础设施水平居世界第 50 位，道路交通、港口、空运等基础设施分别位居世界第 41 位、47 位、52 位。根据世界经济论坛发布的《2018 年全球公路网建设质量报告》显示，公路质量居全球 114 位，由此可见俄罗斯交通基础设施除公路外发展情况较好。政府正大力投资改善公路基础设施建设，但除莫斯科、圣彼得堡等大型城市外，其余地区公路设施陈旧的现状并未得到根本改变。

（1）公路。2020 年俄罗斯公路网总里程 152.94 万千米。但是根据俄罗斯公路署数据显示，近 30% 的公路质量不符合养护标准。同时公路网也存在空间分布不均匀的问题，主要分布在西部地区，共有 25 条与芬兰、乌克兰、白俄罗斯、立陶宛等欧洲国家公路相连，几乎占全境公路里程的 4/5。而在有待大力发展的远东地区，公路线路极为稀少，仅有少数几条与哈萨克斯坦、中国等亚洲国家相连，几乎大部分地区都未普及公路网。为此，2017 年初，俄罗斯政府推行了"安全、高质量公路"国家规划，对辐射 38 个城区、约 5 万千米的公路路段进行维修和养护。

（2）铁路。2020 年俄罗斯公用铁路网总运营里程为 8.66 万千米，居世界第 3 位，其中，电气化铁路里程约 4.4 万千米，占比 51.2%。铁路作为俄罗斯最传统和最主要的交通方式之一，它承担了国内约 80% 的货运量和约 35% 的客运量。在世界范围内，俄罗斯铁路承担了全球约 35% 的货运量和约 18% 的客运量，运输密度仅次于中国。铁路网包括 13 条主干线，其中多条线路将欧洲与亚洲联通起来，连接了包括法国、德国、波兰、芬兰、中国、蒙古国和朝鲜等国家。但是铁路网依旧存在分布极不均匀的问题，西部和南部较为稠密，而西伯利亚和远东地区较为稀疏。

（3）水运。俄罗斯的水路交通运输可分为海洋运输和内河运输。海洋运输方面，俄罗斯的海岸线较长，周围被巴伦支海、白海、黑海、白令海、鄂霍次克海等环绕，海运条件极为便利，共有67个港口和码头，停泊范围达60.5万千米。其中，大型港口有圣彼得堡港、摩尔曼斯克港、阿尔汉格尔斯克港等。因此在俄罗斯的对外贸易运输中，海洋运输发挥了重要的作用，俄罗斯主要通过海上运输的方式与非独联体国家进行经济联系，每年海上运输的需求约为2.1亿吨。内河运输方面，俄罗斯作为世界上内河运输较为发达的国家，其境内河流众多，内河航运线路长达8.2万千米。

（二）农田水利设施

水库是俄罗斯居民生产生活用水的主要水源，全国有100多座库容量超过1亿立方米的水库，库容量小于1000万立方米的水库也有2万多座，全国水库的总有效库容量达3500亿立方米，其中一半集中在安加拉-叶尼塞河和伏尔加-卡马河的水库中。另外，俄罗斯国内河流众多，平均年径流量位居世界第2。但河流及水库空间分布极不均匀。近年来由于气候问题等原因，农业灌溉面积正在不断缩减，灌溉用水量几乎减少一半。除捷列克河和库班河流域的灌溉效益较好外，伏尔加河流域、额尔齐斯河流域等均有不同幅度的缩减。

三、农业生产资料

（一）化肥

化肥使用方面，1992—2020年俄罗斯化肥使用量变化情况分为快速下降和缓慢增加两个阶段：第一阶段为1992—1994年，化肥总使用量由544万吨快速降至148.58万吨，减少395.42万吨，降幅达72.69%。第二阶段为1995—2020年，化肥使用量总体呈波动式缓慢上升的趋势，但增长幅度较小，2020年化肥使用量上升至308.14万吨，但相比1992年依旧减少235.86万吨，降幅达43.36%。从单位面积使用量看，每公顷耕地投入的化肥从1992年的41.21千克迅速降至1994年的11.57千克，1994年后呈波动式增加但增长速度缓慢，2020 年每公顷耕地使用量为 25.33 千克，化肥使用情况不乐观（图 4 - 13）。

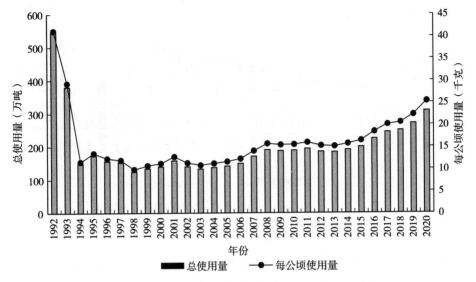

图 4 - 13 俄罗斯化肥使用总量和每公顷耕地使用量情况
数据来源：世界银行数据库。

化肥生产方面，俄罗斯的化肥产业在全球有着举足轻重的地位。每年生产的化肥超过 5 000 万吨，占全球总产量的 13%，但其化肥产量主要集中在欧洲区域，亚洲区域产能较少，呈现出地域不均衡性。2019 年俄罗斯出口化肥3 460 万吨，与 2018 年相比增长 1.5%，是全球最大的氮肥出口国、第二大钾肥出口国和第三大磷肥出口国。

（二）农药

农药使用方面，俄罗斯作为一个粮食生产与出口大国，已逐渐成为农药发展最具市场潜力的国家之一。但农药用量与其他发达国家相比依然存在一定差距。1992—2020 年农药总使用量呈先稳定不变后波动上升的变动趋势。1992 年农药使用量为 2.60 万吨，随后六年均稳定在这一水平，1997 年后使用量稳步增长，2015 年增长至 5.14 万吨，随后两年增长速度加快，2017 年达到7.95 万吨。2018 年小幅度下降至 7.64 万吨，随后两年使用量有所恢复，2020 年为 9.05 万吨，相比 1992 年增长 6.45 万吨，增幅达到 248%。从单位面积使用量看，变动趋势同总使用量保持一致，2020 年每公顷耕地农药使用量为 0.74 千克（图 4 - 14）。

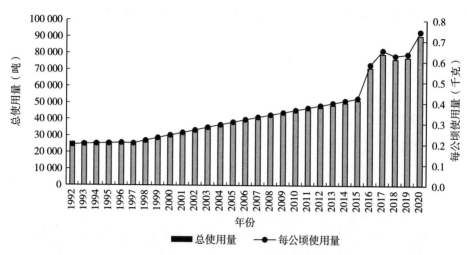

图 4-14 俄罗斯农药使用总量和每公顷耕地使用量情况
数据来源：联合国粮食及农业组织数据库。

农药生产方面，2016 年俄罗斯国内仅拥有农药生产企业 80 余家，主要采用产品登记制度进行销售，每年农药销售量约为 6 万吨，远远不能满足国内农药需求，仍有 50% 农药需要进口，自给自足的能力较差。农药进口企业中美国杜邦、德国拜耳、美国陶氏益农、日本爱利思达、德国巴斯夫及瑞士先正达占有较大的市场份额，这些外国企业占有俄罗斯农药市场约 75% 的份额。俄罗斯农药产量较低的同时还存在严重的质量问题，市场上近 10% 的农药为假冒伪劣产品，严重阻碍了农药市场的发展。

（三）农业机械

2019 年俄罗斯生产拖拉机和其他农业设备的企业超过 650 家，生产的拖拉机、联合收割机及其零部件占据了 35% 的市场份额。为了稳定和发展农业生产，政府通过建立完善的质量管理和检测鉴定体系，不断加大对农机产品质量的监督与管理工作。同时政府陆续出台了多个方面的政策与措施，旨在提高农业机械化技术水平、扩大农业机械的使用范围。

农业机械拥有量方面，1992—2019 年农业机械拥有量呈持续减少趋势。独立之初农业机械拥有量达到 147.42 万台，其中农用拖拉机 129 万台，每 100 平方千米耕地投入的拖拉机数量为 98 台，农业机械化水平较高。1992 年后农用机械数量急剧下降，2010 年已减少至 37.79 万台，每 100 平方千米耕地拥有的拖拉机数量下降到 27 台，相比独立之初降幅超过 74%。2010 年后农用机械拥有量进入缓慢下降期，2016 年农用机械拥有量为 31.39 万台，此后三年在 31.4 万台上下波动，到 2019 年增长至 31.59 万台，相比 1992 年减少了 115.83 万台，降幅为 78.57%（图 4-15）。

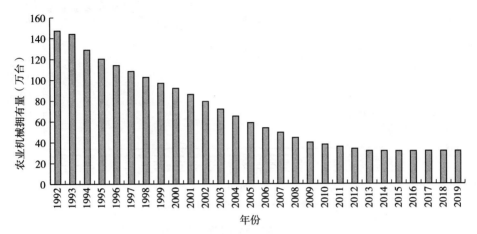

图 4-15　俄罗斯农用机械变化情况
数据来源：美国农业部世界农业生产率数据库。

第四节　哈萨克斯坦

哈萨克斯坦地广人稀，相比农业自然资源，农业经济资源有所不足。随着苏联解体，独立后该国人口总数、农村人口及农业就业人员数量均呈减少趋势，直至 21 世纪初该问题才有所改善。农业劳动力资源缓慢增加，农业基础设施相比中亚地区其他成员国较为发达，但设施利用效率较低、农业生产资料投入量较为薄弱，制约了该国农业的发展。

一、人口及农业劳动力

人口总数方面，1992—2021 年哈萨克斯坦人口总数呈先下降后上升的趋势。独立之初居民生活质量降低，人口大量外流，人口总数开始减少，由 1992 年的 1 643.9 万减少至 2002 年的 1 485.89 万。2003 年人口数量趋于稳定并逐渐开始增加，2021 年达到 1 900.10 万人，人口总数在上合组织成员国中排名第七。人口增长率方面，1992—2010 年呈现先下降后上升的趋势，2010 年后趋于平稳，保持在 1.4% 左右，2021 年为 1.31%，表明自 2010 年后该国人口开始稳定增长（图 4-16）。

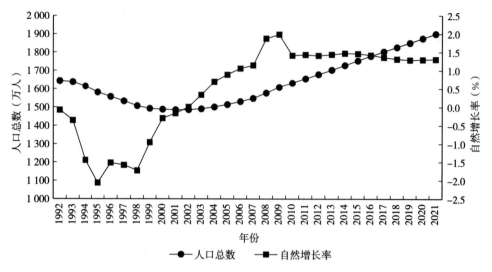

图 4-16 哈萨克斯坦人口总数与人口增长率变化
数据来源：世界银行数据库。

农村人口数量方面，1992—2021 年哈萨克斯坦农村人口呈现先减少后增加的变动趋势，该国独立后农村人口大量流失，从 1992 年初的 721.96 万人下降到 2002 年的 650.17 万人，共减少 71.79 万人。2002 年后经济逐步复苏，农村人口开始缓慢增加，到 2021 年增加到 801.44 万人，相比 2002年增加了 151.27 万人，占人口总数 42.18%，远远高于苏联时期该国的农村人口。农业就业人员数量方面，1992—2019 年农业就业人口数量持续减少，由 1992 年的 295.16 万人缓慢减少至 2010 年的 246.64 万人，2010 年后下降速度明显加快，与农村人口呈反方向变动。2019 年农业就业人口减少为 137.12 万人，相比 1992 年减少了 158.04 万人，降幅达 53.54%，说明农村人口在增加，但实际从事农业的劳动者不增反降，农业劳动力缺口日益扩大（图 4-17）。

农业就业人员占比方面，1992—2019 年哈萨克斯坦男性农业就业人口占就业总人口的比重略高于女性。独立之初农业就业人员占就业总数的比重缓慢升高，1995 年达到顶峰为 37.62%，此后总体呈下降趋势。2019 年农业就业人员仅占就业总数的 14.86%，相比 1992 年的 36.91% 下降了 22.05%。其中农业女性就业人员占女性就业人员的 13.25%，农业男性就业人员占男性就业人员的 16.32%，略高于女性比重（图 4-18）。

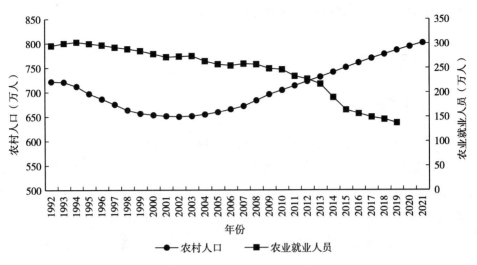

图 4-17 哈萨克斯坦农村人口与农业就业人员变化情况
数据来源：世界银行数据库。

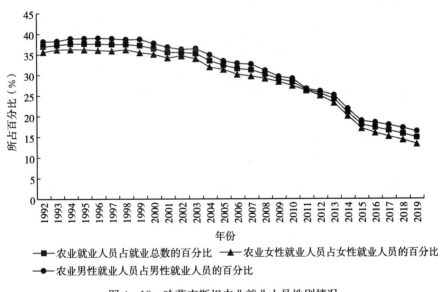

图 4-18 哈萨克斯坦农业就业人员性别情况
数据来源：世界银行数据库。

哈萨克斯坦农业就业人口主要集中在阿拉木图州、图尔克斯坦州、科斯塔奈州及江布尔州。虽然全国从事农业生产活动的人口逐年减少，但科斯塔奈州、曼格斯套州、巴甫洛达尔州以及阿斯塔纳市农业就业人口变动并不大，阿斯塔纳市甚至有小幅度增长，而卡拉干达州、图尔克斯坦州、北哈萨克斯坦州、阿拉木图州、阿克托别州以及江布尔州农业就业人员缩减比例较大，其中卡拉干达州与图尔克斯坦州两州缩减比例最大。

二、农业基础设施

（一）交通基础设施

哈萨克斯坦在世界银行发布的全球"物流绩效指数（LPI）"中基础设施质量名列第 65 位、国际运输能力名列第 82 位。在哈萨克斯坦交通系统中，公路是最主要的交通运输方式，其次为铁路，水运较为落后。自独立以来，交通基础设施老化现象严重、投资不足，整体交通运输能力较落后。

（1）公路。公路运输是哈萨克斯坦最重要的物流运输方式，2020 年公路营运总里程数为 9.47 万千米，其中国道 2.35 万千米，州（区）道 7.39 万千米，但公路路线密度较小，每百平方千米密度为 3.6 千米。约 37% 的国道和 9% 的地方公路状况良好，大多为三级公路，并且主要为南北和东西方向，南北方向的公路路线较长，路网设施较发达。此外，哈萨克斯坦境内共有六条国际公路，总长 8 290 千米，构成公路网的主要部分（表 4 - 3）。

表 4 - 3　2020 年哈萨克斯坦主要国际公路

主要公路	总长度（千米）
塔什干奇姆肯特-塔拉兹-比什凯克-阿拉木图-霍尔果斯	1 150
奇姆肯特-克孜勒奥尔达-阿克托别-乌拉尔-萨马拉	2 029
阿拉木图-卡拉干达-阿斯塔纳-彼得罗巴甫洛夫斯克	1 724
阿斯特拉罕-阿特劳-阿克套-土库曼斯坦（边界）	1 402
鄂木斯克-巴甫洛达尔-塞米巴拉金斯克-迈卡普沙盖	1 094
阿斯塔纳-科斯塔奈-车里雅宾克斯克	891

数据来源：哈萨克斯坦统计署。

（2）铁路。2020 年末哈萨克斯坦铁路干线总里程 1.51 万千米，其中复线约 5 000 多千米，电气化线路 4 100 多千米，站线和专用线路 6 700 千米。铁路密度不高，分布较为集中。从走向来看，大多数呈南北走向，运输规模并不大。在全境铁路网络分布上，南部和东部地区铁路总长度逾 4 000 千米，占全国总长度的 27.5%；西部地区 3 900 千米，占总长度的 26.9%；中部和北部地区 6 300 千米，占总长度的 43.5%。主要铁路线路有"热肯特-霍尔果斯"铁路、"霍尔果斯-阿腾科里"铁路等。哈萨克斯坦作为世界上最大的内陆国家，铁路运输是国家经济发展的命脉，政府正在不断加大铁路交通基础设施建设，热兹卡兹干-别涅乌铁路、阿尔卡雷克-舒巴尔科里等铁路先后于 2016 年建成通车。

（3）水运。哈萨克斯坦作为一个内陆国，相比公路与铁路等运输方式，水运并不发达。哈萨克斯坦共有三个大型海运港口，分别为阿克套国际商港、包季诺港和库雷克港。其中阿克套港可装卸各种干货和石油，是航空、铁路、公路、海运和管道多种运输途径的交通枢纽，也是目前哈萨克斯坦唯一的国际海港。内河航运总里程 4 054 千米，分布在三个水域，即额尔齐斯河水域、伊犁河-巴尔喀什水域和乌拉尔河-里海水域。

（二）农田水利设施

哈萨克斯坦的供水和灌溉很大程度依靠水库来调节，共建有 204 座水库，总库容高达 955 亿立方米。大型水库包括伊犁河上的卡普恰盖水库、额尔齐斯河的布赫塔尔马水库、舒里宾水库和锡尔河上的恰尔达拉水库等。另外，哈萨克斯坦为了实现不同地区水资源的调度，修建了多座大型引水干渠（运河），包括著名的阿雷西土耳其斯坦干渠、额尔齐斯河-卡拉干达-杰兹卡兹甘运河、阿拉木图大渠等。除水渠水库等设施外，还修建了可灌溉 51.7 万公顷土地的灌溉设施，这些水利设施的主要功能是调节水量，保障农业用水灌溉等。但由于这些设施多数是哈萨克斯坦独立前建造的，年久失修，功能老化，设施维护和更新困难，致使其使用效率较低，农业灌溉用水量的 40% 以上被无效损耗、漏失。该国独立以来，农业灌溉地的面积已缩减 43%，灌溉率仅为 7%，灌溉用水严重不足。目前，许多大坝、水利枢纽等设施的状况持续恶化，部分灌溉渠道的有效利用率仅为 50%～60%，且很少像缺水国家那样采用滴灌和喷灌技术。

三、农业生产资料

（一）化肥

化肥使用方面，哈萨克斯坦的化肥投入自独立以来一直较为靠后，使用量与其他国家相比远远不足。1992—2020 年化肥使用量呈先快速减少后波动增加的趋势，独立之初的两年内减少 35.22 万吨，1995 年后降幅放缓，呈波动下降趋势，1998年降至1.32万吨，相比1992年减少了45.97万吨，降幅达97.21%。1998年后呈波动式增加趋势，2020年增至16.48万吨，但相比1992年依旧减少30.81万吨。从单位面积使用量看，变动趋势同总使用量保持一致，每公顷耕地投入的化肥从1992年的13.49千克降至2020年的5.58千克（图4-19）。

化肥生产方面，哈萨克斯坦农业化肥生产主要依靠国家氮肥厂以及磷肥厂，氮肥主产区在曼吉斯套州，产量占全国的90%，所产氮肥除自身使用外还向阿根廷、罗马尼亚、捷克、保加利亚和伊朗出口。磷肥主产区在江布尔州，磷肥产量占全国总产量的91%，产品主要向美国、中国、阿富汗、俄罗斯、乌克兰、塔吉克斯坦和乌兹别克斯坦出口，但该国钾肥和复合肥完全依赖进口（中国驻哈萨克斯坦经商参赞处，2020）。

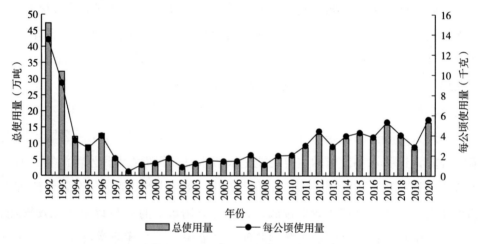

图4-19 哈萨克斯坦化肥使用总量和每公顷耕地使用量情况
数据来源：世界银行数据库。

（二）农药

农药使用方面，哈萨克斯坦农药发展情况不容乐观，在苏联时期该国农药使用量就处于缺乏状态。独立之初三年，农药总使用量稳定在1.72万吨，1995—2020年总使用量呈先减少后波动增加的变动趋势，2000年使用量仅为0.30万吨，远远不能满足农业生产需要。2000年后，各项农业生产资料的使用开始恢复，农药使用量开始小幅增长，2006年后增幅更加明显，至2009年受经济危机影响，进入波动上升期，且波动幅度较大。到2020年，全国农药使用量为1.44万吨，虽有提高但仍未达到独立之初的水平。从单位面积使用量看，整体变动趋势同总使用量保持一致，每公顷耕地投入的农药从1992年的0.49千克先减少后增加，至2020年为0.49千克（图4-20）。

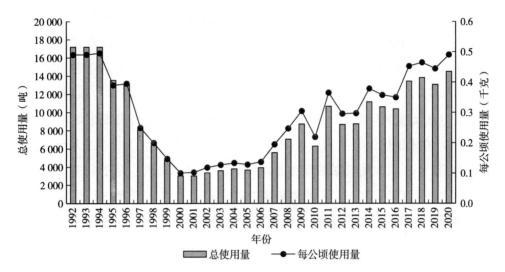

图4-20　哈萨克斯坦农药使用总量和每公顷耕地使用量情况
数据来源：联合国粮食及农业组织数据库。

哈萨克斯坦由于气候干旱，杀虫剂及杀菌剂的使用较为有限，除草剂占据着农药市场最大份额。从哈萨克斯坦农药销售情况来看，农药使用主要集中在谷物作物上，其次是棉花、马铃薯、向日葵、蔬菜等作物。由于受国内气候影响，每年的农药用量和销售额均有小幅波动；2012年以来，农药市场总市值均在1.5亿美金上下波动。相比于其他国家，农药使用量仍然处于较低水平，且在谷物品种上农药使用并不多，用农药提高作物产量的发展空间较大。

（三）农业机械

哈萨克斯坦机械制造发展较早，独立前大部分机械制造企业如阿拉木图重型机械厂、基洛夫机器制造厂等拥有大量先进设备。独立后仓促的私有化、管理效率低下和缺乏投资等因素致使机械制造业逐步衰退，国内对机械产品的需求主要依靠进口，一度成为机械设备产品的纯进口国。近几年来，随着《机械制造业发展纲要》的推进，机械制造业的衰退幅度减小并缓慢发展。农业机械方面，独立前农业基本实现了机械化与规模化生产，每公顷土地投入的农用机械数量较为可观。独立后农业机械化程度逐渐下降，农用机械保有量不如苏联时期，但总体来说农业机械水平在中亚地区处于较高水平。

农业机械拥有量方面，1992—2019 年哈萨克斯坦农业机械拥有量呈先减少后增加的趋势。独立之初全国农业机械保有量能够达到 26.18 万台，其中，农用拖拉机 21.74 万台，每 100 平方千米耕地投入的拖拉机数量为 62 台，农业机械化条件相对较好。1992 年后，由于国内社会动荡，经济发展停滞，农用机械数量急剧下降，至 2000 年已减少至不足 7 万台，相比独立之初降幅超过 76%，每 100 平方千米耕地拥有的拖拉机数量下降到 17 台。2000 年后农用机械量进入缓慢下降期，2007 年后，农用机械拥有量开始出现小幅增长。到 2019 年，农用机械保有量为 5.55 万台，相比 1992 年减少了 20.63 万台，减少幅度为 78.80%。农用机械数量在急剧减少的同时，质量也处于衰退境地。超过 70% 的农用机械设备是苏联时期建造，政府无力投入资金进行维修、保养以及更新，普遍存在年久失修、功能老化、更新改造缓慢以及分布不合理等问题（图 4 - 21）。

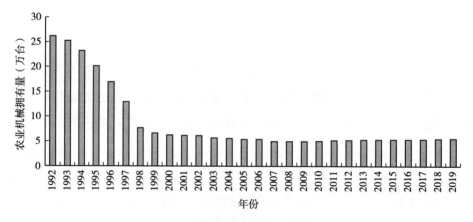

图 4 - 21　哈萨克斯坦农用机械变化情况
数据来源：美国农业部世界农业生产率数据库。

第五节　吉尔吉斯斯坦

吉尔吉斯斯坦不同资源间差异较大，其中，农业人口占比较高，农业劳动力资源较丰富，但受地理位置的影响，交通基础设施建设十分落后，很大程度上限制了该国其他农业基础设施的发展。独立之后该国化肥和农业机械投入量下降幅度较小，但单位面积使用量依旧处于落后水平，阻碍了农业的发展。

一、人口及农业劳动力

人口总数方面，1992—2021 年吉尔吉斯斯坦人口数量呈稳步增长的趋势，由独立之初的 451.54 万增至 2021 年的 669.18 万，增加了 217.64 万，增幅达到 48.20％。人口增长率方面，1992—2021 年呈波动式上升的趋势，由 1992 年的 1.15％上升至 2021 年的 1.72％，其中除 1994 年人口增长率为－0.03％外，其他年份均为正值（图 4-22）。

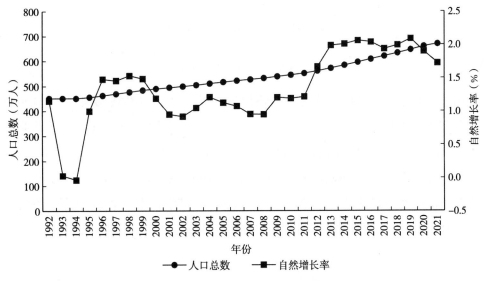

图 4-22 吉尔吉斯斯坦人口总数与人口增长率变化

数据来源：世界银行数据库。

农村人口数量方面，吉尔吉斯斯坦农村人口在其总人口中所占比重较大，1992—2021 年农村人口持续增加，由独立初期的 279.02 万增加到 2021 年的 420.61 万，增加了 141.59 万，增幅为 50.75％，占人口总数的 62.85％。农业就业人员数量方面，1992—2019 年农业就业人员数量呈先增加后波动下降趋势，1992 年农业就业人口数量为 66.90 万，此后至 2001 年持续增长，2001 年后进入持续性波动下降期，2019 年下降至 49.37 万，相比 1992 年下降了 17.53 万，总体呈缩减趋势（图 4-23）。

农业就业人员占比方面，1992—2019 年吉尔吉斯斯坦农业总就业人口占比与男性、女性农业就业人员占比基本持平。吉尔吉斯斯坦独立后八年间农业就业人员比例波动增长，农业女性就业人员与男性就业人员在各自就业人员总

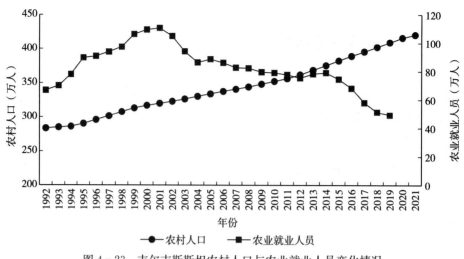

图 4-23 吉尔吉斯斯坦农村人口与农业就业人员变化情况
数据来源：世界银行数据库。

数中的占比与农业就业人员发展趋势保持一致。2000 年农业就业人员与就业人员总数的占比达到最高值 53.08%，其中，农业女性就业人员占女性就业人员的 54.78%，农业男性就业人员占男性就业人员的 51.76%。2000 年以后，农业就业人员在其总就业人员数量中的比例出现波动式下降，到 2019 年占比 19.32%，相比 1992 年的 38.16% 下降了 18.84%，其中农业女性就业人员占女性就业人员的 18.81%，农业男性就业人员占男性就业人员的 19.62%（图 4-24）。

图 4-24 吉尔吉斯斯坦农业就业人员性别情况
数据来源：世界银行数据库。

吉尔吉斯斯坦农业就业人口主要分布在楚河州、奥什州、贾拉拉巴德州、塔拉斯州、伊塞克湖州等地区，从事粮食种植、畜牧养殖等农业活动。这些区域作为主要农业区，农业资源条件和灌溉条件相对较好，农业发展水平较高。但由于农业劳动力数量较多而耕地资源有限，导致人多地少的问题突出。

二、农业基础设施

（一）交通基础设施

吉尔吉斯斯坦因其特殊的地理位置曾被称为"地缘战略高地"，其水运能力不发达，交通运输主要依靠公路来完成，但公路总里程并不长，铁路运输发展相比公路更缓慢。吉尔吉斯斯坦是多山国家，交通运输成本高，且大部分交通设施修建于苏联时期，独立后政府缺乏资金、技术等无力维修和保养，导致当前交通设施系统中存在着路况差、老化或损毁现象严重，以及交通路网密度较小、难以满足实际需求、缺乏与国际运输通道的对接与联系等问题。

（1）公路。吉尔吉斯斯坦公路总里程约 3.4 万千米，是最重要的运输方式，承担运量达到了全国总运输量的 92.9%。在类型上以总长为 1.88 万千米的州区间公路为主，大部分为砾石路面和水泥沥青路面；跨国公路总长度为 4 160 千米，虽在公路网中占比较小，但是道路多为水泥沥青路面，路况较好；其余则为国家级公路以及城镇、乡村及企业用道路，两者占比总计 32.4%，路面以砾石路面为主，城镇、乡村及企业用道路还有上千千米的沙土道路，路况一般。但是吉尔吉斯斯坦的公路建设也存在很多不足，因缺少资金，吉尔吉斯斯坦独立前十年公路建设一直处于停滞状态，几乎没有新建公路，筑路设备亦损耗严重，维护质量每况愈下，年投入养路费用仅能满足实际需求的 15%～20%，导致亟待维修的公路里程不断增加，路况较差的公路超过 70%，20% 的柏油路已经报废，每年因上述原因废弃道路 100 多千米（表4-4）。

表4-4　2020年吉尔吉斯斯坦主要公路情况

主要公路	总长度（千米）
比什凯克-奥什公路	672
比什凯克-纳伦-吐尔尕特公路	539

（续）

主要公路	总长度（千米）
奥什-伊尔克什坦公路	258
奥什-伊斯法纳公路	385
萨雷塔什-卡拉梅克公路	142
比什凯克-洽尔多瓦尔公路	31
塔拉兹-塔拉斯-苏萨梅尔公路	199
比什凯克-格奥尔吉耶夫卡公路	16

数据来源：中国驻吉尔吉斯斯坦大使馆经济商务参赞处。

（2）铁路。吉尔吉斯斯坦铁路交通并不发达，总里程为432.9千米，分为南北两段且互不相连，北段从巴克雷切出发，经比什凯克，最终到达吉哈两国边境，并与哈萨克斯坦、俄罗斯铁路网相连，里程为322.7千米，占铁路总里程的76%。南段从奥什市到贾拉拉巴德，有支线铁路与乌兹别克斯坦相连，里程为101.2千米，占铁路总里程的24%。吉尔吉斯斯坦的铁路建设在其独立后至2005年间处于停滞状态，仅有的铁路线路还是苏联时期所遗留。2005年后吉尔吉斯斯坦多方筹集资金对其铁路进行维护修理，但由于基础设施老化总体来看其铁路网建设依然较为缓慢，不足以满足实际需求。

（3）水运。吉尔吉斯斯坦是内陆国家并不临海，其水运方式主要依托伊塞克湖以内河运输为主，但整体运输能力较差；港口包括巴雷克奇和卡拉阔尔，航线总长189千米，年货运量不超过5万吨。

（二）农田水利设施

吉尔吉斯斯坦是灌溉大国，其耕地几乎全部需要人工灌溉，灌溉面积占耕地面积的80%。农业水利灌溉主要依靠水库和引水渠来调节，为了更好地进行水资源的蓄积和利用，吉尔吉斯斯坦修建了多座大型水库，其中，容量为100万～1 000万立方米的大型水库有12座，主要有托克托库尔水库、卡姆巴拉金水库、基洛夫水库、帕潘水库和托尔特古里水库等水库工程，其中最大的是托克托库尔水库，库容量达200亿立方米，在蓄水灌溉和水力发电方面发挥了重要作用。同时建有楚梅什干渠、楚河干渠大坝、大塔拉斯渠、巴拉萨雷和卡德拉里大渠、拉纳克渠、奥姆克渠、奥图扎德尔渠、阿拉旺-阿克布拉渠、共青渠等引水渠工程，这为其粮食生产和灌溉提供了良好条件。

三、农业生产资料

（一）化肥

化肥使用方面，吉尔吉斯斯坦生产资料处于严重供应不足状态，耕地施肥量较低。独立之初的十年变化不大，基本稳定在2.7万吨左右，2002年后，使用量骤降至0.9万吨，2003年又剧增至3.16万吨，之后均在这一水平波动变化，2015年再次骤降至1.26万吨，随后继续呈波动变化，2020年总使用量为2.92万吨。从单位面积使用量看，其变动趋势同总使用量保持一致，1992年每公顷耕地的化肥使用量为23.05千克，2002年只有6.72千克，2003年后每公顷耕地化肥使用量处于波动变化状态，2020年使用量为22.65千克，整体水平不高。化肥使用地域分布极不均衡，北方多数农产区化肥供应仅占实际需求的20%，南部勉强达到80%（图4-25）。

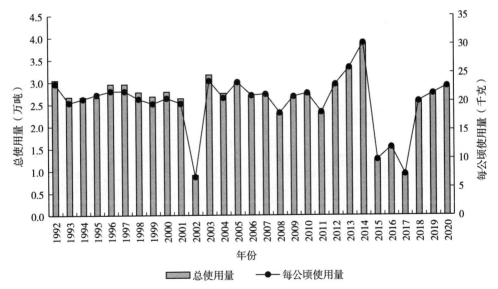

图4-25 吉尔吉斯斯坦化肥使用总量和每公顷耕地使用量情况
数据来源：世界银行数据库。

化肥生产方面，由于自身化肥生产能力弱，吉尔吉斯斯坦农业生产所需的复合肥料和有机矿物肥料等完全依赖于进口，主要进口来源国为俄罗斯及乌兹别克斯坦。国内每年农业生产对化肥的需求一般在 35 万～40 万吨，但进口量仅保持在 10 万吨左右，只能保障 30％左右的需求。由于肥料使用量不足、种类单一，导致土壤腐殖质减少，土壤肥力下降并退化，严重影响了农业的发展。

（二）农药

农药使用方面，吉尔吉斯斯坦单位面积的农药投入相当匮乏，早在苏联时期该国的农药使用量就处于较低水平，独立后由于社会经济不稳定，生产能力被削弱，农药使用量愈加不足。1992—2020 年农药总使用量呈先减少后增加，再减少再增加的"W"形变动趋势。1992 年农药总使用量为 2 418 吨，之后便开始持续下降，到 2001 年只有 610 吨，2001 年后，农药使用量开始波动上升，增至 2004 年的 1 321.3 吨之后再次开始下降，2009 年后，农药使用量总体为小幅度增长趋势，到 2020 年增加至 692.6 吨。相比 1992 年减少了1 725.4吨，降幅达 71.36％。从单位面积使用量来看，其整体变动趋势同总使用量保持一致，每公顷耕地投入的农药从 1992 年的 1.83 千克减少到 2020 年的 0.54 千克（图 4 - 26）。

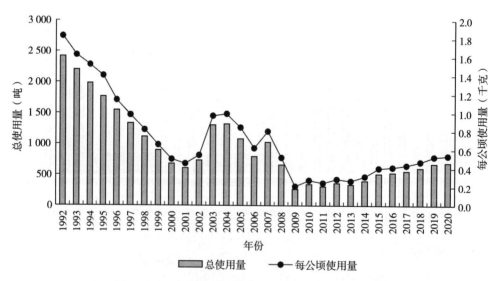

图 4 - 26　吉尔吉斯斯坦农药使用总量和每公顷耕地使用量情况
数据来源：联合国粮食及农业组织数据库。

农药生产方面，吉尔吉斯斯坦农药供应与化肥供应情况类似，农药生产能力薄弱，供应量不足，主要依靠进口。

（三）农业机械

吉尔吉斯斯坦在苏联时期已经实现了农业机械化生产。独立后由于该国农业劳动者难以适应非机械化耕作方式，同时由于资金短缺导致农业机械投入量过少，使得现有农业机械设备迅速老化，80％的农机需要更新换代。因此，吉尔吉斯斯坦只能依靠租赁和国际组织、外国赠送援助的方式获取农业机械并利用其开展农业生产。

农业机械拥有量方面，1992—2019 年，除个别年份经历波动外，其他年份拥有量较为稳定。1992 年为 2.69 万台，其中农用拖拉机为 2.5 万台，每100 平方千米耕地拥有的拖拉机数量为 189 台。1992 年以后每 100 平方千米耕地拥有的拖拉机数量变动并不大，仅 1995—1996 年由于政府资金不足，农用机械数量骤然下降，两年间减少了近 8 000 辆，农机拥有量跌至最低点。1996 年后农用机械拥有量又大幅增加，增至 1999 年的 2.76 万台，随后再次减少，2002 年减少至 2.33 万台。2002 年后，农用机械拥有量开始逐年回升，但增加速度不快，变动趋势渐稳，至 2019 年农用机械拥有量达到 2.82 万台，虽机械数量不及独立之初，但发展势头良好（图 4 - 27）。

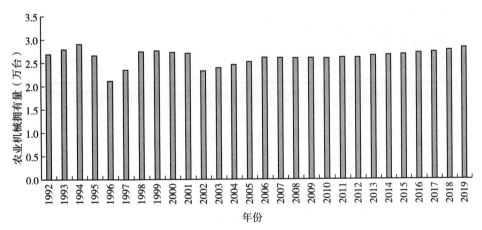

图 4 - 27　吉尔吉斯斯坦农用机械变化情况
数据来源：美国农业部世界农业生产率数据库。

第六节　塔吉克斯坦

塔吉克斯坦长期以来农业经济资源匮乏，受地形影响，其基础设施建设受限，交通极不便利。国内现有农业基础设施多为苏联时期遗留，但因缺乏技术和资金而无力更新或改善。此外，国内化肥、农药等生产资料严重不足，苏联解体前，农业生产资料使用量远高于世界平均水平，但 1992 年独立后，农业生产资料使用量一度减少，情况并不乐观。

一、人口及农业劳动力

人口总数方面，1992—2021 年塔吉克斯坦人口总数保持增长趋势，由 550.25 万增至 975.02 万，增加了 424.77 万人，增幅达 77.20%，在上合组织成员国中排名第八。在人口增长率方面，1992—2021 年人口增长率呈先下降后上升再下降的趋势，但人口增长率始终高于 1.5%，2021 年人口增长率为 2.20%，人口增长速度较快（图 4-28）。

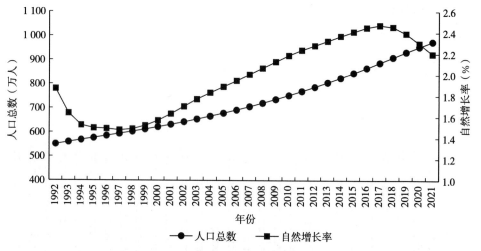

图 4-28　塔吉克斯坦人口总数与人口增长率变化
数据来源：世界银行数据库。

农村人口数量方面，塔吉克斯坦农村人口相对城镇人口有绝对的数量优势，2021 年农村人口占人口总数的 72.27%。1992—2021 年，农村人口数持续增长，由 382.27 万增至 704.68 万，增加了 322.41 万，增幅达 84.34%。农业就业人员数量方面，1992—2019 年农业就业人员数量呈先上升后小幅度下降的趋势。1992 年农业就业人口数量为 74.87 万，2007 年增至 104.15 万，2008 年出现小幅度下降后继续增长，2016 年达到 112 万，此后农业就业人员数量小幅度下降，2019 年降至 107.17 万。农业就业人口长期多于其他行业就业人数，成为国内劳动力就业的主要构成部分（图 4 - 29）。

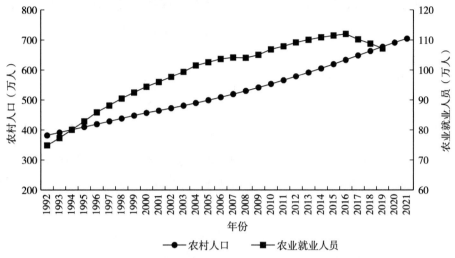

图 4 - 29　塔吉克斯坦农村人口与农业就业人员变化情况
数据来源：世界银行数据库。

农业就业人员占比方面，1992—2019 年塔吉克斯坦农业就业人口占比与男性、女性农业就业人员占比的变动趋势几乎一致。农业女性就业人员在女性就业总数中所占比例很高，远超过 60%，1998 年高达 78.04%，这说明该国女性就业人员主要分布在农业领域，而男性就业人员在其就业人员总数中的比例远低于女性。2019 年农业就业人员占就业总数的 44.72%，其中农业女性就业人员占女性就业人员的 60.05%，农业男性就业人员仅占男性就业人员的 35.40%（图 4 - 30）。

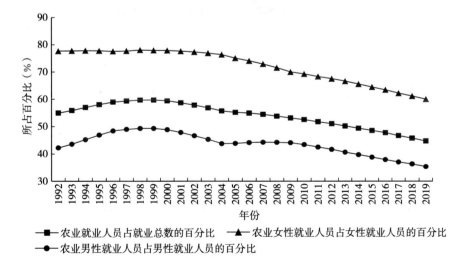

图 4 - 30　塔吉克斯坦农业就业人员性别情况
数据来源：世界银行数据库。

139

塔吉克斯坦农业就业人口主要分布在依托河谷地区的四个农业区，包括南部河谷地带及哈特隆州的绝大部分地区，丹加拉区作为最大的农业生产基地聚集着大量的农业从业人口，而西部地区农业从业人员分布较少。

二、农业基础设施

（一）交通设施

塔吉克斯坦地形地貌复杂，93％为山地，道路修建困难，各类基础设施较落后，交通极不便利。苏联时期由于位置偏远，基础设施建设本就落后于其他国家，独立后政府无力投资交通领域，各类交通设施陈旧老化，破坏严重。1995年后，在国际社会的帮助下，开始修复、改善并新建国内基础建设，因此国内交通设施系统有了很大发展。但由于塔吉克斯坦为内陆国家，且国内水系不适合航行，因此其缺乏水运能力。

（1）公路。塔吉克斯坦公路运输为其交通系统中的主要方式，现有公路总里程为1.37万千米，但因设备老化失修，难以满足社会发展的需要。国内共有四条主要干线，多以杜尚别为起点，连接各个通向邻国的通商口岸（表4-5）。此外，公路布局并不均衡，在瑟尔达利亚河流域、吉萨尔盆地、瓦赫什盆地、库里亚布地区分布相对密集，而戈尔诺-巴达赫尚自治州、加尔姆地区、泽拉夫尚河流域由于高山阻隔，导致公路网稀疏。

表4-5　2020年塔吉克斯坦主要国际公路情况

主要公路	总长度（千米）
塔中（中国）公路	1 009
塔吉（吉尔吉斯斯坦）公路	368
塔阿（阿富汗）公路	185
塔乌（乌兹别克斯坦）公路	432
首都到南部地区交通主干线	250

数据来源：根据中国驻塔吉克斯坦大使馆经济商务参赞处资料整理。

（2）铁路。铁路是塔吉克斯坦国民经济的重要交通枢纽，主要承担旅客和货物进出境运输任务。铁路总里程为950.7千米，目前使用616.7千米，其中有114千米超出使用年限。铁路交通包括北、中、南三段互不相连的铁路线，通过邻国乌兹别克斯坦与其他国家实现铁路连通。其中，北段位于索格德州，穿过费尔干纳盆地，总里程 109 千米。中段位于吉萨尔盆地，从杜尚别到图尔松扎德，总里程约 100 千米。南段铁路位于哈特隆州，分别以库尔干秋为中心到杜尚别、沙尔图兹及库洛布。此外，新修复的库尔干秋别-亚瓦铁路线和 1999 年修建完成投入使用的长达 132 千米的库尔干秋别-库里亚布铁路线因不符合使用负载标准，处于经营亏损状态。塔吉克斯坦铁路的电气化改造和技术更新由于政府无力投入资金，导致其进展缓慢。

（二）农田水利设施

塔吉克斯坦拥有 9 个人工水库，总库容量为 153.4 亿立方米，大型的水库有凯拉库姆水库、努雷克水库、拜帕津、瓦赫什河等，其中较大的为凯拉库姆水库和努雷克水库，蓄水量分别为 41.6 亿立方米和 105 亿立方米，主要用于供水、灌溉等。但是，塔吉克斯坦农田水利设施及灌溉系统使用年限过长且无力更新，大面积耕地无法得到有效灌溉，供水、排水系统老旧，农田灌溉取水一般需要 3～4 梯级才能到农田，难以与粮食生产灌溉需求相适配。据统计，目前仅有 55% 的灌溉系统能正常有效运行，将近 70% 的竖井排水不能使用，超过 50% 的自然灌溉用水系统和 65% 的泵站处于老化状况，加之农业部门财政收入有限以及农村居民因为普遍贫困不能有效集资，以致维持和更新灌溉基础设施所需资金始终得不到相应保障。地面灌溉是塔吉克斯坦唯一的土地灌溉方法，滴灌、喷灌和微喷灌技术还处于实验阶段，只在极少数地方使用。随着塔吉克斯坦电力成本持续下降，现代节水技术在水泵灌溉地区的传播速度将逐渐加快。

三、农业生产资料

（一）化肥

化肥使用方面，塔吉克斯坦长期以来社会资源匮乏，化肥供应严重不足。苏联解体前，化肥使用量远远超过世界平均水平，年均使用量为 15 万～20 万吨，但 1992 年独立后，化肥使用量呈波动下降趋势。其中，1992—1994 年减少了 5.04 万吨，1995 年后下降趋势放缓，2000 年后使用量在 1 万吨上下波动，始终处于较低水平，2020 年化肥总使用量突增至 8.12 万吨，但相比 1992 年仍减少了 3.05 万吨。从单位面积使用量看，每公顷耕地化肥使用量整体变动趋势同总使用量保持一致，由 1992 年的 129.49 千克波动式减少至 2019 年的 18.12 千克，2020 年突增至 96.75 千克（图 4-31）。

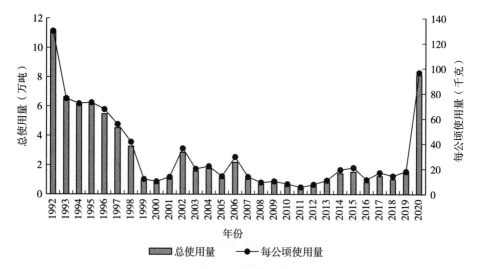

图 4-31　塔吉克斯坦化肥使用总量和每公顷耕地使用量情况
数据来源：世界银行数据库。

化肥生产方面，塔吉克斯坦独立后工业薄弱，化肥企业纷纷停产，生产能力较低，需要从俄罗斯、哈萨克斯坦及乌兹别克斯坦大量进口，进口价格高且数量有限，导致化肥在农业生产中的应用水平极低，尤其是氮磷钾肥缺口逐年增大。

（二）农药

农药使用方面，塔吉克斯坦独立前农药应用情况相对较好，但独立初期社会经济与生产力的动荡导致农药供应急剧变化。1992—2020 年农药总使用量先快速减少后快速增加再缓慢减少最终保持稳定。1992 年农药总用量为 2 280 吨，之后出现直线下降，1995 年降至 54 吨，1996 年又突增至 826 吨。1996 年后虽然农药使用量依旧处于减少状态，但减少速度放缓，2004 年后稳定在 250 吨左右，农药使用量进入一个稳定发展时期，2020 年为 265 吨。从单位面积使用量看，整体变动趋势同总使用量保持一致，每公顷耕地投入的农药从 1992 年的 2.65 千克快速减少，至 1995 年投入量几乎为零，随后 1996 年有所回升，1997 年后继续减少但降幅变缓，2004 年后保持稳定，至 2020 年农药单位面积使用量为 0.32 千克（图 4-32）。

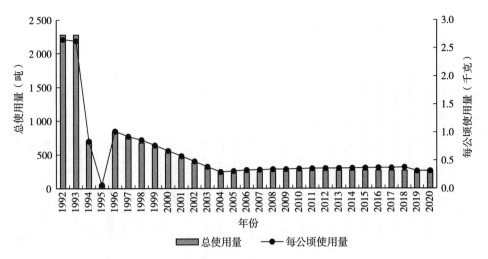

图 4 - 32 塔吉克斯坦农药使用总量和每公顷耕地使用量情况
数据来源：联合国粮食与农业组织数据库。

（三）农业机械

塔吉克斯坦在苏联时期农业机械使用程度就较为有限。独立后农用机械应用情况出现恶化，相当比例的机械超过使用年限，使用效率低下，难以满足正常的农业生产需求。同时，苏联时期塔吉克斯坦的农业机械主要来自农机修理企业和私有化后大量的废旧农机，国内没有农业机械制造厂，所需农机完全依赖苏联的计划经济体制。随着苏联解体，这一体制也不复存在，但是受到内战破坏、市场不规范和缺少资金等因素的影响，农机产品主要依赖进口，凡与农机产品有关的设备都属紧俏商品，为此政府制定了相关政策以支持农机产品进口，目前主要进口国是白俄罗斯。

农业机械拥有量方面，独立初农用机械数量状况相对较好，总拥有量达到3.64 万台，其中农用拖拉机 3.57 万台，每 100 平方千米耕地拥有量为 415 台，这一时期是农用机械保有量最理想的状态。1992—2018 年拥有量总体呈先快速减少后缓慢增加趋势。1992 年后，农业机械数量连年下降，且下降幅度较大，2008 年降至 1.63 万台；2008 年后开始增加，但增速十分缓慢，2019 年只有 1.80 万台，相比 1992 年减少了 1.84 万台，远不及独立初期的水平。随着粮食作物的播种面积不断增加，农用机械缺口逐渐增大，给农业生产带来了较大影响（图 4 - 33）。

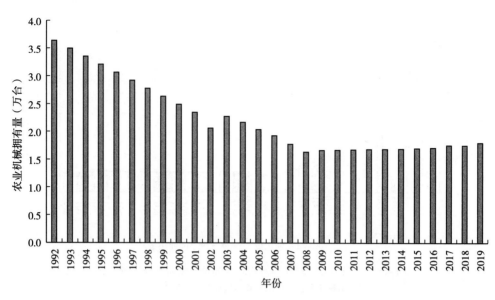

图 4-33 塔吉克斯坦农用机械变化情况

数据来源：美国农业部世界农业生产率数据。

第七节 乌兹别克斯坦

乌兹别克斯坦农业经济资源相比中亚地区其他成员国具有一定优势，独立之后人口总数和农村人口数持续增长，农业领域劳动者数量庞大，农业劳动力资源较为可观。该国位于中亚交通走廊核心区域，交通基础设施较为发达，并且在农业电力基础设施上具备一定优势，同时具备一定的化学工业基础，是区域内重要的化肥生产国，化肥投入量非常可观，极大地带动了农业的发展。

一、人口及农业劳动力

人口总数方面，1992—2021 年乌兹别克斯坦人口总数一直保持增长趋势。由 2 144.90 万增至 3 491.51 万，共增加 1 346.61 万人，增幅达到 62.78%，总人口在上合组织成员国中排名第 6。人口增长率方面，1992—2004 年人口增长率呈波动下降趋势，2004 年人口增长率为 1.15%，2005—2021 年增长率波动上升，其中 2010 年突增至 2.82%，随后两年又恢复至原有水平，2021 年人口增长率为 1.98%，人口持续增长（图 4-34）。

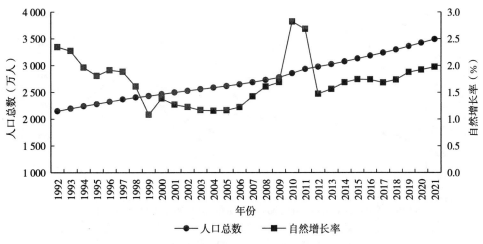

图 4-34 乌兹别克斯坦人口总数与人口增长率变化
数据来源：世界银行数据库。

农村人口数量方面，乌兹别克斯坦独立以来农村人口数量非常可观，2021 年农村人口占人口总数的 49.57%。1992—2021 年农村人口数一直保持着增长趋势，1992 年为 1 237.44 万，2008 年增长至 1 365.44 万，2009 年政府施行了相关农村改革措施，增长速度相对之前有所加快，所占比重达到将近50%。2021 年农村人口数量达到 1 730.85 万，相比 1992 年增加了 493.41 万，增幅达 39.87%。农业就业人员数量方面，1992—2019 年农业就业人员数量呈"M"形变动趋势。独立后农业就业人员数量快速增加，从 1992 年的 343.66 万增加到 1998 年的 408.02 万；1998—2002 年进入波动下降期，2003—2010 年进入持续下降期，农业就业人口总数从 1998 年的 408.02 万下降至 2010 年的338.41 万；2011—2017 年呈波动式上升，2018 年和 2019 年又持续下降，2019 年乌兹别克斯坦农业就业人员数量降至 364.53 万（图 4-35）。

农业就业人员占比方面，乌兹别克斯坦农业就业人员在总就业人员中占较大比例，农业男性、女性就业人员占该性别农业就业人员百分比水平及变动趋势大致相同。独立初期，乌兹别克斯坦农业就业人员呈波动性缓慢上升，同时不同性别的农业就业人员所占比例也随着农业就业人员占就业总数比例而变化。1998—2010 年随着其城市化进程的加快，农业就业人员占比持续性下降，2010 年后进入波动期，2019 年农业就业人员占就业总数的比例为 25.71%，相比 1992 年下降了 14.74%；其中农业女性就业人员占女性就业总数的比例23.79%，农业男性就业人员占男性就业总数的比例为 27.04%（图 4-36）。

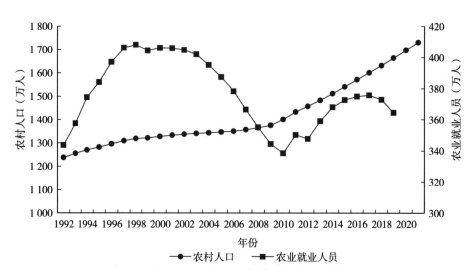

图4-35 乌兹别克斯坦农村人口与农业就业人员变化情况
数据来源：世界银行数据库。

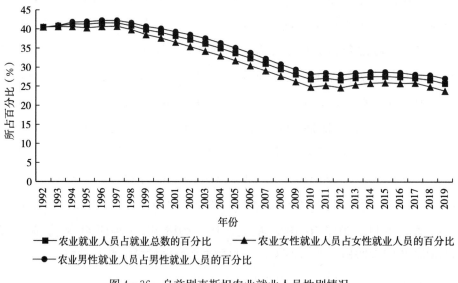

图4-36 乌兹别克斯坦农业就业人员性别情况
数据来源：世界银行数据库。

乌兹别克斯坦农业就业人口主要分布于萨马尔罕州、费尔干纳州、安集延州、苏尔汗河州、塔什干州、纳沃伊州、卡什卡达里亚州等农牧地区的160多个农村区，从事粮食、棉花的生产种植以及畜牧养殖等农业活动，这些区域的农业劳动力比例达到劳动力总数的60%以上。但随着农业人口及劳动力渐趋下降，未来农业劳动力的优势地位可能会消失。

二、农业基础设施

(一) 交通设施

乌兹别克斯坦处于中亚地区交通走廊核心区域，其承担的陆路运输量占中亚地区相当大的比重。该国加大了基础设施建设力度，交通运输条件逐年变好，公路密度在中亚地区中具有优势。但乌兹别克斯坦不同地区的交通设施条件差异较大，撒马尔罕和布哈拉地区、中部、南部和费尔干纳盆地地区交通运输设施相对便利，而北部各州交通系统则比较落后。

(1) 公路。乌兹别克斯坦公路总里程为 18.4 万千米，国家级公路和地方公路分别为 6 000 千米和 2.4 万千米，国家高速公路 2 755 千米，但道路状况不佳，亟待改造，主要通过自筹资金以及外部援助等对现有公路进行维修或新建，主要项目包括 E40 公路努库-布哈拉路段、乌兹别克斯坦北部边境至哈萨克斯坦奇姆肯特段、塔什干-铁尔梅兹（M39）苏尔汗河州境内、古扎尔-奇姆库克达拉段项目等。干线公路连通各州并与俄罗斯、哈萨克斯坦、塔吉克斯坦、吉尔吉斯斯坦、阿富汗等邻国公路网相连。现有公路主要由东西向的四条公路干线和南北向的两条公路干线组成，这些项目的完成对乌兹别克斯坦发挥中亚地区走廊枢纽作用意义重大（表 4-6）。

表 4-6 2020 年乌兹别克斯坦主要公路情况

主要公路	总长度（千米）
昆格勒-努库斯-布哈拉-纳沃伊-撒马尔罕-吉扎克-塔什干	—
穆伊纳克-哈尔哈巴德-乌奇库杜克-扎拉夫尚-纳沃伊-撒马尔罕-彭吉肯特-杜尚别	—
撒马尔罕-布哈拉-马雷-阿什哈巴德一线	—
扎拉夫尚-吉扎克-苦盏-浩瀚-安集延-奥什	—
塔什干-安格连-浩瀚-安集延-奥什	—
塔什干-吉扎克-撒马尔罕-卡尔西-古扎尔-铁尔梅兹	—
阿什哈巴德-赫扎伊利-努库斯-塔赫塔科皮尔-克孜勒奥尔达-阿斯塔纳	—

数据来源：根据中国驻乌兹别克斯坦大使馆经济商务参赞处资料整理。

(2) 铁路。铁路运输是乌兹别克斯坦最重要的交通运输方式，承担约 60% 的境内货运和 80% 的进出口货运。现有铁路线总长 6 400 千米，能够有效利用的为 4 320 千米，其中电气化铁路约 1 000 千米。主要铁路干线为南北向的塔什干-铁尔梅兹线、塔什干-卡拉库里线；东西向的塔什干-吉扎克-撒马尔罕-纳沃伊-乌尔根齐-努库斯、杜尚别（塔吉克斯坦）-铁尔梅兹-别伊涅乌（哈萨克斯坦）、布哈拉-卡尔西线等。为形成全国连通的铁路运输网，乌兹别克斯坦对纳沃伊-乌奇库杜克和苏里坦乌外斯努库斯干线进行了电气化改造，同时启动了塔什干-安格连 120 千米路程的电气化工程。

（3）水运。乌兹别克斯坦无海港，水运以河运业为主。独立后依托境内阿姆河等河流在中亚船队的基础上组建了铁尔梅兹河船队、花剌子模河船队和卡拉卡尔帕克共和国河船队生产联合体，其公路运输公司也组建了河运协调办公室。乌兹别克斯坦河运业拥有 150 艘内燃机船、驳船、吸泥船、挖土机、吊车及其他辅助船舶和技术工具，河运总里程为 1 000 千米。目前，阿姆河流域建有铁尔梅兹港口，沙尔拉沃克、卡拉托福和乎贾伊利等码头。

（二）农田水利设施

乌兹别克斯坦农业灌溉水平比较高，水利基础设施相对完善，拥有总库容量达 16 立方千米的 53 座水库，灌溉地面积达 425 万公顷。这些水库靠河水调节，能保证稳定的供水，其中咸海流域的水资源全部用于农业生产。除此之外，还拥有总长达 17.1 万千米的灌渠，能保证农业生产得到稳定的供水。但水利设施和农田灌溉系统修建年代久远，已影响使用。为此，乌兹别克斯坦利用多方基金与别国技术对其水利设施系统进行了修复和新建，主要有费尔干纳流域水利修复项目、扎拉夫尚盆地水利资源管理项目等。

三、农业生产资料

（一）化肥

化肥使用方面，乌兹别克斯坦肥料的使用状况较好，每公顷耕地化肥使用量长期在 150 千克以上。独立后化肥使用量总体呈波动上升的趋势，1992 年化肥使用总量为 67.28 万吨，之后由于经济不稳出现骤降，1996 年降至 41.75 万吨。1996 年后化肥生产能力大幅提高，1997 年使用量增至 81.00 万吨，相比 1996 年增加 39.25 万吨。1997 年后化肥使用量进入波动变化期，2020 年使用总量为 102.39 万吨，相比 1992 年增加了 35.11 万吨，增幅为

52.18%，整体呈"W"形变动，且增长态势明显。从单位面积使用量看，其变动趋势同总使用量保持一致，2013年每公顷耕地化肥使用量突破200千克，2013年以后呈稳步上升趋势，2020年增至254.51千克（图4-37）。

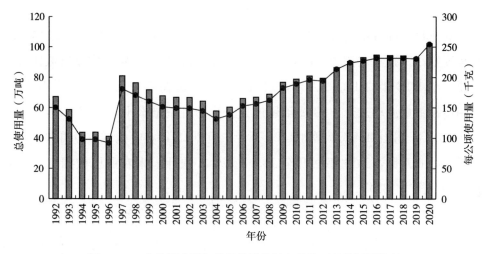

图4-37　乌兹别克斯坦化肥使用总量和单位面积使用量情况

数据来源：联合国粮食及农业组织数据库。

化肥生产方面，乌兹别克斯坦是生产硝酸铵、氨水和硫黄的主要国家之一。该国对农业化学工业支持力度较大，国内建成了多个化肥企业，已成为中亚地区的化肥生产大国。生产的化肥品种主要为硝酸铵和尿素，其次是磷肥，可以满足国内需求的同时还大量出口独联体国家。主要化肥生产企业为乌兹别克斯坦化学工业公司，该化学工业公司的产出能够满足国内市场需求，同时实现部分产品出口。国内还建有多家化工企业，主要有化肥厂、电化厂、日用化工厂、漆厂、颜料厂等类型，其中大约2/3的化工产品主要面向农业，极大地促进了农业发展。然而，尽管化肥能够实现出口，但其磷肥缺口较为明显，每年农业生产所需磷肥51.8万吨，本国只能生产15万吨，导致国内常年单一使用低磷含量的安福粉，土壤缺硫现象明显（中国驻乌兹别克斯坦经商参处，2020）。

（二）农业机械

乌兹别克斯坦机械制造业发源于苏联时期，并形成部门较齐全的工业体系，农业机械水平相对较高，机械设备在中亚地区较有优势，农业机械保有量居于地区前列。国家正不断加大农业机械装备资金投入力度，例如在塔什干、撒马尔罕、安集延等城市都建有较大型的机械制造厂，包括塔什干拖拉机厂、农业机械厂等，每年制造的农用机械包括大中型马力拖拉机、棉花种植、采收和加工机械、蔬菜水果加工设备，在满足自身农业生产需要的同时还能对外出口。

农业机械拥有量方面，1992—2019 年农用机械保有量总体有所增加但增长幅度较小。独立之初为 18.40 万台，由于经济社会不稳定，农业机械拥有量快速降至 1993 年的 17.35 万台，之后十年便稳定在这一水平。2005 年开始，农用机械数量波动上升，2012 年超过独立初的机械量水平，2017 年达到顶峰 19.63 万台，相比 1992 年增加 1.23 万台，但 2018 年农业机械数量再次快速下降至 18.46 万台，2019 年回升至 18.97 万台，预计未来农业机械拥有量将继续增加（图 4-38）。

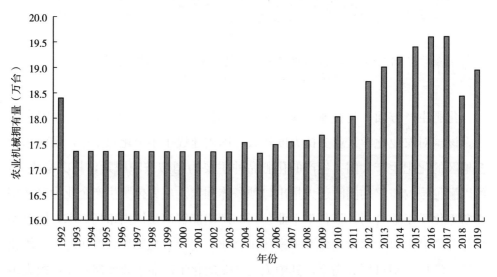

图 4-38 乌兹别克斯坦农用机械变化情况
数据来源：美国农业部世界农业生产率数据。

第八节 巴基斯坦

巴基斯坦除农业劳动力资源较丰富外，其他农业经济资源均相对匮乏。滞后的交通基础设施严重阻碍了经济的发展，农业水利设施发展也较为落后，虽然境内有多条河流，但季节性明显，导致农业水利基础设施建设条件较差，灌溉用水难以持续供应，外加水资源浪费严重，农业用水更加紧缺。

一、人口及农业劳动力

人口总数方面，巴基斯坦作为世界第六人口大国，1992—2021 年人口总数稳步上升，由 1.14 亿增加到 2.31 亿，相比 1992 年增加 1.17 亿，增幅达 102.63%，占上合组织成员国人口总数的 6.94%，人口总数位于成员国第三位。人口增长率方面，总体呈下降趋势并且可分为三个阶段：第一阶段为 1992—1997 年，增长率波动式上升但幅度极小，由 2.79% 增至 2.87%；第二阶段为 1998—2004 年，该时期人口增长率稳步下降且幅度较大，由 2.85% 降至 2.31%；第三阶段为 2005—2021 年，依旧处于下降趋势但降幅放缓，至 2021 降为 1.93%（图 4-39）。

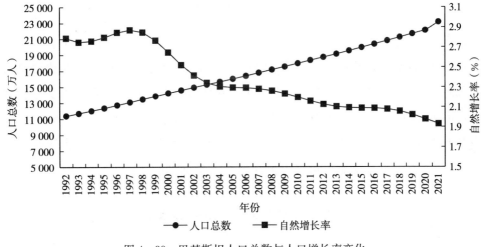

图 4-39　巴基斯坦人口总数与人口增长率变化
数据来源：世界银行数据库。

农村人口数量方面，2021 年巴基斯坦农村人口占人口总数的 62.77%，农村人口占比较高。1992—2021 年农村人口数量持续高速增长，但占比缓慢下降。1992 年为 7 851 万，之后稳定增长，2003 年农村人口突破 1 亿，2021 年增至 1.447 6 亿，相比 1992 年增加了 6 625 万，增幅高达 84.39%。农业就业人员数量方面，1992—2019 年农业就业人员数量总体呈增长趋势。1992 年为 1 431 万，2016 年增长至 2 860.54 万，2016 年后农业就业人员数量有所下降，2018 年减少 239.35 万人，2019 年又小幅回升至 2 645.67 万（图 4-40）。

农业就业人员占比方面，1992—2019 年巴基斯坦农业就业人员在总就业

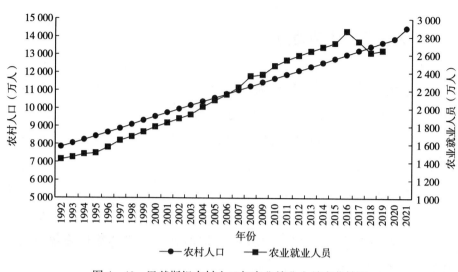

图 4-40 巴基斯坦农村人口与农业就业人员变化情况

数据来源：世界银行数据库。

人员中的占比较大，1992—2016 年占比较稳定，维持在 42% 上下，2017—2019 年有小幅度下降但依旧高达 37%。其中，农业男性就业人员占比变动方向和趋势几乎与农业就业人员一致，整体稳定在 37% 上下；但农业女性就业人员的占比在 2003—2016 年间有所上升，2008 年比例达到 75%。2019 年农业就业人员占就业总数的 36.92%，其中农业女性就业人员占女性就业人员65.18%；农业男性就业人员仅占男性就业人员的 29.74%（图 4-41）。

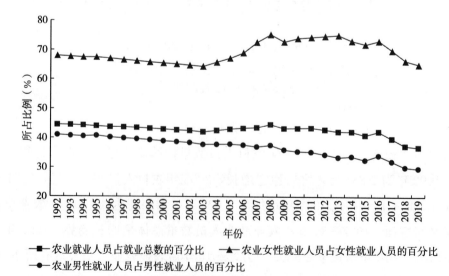

图 4-41 巴基斯坦农业就业人员性别情况

数据来源：世界银行数据库。

巴基斯坦的农业就业人员主要分布在东部印度河流域和沿海地区，印度河水系冲刷形成土壤肥沃、矿物质丰富的平原，加之便利的灌溉条件，为农业发展创造了相对优越的自然条件。

二、农业基础设施

（一）交通设施

巴基斯坦交通运输以公路运输为主，铁路运输为辅。但巴基斯坦交通基础设施建设整体相对滞后，是制约经济发展的主要因素之一，政府正加大对相关领域的投资。

（1）公路。2020 年底巴基斯坦公路总里程为 26.38 万千米，其中国道和高速公路 1.3 万千米，省道 9.3 万千米，其余为地区和农村公路（表 4-7）。巴基斯坦与周边邻国均有公路连接，并设有陆路口岸，但公路密度仅为 0.32 千米/平方千米，远低于其他成员国（中国驻巴基斯坦经济商务参赞处，2021）。

表 4-7　2020 年巴基斯坦主要公路情况

主要公路	总长度（千米）
白沙瓦-伊斯兰堡	156
伊斯兰堡-拉合尔	357
哈维连-曼塞拉	118
哈扎拉高速公路	59
哈克拉-德拉伊斯梅尔汗	285
锡亚尔科特-拉合尔	91
拉合尔-木尔坦	230
费萨拉巴德-戈吉拉	58
戈吉拉-肖科特	62
肖科特-哈内瓦尔	64
哈内瓦尔-木尔坦	56
苏库尔-木尔坦	392
海得拉巴-苏库尔	296
卡拉奇-海得拉巴	136

数据来源：巴基斯坦经济调查。

（2）铁路。巴基斯坦铁路铺轨里程为 11 881 千米，运营里程为 7 791 千米，其中复线运营里程 1 409 千米，约占铁路运营里程的 18%；电气化运营里程 293 千米，不到铁路运营里程的 3.8%。2020 年，铁路运送旅客 3 940 万人次，运送货物 52.66 亿吨。但铁路在境内分布并不均匀，以南北向线路为主，主干线有卡拉奇-白沙瓦线、卡拉奇-拉合尔线、拉合尔-白沙瓦线，而东西向仅有苏库尔-奎达线及其支线；铁路网密度"东密西疏"，东部的旁遮普省和信德省路网密度偏高，铁路运营里程约占全国的 3/4，而西部地区铁路网密度较低。

（3）水运。巴基斯坦水路运输基本依靠海运，80% 以上的对外贸易通过海运进行，主要海港有卡拉奇港、卡西姆港和瓜达尔港，其中 55% 的货物贸易在卡西姆港进出。但全国仅有 15 艘远洋货轮，本国海运能力较弱，进出口货物多依赖外轮。巴基斯坦国家航运公司是唯一的国营航运公司，拥有 9 艘各类货轮。

（二）农田水利设施

巴基斯塔作为农业大国，灌溉水源并不丰富。虽然境内有多条河流，但季节性较强，且降水量不多，难以提供持续的灌溉水源。印度河是主要河流和重要的农业灌溉水源，河流总长度 3 180 千米，年流量约 2 070 亿立方米，流域面积达 11 650 公顷，由于其下游区年均降水量低于 100 毫米，所以当地农业灌溉用水主要来自印度河。为了缓解印度河流域灌溉用水的压力，巴基斯坦修建了大批水利工程，形成了由河道、水坝、人工运河以及地下井等设施组成的庞杂的灌溉系统，为农业生产和发展创造了有利的水利条件。此外，全国大约有 100 万座管井，抽取了数百亿吨地下水用于灌溉，但也导致地下水资源不断减少。

三、农业生产资料

（一）化肥

化肥使用方面，巴基斯坦化肥使用状况较好，使用量总体呈上升趋势。1992—2020 年期间化肥总使用量由 1992 年的 211.53 万吨波动增加，2009 年首次突破 400 万吨，之后三年连续下降，到 2012 年减少至 345.49 万吨，随后稳步增加，2020 年总使用量达到 479.88 万吨，相比 1992 年增加 268.35 万吨，增幅达 126.86%。从单位面积使用量看，整体变动趋势同总使用量保持一致，每公顷耕地化肥使用量从 1992 年的 70.7 千克增至 2020 年的 155.15 千克,位于上合组织成员国第四(图 4-42)。

化肥生产方面,建国之初为发展国内农业,巴基斯坦政府采取相关措施,大量增加化肥的投入。除直接从国外进口外,还兴建了一些化肥厂开展生产,从 60 年代末到 80 年代末,政府用于化肥生产和进口的财政补贴就高达 100 多亿卢比。

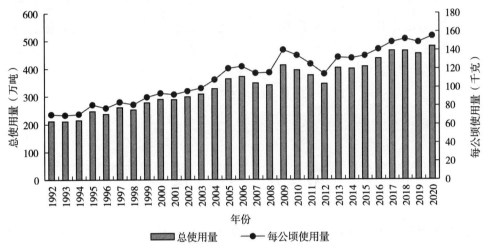

图 4-42 巴基斯坦化肥使用总量和每公顷耕地使用量情况
数据来源:联合国粮食及农业组织数据库。

(二)农业机械

巴基斯坦农机工业基础薄弱,农业机械化处于初级阶段向中级阶段的过渡时期,农业机械需求量大,但供给能力有限,除拖拉机外,其他农用机械主要通过进口取得。巴基斯坦政府出台了一系列扶持政策,来提高农业竞争力,提升农业机械化水平,主要包括拖拉机进口政策,低价为小农户提供小型拖拉机,还有进口农业机械享受零关税政策、营业税优惠政策以及对农户购置部分农机具给予补贴优惠等。

农业机械数量方面,1992—2019 年农业机械数量除个别年份小幅度下降外均呈明显的增长趋势,1992 年农业机械拥有量为 28.40 万台,其中农用拖拉机 27.26 万台,每 100 平方千米耕地投入的拖拉机数量为 91 台,农业机械化条件相对较好。2019 年增至 68.47 万台,相比 1992 年增加 40.07 万台,增幅高达 141.09%(图 4-43)。

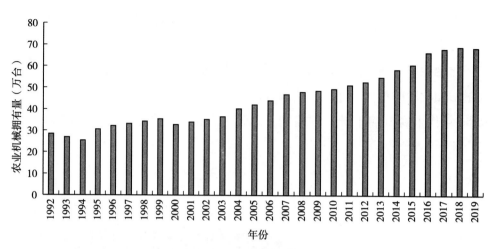

图4-43 巴基斯坦农用机械变化情况
数据来源：美国农业部世界农业生产率数据库。

第九节 印 度

印度农业经济资源较为丰富，人口众多并且农村人口占总人口的比重较高，使得印度拥有丰富的农业劳动力资源。公路、铁路基础设施建设水平位于世界前列，但依旧存在秩序混乱、线路老化等问题。政府对其他基础设施投资较大，农业基础设施建设发展较快。农业生产资料中，化肥使用量远高于农药和农业机械投入量，并且位于世界领先水平，有效推动了农业的发展。

一、人口及农业劳动力

人口总数方面，印度作为世界上的人口大国，劳动力资源较为丰富。1992—2021年人口数量呈稳步增长趋势，由9.09亿增长到14.08亿，占上合组织成员国人口总数的42.28%，人口总数位列成员国第二[①]。但在人口增长率方面，1992—2021年总体呈下降趋势，从2%降至0.97%，由此可见印度人口虽然在不断增加但增长速度逐渐放慢（图4-44）。

---

① 2023年4月14日，印度人口首次超过中国成为世界第一人口大国。本书数据统计截至2021年底。

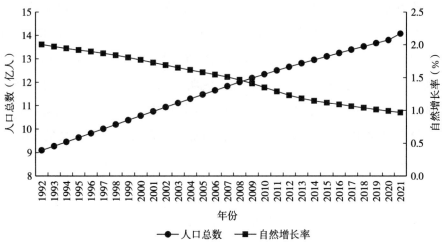

图 4-44 印度人口总数与人口增长率变化
数据来源：世界银行数据库。

农村人口数量方面，2021 年印度农村人口数占人口总数的 64.61％，农村人口占比较高。1992—2021 年农村人口保持着持续增长的态势，1992 年为 6.73 亿，之后逐年增加，但增速逐渐放缓，2021 年增至 9.09 亿，相比 1992 年增加 2.36 亿，增幅达 35.07％。农业就业人员数量方面，1992—2019 年农业就业人员数量呈现先上升后下降的趋势，由 1992 年的 2.08 亿增长至 2005 年的 2.50 亿，2005 年后开始缓慢下降，2019 年降至 2.06 亿，但人数仍为上合组织成员国之首（图 4-45）。

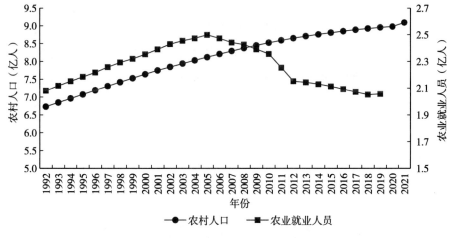

图 4-45 印度农村人口与农业就业人员变化情况
数据来源：世界银行数据库。

农业就业人员占比方面，1992—2019 年印度不同性别的农业就业人员所占比例的变化趋势同农业就业人员在总就业人员中的占比一致，总体呈下降趋势但占比依旧较高。其中农业女性就业人员在女性就业人员总数中所占比例最高达到 75.96%，远高于男性所占比重，说明该国女性就业人员主要分布在农业领域，而男性就业人员则主要分布在非农领域中。2019 年农业就业人员占就业人员总数的 42.60%，其中农业女性就业人员占女性就业人员的 54.69%；农业男性就业人员仅占男性就业人员的 39.56%（图 4 - 46）。

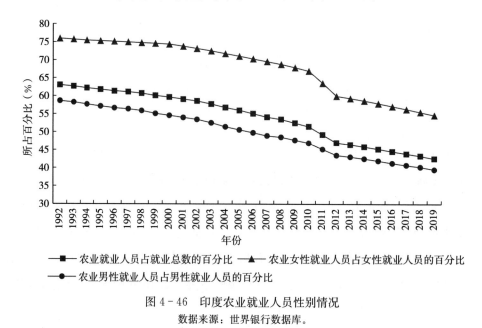

图 4 - 46　印度农业就业人员性别情况

数据来源：世界银行数据库。

印度农业就业人口主要分布在生产水平较高、农民收入较理想的北部和西部地区，尤其是旁遮普邦、哈里亚纳邦。其中小麦种植人员主要分布在西北部干旱少雨地区，而水稻种植人员主要分布在东北部、西部沿海多雨地区，棉花种植主要分布在德干高原西部地区，黄麻种植主要分布在恒河下游地区。

二、农业基础设施

（一）交通设施

印度交通基础设施主要包括公路、铁路、水路等，其中公路、铁路运营总里程居世界前列，但运输效率不高。作为世界人口大国，也是继中国之后又一个全面提出大规模实施对外互联互通建设项目的亚洲国家，印度政府正在不断加大对交通基础设施的投资力度。

（1）公路。印度公路总里程约 621 万千米，居世界前列。其中国道总长 13 万千米；邦道总长 18 万千米；地区公路和乡村公路总长 590 万公路。公路主要分国家、邦级和边境公路三种，以新德里、孟买、加尔各答、金奈四大城市为中心，把全国各地大中小型城市连为一体，形成了一个巨大的公路网。公路运输承担了全国 85% 的客运量和 60% 的货运量。同时也存在道路路况较差、运输能力不足等问题，例如国道中约 75% 的路段为单向双车道或单车道，公路交通秩序混乱，运输效率不高。

（2）铁路。印度铁路轨道总长 12.3 万千米，居世界前列。全国约有 13.5 万列客运列车，9 100 列货运列车。在客运方面，铁路是印度人民长途旅行的首选出行方式，2018 年，全年累计输送旅客 91.2 亿人次。印度政府计划将列车现行 130 千米/时的平均时速提升至 160～200 千米/时，以减少主要车站间的通行时间。随着城市轨道交通迅速发展，德里、孟买、加尔各答、班加罗尔、金奈、海德拉巴、科钦等一线城市均有运营或在建的地铁和城铁，其中德里-阿格拉线的时速 160 千米/时的"半高速"列车已于 2016 年 4 月正式通车。由德里开往瓦拉纳西的印度高铁（也被称为印度最快列车的"致敬印度"）在 2019 年 2 月投入运营。艾哈迈达巴德、浦那、昌迪加尔、巴特那、勒克瑙等二线城市的城市轨道交通也已进入规划设计阶段。

（3）水运。水运是印度外贸运输的主要方式，全国 95% 的外贸通过水运完成，贸易价值占比超过 70%。海运方面，印度拥有 7 517 千米海岸线，海运能力位居世界第 16 位，拥有 12 个主要港口和 187 个非主要港口，但非主要港口中仅有 1/3 处于运营状态。国内港口吞吐量稳步增长，年增长率约为 10%～12%，2019 年，主要港口全年货运量达 7.05 亿吨。内河运输方面，拥有 6 条主要国家内河航道，通航里程 1.45 万千米。但是除恒河中下游等局部地区外，其余内河运输水平相对较低，内河货物运输量仅占全部国内货物运输量的 0.1%，为此印度政府计划将 101 个河道纳入全国河运网络，以促进内河运输发展。

（二）农田水利设施

印度淡水资源主要来自地下水和地表水，其中 90% 用于农业，灌溉用水占总用水量的 55%～70%。由于降水量存在着时空和地理差异,北方水资源较为稳定,南方和西部水资源总体偏少且极不稳定,降水主要集中在 6—9 月,其他时间降水较少。为解决该问题,印度修建了多个大型水库来调节农业灌溉用水,其中英迪拉·萨加尔水库、纳加朱·纳萨加尔水库、里亨德水库总库容量位于前三,共可灌溉 3 000 多平方千米的土地。但是,农田灌溉上依旧存在农村地区抵抗旱涝灾害能力有限、大部分耕地依靠变化莫测的季风雨灌溉、对水利化的综合措施缺乏统一考虑、工程措施与生物措施结合不够、水土流失严重等问题。

三、农业生产资料

(一) 化肥

化肥使用方面,印度是世界第二大化肥消费国,也是成品肥和化肥原料的进口大国,化肥使用水平较高。1992—2020 年化肥总使用量呈波动增加趋势,由 1992 年的 1 163.35 万吨增至 1999 年的 1 708.43 万吨,随后三年下降 189.62 万吨,2002 年后开始增加,2011 年增至 2 629.71 万吨,此后两年再次减少 369.28 万吨,2013 年后再次开始缓慢增长,到 2020 年化肥使用量达到 3 253.56 万吨,相比 1992 年增加 2 090.21 万吨,其中对尿素的消费增加最多。从单位面积使用量看,除部分年份存在小幅度降低外,总体呈上升趋势,每公顷耕地投入的肥料由 1992 年的 71.5 千克波动增长至 2020 年的 209.41 千克(图 4 - 47)。

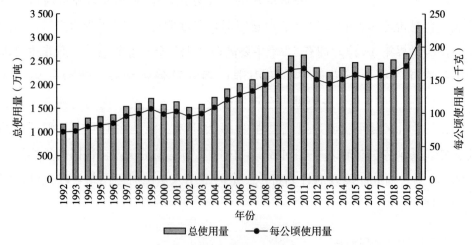

图 4 - 47　印度化肥使用总量和每公顷耕地使用量情况

数据来源:世界银行数据库。

化肥生产方面，印度是世界第三大氮肥和磷酸化肥生产商，共有 169 个化肥厂在营，装机容量 5 150 万吨，产品包括尿素、磷酸二氨、磷酸盐、硫酸铵等。其中有 31 家大型尿素生产工厂和 21 家大型磷肥生产工厂，覆盖了全国 80％的尿素产能。

（二）农药

印度农药发展水平不高，农药使用量在世界排名第十二。1992—2020 年农药使用量总体呈先下降后波动式上升的趋势。1992 年后农药使用量开始快速下降，至 2008 年仅剩 1.45 万吨，2009 年后开始稳定增加，2011 年达到 5.55 万吨，此后开始波动增加，2020 年增至 6.17 万吨，相比 1992 年减少 0.91 万吨。从单位面积使用量看，其变动趋势同总使用量保持一致，每公顷耕地的农药使用量由 1992 年的 0.44 千克降至 2008 年不足 0.1 千克，远远不能满足农业生产需要。2008 年后开始上升，2020 年增至 0.40 千克，但仍处于较低水平（图 4 - 48）。

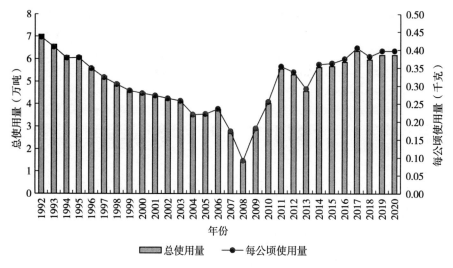

图 4 - 48　印度农药使用总量和每公顷耕地使用量情况
数据来源：联合国粮食及农业组织数据库。

（三）农业机械

印度的农业机械化始于 20 世纪 40 年代末，20 世纪 60 年代为抵御旱灾，政府开始实施"绿色革命"并取得一定成果，农业技术水平得到显著提升。

20 世纪 90 年代以来，政府大力推进以"推广和采用农业现代科学技术"为核心的"第二次绿色革命"，农业机械化水平进一步上升。

农业机械数量方面，1992—2019 年印度农业机械拥有量呈上升趋势且增长速度逐步加快。1992 年农用机械拥有量达到 150.48 万台，其中农用拖拉机 113.62 万台，每 100 平方千米耕地投入的拖拉机数量为 69 台，农业机械化条件相对较好。1992 年后，随着"第二次绿色革命"的兴起，农用机械数量稳步增加，2009 年首次超过 500 万台，2019 年达到 976.54 万台，相比 1992 年增加 826.06 万台，增幅高达 548.95%（图 4 - 49）。

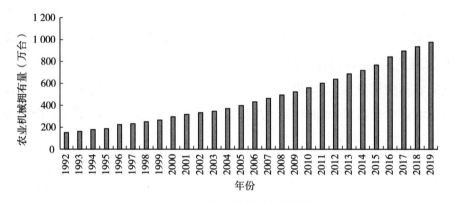

图 4 - 49　印度农用机械变化情况

数据来源：美国农业部世界农业生产率数据库。

第十节　伊　朗

伊朗农业经济资源总体情况并不乐观，农村人口数量不断减少的同时农业就业人员数量占比也呈现下降趋势，农业劳动力匮乏。由于地理位置的优势，伊朗十分重视交通基础设施的建设，公路、铁路运输量增长迅速，但依然存在核心技术不足、运输效率低下等问题。农业生产资料的使用方面，化肥、农药及农业机械使用量波动较大且均处于上合组织成员国较落后的水平。

一、人口及农业劳动力

人口总数方面，1992—2021 年伊朗人口总数呈稳步增长趋势，由 5 937.20 万增长到 8 792.34 万，人口总数位于成员国第五。人口增长率方面，

1992—2021 年呈先下降后上升再下降趋势，由 1992 年的 1.89% 快速降至 1994 年的 1.44%，此后下降速度放缓，至 2008 年自然增长率为 1.09%，2009 年后开始缓慢上升，到 2018 年增至 1.39%，随后再次下降，至 2021 年人口增长率为 1.23%（图 4-50）。

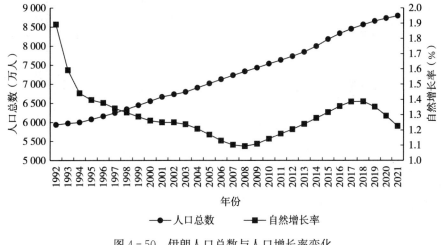

图 4-50　伊朗人口总数与人口增长率变化
数据来源：世界银行数据库。

农村人口数量方面，2021 年伊朗农村人口数占总人数的 23.66%，农业劳动力较为匮乏。1992 年农村人口数为 2 514.23 万人，此后除 2015 年有小幅度增加外呈逐年下降趋势，2021 年农村人口减少至 2 079.83 万人，相比 1992 年减少 434.4 万人。农业就业人员数量方面，1992 年农业就业人口数为 367.48 万人，2005 年增至 573.57 万人，2005 年后呈波动下降趋势，2014 年降至 425.12 万人，随后再次逐步上升，2019 年增至 474.10 万人，相比 1992 年增长 106.62 万，占总劳动力人口的 17.37%。总体而言，伊朗农业就业人口变动较大，农业就业情况不稳定（图 4-51）。

农业就业人员占比方面，1992—2019 年伊朗农业男性就业人员占男性就业人员的比重与农业就业人员占就业总人数比重的变动几乎一致，总体呈缓慢下降趋势。但农业女性就业人员占女性就业人员的比重变动幅度较大，由 1992 年的 17.75% 缓慢下降至 1995 年的 17.04%，随后该比重迅速升高，2005 年达到 33.59%，随后开始波动式下降，三者差距逐渐缩小。2019 年农业就业人员仅占就业总数的 17.37%，相比 1992 年的 24.71% 下降了 7.34%。其中农业女性就业人员占女性就业人员的 18.79%，农业男性就业人员占男性

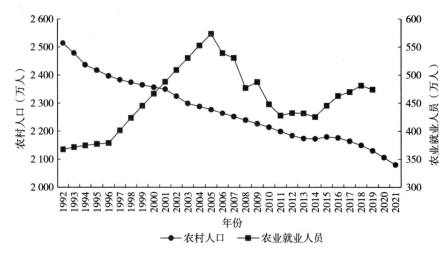

图 4-51　伊朗农村人口与农业就业人员变化情况

数据来源：世界银行数据库。

就业人员的 17.06%（图 4-52）。

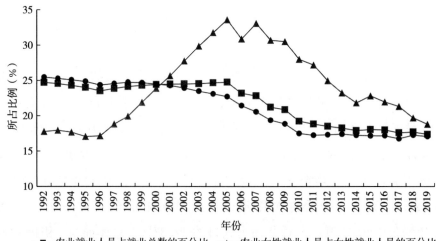

图 4-52　伊朗农业就业人员性别情况

数据来源：世界银行数据库。

农业就业人口分布方面，伊朗是个高原、山地国家，海拔在 900 ~ 1 500 米，高原和山地占其领土面积的 50% 以上，25% 为沙漠，因此农业人员主要分布在降水或灌溉条件较好的胡泽斯坦和北部的里海平原。主要从事小麦、大麦、玉米、水稻等粮食作物以及棉花、甘蔗、水果、蔬菜、茶叶等经济作物的种植工作。

二、农业基础设施

(一) 交通基础设施

伊朗优越的地理区位使其成为连通欧洲、中东和中亚运输的中转纽带，交通运输业在伊朗国民经济中占据重要地位，创造的经济总产值约占伊朗国民生产总值的 9%，超过 100 万人口从事交通运输行业相关的工作。但是伊朗交通基础设施总体发展水平相对滞后，在运输网络、技术状况、运营效率等方面存在诸多问题，迫切需要提升交通基础设施的发展水平。

(1) 公路。2021 年伊朗已投入使用的公路总里程约 4.4 万千米，正在建设的约 6 032 千米，有 3 142 千米处于规划研究中。其中，高速公路约 2 685 千米，1 185 千米正在建设中，1 882 千米处于规划研究中。高速公路里程约占公路总里程的 6.1%。伊朗和邻国公路连接情况较好，与土库曼斯坦、阿富汗、巴基斯坦、伊拉克、土耳其、亚美尼亚、阿塞拜疆均有公路相连接，陆路运输便捷。

(2) 铁路。根据伊朗交通基础设施建设和发展公司官网数据，2021 年伊朗铁路已投入使用总里程 1.4 万千米，正在建设中的铁路为 3 276 千米，处于规划研究中的铁路为 6 312 千米，但是伊朗尚未建成高铁。伊朗铁路网以德黑兰为中心，向周边放射，连接主要城市马什哈德、大不里士、伊斯法罕、阿瓦士、阿巴斯港等，并连接土库曼斯坦、巴基斯坦、土耳其等邻国。此外为缓解城市交通拥堵伊朗正在大力推进城市地铁建设。截至 2021 年，德黑兰 1、2、4 号线，德黑兰 5 号线，马什哈德 1、2 号线，伊斯法罕 1 号线，大不里士 1 号线，设拉子 1 号线已经开始运营；库姆、阿瓦士、卡拉季等城市也在推动地铁线和城郊铁路建设。

(3) 水运。伊朗北接里海，南临波斯湾、印度洋，主要海港集中在波斯湾，如阿巴斯港、霍梅尼港、布什尔港、阿赛卢耶港以及新建的恰巴哈尔港等，伊朗在里海的主要港口为安扎里港。截至 2020 年，伊朗全国港口吞吐能力达 2.5 亿吨。阿巴斯港和霍梅尼港吞吐能力分列第一和第二位，吞吐量分别为 7 624 万吨和 4 293 万吨，两个港口的吞吐量约占伊朗港口吞吐总量的 85%。

（二）农田水利设施

伊朗农业每年消耗约全国 92％的淡水资源，低下的灌溉效率是导致农业高耗水量的主要原因，伊朗的灌溉效率仅为 15％～36％，远远低于发达国家 70％～90％的水平。粗放的地表灌溉作为主要的灌溉方式，覆盖了伊朗 91.4％的农业灌溉用地，也是导致灌溉效率低下的主要原因。而局部灌溉和滴灌的覆盖率仅为 5.2％和 3.4％。伊朗政府正通过新建和修复坎儿井及大型水坝以解决上述问题，进而解决水资源短缺的现状。2017 年伊朗共有 12 万座坎儿井，其中仅有 3.7 万座投入使用，坎儿井灌溉系统在伊朗农业中起到至关重要的作用，75％的灌溉用水由坎儿井提供。2022 年伊朗共有处于运行状态的水坝 183 座，其中有 52 座位于里海集水区、12 座位于乌鲁米那盆地、68 座位于波斯湾和阿曼湾沿岸、34 座位于中央高原、11 座位于萨拉赫斯集水盆地，另外 6 座位于东部边界的哈蒙湖流域。当前伊朗水务局正计划通过推行以滴灌技术为代表的新型灌溉技术进而将农业用水量减半，平均每公顷土地可以节约 3 000～6 000 立方米的水。

三、农业生产资料

（一）化肥

化肥使用方面，伊朗化肥的使用状况波动较大，1992—2020 年化肥使用量总体呈先波动上升后波动下降的趋势，1992 年化肥使用总量为 135.00 万吨，1993 年出现小幅度下降后开始波动上升，2006 年化肥使用量达到巅峰为 211.74 万吨。2006 年后开始波动下降且幅度较大，2011 年降至最低，仅为 73.49 万吨，2011 年后出现两次较大幅度的波动，2020 年化肥使用量为 107.21 万吨。从单位面积使用量看，其变动趋势同总使用量保持一致，2006 年每公顷耕地化肥使用量达到最高值为 126.78 千克，2020 年降至 68.53 千克（图 4 - 53）。

化肥生产方面。伊朗的肥料产业比较成熟，化肥生产已经成为该国农业中的一大支柱。化肥产品主要以氮肥、磷肥、钾肥为主，适用范围覆盖了各种植物和农作物。伊朗天然气储量丰富，是生产化肥的主要原料，丰富的天然气储备使其在化肥生产方面比其他国家更有竞争优势，外加地处欧洲与亚洲"十字路口"的优越地理位置，2022 年伊朗已成为全球第 11 大化肥出口国。

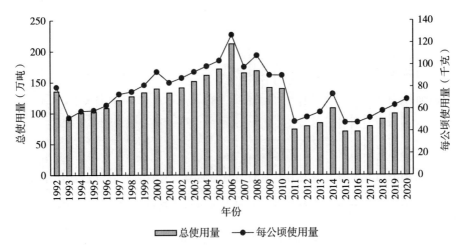

图 4 - 53 伊朗化肥使用总量和单位面积使用量情况
数据来源：联合国粮食及农业组织数据库。

（二）农药

农药使用方面，伊朗农药使用量相对匮乏，长期处于较低水平且波动幅度较大。1992—2020 年农药总使用量呈现"波浪式"变动趋势。1992—1996 年为波动下降趋势，农药使用量由 1.17 万吨降至 5 332 吨；1997—2003 年为波动上升趋势，农药使用量由 6 347.87 吨增至 1.01 万吨；2004—2008 年再次出现波动下降趋势，农药使用量由 1.00 万吨降至 3 016.89 吨；2009—2012 年再次出现波动上升趋势，农药使用量由 4 049.54 吨升至 7 051.91 吨；2013—2017 年农药使用量趋于稳定并保持在 6 800 吨；2018 年出现小幅度下降后 2020 年缓慢恢复至 5 855.93 吨。从单位面积使用量看，其整体变动趋势与总使用量保持一致，每公顷耕地投入的农药从 1992 年的 0.69 千克减少到 2020 年的 0.37 千克（图 4 - 54）。

农药生产方面。伊朗农药品牌种类繁多但质量参差不齐，50% 的农药依靠从欧洲和亚洲地区进口，其余部分由国内工厂生产。伊朗政府正不断重视环保和食品安全，因此对农药生产加强了监管，以确保生产的农药符合标准，并提高其安全性。

（三）农业机械

伊朗的农业机械产业发展较为迅速。主要机械产品包括拖拉机、收割机、

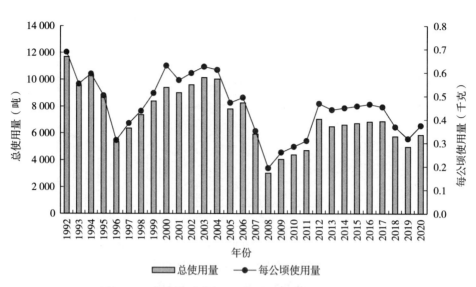

图 4-54 伊朗农药使用总量和每公顷耕地使用量情况

数据来源：联合国粮食及农业组织数据库。

播种机、喷洒器、灌溉器等。伊朗政府为了提高农业效率和产品质量，鼓励农民使用先进的农业机械，并出台了一系列政策措施来支持农业机械化的发展。

农业机械数量方面，1992—2019 年农业机械数量总体较为稳定且有小幅度增长，1992 年农业机械拥有量为 24.66 万台，其中农用拖拉机 23.26 万台，每 100 平方千米耕地投入的拖拉机数量为 87 台，2019 年增至 30.99 万台，相比 1992 年增加 6.33 万台，增幅达 25.67%（图 4-55）。

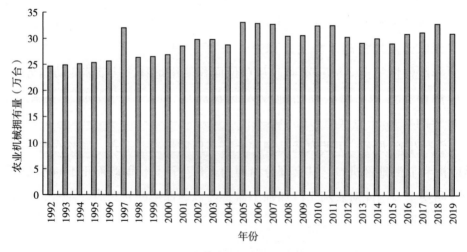

图 4-55 伊朗农用机械变化情况

数据来源：美国农业部世界农业生产率数据库。

第十一节　观察员国和对话伙伴国

一、观察员国

（一）阿富汗

农业劳动力方面，阿富汗农业劳动力资源相对丰富，据世界银行数据库统计，1992 年阿富汗农村人口数为 1 139.22 万人，之后呈稳步上升趋势，2021 年达到 2 954.77 万人，相比 1992 年增加 1 815.55 万人，增幅达 159.37％。农业就业人员数量方面，1992 年农业就业人口数为 224.10 万人，之后总体呈上升趋势，2019 年达到 441.24 万人，相比 1992 年增加 217.14 万人，增幅达 96.89％。

交通基础设施方面，2001 年战争爆发以前，阿富汗大约有 1.8 万千米沥青公路，但长年的战争导致 1.5 万千米公路被毁。在不断遭受武装袭击的情况下，阿富汗政府仍一直艰难地进行公路建设，积极推进区域性"互联互通"建设计划，以求实现其成为连接东亚、南亚、西亚和中亚"交通枢纽"的长远目标。铁路方面，阿富汗正在修建经阿富汗连接中亚、南亚的跨国铁路通道，包括连接塔吉克斯坦、乌兹别克斯坦、土库曼斯坦、伊朗和巴基斯坦等 5 个邻国的 8 条边界铁路。空运方面，有喀布尔、坎大哈和马扎里沙里夫三个国际机场，营运的航空公司共有 13 家，其中外国公司 10 家，本国公司 3 家，共有国际航线 16 条。水运方面，阿富汗为内陆国家，除北方界河阿姆河的一段外，境内无可供水运的江河。海运主要依赖巴基斯坦卡拉奇港、伊朗阿巴斯港。

农业生产资料方面，阿富汗化肥使用量极低，远远不能满足农业生产的需求。据世界银行数据库统计，阿富汗每公顷耕地投入的化肥使用量最高为 2017 年的 20.45 千克，其他年份平均使用量为 4 千克，个别年份甚至不足 1 千克。从化肥使用总量来看，1992—2013 年全国化肥使用量在 2 万吨上下波动，2013 年后出现大幅度波动且总体呈缓慢上升趋势，至 2020 年化肥使用总量为 6.82 万吨。

（二）白俄罗斯

农业劳动力方面，白俄罗斯农业劳动力资源比较匮乏，据世界银行数据库统计，1992 年农村人口数为 339.53 万人，之后呈逐年下降趋势，2021 年农村人口数量减少到 187.65 万人，相比 1992 年减少 151.88 万人，降幅达 44.73%。农业就业人员数量方面，1992—2019 年总体为先上升后下降再上升的变动趋势。1992 年农业就业人口数为 71.38 万人，此后稳步增加，1996 年增至 76.59 万人。1997—2015 年进入下降期，2015 年后农业就业人员数有所增加，2019 年增至 55.62 万人，但仅占总劳动力人口的 11.06%，相比 1992 年仍减少 15.76 万人，农业就业情况不容乐观。

交通基础设施方面，白俄罗斯公路网全长 10.24 万千米，其中硬化路面 8.9 万千米，占公路总长度的 87%，硬化路面公路密度为 42 千米/百平方千米。高速公路总长度 1 532 千米，占公路总里程的 1.5%。2020 年公路货运量 1.6 亿吨，同比下降 1.2%，占货运总量的 40.1%；公路客运量 9.9 亿人次，同比下降 16.3%，占客运总量的 61%。铁路方面，白俄罗斯铁路总长 5 474.1 千米，其中 1 268.5 千米为电气化铁路，铁路网密度为 2.6 千米/百平方千米。铁路货运量 1.25 亿吨，同比减少 14.1%，占货运总量的 31.4%；铁路客运量 6 000 万人次，同比减少 24.7%，占客运总量的 3.7%。空运方面，截至2020 年，白俄罗斯有七个国际机场，分别是明斯克国际机场、明斯克 1 号机场、莫吉廖夫机场、维捷布斯克机场、戈梅利机场、格罗德诺机场和布列斯特机场。这些机场在担负着国内航线运输的同时还担负着飞往各国的国际定期航班以及包机旅客航班。明斯克国际机场可起降任何型号的飞机，中国国航已开通北京到明斯克的直飞航班。水运方面，白俄罗斯内河水运网长约 2 000 千米，沿线共有 10 个河港可供旅客出行和货物装卸。

农业生产资料方面，据世界银行数据库统计，2020 年白俄罗斯每公顷耕地化肥使用量达到 180.73 千克。从化肥使用总量来看，1992 年白俄罗斯化肥使用量为 139.5 万吨，1992—2020 年呈"W"形变动，2020 年化肥使用量为 102.29 万吨，相比 1992 年减少 37.21 万吨，减幅达到 26.67%，该国化肥使用量总体为下降趋势，化肥使用前景较好。据世界银行数据库统计，1992—2011 年白俄罗斯农药使用量保持在 4 897 吨，2011 年后出现先小幅度上升后大幅度减少再小幅度上升的变化趋势。2020 年全国农药使用量为 4 589.04 吨，相比 1992 年减少 307.96 吨。

（三）蒙古国

农业劳动力方面，蒙古国农业劳动力资源相对匮乏。据世界银行数据库统计，1992 年农村人口数为 96.60 万人，1999 年增至 103.07 万人，之后呈逐年下降趋势，2010 年农村人口数减至 88.21 万人，随后持续增长，2021 年农村人口达到 104.50 万人，占人口总数的 31.34%。农业就业人员数量方面，1992 年农业就业人口数为 36.52 万人，之后总体呈先上升后下降的趋势，2019 年为 34.18 万人，占总劳动力人口的 25.32%。

交通基础设施方面，蒙古国分别对中国和俄罗斯设有多个边境口岸，公路连结和通关较为便捷，2020 年公路总里程约 11.9 万千米，其中铺装公路 1.1 万千米。铁路方面，蒙古国境内现只有两条铁路，一条为乌兰巴托铁路，另一条为自乔巴山向北至蒙俄边境口岸的铁路，两条铁路总里程共计 1 811 千米。空运方面，蒙古国主要航空公司包括蒙古航空公司和匈奴航空公司等，现运营的航线包括首都乌兰巴托至额尔登特、乔巴山、奥尤陶勒盖、科布多等省会及主要城市的国内航线以及乌兰巴托至中国、泰国、日本、韩国、俄罗斯等国际航线。

农业生产资料方面，据世界银行数据库统计，2020 年蒙古国每公顷耕地化肥使用量仅为 33.77 千克。从化肥使用总量来看，1992 年化肥使用量为 1.51 万吨，1993 年迅速下降至 1 000 吨，之后波动式上升，2020 年增至 4.45 万吨，相比 1992 年增加 2.94 万吨，增幅达到 194.70%，近年来该国化肥使用量上升趋势明显。据世界银行数据库统计，蒙古国农药应用水平较低，自 1992 年至 2020 年农药使用总量始终保持在 116 吨。

二、对话伙伴国

（一）阿塞拜疆

农业劳动力方面，阿塞拜疆农业劳动力资源较为丰富。据世界银行数据库统计，1992 年阿塞拜疆农村人口数为 345.98 万人，随后稳步上升，至2021年农村人口数达到 438.19 万人，占人口总数的 43.60%，相比 1992 年增加 92.21 万人，增幅达 26.65%。农业就业人员数量方面，1992 年为 151.17 万人，此后总体呈先上升后下降再上升的趋势，2019 年达到 183.73 万人，占总劳动力人口数 36%，相比 1992 年增加 32.56 万人，农业就业情况较乐观。

交通基础设施方面，2020 年阿塞拜疆全国公路总里程 6 万千米，其中 2.9 万千米为硬化路面；城郊公路总长为 1.9 万千米，其中国家级干线和区域级干线的总长为 4 645 千米，地方级公路总长 14 357 千米，首都巴库市公路总长为 1 525 千米。铁路方面，2020 年阿塞拜疆国内铁路总长 2 929.4 千米，其中 2 099.7 千米正投入使用中，815 千米为双轨铁路，1 650 千米的铁路配备了自动信号系统，电气化铁路约 1 300 千米。但是近 900 千米铁路处于非正常使用的状态，约占全国铁路总长的 1/3。空运方面，阿塞拜疆有 6 个机场，其中盖达尔·阿利耶夫国际机场为全国最大的机场，被国际航空运输评级组织评为 5 星级机场，2020 年阿塞拜疆各机场共完成客运总量 556 万人次。水运方面，阿塞拜疆水运以里海货物运输为主，巴库港是里海沿岸最大港口，不但可衔接里海水运与国内铁路运输，还可将里海水运与俄罗斯内河运输相连。

农业生产资料方面，据世界银行数据库统计，2020 年阿塞拜疆每公顷耕地化肥使用量为 105.58 千克。从化肥使用总量来看，1992 年化肥使用量为 7.5 万吨，此后呈下降趋势，2000 年使用量减少到 4 100 吨，2000 年后呈波动式上升，2020 年增至 22.01 万吨，相比 1992 年增加 14.51 万吨，增幅为 193.47%。据世界银行数据库统计，1992—2007 年阿塞拜疆农药使用量保持在 149 吨，2007 年后开始快速增长，2013 年出现小幅度下降后增长速度放缓，2020 年全国农药使用量为 543 吨并趋于稳定。

（二）亚美尼亚

农业劳动力方面，据世界银行数据库统计，1992 年亚美尼亚农村人口数为 118.40 万人，之后呈先下降后上升再下降再上升的趋势，2021 年农村人口数量为 102.06 万人，占总人口的 36.57%，相比 1992 年减少 16.34 万人。农业就业人员数量方面，1992 年农业就业人口数为 57.08 万人，之后呈先下降后上升再下降的趋势，2019 年减至 30.49 万人，仅占总劳动力人口的 24.05%，比 1992 年减少 26.59 万人，降幅达 46.58%，农业就业情况不容乐观。

交通基础设施方面，据亚美尼亚国家统计局统计，2020 年亚美尼亚公路总长为 7 570 千米，其中 1 803 千米为国际公路，1 966 千米为国道，3 801 千米为地方公路。现有公路全部为苏联时期修建，路况较差，没有标准意义上的高速公路。除国际级公路和大部分国家级公路路况保持畅通外，其余路段尤其是农村地区公路由于缺乏养护路面坑洼不平难以行驶。铁路方面，亚美尼亚共有铁路 1 328.6 千米，其中 780.0 千米为干线铁路，目前运营的铁路为

726.0 千米，平均速度约 45 千米/小时。空运方面，亚美尼亚与俄罗斯、乌克兰、白俄罗斯、法国、捷克、土耳其、黎巴嫩、阿联酋和伊朗等国家开辟了直通航线，每周有 60 多个固定航班起降。2020 年亚美尼亚空运货物量为 1.6 万吨，同比下降 22.7%。其中出境运量 1.1 万吨，入境 5 400.0 吨；客运量为 88.4 万人次，同比下降 75.4%。

农业生产资料方面，据世界银行数据库统计，2020 年亚美尼亚每公顷耕地化肥使用量达到 203.47 千克。从化肥使用总量来看，1992 年亚美尼亚化肥使用量为 2.5 万吨，此后缓慢下降并保持稳定，2005 年使用量为 1.03 万吨，2005 年后呈波动上升趋势并保持稳定，2020 年达到 9.03 万吨，相比 1992 年增加 6.53 万吨，增幅高达 261.2%。据世界银行数据库统计，1992 年农药使用量为 8 吨，之后除个别年份有所减少外总体为稳定上升趋势，2020 年使用量达到 639.15 吨并保持上升趋势。亚美尼亚化肥、农药使用前景较好。

（三）柬埔寨

农业劳动力方面，柬埔寨农业劳动力资源较为丰富，但自 2011 年以来农业就业人口数量快速减少，农业就业情况并不乐观。据世界银行数据库统计，1992 年农村人口数为 806.16 万人，之后稳步增加，2021 年达到 1 249.68 万人，占总人口的 75.33%，相比 1992 年增加 443.52 万人，增幅达 55.02%。农业就业人员数量方面，1992 年农业就业人口数为 322.82 万人，之后呈先上升后下降的趋势，2019 年为 318.424 万人，占总劳动力人口 34.53%，相比 1992 年变化并不明显。

交通基础设施方面，2004 年以来柬埔寨政府把对基础设施的建设和改善列为"四角战略"的重要任务之一，加快了其恢复和重建的步伐，以公路和内河运输为主的交通网络取得很大发展。公路运输是柬埔寨最主要的运输方式，占客运运输总量的 65%，货运运输总量的 69%。但铁路运输方面，仅有南北两条铁路线，总长 655 千米，均为单线铁轨。空运方面主要为客运，货运并不发达，拥有金边、暹粒和西哈努克省 3 个国际机场，执行航空开放政策后，开通了柬埔寨航线的航空公司数量稳步增长。水运方面，西哈努克港是柬埔寨唯一的深水海港，内陆水系则主要包括湄公河、洞里萨河和巴萨河，雨季总长度约为 1 750 千米，旱季缩减为 580 千米。全国有 7 个主要河运港口，包括金边港、磅湛码头、桔井码头、上丁码头、奈良码头、磅清扬码头和重涅码头。

农业生产资料方面,据世界银行数据库统计,2020 年柬埔寨每公顷耕地化肥使用量仅为 46.69 千克。从化肥使用总量来看,1992 年柬埔寨化肥使用量为 1.1 万吨,之后呈波动式上升趋势,2020 年达到 18.10 万吨,比 1992 增加 17 万吨,化肥使用量增长明显,应用前景较好。

(四)尼泊尔

农业劳动力方面,尼泊尔农业劳动力资源较为丰富。据世界银行数据库统计,1992 年农村人口数为 1 802.78 万人,之后呈上升趋势,2021 年农村人口数量达到 2 372.52 万人,占总人口的 78.99%,相比 1992 年增加 569.74 万人,增幅达 31.60%。农业就业人员数量方面,1992 年农业就业人口数为 812.08 万人,之后呈上升趋势,2019 年达到 1 081.31 万人,占总劳动人口数的 64.38%,比 1992 年增加 269.23 万人,增幅达 33.15%,农业就业情况比较乐观。

交通基础设施方面,据尼泊尔政府数据统计,截至 2021 年国内各等级公路里程共计 31 393 千米,其中沥青路 14 102 千米,砂石路 7 881 千米,土路 9 410 千米。空运方面,尼泊尔全国共有 56 个机场,包括 1 个国际机场、3 个地区中心机场和 52 个其他小规模机场。水运方面,尼泊尔境内河流众多,但由于落差大,大多水流湍急,不具备航运通行能力。

农业生产资料方面,据世界银行数据库统计,2020 年尼泊尔每公顷耕地化肥使用量为 101.98 千克。从化肥使用总量来看,1992 年尼泊尔化肥使用量为 8.20 万吨,之后呈现先缓慢上升后下降再波动式上升的趋势。2020 年增至 21.55 万吨,相比 1992 年增加 13.35 吨,增幅达到 162.80%,预计未来该国化肥使用量会继续增长。据世界银行数据库统计,1992 年尼泊尔农药使用量仅为 60 吨,之后呈缓慢增长趋势,2004 年达到 153 吨,2005—2006 年出现小幅度下降至 129 吨,2007—2008 年小幅度增加至 353 吨,2009 年迅速降为 210 吨,之后呈稳步上升趋势,2020 年达到 681.5 吨,相比 1992 年增加 621.50 吨,增幅明显。

(五)土耳其

农业劳动力方面,据世界银行数据库统计,1992 年土耳其农村人口数为 2 222.92万人,之后呈先上升后下降的趋势,2021 年农村人口数量减少到

1 986.37 万人，仅占总人口的 23.43%，相比 1992 年减少 236.55 万人。农业就业人员数量方面，1992 年农业就业人口数为 602.63 万人，之后在 600 万上下波动，2019 年农业就业人口数为 605.24 万人，占总劳动力人口的 18.11%，农业就业人口数量较为稳定。

交通基础设施方面，土耳其在运输系统的投资集中于陆路运输。2021 年公路总长 6.9 万千米，其中高速公路总长 3 523 千米，国道高速公路总长 3.1 万千米，省道公路总长 3.4 万千米，国内 95% 的乘客和 90% 的货物都是通过公路来运输。铁路方面，土耳其全境铁路总长 1.3 万千米，其中高铁 1 213 千米。2020 年铁路总客运量 4 480 万人次，货运量 3 000 万吨。空运方面，土耳其现有 56 个民用机场，其中 24 个向国际航班开放，运输量和运输能力在欧洲名列前茅。2020 年土耳其航空公司航班目的地数量为 290 个，包括 50 个国内和 240 个遍布全球其他 127 个国家和地区的目的地，位居全球各航空公司之首。水运方面，土耳其北、西、南三面环海，即黑海、马尔马拉海、爱琴海和地中海，还有达达尼尔海峡和博斯普鲁斯海峡，海岸线长达 7 200 千米，海上运输颇具竞争优势。

农业生产资料方面，据世界银行数据库统计，2020 年土耳其每公顷耕地化肥使用量达到 149.64 千克。从化肥使用总量来看，1992 年化肥使用量为 192.76 万吨，之后使用量在 200 万吨上下波动，2020 年全国化肥使用量为 293.09 万吨，化肥使用情况较为稳定。据世界银行数据库统计，1992 年农药使用量为 2.71 万吨，之后呈波动式缓慢上升，到 2020 年全国农药使用量为 5.37 万吨，相比 1992 年增长 2.66 万吨，总体变动趋势向好，农药使用前景较好。

（六）斯里兰卡

农业劳动力方面，据世界银行数据库统计，1992 年斯里兰卡农村人口数为 1 428.81 万人，之后呈稳步上升趋势，2021 年增加到 1 797.74 万人，占总人口的 81.14%，相比 1992 年增加 368.93 万人，增幅达 25.82%。农业就业人员数量方面，1992 年农业就业人口数为 311.54 万人，之后呈波动式上升趋势，1998 年为 336.30 万人，后又呈下降趋势，2019 年降至 211.86 万人，占总劳动力人口的 24.98%，农业就业情况并不乐观。

交通基础设施方面，斯里兰卡积极发展国家路网建设，对道路进行升级改造，特别是高速公路网络。2021 年已通车高速总里程 277 千米，占全国公路总里程的 0.24%。除高速公路外，斯里兰卡全国其他公路总里程为 11.74 万千米，其中国道总里程达到 1.22 万千米、省道总里程达到 1.65 万千米、农村道路及其他道路总里程达到 8.87 万千米。铁路方面，斯里兰卡铁路轨道总长度为 1 607 千米，其中主线长度为 1 439 千米，境内均为普通铁路，时速较慢，无高铁设施。水运方面，斯里兰卡是印度洋岛国，沿海地区占国土面积 25%，紧邻亚欧国际主航线，在货物转运、船舶中转和补给等方面具有独特优势。

农业生产资料方面，据世界银行数据库统计，2020 年斯里兰卡每公顷耕地化肥使用量达到 297.77 千克，从化肥使用总量来看，1992 年化肥使用量为 18.37 万吨，之后在 25 万吨上下波动，2020 年全国化肥使用量为 18.97 万吨，化肥使用情况较为稳定。据世界银行数据库统计，1992 年斯里兰卡农药使用量为 2 144 吨，之后围绕 2 000 吨上下波动，到 2020 年使用量为 2 573.15 吨，农药总体使用量较为稳定。

（七）埃及

农业劳动力方面，埃及农业劳动力资源较为丰富。据世界银行数据库统计，1992 年埃及农村人口数为 3 406.67 万人，随后稳步增加至 2021 年的 6 243.02 万人，增幅达 83.26%，占人口总数的 57.14%。农业就业人员数量方面，1992 年为 633.59 万人，1992—2002 年呈下降趋势，2002 年降至 546.58 万人，2003—2008 年快速上升至 806.36 万人，2008 年后开始波动式下降，2019 年降至 578.11 万人，相比 1992 年减少 55.48 万人。

交通基础设施方面，埃及拥有较为完善的公路交通运输体系，公路是居民最主要的出行方式。2021 年国内公路总里程约 18 万千米，尼罗河两岸及红海沿岸是其公路网的主干道，连接南至阿斯旺、北至亚历山大的尼罗河沿岸各大城市，约有 94% 的货物运输是通过公路运输完成。铁路方面，2020 年埃及拥有铁路里程超过 5 000 千米，主要分布在尼罗河和地中海沿线，年客运量约 2.7 亿人次。但由于铁路系统设备陈旧，运输效率低以及 85% 的铁路信号系统尚未实现自动化，火车交通事故经常发生。空运方面，埃及共有 22 座机场，其中 10 座为国际机场，开罗国际机场占埃及航空总客运量的 37.8%，沙姆沙伊赫机场占 6.5%，赫尔格达机场占 11%。河运方面，埃及境内的尼罗河全线可通航，可通航水道总长约 3 500 千米，但利用率不高。海运方面，埃及海岸线总长 2 900 千米，有 7 条国际海运航线，现有 62 个港口，年吞吐总量为

800 万集装箱, 海港贸易量为 1.01 亿吨。

农业生产资料方面, 据世界银行数据库统计, 2020 年埃及每公顷耕地化肥使用量达到 473.43 千克, 从化肥使用总量来看, 1992 年埃及化肥使用量为 87.74 万吨, 之后呈波动上升趋势, 2020 年使用量为 159.31 万吨, 相比 1992 年增加 71.57 万吨, 增幅达到 81.57%。据世界银行数据库统计, 1992 年埃及农药使用量为 6 156 吨, 1993 年出现小幅度下降后开始缓慢稳步增加, 2005 年后进入波动增长时期, 2020 年达到 1.14 万吨, 相比 1992 年增加 5 244 吨, 增幅达到 85.19%。

(八) 卡塔尔

农业劳动力方面, 卡塔尔农业劳动力资源并不丰富。据世界银行数据库统计, 1992 年卡塔尔农村人口数为 2.94 万人, 随后总体呈下降趋势, 2021 年为 1.94 万人, 仅占总人口的 0.72%, 相比 1992 年减少 1 万人, 降幅达 34.01%。农业就业人员数量方面, 1992 年为 1.28 万人, 1992—2001 年呈下降趋势, 2001 年降至 8 505 人, 2002—2006 年快速上升至 2.05 万人, 2007—2008 年出现小幅度下降, 2009 年开始稳步增加, 2019 年增至 2.58 万人, 相比 1992 年增加 1.3 万人。

交通基础设施方面, 卡塔尔公路总长度约 9 830 千米, 其中干线公路总长度约 1 580 千米, 各等级支线公路总长度约 8 250 千米, 形成覆盖全国的公路网。铁路方面, 卡塔尔铁路网主要由以多哈为中心的三条地铁线组成, 由卡塔尔铁路公司负责运营维护。空运方面, 哈马德国际机场是卡塔尔的主要门户和航空枢纽, 也是该地区最大的机场之一, 由卡塔尔航空公司负责运营, 于 2014 年投入使用。该机场采用双跑道系统, 2019 年全年旅客流量约 3 879 万人次, 起降航班超过 23 万架次, 航空货运吞吐量近 207 万吨。水运方面, 主要港口有哈马德港、多哈港、拉斯拉凡港和梅赛义德港。哈马德港于 2016 年 12 月 1 日试运营, 是卡塔尔最主要的商业港, 目前年吞吐量为 200 万个标准箱, 远期规划年吞吐量为 750 万个标准箱; 多哈港自 2017 年起停止进出商业船只, 改为游轮港口; 拉斯拉凡港是卡塔尔液化天然气出口专用港, 梅赛义德港主要用于卡塔尔原油和石化产品出口。

农业生产资料方面, 据世界银行数据库统计, 2020 年卡塔尔单位面积耕地化肥使用量达到 238.10 千克。从化肥使用总量来看, 1992 年卡塔尔化肥使用量为 1 500 吨,之后化肥使用量呈波动上升趋势且波动幅度较大,2020 年全国化肥使用量增至 5 000 吨,相比 1992 年增加 3 500 吨,增幅高达 233%。据世界银行数据库统计,1992 年卡塔尔农药使用量仅为 3 吨,1992—1996 年缓慢增加至 6 吨,1996 年后增长速度加快,2000 年达到 68 吨并一直稳定在该水平。

(九)沙特阿拉伯

农业劳动力方面,沙特阿拉伯农业劳动力资源并不丰富。据世界银行数据库统计,1992 年农村人口数为 382.76 万人,随后呈稳步上升趋势,2021 年增至 556.94 万人,占总人口的 15.49%,相比 1992 年增加 174.18 万人,增幅达45.51%。农业就业人员数量方面,1992 年为 40.93 万人,1993—2001 年仍基本保持在 40 万人左右,2002 年出现小幅度下降后稳步增加,2015 年增至77.53 万人,2015 年后开始迅速减少,2019 年减至 36.50 万人。

交通基础设施方面,公路交通是沙特阿拉伯主要的运输方式,公路总长22 万千米,其中高速公路总里程超过 5 000 千米,占公路总里程的 2.27%。铁路方面,国内铁路运营总里程为 4 130 千米,沙特阿拉伯铁路局和沙特阿拉伯铁路公司分别运营 1 380 千米和 2 750 千米,主要铁路线有达曼-利雅得铁路、麦加-麦地那高铁和南北铁路。空运方面,国内共有 27 座民用机场,6 座军用机场,9 座沙特阿拉伯阿美公司内部机场。民用机场中有 4 座为国际机场,分别是利雅得机场、吉达机场、达曼机场和麦地那机场,2021 年民用机场全年客运量约 3 935 万人次,货运量约 10.24 亿吨。水运方面,沙特阿拉伯东西两岸分别临近波斯湾和红海,当前有 9 个主要港口,其中 6 个为商业港,3 个为工业港,另外还有若干规模不等的渔港。

农业生产资料方面,据世界银行数据库统计,2020 年沙特阿拉伯每公顷耕地化肥使用量达到 87.63 千克;从化肥使用总量来看,1992 年化肥使用量为 53.86 万吨,之后呈下降趋势,1995 年降至 28.4 万吨,此后在 30 万吨上下波动,2020 年为 30.06 万吨,相比 1992 年减少 23.80 万吨,降幅达到44.19%。据世界银行数据库统计,1992 年沙特阿拉伯全国农药使用量为 994吨,此后四年保持在该水平,1997 年后开始缓慢增长,2019 年达到 1.05 万吨,2020 年出现小幅度下降,降至 7 255.65 吨,但相比 1992 年增加 6 261.65吨,增幅明显。

第五章 CHAPTER 5
上合组织国家粮食生产现状 ▶▶▶

本章从粮食生产结构和产量变化两个方面介绍上合组织国家的粮食生产现状。在粮食生产结构方面，由于上合组织成员国所处纬度不同和各国主食习惯存在差异，导致各国粮食生产结构差异较大。比如印度、巴基斯坦和中国的水稻和玉米种植比重较大，而俄罗斯、伊朗和哈萨克斯坦、乌兹别克斯坦、塔吉克斯坦、吉尔吉斯斯坦则以小麦和大麦种植为主。

在粮食产量方面，凭借丰富的耕地资源，上合组织成员国粮食生产在全球占据重要地位。近年来，中国、印度、俄罗斯的粮食产量居于全球前五，哈萨克斯坦、巴基斯坦、乌兹别克斯坦、伊朗粮食产量均居于全球前五十，是全球主要的粮食生产国。粮食单产方面，各成员国也存在差异，中国、印度、俄罗斯和巴基斯坦单产均高于世界平均水平，而哈萨克斯坦、乌兹别克斯坦、塔吉克斯坦和吉尔吉斯斯坦、伊朗单产处于世界平均水平以下。

关于粮食，联合国粮食及农业组织（FAO）将粮食定义为麦类、水稻、粗粮，其中粗粮又称杂粮，包括大麦、玉米、黑麦、燕麦、高粱、荞麦。由此，结合 FAO 对"粮食"的定义，并根据数据的可获得性，本章将"粮食"定义为：小麦、大麦、燕麦、玉米、水稻、荞麦、黑麦、谷子、高粱九类作物，并根据粮食作物的重要程度将小麦、大麦、燕麦、玉米、水稻五类作物作为主要粮食进行详细分析。

第一节 中 国

一、粮食生产结构

中国粮食作物种类丰富，且主要作物生产规模较大，种植结构不断优化。

从种植面积来看，主要粮食作物种植面积在波动中趋于平稳，与粮食总产量的变动趋势较为一致，原因是粮食产量受其种植面积变化影响较大。具体来看，主要粮食作物种植面积变动趋势可分为三个时期：第一时期为波动减少期（1992—2003年），中国主要粮食作物种植面积从 8 640.87 万公顷下降至 7 404.28万公顷，下降了 14.31%，年均增长率为—1.39；第二时期为逐步恢复期（2004—2011年），随着农业生产能力不断提高，种植面积逐年增加，到 2011 年增至 8 882.5 万公顷，恢复到 1998 年的种植面积水平；第三时期为波动期（2012—2021年），主要粮食作物种植面积处于不断波动之中，但总体变化幅度不大，到 2021 年主要粮食作物种植面积为 9 744.55 万公顷，相比 1992 年增加了 12.77%（图 5-1）。

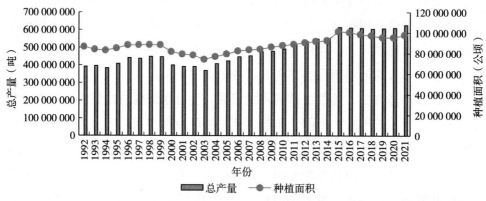

图 5-1 1992—2021 年中国主要粮食作物种植情况
数据来源：联合国粮食及农业组织数据库。

从作物构成来看，中国粮食作物种类虽然丰富，但各类作物产量占比悬殊，五大主要粮食作物产量在粮食总产中占比超过 90%。其中，玉米、水稻、小麦是最主要的粮食作物，三者产量占主要粮食作物产量的比重达 95%，且玉米占比高于水稻和小麦。玉米是中国第一大粮食作物，1992—2021 年，玉米产量占主要粮食总产量的比重在波动中上升，从 24.47% 上升到 43.52%；至 2021 年玉米种植面积为 4 335.59 万公顷，占主要粮食作物种植面积的 44.36%。水稻是第二大粮食作物，与玉米相反，其产量占主要粮食产量比重在波动中不断降低，从 48.11%降低到 34.21%；至 2021 年，水稻种植面积为 3 014.52 万公顷，占主要粮食作物种植面积的 30.84%。小麦产量占主要粮食产量比重一直保持平稳的趋势，在 22% 上下波动；至 2021 年小麦种植面积为 2 357.14 万公顷，占主要粮食作物种植面积的 24.11%。除此之外，大麦和燕麦也占有一定比例，但产量和种植面积占比均不足 1％，且两种作物的产量比重均呈降低趋势；至 2021 年大麦和燕麦种植面积分别为 51 万公顷、16.31 万公顷，总产量分别为 200 万吨和 60 万吨（表 5－1、图 5－2）。

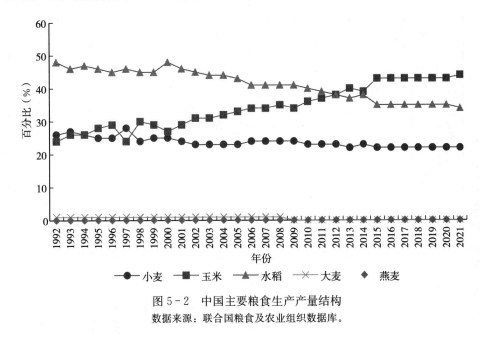

图 5－2 中国主要粮食生产产量结构
数据来源：联合国粮食及农业组织数据库。

二、粮食产量变化

（一）粮食总产变化

1992—2021 年中国粮食总产量呈波动上升趋势，且后期增速趋于稳定。生产变动状况大致可划分为四个时期，1992—1998 年为第一个时期，粮食产量在波动中增长，由 3.91 亿吨增长至 4.48 亿吨，增长近 14.58％，年均增长 2.11％，增长的动力主要来自技术进步和粮食价格的提高。第二个时期是 1999—2003 年，90 年代末，由于粮食储备显著提高，粮食相对于其他农作物的价格开始下降，影响了生产的积极性，导致产量持续下降，2003 年总产量下降到 3.69 亿吨，仅为 1998 年产量的 82.31％，年均下降 3.54％。第三个时期是 2004—2015 年，该时期是粮食生产的高速增长期，在实现"五连增"后，2008 年的产量才略高于 10 年前（1998 年）的水平，2009—2015 年又保持了六年的平稳增长。第四个时期是 2016—2021 年，粮食产量基本保持平稳，维持在 6.1 亿吨左右（图 5－3）。

表 5 - 1 1992—2021 年中国主要粮食作物总产量和种植面积

年份	总产量（吨）					种植面积（公顷）				
	小麦	大麦	玉米	燕麦	水稻	小麦	大麦	玉米	燕麦	水稻
1992	101 591 334	4 400 000	95 772 877	1 300 000	188 291 880	30 497 210	1 600 000	21 119 959	704 204	32 487 358
1993	106 394 921	4 150 000	103 109 999	1 045 500	179 746 933	30 236 410	1 500 000	20 770 936	600 000	30 745 927
1994	99 301 440	4 500 000	99 674 118	1 200 000	177 994 395	28 981 966	1 600 000	21 229 239	500 000	30 537 237
1995	102 211 429	4 420 000	112 361 571	1 004 000	187 297 968	28 861 315	1 700 000	22 848 467	502 000	31 107 479
1996	110 569 193	4 283 000	127 865 412	1 098 000	197 032 897	29 611 057	1 600 000	24 571 227	456 000	31 753 892
1997	123 290 085	4 313 000	104 647 617	1 150 000	202 771 843	30 057 020	1 643 271	23 836 937	440 000	32 129 200
1998	109 726 066	3 400 000	133 197 612	1 040 000	200 571 557	29 775 167	1 362 000	25 281 404	400 000	31 571 500
1999	113 880 088	3 300 000	128 287 195	883 000	200 403 308	28 855 019	1 320 000	25 938 564	363 000	31 637 100
2000	99 636 127	2 646 000	106 178 315	1 012 000	189 814 060	26 653 326	1 070 000	23 086 228	479 000	30 301 490
2001	93 873 234	2 893 000	114 255 995	790 000	179 304 887	24 664 068	770 000	24 310 506	350 000	29 144 019
2002	90 290 262	3 322 000	120 188 915	493 000	176 342 195	23 908 072	914 430	24 660 837	275 000	28 508 800
2003	86 488 264	3 249 500	115 997 909	654 000	162 304 280	21 997 075	912 810	24 092 820	260 000	26 780 124
2004	91 952 238	3 221 800	130 434 297	600 000	180 522 603	21 626 074	785 390	25 467 145	270 000	28 615 715
2005	97 445 196	3 444 100	139 498 473	700 000	182 055 138	22 792 462	830 870	26 379 450	220 000	29 116 400
2006	108 466 271	3 129 600	151 731 441	350 000	183 276 048	23 613 067	831 740	28 482 649	243 000	29 201 080
2007	109 298 296	2 785 100	152 418 870	643 000	187 397 460	23 721 070	772 580	29 496 901	270 000	29 179 116

（续）

年份	总产量（吨）					种植面积（公顷）				
	小麦	大麦	玉米	燕麦	水稻	小麦	大麦	玉米	燕麦	水稻
2008	112 464 292	2 823 200	166 032 097	600 000	193 352 875	23 617 266	793 720	29 882 708	230 000	29 493 392
2009	115 115 364	2 318 300	164 107 560	580 000	196 681 177	24 291 081	626 380	31 203 367	200 000	29 881 590
2010	115 186 178	1 972 200	177 540 788	525 000	197 212 003	24 257 900	579 670	32 517 988	178 000	30 117 262
2011	117 414 034	1 637 100	192 904 232	740 000	202 667 169	24 272 245	511 620	33 559 864	170 000	30 311 295
2012	121 030 059	1 625 800	205 719 284	632 500	205 936 129	24 270 311	489 890	35 046 465	200 000	30 397 873
2013	121 930 527	1 699 000	218 621 905	600 000	205 201 696	24 119 335	465 500	36 339 411	175 000	30 581 915
2014	126 215 211	1 812 000	215 812 100	500 000	208 239 610	24 071 629	468 800	37 150 395	160 000	30 580 921
2015	132 646 335	1 868 000	265 157 307	490 864	213 723 732	24 599 116	446 600	44 995 748	147 752	31 035 861
2016	133 274 638	1 324 598	263 777 750	530 288	212 681 776	24 698 345	353 238	44 208 341	160 917	31 019 837
2017	134 246 679	1 085 200	259 256 299	507 051	214 429 949	24 480 542	329 990	42 429 378	156 223	31 021 867
2018	131 446 596	956 500	257 348 659	509 401	214 078 796	24 268 721	262 480	42 158 995	154 964	30 460 956
2019	133 601 131	900 000	260 957 662	515 580	211 405 211	23 732 560	260 000	41 309 740	157 368	29 960 066
2020	134 254 710	900 000	260 876 476	510 677	213 610 729	23 382 215	260 000	41 292 000	156 185	30 341 784
2021	136 952 000	2 000 000	272 762 124	600 000	214 403 870	23 571 400	510 000	43 355 859	163 060	30 145 222

数据来源：联合国粮食及农业组织数据库。

从主要粮食作物产量变化看，玉米和粮食总产量的变动趋势及速度基本一致，说明中国玉米的产量对粮食总产出的贡献比较大，且在 2013 年超越水稻成为第一大粮食作物。水稻是中国的第二大粮食作物，1992—2021 年产量呈波动上升趋势，基本维持在 2 亿吨。2021 年小麦产量较 1992 年有所增长，但增长幅度不大，后期基本稳定在 1.3 亿吨左右（图 5-3）。

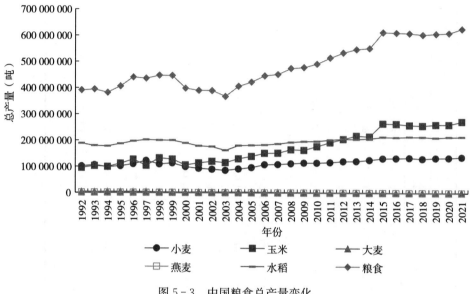

图 5-3　中国粮食总产量变化
数据来源：联合国粮食及农业组织数据库。

（二）粮食单产变化

中国小麦、玉米和水稻单产在波动中不断上升，大麦和燕麦的单产在一定水平上下波动。小麦和玉米单产上升明显，相较 1992 年，2021 年单产分别提高了 74.41% 和 38.73%，达到 5.81 吨/公顷和 6.29 吨/公顷。水稻则呈在波动中缓慢上升的趋势，上升幅度相对较小。1992—1998 年，水稻单产从 5.8 吨/公顷提高到 6.35 吨/公顷；1999—2003 年以 −0.91% 的年均增长率缓慢降至 6.06 吨/公顷；2004—2021 年，水稻单产以 0.71% 的年均增长率缓慢增长，至 2021 年达到 7.11 吨/公顷。大麦的波动可分为两个时期：1992—2000 年，单产从 2.75 吨/公顷下降到 2.47 吨/公顷，2001—2021 年一直在 3.65 吨/公顷上下波动。与大麦类似，燕麦的波动也可分为两个时期：1992—2006 年，单产呈波动下降趋势，从 1.85 吨/公顷下降到 1.44 吨/公顷；2007—

2021 年，呈波动上升趋势，单产从 2.38 吨/公顷快速上升至 3.68 吨/公顷，增长幅
度达 54.62%（图 5-4）。

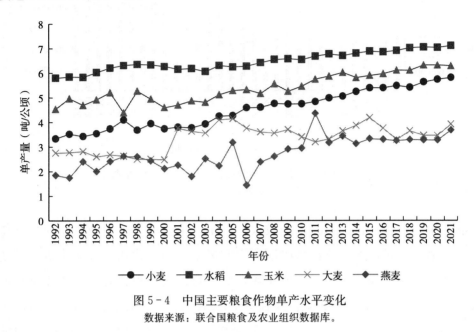

图 5-4 中国主要粮食作物单产水平变化
数据来源：联合国粮食及农业组织数据库。

第二节 俄 罗 斯

一、粮食生产结构

俄罗斯粮食生产结构单一，主要作物生产规模不断扩大。从种植面积来
看，主要粮食作物种植面积呈先降低后增加的趋势，波动频繁，但后期保持平
稳。具体来看，主要粮食作物种植面积变动趋势可分为三个时期：第一个时期
为快速减少期（1992—1998 年），种植面积迅速下降，从 4 836.49 万公顷降低
到 3 152.77 万公顷，年均增长率为－6.88%。第二个时期为剧烈波动期
（1999—2014 年），种植面积在波动中有所增加。在 1999 年降至最低点后，主
要粮食种植面积在波动中缓慢增长到 2014 年的 3 879.61 万公顷，年均增长率
为 1.34%，增长幅度达 23.05%。第三时期为平稳波动期（2015—2021 年），
主要粮食作物种植面积在 4 100 万公顷上下波动，2021 年达到 4 102.95 万公
顷，相较 2015 年增加 122.84 万公顷（图 5-5）。

从作物构成来看，俄罗斯五类主要粮食作物产量在粮食总产中占比超过

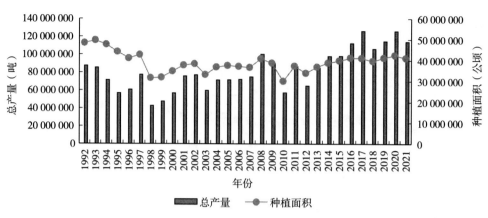

图 5-5 1992—2021 年俄罗斯主要粮食作物种植情况

数据来源：联合国粮食及农业组织数据库。

95%，但各类粮食作物占比差距较大。其中，小麦和大麦是最主要的粮食作物，二者总产量占主要粮食总产量的 80% 左右，且小麦占比高于大麦。小麦作为第一大粮食作物，1992—2021 年，其产量占主要粮食总产量的比重在波动中不断上升，从 52.89% 上升到 66.63%，后几年稳定在 66% 左右；至 2021 年小麦种植面积为 2 791.67 万公顷，占主要粮食作物总种植面积的 68.04%。大麦作为第二大粮食作物，与小麦相反，其产量比重在波动中不断下降，1992—2010 年，从 30.92% 降低到 14.59%，最后稳定在 16% 左右，2010 年以后大麦产量比重在 17% 左右波动；至 2021 年大麦种植面积为 784.43 万公顷，占主要粮食作物种植面积的 19.09%。玉米产量占主要粮食产量的比重保持上升趋势，1992 年仅有 2.06%，到 2014 年玉米比重已经达到 12%，增长较快。2015—2021 年玉米比重在 12% 上下波动；至 2021 年，玉米种植面积为 290.16 万公顷，占主要粮食作物种植面积的 7.07%。除此之外，燕麦和水稻也占有一定比例，但是产量比重和种植面积占比均不足 10%，燕麦种植面积呈现逐年递减的趋势，而水稻则表现出在波动中小幅上升的特征；至 2021 年水稻和燕麦总产量分别为 107.64 万吨和 377.57 万吨，种植面积分别为 18.63 万公顷、219.06 万公顷（表 5-2、图 5-6）。

二、粮食产量变化

（一）粮食总产变化

1992—2021 年俄罗斯粮食总产量呈先下降后上升的趋势，波动幅度较大。

表 5 - 2　1992—2021 年俄罗斯主要粮食作物总产量和种植面积

年份	总产量（吨）					种植面积（公顷）				
	小麦	大麦	玉米	燕麦	水稻	小麦	大麦	玉米	燕麦	水稻
1992	46 166 670	26 988 750	2 135 210	11 241 290	753 630	24 259 500	14 559 600	795 450	8 485 000	265 300
1993	43 546 550	26 843 080	2 441 080	11 556 349	687 523	24 665 480	15 478 420	786 880	8 402 210	260 600
1994	32 128 210	27 054 390	891 950	10 757 255	523 232	22 160 500	16 403 900	524 100	8 333 000	192 900
1995	30 118 470	15 786 300	1 738 440	8 562 170	461 920	21 597 000	14 709 900	629 600	7 038 500	144 070
1996	34 831 232	15 913 059	1 081 038	8 325 683	388 976	22 546 000	11 776 000	463 000	6 005 000	156 850
1997	44 235 132	20 752 192	2 652 012	9 382 778	328 072	24 018 400	11 837 600	845 500	5 835 700	140 400
1998	26 994 700	9 764 918	799 940	4 656 117	412 166	19 858 200	7 074 000	501 500	3 958 100	135 900
1999	30 996 953	10 576 009	1 033 569	4 392 715	443 394	19 755 200	7 421 900	542 400	3 902 900	162 300
2000	34 460 052	14 038 791	1 489 425	6 002 269	584 312	21 346 000	8 456 500	720 900	4 075 000	167 600
2001	46 996 294	19 477 550	808 360	7 718 715	495 536	22 832 700	9 713 400	467 300	4 520 800	142 300
2002	50 622 106	18 678 410	1 499 425	5 682 843	488 133	24 477 700	9 502 000	546 800	3 653 700	130 100
2003	34 069 788	17 926 418	2 030 896	5 169 044	448 116	20 005 600	9 227 500	659 100	3 087 700	143 000
2004	45 433 661	17 087 555	3 372 956	4 936 709	469 802	22 919 900	9 562 300	870 400	3 285 700	125 000
2005	47 614 681	15 683 785	3 060 164	4 545 081	570 816	24 682 600	8 713 300	794 848	3 180 100	136 700
2006	44 926 880	18 036 511	3 510 351	4 860 293	680 610	23 049 100	9 588 300	971 000	3 317 500	156 200
2007	49 367 973	15 559 075	3 798 020	5 383 539	704 544	23 500 500	8 369 600	1 296 250	3 311 400	157 000

（续）

年份	总产量（吨）					种植面积（公顷）				
	小麦	大麦	玉米	燕麦	水稻	小麦	大麦	玉米	燕麦	水稻
2008	63 765 140	23 148 450	6 682 300	5 834 910	738 300	26 070 300	9 420 800	1 731 700	3 409 500	160 400
2009	61 739 751	17 880 760	3 963 433	5 401 200	912 969	26 632 864	7 721 967	1 122 191	3 020 658	177 458
2010	41 507 581	8 350 023	3 084 351	3 219 582	1 060 658	21 639 828	4 939 554	1 025 181	2 227 603	200 878
2011	56 239 994	16 938 002	6 962 438	5 332 134	1 055 574	24 835 516	7 689 432	1 602 609	2 937 394	207 222
2012	37 719 640	13 951 676	8 212 924	4 027 274	1 051 891	21 277 882	7 641 131	1 937 542	2 852 231	191 600
2013	52 090 797	15 388 704	11 634 943	4 931 822	934 943	23 371 410	8 011 038	2 321 860	2 997 880	188 981
2014	59 711 382	20 444 258	11 332 138	5 273 812	1 048 566	23 907 772	9 002 498	2 599 531	3 090 744	195 552
2015	61 785 799	17 546 155	13 173 296	4 535 641	1 109 762	25 870 340	8 231 782	2 670 059	2 830 044	198 901
2016	73 345 679	17 967 161	15 281 594	4 765 889	1 080 886	27 312 777	8 133 765	2 777 019	2 745 357	203 823
2017	86 002 542	20 628 955	13 208 095	5 456 237	986 620	27 517 354	7 847 738	2 702 425	2 778 294	185 649
2018	72 136 149	16 991 907	11 419 020	4 719 324	1 038 222	26 472 051	7 873 944	2 375 641	2 729 162	180 177
2019	74 452 692	20 489 088	14 282 352	4 424 433	1 098 660	27 558 617	8 536 675	2 506 247	2 426 333	190 691
2020	85 896 326	20 938 993	13 879 210	4 132 096	1 141 819	28 864 312	8 267 448	2 731 870	2 337 906	195 935
2021	76 057 258	17 995 907	15 239 865	3 775 686	1 076 411	27 916 725	7 834 300	2 901 612	2 190 562	186 319

数据来源：联合国粮食及农业组织数据库。

188

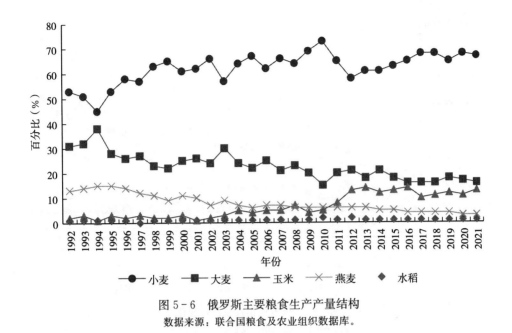

图 5-6　俄罗斯主要粮食生产产量结构
数据来源：联合国粮食及农业组织数据库。

粮食总产量生产变动大致可为三个时期，1992—1998 年为第一个时期，自苏联解体后，俄罗斯的粮食产量从 10 377.4 万吨降低到 4 681.73 万吨，减少幅度达 54.89%，年均增长率为－12.42%，下降速度明显快于其他从苏联解体的国家。1999—2013 年为第二个时期，俄罗斯粮食产量在 1998 年下降到低谷后在波动中不断增长，2013 年总产量达到 8 976.59 万吨，年均增长率为3.73%。2014—2021 年为第三个时期，俄罗斯粮食产量在波动中以较快速度增长，至 2021 年，粮食产量达到 11 414.51 万吨，年均增长率为 1.55%。

从主要粮食作物产量变化看，小麦产量的变动速度和趋势与粮食基本一致，说明俄罗斯小麦的收成直接影响该国粮食的总产量。大麦是俄罗斯的第二大粮食作物，其产量在一定范围波动，后几年基本维持在 2 000 万吨左右。俄罗斯的玉米产量自 1992 年保持稳定增长，至 2021 年，产量达到 1 523.99 万吨（图 5-7）。

（二）粮食单产变化

俄罗斯玉米和水稻的单产先降低后上升，小麦、大麦和燕麦单产在一定水平上下波动。1992—1994 年，玉米单产从 2.68 吨/公顷快速下降到 1.70 吨/公顷，此后，1995—2021 年在波动中增长，年均增长率为 2.5%，并在 2013 年超

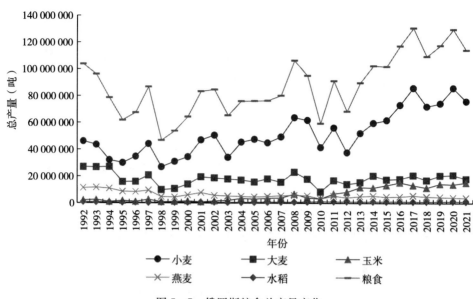

图 5 - 7 俄罗斯粮食总产量变化

数据来源：联合国粮食及农业组织数据库。

过水稻单产水平。水稻单产从 1992—1994 年保持下降趋势，从 2.84 吨/公顷下降到 2.71 吨/公顷，年均增长率为－2.28％，此后以 2.60％ 的年均增长率缓慢增长，2021 年达到 5.78 吨/公顷。小麦、大麦和燕麦的波动趋势一致，分别在 2.08 吨/公顷、1.93 吨/公顷和 1.55 吨/公顷的水平上下浮动（图 5 - 8）。

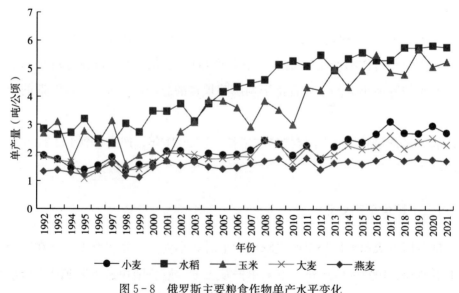

图 5 - 8 俄罗斯主要粮食作物单产水平变化

数据来源：联合国粮食及农业组织数据库。

第三节 哈萨克斯坦

一、粮食生产结构

哈萨克斯坦粮食种类相对单一，以麦类作物种植为主，且五类主要粮食作物种植规模差距不断扩大。从种植面积来看，主要粮食作物种植面积在变动中趋于稳定。根据变动趋势可分为两个时期：第一时期为急速减少期（1992—1999年），由于苏联解体，哈萨克斯坦作物生产结构随之调整，粮食种植面积大幅度减少，从2 003.39万公顷快速下降至1 071.22万公顷，下降了46.53%，年均增速为−8.56%；第二时期为波动恢复期（2000—2021年），随着经济逐步复苏，农业生产能力逐步恢复，粮食生产政策不断调整，种植面积在波动中逐年增加，在2011年达到1 632.44万公顷，年均增长率为3.46%，为前后十年的最高值，到2021年主要粮食作物种植面积为1 536.42万公顷，相比1992年减少23.31%，还未恢复到苏联解体时的水平（图5-9）。

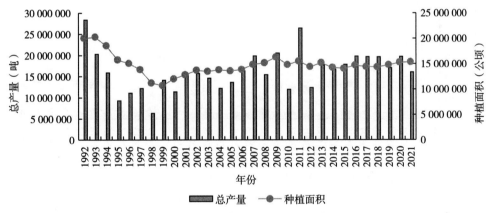

图5-9 1992—2021年哈萨克斯坦主要粮食作物种植情况
数据来源：联合国粮食及农业组织数据库。

从作物构成来看，哈萨克斯坦粮食作物以麦类为主，各类作物产量占比悬殊，五类主要粮食作物产量与粮食总产占比达95%。小麦和大麦是最主要的粮食作物，二者产量占主要粮食作物产量的比重超过90%，其中小麦占比高于大麦。小麦是第一大粮食作物，1992—2011年，小麦产量占主要粮食总产量的比重先升高后降低，从64.48%上升到86.07%，2011年以后一直在78%

左右波动；至2021年小麦种植面积为1 271.94万公顷，占主要粮食作物总种植面积的73.85%。大麦是第二大作物，但与小麦相反，其产量占主要粮食总产量的比重先降低后升高，从33.20%降低到9.67%，最后稳定在20%左右；至2021年大麦种植面积为215.75万公顷，占主要粮食作物种植面积的14.8%。玉米产量占比一直保持上升的趋势，1992年仅占1.24%，至2014年玉米产量比重增长至4%，2015—2021年在4.50%上下波动；至2021年玉米种植面积为18.87万公顷，占主要粮食作物种植面积的1.23%。除此之外，燕麦和水稻也占有一定比例，但是产量比重和种植面积占比均不足10%，燕麦呈现逐年递减的趋势，而水稻则表现出在波动中小幅上升的特征；至2021年，燕麦和水稻的总产量分别为18.23万吨和50.38万吨，种植面积分别为20.20万公顷、9.66万公顷（表5-3、图5-10）。

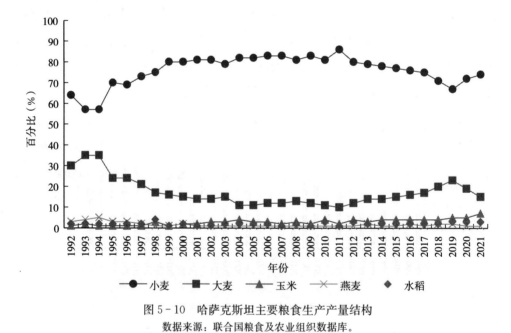

图5-10　哈萨克斯坦主要粮食生产产量结构
数据来源：联合国粮食及农业组织数据库。

二、粮食产量变化

（一）粮食总产变化

1992—2021年哈萨克斯坦粮食总产量和其他中亚国家一样，有相似的变化特征——先降低后上升，但增长和下降速度都快于其他国家。产量变动状况大

表 5 - 3 1992—2021 年哈萨克斯坦主要粮食作物总产量和种植面积

年份	总产量（吨）					种植面积（公顷）				
	小麦	大麦	玉米	燕麦	水稻	小麦	大麦	玉米	燕麦	水稻
1992	18 284 600	8 510 800	367 700	727 000	467 000	13 722 900	5 627 400	117 800	448 800	117 000
1993	11 585 000	7 148 500	355 200	802 000	403 000	12 622 000	6 884 600	108 700	546 500	109 300
1994	9 052 200	5 496 900	233 500	822 000	283 000	12 086 000	5 649 700	104 300	613 100	101 300
1995	6 490 400	2 208 100	135 600	249 760	184 450	11 290 900	3 933 700	70 200	406 800	84 100
1996	7 678 100	2 695 800	122 100	358 770	226 240	11 233 900	3 280 700	72 700	421 800	86 500
1997	8 955 000	2 583 000	111 210	286 190	255 350	10 599 000	2 762 100	61 320	336 500	83 000
1998	4 746 300	1 093 280	166 840	73 370	236 070	9 126 900	1 767 200	62 300	175 000	73 400
1999	11 241 800	2 264 900	197 600	194 200	199 300	8 736 300	1 700 700	65 500	138 700	71 000
2000	9 073 460	1 663 650	248 790	181 770	214 300	10 050 100	1 625 200	74 600	189 300	72 100
2001	12 706 810	2 243 770	320 390	220 200	198 700	10 766 100	1 711 500	86 300	182 800	69 200
2002	12 699 980	2 208 920	435 210	183 220	199 089	11 656 500	1 736 800	105 200	144 400	65 733
2003	11 537 420	2 153 930	437 550	170 900	273 340	11 255 700	1 886 900	101 200	160 900	83 600
2004	9 936 970	1 387 930	457 790	130 240	275 849	11 785 200	1 642 300	102 700	169 800	80 700
2005	11 198 330	1 527 500	432 080	160 020	284 570	11 813 200	1 450 600	104 000	135 900	84 900
2006	13 460 480	1 952 880	413 610	183 330	288 780	11 861 200	1 671 300	89 300	155 600	87 600
2007	16 466 870	2 441 190	421 220	229 650	294 350	12 683 000	1 837 800	92 300	169 800	87 400

（续）

年份	总产量（吨）					种植面积（公顷）				
	小麦	大麦	玉米	燕麦	水稻	小麦	大麦	玉米	燕麦	水稻
2008	12 538 190	2 058 550	420 160	137 790	254 710	12 906 300	1 966 700	95 400	146 500	75 500
2009	17 052 020	2 518 610	471 200	203 960	306 960	14 279 800	1 709 300	99 200	149 200	86 900
2010	9 638 400	1 312 810	462 040	133 810	373 150	13 138 000	1 332 800	95 600	162 800	94 000
2011	22 732 067	2 593 109	481 960	258 295	346 758	13 686 428	1 515 337	96 654	143 401	93 335
2012	9 841 128	1 490 696	520 430	147 157	350 831	12 410 935	1 634 011	100 320	165 411	93 030
2013	13 940 809	2 539 034	569 262	304 798	344 305	12 953 532	1 836 666	107 857	220 544	89 429
2014	12 996 865	2 411 817	663 994	225 989	377 041	11 923 108	1 909 356	125 710	192 261	95 277
2015	13 746 967	2 675 174	734 093	243 770	422 225	11 569 536	2 037 246	137 737	204 330	98 753
2016	14 985 379	3 231 268	762 360	335 375	447 830	12 373 452	1 894 068	135 116	209 892	94 319
2017	14 802 865	3 305 224	784 695	284 586	489 485	11 911 989	2 068 766	136 677	213 277	104 500
2018	13 944 108	3 971 266	862 094	336 129	482 945	11 354 380	2 516 952	150 062	235 226	101 480
2019	11 451 649	3 830 069	895 978	267 006	560 668	11 296 643	2 976 843	156 280	243 480	101 970
2020	14 257 950	3 659 260	958 106	240 157	556 775	12 057 071	2 728 822	162 812	228 871	102 278
2021	11 814 123	2 366 804	1 129 508	182 279	503 771	12 719 434	2 157 478	188 703	201 972	96 634

数据来源：联合国粮食及农业组织数据。

致可划分为三个时期，第一个时期为 1992—1998 年，粮食产量从 2 956.11 万吨降低到 636.12 万吨，下降了 78.48％，平均年增长率为 −22.59％，下降速度明显快于解体后的其他国家。第二时期为 1999—2011 年，粮食产量在 1998 年下降到低谷后不断增长，2011 年总产量达到 2 652.15 万吨，年均增长率为 5.36％，增长速度也快于其他中亚国家粮食产量增长速度。第三时期为 2012—2021 年，粮食产量在波动中缓慢增长，2021 年产量达到 1 599.65 万吨，年均增长率为 2.82％（图 5-11）。

从主要粮食作物产量变化看，小麦产量的增长变动趋势与粮食相同，表明哈萨克斯坦小麦的收成直接影响该国粮食总产量。大麦虽然是哈萨克斯坦的第二大粮食作物，但是从 1992 年粮食结构调整后，总产量始终低于 500 万吨。玉米产量较 1992 年有所增长，后几年基本稳定在 90 万吨左右（图 5-11）。

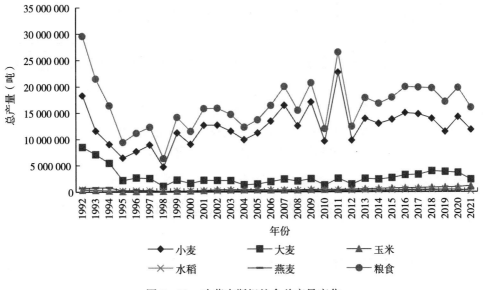

图 5-11 哈萨克斯坦粮食总产量变化
数据来源：联合国粮食及农业组织数据库。

（二）粮食单产变化

哈萨克斯坦玉米和水稻单产先降低后上升，小麦、大麦和燕麦单产在一定水平上下波动。1992—1996 年，玉米单产从 3.12 吨/公顷下降到 1.68 吨/公顷，1997—2021 年以 2.80％的年均增长率保持增长，并且在 1999 年超过水稻的单产水平。水稻单产量在 1992—1995 年保持下降趋势，从 3.99 吨/公顷快速下降到 2.19 吨/公顷，年均增长率为－18.09％，此后以 3.70％的年均增长率缓慢增长，2021 年达到 5.21 吨/公顷。小麦、大麦和燕麦的波动趋势一致，分别在 1.04 吨/公顷、1.19 吨/公顷和 1.16 吨/公顷的单产水平上下浮动（图 5-12）。

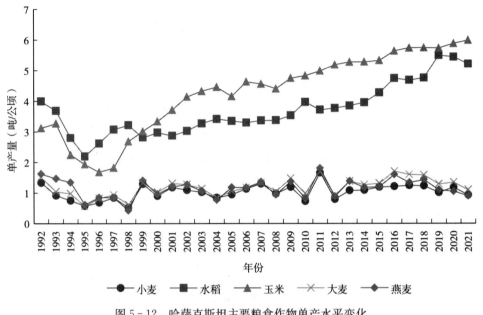

图 5-12　哈萨克斯坦主要粮食作物单产水平变化

数据来源：联合国粮食及农业组织数据库。

第四节　吉尔吉斯斯坦

一、粮食生产结构

吉尔吉斯斯坦粮食作物种类较为丰富，但粮食生产以主要粮食作物为主且其生产规模占比不断扩大。从种植面积来看，吉尔吉斯斯坦主要粮食作物呈小幅波动变化趋势，后几年趋于平稳。具体来看，1992—2021 年，主要粮食作物种植面积变动趋势整体较为稳定，基本在 55.80 万公顷至 67.85 万公顷之间小范围波动。种植面积在 1995 年最低，仅有 55.80 万公顷，在 1997 年达到最大值，为 67.85 万公顷，到 2021 年种植面积为 58.9 万公顷，相比1992 年增加了 1.65 万公顷，增长幅度为 2.88％（图 5-13）。

从作物构成来看，吉尔吉斯斯坦的粮食作物以麦类为主，各类作物产量占

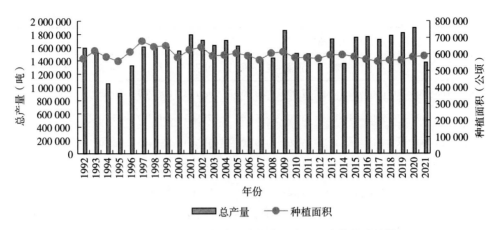

图 5-13　1992—2021 年吉尔吉斯斯坦主要粮食作物种植情况

数据来源：联合国粮食及农业组织数据库。

比悬殊，五类主要粮食作物产量在粮食总产中占比达 98%，其中，玉米、小麦、大麦是最主要的粮食作物，三者产量占主要粮食作物产量的比重达 95%。小麦是第一大粮食作物，一直处于粮食的主导地位，在主要粮食总产量中占比也最大，呈现先增加后减少的趋势。1992—1997 年，小麦占主要粮食总产量比重不断增加，从 43.54% 增加到 79.09%；1998 年以后，比重处于明显下降趋势，从 74.88% 下降到 33.08%；至 2021 年种植面积达 24.96 万公顷，占主要粮食作物总种植面积的 42.38%。玉米是第二大粮食作物，与小麦相反，其产量比重呈先下降后上升的趋势；至 2021 年种植面积为 10.6 万公顷，占主要粮食作物种植面积的 18%。大麦比重也呈现与玉米相同的变动趋势，但其下降趋势更明显，从 1992 年的 38.89% 下降到 2001 年的 8.80%，之后开始波动增长，至 2021 年，种植面积为 21.99 万公顷，在主要粮食总种植面积中占比 37.33%。水稻产量占主要粮食产量比重基本保持在 2%。除此之外，燕麦也占有一定的比重，2021 年燕麦总产量和种植面积分别为 0.11 万吨、0.11 万公顷，占主要粮食作物总产量和种植面积比重分别为 0.08% 和 0.2%（表 5-4、图 5-14）。

表 5-4　1992—2021 年吉尔吉斯斯坦主要粮食作物总产量和种植面积

年份	总产量（吨）					种植面积（公顷）				
	小麦	大麦	玉米	燕麦	水稻	小麦	大麦	玉米	燕麦	水稻
1992	679 000	620 500	280 700	12 000	2 800	248 400	263 500	54 700	4 000	1 900
1993	830 700	509 600	183 800	8 000	2 400	338 300	235 500	40 700	3 000	2 500

（续）

年份	总产量（吨）					种植面积（公顷）				
	小麦	大麦	玉米	燕麦	水稻	小麦	大麦	玉米	燕麦	水稻
1994	608 400	309 600	129 300	7 000	3 900	333 100	206 700	36 600	4 000	3 000
1995	625 000	158 900	116 100	3 200	6 700	363 900	150 700	36 200	2 700	4 500
1996	964 100	166 400	182 167	3 200	9 200	451 500	108 400	46 500	2 058	5 400
1997	1 273 660	151 628	170 565	2 700	11 700	549 600	83 200	38 300	1 300	6 100
1998	1 203 676	161 708	227 886	3 134	11 023	510 500	80 900	46 298	1 413	5 500
1999	1 109 107	179 850	308 356	4 590	15 066	482 700	102 000	58 139	1 784	6 100
2000	1 039 109	150 209	338 263	2 849	18 991	443 688	70 332	58 805	1 298	6 229
2001	1 190 600	139 949	442 772	3 730	16 557	478 470	67 280	72 633	1 478	5 545
2002	1 162 567	149 315	373 604	4 905	20 811	505 100	63 600	64 634	1 448	6 651
2003	1 013 718	197 878	398 541	4 207	18 342	428 652	86 859	65 444	1 338	6 100
2004	998 248	233 400	452 949	5 197	18 344	410 052	102 408	73 129	1 930	6 104
2005	950 076	213 511	437 305	3 025	17 067	423 948	101 810	72 106	1 404	5 782
2006	840 299	203 974	437 969	2 572	18 713	406 260	103 351	72 158	1 160	6 315
2007	708 877	227 236	460 678	2 657	17 269	354 699	125 399	76 021	1 362	6 116
2008	746 200	210 600	462 100	2 700	17 700	384 600	133 300	78 900	1 600	6 200
2009	1 056 656	289 670	486 636	3 868	20 710	402 002	123 598	78 800	1 439	6 268
2010	813 300	231 500	440 878	2 877	20 861	375 238	122 527	72 714	1 154	6 334
2011	799 841	233 793	446 411	2 931	19 432	372 967	121 975	74 225	1 337	6 289
2012	540 531	212 745	578 294	1 533	23 069	322 679	146 965	94 856	872	7 160
2013	819 383	309 926	568 186	2 000	27 220	346 410	147 120	91 902	917	7 904
2014	572 734	197 084	556 142	1 201	28 230	339 027	155 398	91 982	841	8 062
2015	704 601	370 191	641 944	4 096	30 208	297 289	173 933	102 348	1 507	8 611
2016	661 514	415 266	648 744	2 204	34 847	270 439	184 615	101 717	1 010	9 904
2017	600 997	424 412	653 351	2 159	38 180	249 860	192 702	101 370	891	10 704
2018	615 926	429 306	692 877	2 638	40 783	253 804	191 854	105 063	1 140	11 346
2019	601 216	465 864	711 786	2 070	41 219	239 594	205 071	106 243	1 010	11 304
2020	629 052	510 208	714 086	2 195	44 474	247 028	217 538	105 028	1 025	11 927
2021	362 711	274 082	691 139	1 094	46 338	249 607	219 882	105 994	1 129	12 404

数据来源：联合国粮食及农业组织数据。

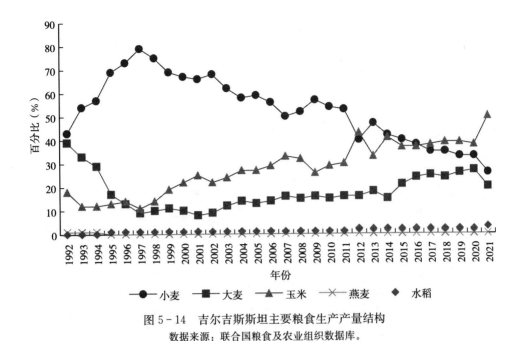

图 5-14　吉尔吉斯斯坦主要粮食生产产量结构
数据来源：联合国粮食及农业组织数据库。

二、粮食产量变化

（一）粮食总产变化

1992—2021 年吉尔吉斯斯坦粮食总产量持续大幅波动变化。生产变动状况大致可划分为四个时期：第一时期为 1992—1995 年，粮食产量迅速下降，从 159.61 万吨降低到 91.11 万吨，年均增长率为 －17.05％。第二时期为 1996—2001 年，粮食产量增加，至 2001 年，增长到 179.46 万吨，年均增长率达 6.25％。第三时期为 2002—2012 年，粮食总产量再次下降，2012 年降至 135.58 万吨，年均增长率为 －2.51％，较第一时期下降速度减慢。第四个时期是 2013—2021 年，粮食产量再次减少，2021 年为 137.54 万吨，较 2013 年减少了 35.15 万吨，年均增长率为 －2.8％（图 5-15）。

从主要粮食作物的产量变化看，小麦生产总量先增长后降低，其他主要粮食作物产量总体呈现增长的趋势。小麦产量的上升时期是 1992—2001 年，从 67.90 万吨增长到 119.06 万吨，年均增长率为 6.44％；但 2001 年以后，产量持续降低，虽然在 2007—2009 年稍有上升，但并没有改变其整体的减势，年均增长率为 －4.18％，至 2021 年小麦产量仅有 36.27 万吨。玉米产量从

1994 年开始不断增加，从 12.93 万吨以 6.4％的年均增速增长到 2021 年的 69.11 万吨。大麦产量在 1992—2001 年降低后缓慢增长，2021 年达到 27.41 万吨（图 5 - 15）。

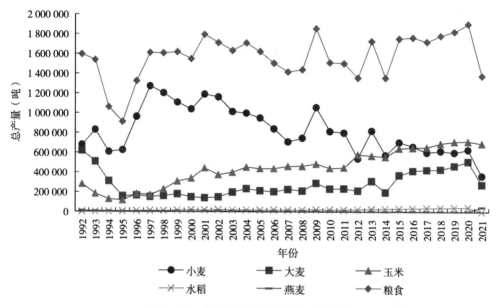

图 5 - 15 吉尔吉斯斯坦粮食总产量变化
数据来源：联合国粮食及农业组织数据库。

（二）粮食单产变化

吉尔吉斯斯坦主要粮食作物的单产水平先降低后增加，最后基本稳定。玉米单产在 1992—1995 年下降，从 5.13 吨/公顷下降到 3.21 吨/公顷；1996—2001 年迅速提升到 6.10 吨/公顷，2001 年以后基本保持 6.11 吨/公顷的生产水平。苏联解体后第一年，水稻单产下降，但 1993—2021 年，单产缓慢上升，由 0.96 吨/公顷上升到 3.74 吨/公顷，年均增长率为 4.97％。小麦单产在 1992—1995 年下降，从 2.73 吨/公顷降至 1.72 吨/公顷；1996—1998 年迅速提升至 2.35 吨/公顷，1999—2021 年基本保持在 2.23 吨/公顷的水平。大麦单产在 1992—1995 年迅速下降，从 2.35 吨/公顷下降到 1.05 吨/公顷，年均增长率为−23.5％；1996—2001 年迅速提升到 2.35 吨/公顷，年均增长率为 12.11％；2002—2021 年，大麦单产在 2.00 吨/公顷上下波动。除此之外，燕麦单产基本在 2.26 吨/公顷周围浮动（图 5 - 16）。

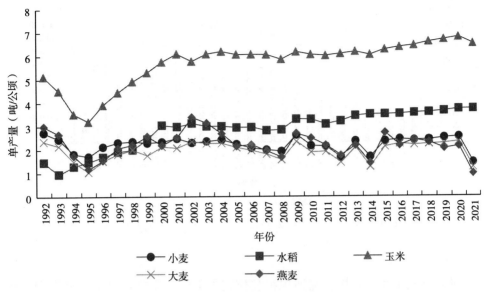

图 5-16　吉尔吉斯斯坦主要粮食作物单产水平变化

数据来源：联合国粮食及农业组织数据库。

第五节　塔吉克斯坦

一、粮食生产结构

塔吉克斯坦粮食作物种类较为丰富，主要作物生产规模不断扩大。从种植面积来看，塔吉克斯坦主要粮食作物种植面积总体呈增长态势，且变动幅度较大。具体来看，主要粮食作物种植面积变动趋势可分为三个时期：第一时期为短暂减少期（1992—1994 年），种植面积出现了短暂下降的趋势，至1994 年，种植面积仅有 24.31 万公顷。第二时期为波动增长期（1995—2009 年），在 1995—1997 年种植面积在波动中不断增长，且增速较快，至1997 年种植面积增长至 40.95 万公顷；1997 年后，粮食作物种植面积进入较长的波动变化期，但变动幅度较小，基本保持在 34 万公顷至 45 万公顷之间，至 2009 年种植面积为 44.82 万公顷；第三时期为缓慢减少期（2010—2021 年），种植面积开始逐年波动下降，但下降幅度不大，到 2021 年，主要粮食作物种植面积为 37.62 万公顷，相比 2012 年减少了 6.69 万公顷，减少幅度达 15.09％（图 5-17）。

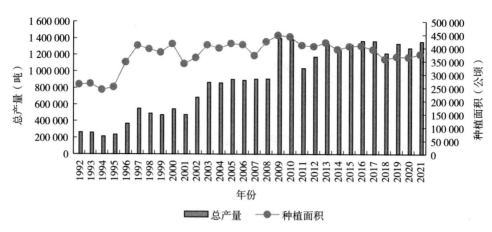

图 5-17 1992—2021 年塔吉克斯坦主要粮食作物种植情况

数据来源：联合国粮食及农业组织数据库。

从作物构成来看，塔吉克斯坦粮食作物种类较为丰富，但是各类作物产量占比悬殊，五类主要粮食作物产量在粮食总产中占比超过 95%。其中，小麦是第一大粮食作物，占比呈先增加后减少的趋势，1992—2001 年，小麦产量比重不断增加，占主要粮食比重从 63.19% 增加到 81.22%，2001 年以后，小麦产量比重处于波动下降的趋势，2021 年降至 73.04%；至 2021 年小麦种植面积约 7 万公顷，占主要粮食作物总面积的 18.6%。玉米是塔吉克斯坦的第二大粮食作物，占主要粮食作物的比重呈先下降后上升的趋势。1992 年占比为 11.88%，之后开始下降，到 1997 年，下降为 5.42%，以后不断上升，至 2018 年达到 19.47%，2019—2021 年维持在 16% 左右；至 2021 年玉米种植面积达 0.22 万公顷，占主要粮食作物种植面积的 0.6%。大麦产量比重的增减趋势与玉米较为一致，但下降趋势更明显，1992—2000 年，大麦产量占比从 15.28% 下降至 3.24%，2001—2021 年比重呈增长趋势，增加了 15.35 个百分点；2021 年大麦种植面积为 1.65 万公顷，占主要粮食作物种植面积的 4.39%。除此之外，水稻产量占比相对稳定，比重保持在 7.5% 左右。燕麦所占的比重较小，至 2021 年，产量约 0.3 万吨，占主要粮食作物总产量的 0.58%（表 5-5、图 5-18）。

表 5-5 1992—2021 年塔吉克斯坦主要粮食作物总产量和种植面积

年份	总产量（吨）					种植面积（公顷）				
	小麦	大麦	玉米	燕麦	水稻	小麦	大麦	玉米	燕麦	水稻
1992	166 400	41 514	32 278	2 944	20 184	183 400	55 000	10 900	3 386	10 000
1993	170 600	30 000	33 500	2 736	22 700	200 400	38 000	11 000	3 490	12 400

（续）

年份	总产量（吨）					种植面积（公顷）				
	小麦	大麦	玉米	燕麦	水稻	小麦	大麦	玉米	燕麦	水稻
1994	149 000	25 000	18 000	2 080	20 000	177 200	38 900	10 000	4 027	13 000
1995	170 000	22 478	19 372	1 650	21 600	191 400	36 200	10 000	3 211	12 000
1996	239 000	17 360	90 047	490	20 722	279 000	30 000	24 000	1 502	12 000
1997	452 209	23 352	30 306	325	44 161	356 423	25 000	11 020	751	16 300
1998	388 149	25 579	35 511	474	40 289	339 064	28 000	11 910	841	16 400
1999	365 136	25 217	35 707	508	47 326	317 900	32 812	12 707	738	19 000
2000	406 196	18 624	37 762	77	81 978	343 102	35 834	13 980	728	21 630
2001	387 314	15 482	34 296	22	39 776	295 700	18 000	11 620	116	15 240
2002	544 565	36 061	55 379	647	50 200	304 259	24 900	15 770	653	17 600
2003	660 222	50 515	94 850	647	59 415	334 866	33 900	25 160	710	17 170
2004	631 328	63 406	112 954	613	51 445	317 300	43 400	24 130	738	14 130
2005	618 467	64 484	155 813	1 093	62 404	315 500	42 700	38 500	993	19 000
2006	640 339	62 327	138 885	2 263	48 536	320 700	38 700	36 800	1 580	15 450
2007	649 300	71 039	130 075	3 459	52 109	276 300	42 300	32 430	3 100	16 970
2008	659 096	57 601	136 428	1 859	53 989	331 766	64 829	14 516	3 065	10 261
2009	1 088 591	101 685	142 515	3 022	63 416	358 766	57 894	14 411	2 591	14 559
2010	1 033 144	116 399	151 061	4 243	76 854	342 566	69 420	12 534	3 668	14 854
2011	726 880	74 345	154 881	1 614	76 875	311 179	71 334	12 776	2 050	13 212
2012	812 588	102 359	174 857	2 518	82 378	303 677	72 855	13 914	2 396	13 177
2013	947 350	123 978	175 357	3 034	78 039	318 601	73 177	14 048	2 580	11 719
2014	868 368	113 430	194 194	1 782	79 933	292 573	73 525	14 622	2 438	11 108
2015	896 362	138 240	200 519	2 922	85 807	295 632	77 174	18 950	2 394	11 769
2016	917 081	141 957	208 113	3 265	96 476	297 479	77 604	16 833	2 536	13 678
2017	899 653	145 620	218 448	3 251	97 763	285 867	76 848	16 704	2 478	12 527
2018	778 986	108 817	237 355	2 692	90 446	255 549	72 279	15 944	2 242	11 825
2019	836 884	156 240	232 899	3 121	106 442	263 960	71 826	16 958	2 091	12 394
2020	846 000	150 000	182 000	3 183	99 000	268 400	70 500	13 463	2171	11 148
2021	852 000	196 000	240 000	2 969	67 000	69 962	16 521	2 245	12 694	274 748

数据来源：联合国粮食及农业组织数据。

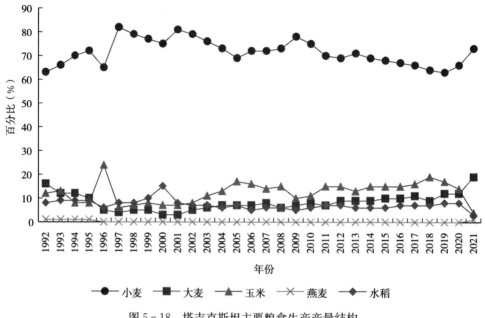

图5-18 塔吉克斯坦主要粮食生产产量结构

数据来源：联合国粮食及农业组织数据库。

二、粮食产量变化

（一）粮食总产变化

1992—2021年塔吉克斯坦粮食总产量总体为上升趋势，但不同时期有所差异。生产变动状况大致可以分为三个时期：1992—2013年为快速上升期，在此期间粮食产量有几次跌落（2001年和2008年），但后期又快速增长，从27.17万吨增长到132.88万吨，年均增长率为7.85%，其中2009年产量达到139.99万吨，这是塔吉克斯坦粮食产量第一次突破百万吨大关。2014—2017年为缓慢上升时期，从125.80万吨增长到136.50万吨，年均增速仅为2.76%，远低于第一时期。2018—2021年为稳定时期，产量基本保持在130.03万吨左右（图5-19）。

从主要粮食作物产量变化看，小麦总产量和粮食总产量的变动趋势及速度基本一致，小麦产量对粮食总产出的贡献最大。在粮食总产量的快速上升时期，小麦产量从16.64万吨增长到94.74万吨，年均增长速度是8.63%，速度快于粮食总产量的增长水平；在缓慢增长时期，小麦产量增长了3.13万吨，年均增长率为 1.19%，同样高于粮食在此时期的增长速度；在维持稳定时期，小麦产量在 83 万吨上下波动。塔吉克斯坦大麦和玉米的产量一直呈增长趋势，相较于 1992 年，2021 年产量分别增长了 15.45 万吨和 20.77 万吨，年均增长率分别为 5.5% 和 7.16%，增长较快（图 5-19）。

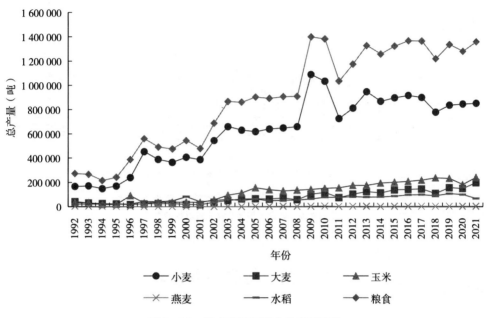

图 5-19　塔吉克斯坦粮食总产量变化
数据来源：联合国粮食及农业组织数据库。

（二）粮食单产变化

塔吉克斯坦主要粮食作物单产水平均处于上升趋势，增长速度差异较大。玉米、水稻、小麦、大麦和燕麦的单产水平在 1992—2007 年均平稳上升，2007 年以后，玉米单产从 4.01 吨/公顷增加到 2021 年的 14.53 吨/公顷，年均增长率达 9.63%，在五种主要粮食作物中增长速度最快。其次是水稻单产以 8.51% 的年均增速从 2007 年的 3.07 吨/公顷增长到 2020 年的 8.88 吨/公顷，但 2021 年又断崖式下降至 5.28 吨/公顷。相对于玉米和水稻，小麦、大麦和燕麦的增长趋势较为平缓，在 2008—2021 年年均增长率分别为 3.48%、9.24% 和 6.18%，2021 年的单产水平分别达到 3.1 吨/公顷、2.8 吨/公顷和 1.32 吨/公顷（图 5-20）。

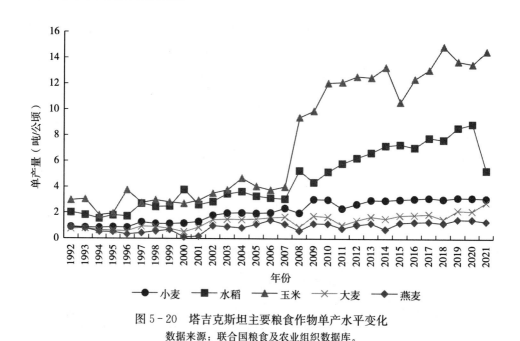

图 5-20　塔吉克斯坦主要粮食作物单产水平变化

数据来源：联合国粮食及农业组织数据库。

第六节　乌兹别克斯坦

一、粮食生产结构

乌兹别克斯坦粮食种类相对单一，以麦类作物种植为主，且几类主要粮食作物种植规模在波动中趋于平稳。从种植面积来看，主要粮食作物种植面积与粮食总产量的变动趋势较为一致，粮食产量受其种植面积变化影响较大。具体来看，主要粮食作物种植面积变动趋势可分为两个时期。第一时期为快速增长期（1992—1997年），与其他独联体国家相反的是，1992年从苏联解体后乌兹别克斯坦粮食种植面积开始逐年增加，且增幅明显，至1997年增至最高点181.33万公顷。第二时期为波动下降期（1998—2021年），在1997年达到最高值后，种植面积开始波动下降，降至2001年的137.73万公顷后，2002年再次出现增长，到2003年增至168.78万公顷；2003年后，种植面积进入较长的稳定期，在160万公顷左右变动，未有明显增减态势；至2021年主要粮食作物种植面积为153.1万公顷，相比1992年增加了34.31万公顷，增幅为28.88%（图5-21）。

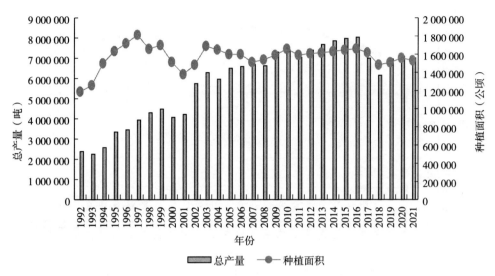

图 5-21 1992—2021 年乌兹别克斯坦主要粮食作物种植情况

数据来源：联合国粮食及农业组织数据库。

从作物构成来看，乌兹别克斯坦粮食作物种类较为丰富，但是各类作物产量占比悬殊，五类主要粮食作物产量在粮食总产中占比超过 95%。小麦是第一大粮食作物，产量占主要粮食的比重先迅速增长后基本不变。1992—2000 年，小麦占主要粮食产量的比重从 43.66% 增长到 89.69%，年均增长率达到 9.53%。2000 年以后，小麦总产量占比稳定在 90% 左右；至 2021 年，种植面积为 124.05 万公顷，占主要粮食作物总种植面积的 81.02%。水稻是第二大粮食作物，其产量占主要粮食作物比重在经历了快速下降过程后，开始缓慢回升，1992 年水稻产量占主要粮食总产量的 25.61%，1993 年后开始不断降低。虽然在 2012 年以后有所回升，但在 2011 年其产量比重被玉米反超；至 2021 年水稻种植面积为 4.89 万公顷，占主要粮食作物种植面积的 3.19%。玉米也和水稻呈相同的波动趋势，产量占主要粮食总产量比重先降低后出现回升，1992—2001 年，由 15.38% 下降至 3.33%，2004 年后，玉米比重开始回升；至 2021 年玉米种植面积为 6.5 万公顷，占主要粮食作物种植面积的 4.25%。除此之外，燕麦在 1997—2020 年处于停产状态，大麦种植面积仅次于小麦，2021 年大麦种植面积为 7.68 万公顷，占主要粮食作物种植面积比重为 5.02%，但其总产量只有 9.58 万吨，占主要粮食作物产量比重较低，占比仅为 1.36%（表 5-6、图 5-22）。

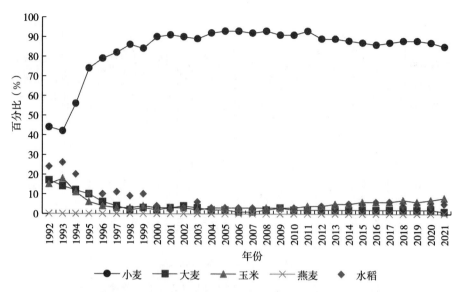

图 5-22　乌兹别克斯坦主要粮食生产产量结构

数据来源：联合国粮食及农业组织数据库。

表 5-6　1992—2021 年乌兹别克斯坦主要粮食作物总产量和种植面积

年份	总产量（吨）					种植面积（公顷）				
	小麦	大麦	玉米	燕麦	水稻	小麦	大麦	玉米	燕麦	水稻
1992	1 042 400	394 700	367 200	200	583 000	626 990	279 900	98 640	420	182 020
1993	947 400	319 300	403 300	600	581 700	697 400	275 900	105 000	300	180 700
1994	1 452 100	322 300	275 900	700	528 400	958 500	290 900	81 200	600	167 100
1995	2 494 100	347 700	185 500	900	327 600	1 164 300	249 900	52 900	800	165 900
1996	2 741 800	221 000	137 200	400	356 500	1 328 700	163 300	39 900	400	185 200
1997	3 229 200	154 700	136 700	0	416 700	1 468 200	101 400	48 500	0	195 200
1998	3 719 400	88 700	123 800	0	373 300	1 412 400	57 500	38 100	0	148 600
1999	3 757 100	119 400	167 900	0	442 900	1 419 900	59 000	56 800	0	164 200
2000	3 684 200	91 200	130 600	0	173 300	1 355 800	60 400	49 200	0	49 200
2001	3 843 500	140 800	141 300	0	90 000	1 219 800	80 100	38 700	0	38 700
2002	5 183 000	235 500	147 100	0	185 600	1 282 600	129 300	35 100	0	35 100
2003	5 625 600	164 900	146 300	0	350 800	1 507 600	110 800	34 700	0	34 700
2004	5 507 600	110 600	156 400	0	188 100	1 470 390	78 080	34 820	0	66 110
2005	6 057 200	113 100	164 340	0	171 700	1 439 700	72 280	33 630	0	52 480
2006	6 099 300	73 500	194 228	0	224 000	1 448 490	55 990	32 830	0	60 660
2007	6 190 300	99 700	207 400	0	197 800	1 382 200	49 200	34 200	0	48 000
2008	6 147 100	143 100	230 800	0	113 700	1 373 000	99 300	32 300	0	33 800

（续）

年份	总产量（吨）					种植面积（公顷）				
	小麦	大麦	玉米	燕麦	水稻	小麦	大麦	玉米	燕麦	水稻
2009	6 639 800	234 500	230 800	0	194 700	1 354 700	162 900	30 100	0	43 600
2010	6 745 000	179 100	231 600	0	249 800	1 466 300	93 600	28 300	0	69 200
2011	6 526 955	137 766	256 289	0	119 758	1 432 600	107 500	26 471	0	23 100
2012	6 612 200	141 416	328 090	0	325 718	1 404 000	85 300	40 829	0	76 300
2013	6 841 977	135 791	360 112	0	340 219	1 443 672	90 800	33 912	0	44 900
2014	6 955 976	139 587	411 630	0	356 097	1 454 600	92 200	35 600	0	48 800
2015	6 964 664	151 642	439 551	0	425 745	1 445 700	93 000	37 300	0	70 500
2016	6 934 876	167 384	491 919	0	451 981	1 444 064	103 018	39 797	0	71 793
2017	6 079 164	134 270	389 427	0	395 422	1 408 343	99 526	37 417	0	71 289
2018	5 410 760	111 760	413 165	0	221 089	1 311 376	90 231	39 813	0	42 141
2019	6 093 462	133 496	421 273	0	314 659	1 310 630	91 909	43 432	0	64 923
2020	6 157 844	161 539	475 341	0	293 451	1 351 717	108 933	48 693	0	47 425
2021	5 984 756	95 828	590 016	16 994	334 226	1 240 490	76 835	65 027	99 800	48 883

数据来源：联合国粮食及农业组织数据。

二、粮食产量变化

（一）粮食总产变化

从粮食总产量的变化看，乌兹别克斯坦粮食总产量呈先显著上升后下降的趋势。根据其趋势可分为两个时期：上升时期 1992—2016 年，下降时期 2017—2021 年。其中粮食产量上升时期根据上升的速度可分为快速上升时期（1992—2003 年）和缓慢上升时期（2004—2016 年）。快速上升时期粮食总产量从 240.8 万吨增长到 630.14 万吨，增长了 1.62 倍，年均增长率达 9.14%。缓慢上升时期粮食总产量从 2004 年的 597.77 万吨增长到了 2016 年的 806.68 万吨，年均增长率是 2.53%，增速较前一时期有所降低。2016 年乌兹别克斯坦粮食产量上升到峰值后开始以 2.74% 的速度下降，2021 年下降到 702.18 万吨（图 5-23）。

从主要粮食作物产量变化看，乌兹别克斯坦小麦产量总体呈增长态势，玉米和水稻的产量基本保持不变，燕麦在 1996 年后停止生产。小麦产量在 1992 年后持续上升，尤其 2000 年到 2003 年，小麦产量的年均增长率达到 15.15%，并且 2001 年的小麦产量几乎是乌兹别克斯坦粮食的全部。1992—2021 年，玉米和水稻的总产量变化趋势较为平缓，玉米增加 22.28 万吨，水稻则减少 24.88 万吨（图 5-23）。

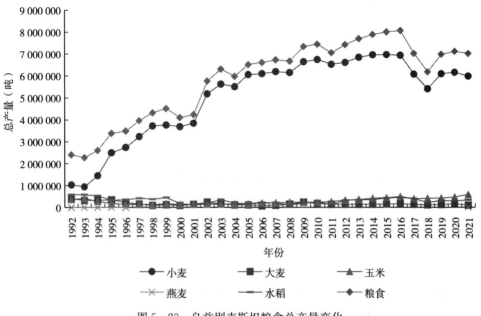

图 5-23 乌兹别克斯坦粮食总产量变化

数据来源：联合国粮食及农业组织数据库。

（二）粮食单产变化

乌兹别克斯坦的玉米和小麦单产水平不断升高，水稻单产波动剧烈，大麦单产保持平稳。具体来看，乌兹别克斯坦玉米每公顷产量先缓慢下降后快速上升，1992—2000 年，玉米单产以 -4.14% 的年均增长率从 3.72 吨/公顷降低到 2.65 吨/公顷，2001—2015 年则迅速增长到最高点 11.78 吨/公顷，年均增长率 8.73%，在增长至最高点后，玉米产量再次出现小幅下跌，2016—2021 年，从 12.36 吨/公顷跌至 9.07 吨/公顷，跌幅达 26.59%。小麦在 1992—2021 年间一直处于增长的趋势，从 1.66 吨/公顷增长到 4.82 吨/公顷，年均增长率是 3.74%，增速低于玉米的单产增速。水稻 2021 年的单产水平为 6.84 吨/公顷，较 1992 年的 3.20 吨/公顷提升较大，但是期间单产量波动频繁，出现了 2000 年（3.52 吨/公顷）和 2013 年（7.58 吨/公顷）的高波峰和 2001 年（2.33 吨/公顷）和 2008 年（3.36 吨/公顷）的低波谷。大麦的单产水平保持在 1.50 吨/公顷左右（图 5-24）。

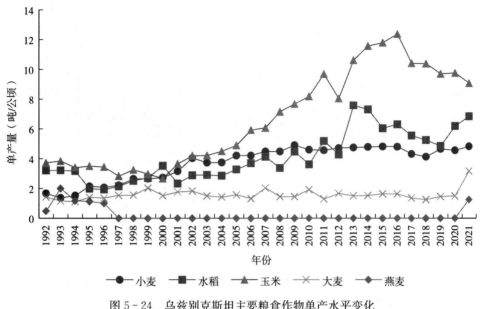

图 5 - 24　乌兹别克斯坦主要粮食作物单产水平变化

数据来源：联合国粮食及农业组织数据库。

第七节　巴基斯坦

一、粮食生产结构

巴基斯坦粮食作物种类丰富，且主要作物生产规模较大。从种植面积来看，主要粮食作物种植面积变化较为平稳，在波动中略有小幅度增长。具体来看，1992—2021 年期间，粮食作物种植面积整体变化不大，在 1 084.75 万公顷至 1 449.98 万公顷之间小范围波动。种植面积在 1992 年最低，仅有 1 084.75 万公顷，在 2021 年达到最大值，为 1 449.98 万公顷，相比 1992 年增加了 365.23 万公顷，增长幅度为 33.67%，年均增长率为 1.01%（图 5 - 25）。

从作物构成来看，巴基斯坦主要粮食作物种类丰富，但各类作物产量占比悬殊，五大主要粮食作物产量在粮食总产中占比超过 95%。其中，小麦、玉米、水稻是最主要的粮食作物，三者产量占主要粮食作物产量的比重达 90%。小麦是第一大粮食作物，1992—2021 年，小麦产量占主要粮食总产量的比重不断降低，从 70.89% 降低到 59.35%，后几年稳定在 60% 左右；至 2021 年小麦种植面积为 916.82 万公顷，在粮食作物总面积中占比为 63.23%。水稻产

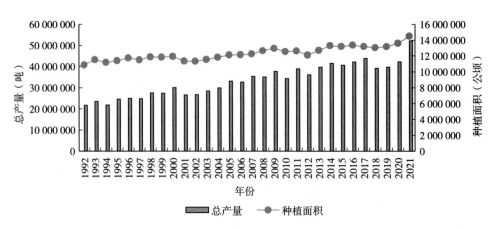

图 5-25　1992—2021 年巴基斯坦主要粮食作物种植情况
数据来源：联合国粮食及农业组织数据库。

量占主要粮食作物产量的比重基本保持不变，1992—2021 年一直在 24% 上下波动；其种植面积仅次于小麦，2021 年为 353.74 万公顷，占主要粮食作物总种植面积的 24.4%。玉米与小麦相反，1992—2021 年，产量一直保持上升的趋势，占主要粮食总产量的比重不断升高，从 5.46% 上升到 14.57%，最后稳定在 17.5% 左右；至 2021 年玉米种植面积仅为 165.25 万公顷，占主要粮食种植面积比重为 11.4%。此外，大麦也占有一定比重，2021 年种植面积和产量分别为 4.18 万公顷、4.19 万吨，占主要粮食作物产量和面积比重分别为 0.29%、0.3%，所占比例较小（表 5-7、图 5-26）。

表 5-7　1992—2021 年巴基斯坦主要粮食作物总产量和种植面积

年份	总产量（吨）					种植面积（公顷）				
	小麦	大麦	玉米	燕麦	水稻	小麦	大麦	玉米	燕麦	水稻
1992	15 684 200	139 900	1 183 600	0	4 674 150	7 877 600	149 000	847 500	0	1 973 400
1993	16 156 500	158 300	1 213 000	0	5 992 050	8 299 700	159 500	867 500	0	2 187 100
1994	15 213 000	145 700	1 318 100	0	5 169 750	8 034 200	150 600	878 500	0	2 124 600
1995	17 002 400	164 000	1 504 000	0	5 949 750	8 169 800	165 000	889 500	0	2 161 800
1996	16 907 400	174 400	1 491 000	0	6 457 200	8 376 500	171 600	938 700	0	2 251 100
1997	16 650 500	150 000	1 517 000	0	6 499 500	8 109 100	152 100	927 700	0	2 317 300
1998	18 694 000	174 100	1 665 000	0	7 011 400	8 354 600	162 700	932 600	0	2 423 600
1999	17 857 600	137 400	1 652 000	0	7 733 417	8 229 900	137 200	962 200	0	2 515 400
2000	21 078 600	117 500	1 643 200	0	7 203 900	8 463 000	123 600	961 700	0	2 376 600
2001	19 023 700	98 900	1 664 400	0	5 823 000	8 180 800	113 000	944 000	0	2 114 200
2002	18 226 500	99 800	1 737 100	0	6 717 750	8 057 500	110 600	941 600	0	2 225 000

（续）

年份	总产量（吨）					种植面积（公顷）				
	小麦	大麦	玉米	燕麦	水稻	小麦	大麦	玉米	燕麦	水稻
2003	19 183 300	99 600	1 897 400	0	7 271 400	8 033 900	107 700	947 100	0	2 460 600
2004	19 499 800	97 600	2 797 000	0	7 537 200	8 216 200	101 600	981 800	0	2 519 600
2005	21 612 300	91 700	3 109 600	0	8 320 800	8 358 000	93 300	1 042 000	0	2 621 400
2006	21 276 900	87 500	3 088 400	0	8 157 600	8 447 900	89 900	1 017 000	0	2 581 200
2007	23 294 600	92 700	3 604 700	0	8 345 100	8 578 000	94 000	1 052 000	0	2 515 400
2008	20 958 800	87 400	3 593 000	0	10 428 000	8 549 800	91 100	1 052 000	0	2 962 600
2009	24 033 000	81 500	3 261 500	0	10 324 050	9 046 000	86 000	935 100	0	2 883 100
2010	23 310 800	71 400	3 706 910	0	7 234 950	9 131 600	84 100	974 180	0	2 365 300
2011	25 213 800	71 200	4 338 380	0	9 240 600	8 900 700	77 100	1 087 400	0	2 571 200
2012	23 473 400	65 700	4 220 100	0	8 303 850	8 649 800	72 200	1 059 540	0	2 308 800
2013	24 211 360	67 191	4 944 210	0	10 467 150	8 660 077	72 982	1 168 480	0	2 789 169
2014	25 979 399	66 451	4 936 747	0	10 504 200	9 199 318	70 778	1 142 462	0	2 890 646
2015	25 086 174	62 744	5 270 914	0	10 201 840	9 203 874	67 754	1 191 211	0	2 739 495
2016	25 633 028	60 549	6 134 274	0	10 273 968	9 223 723	66 048	1 348 452	0	2 724 013
2017	26 673 703	58 060	5 901 630	0	11 174 816	8 972 422	60 914	1 250 827	0	2 900 595
2018	25 076 149	55 131	6 826 379	0	7 201 966	8 797 227	57 582	1 373 922	0	2 810 030
2019	24 348 983	54 685	7 883 026	0	7 413 635	8 677 730	56 483	1 404 158	0	3 033 909
2020	25 247 511	47 199	8 464 885	0	8 419 276	8 804 677	48 981	1 417 832	0	3 335 105
2021	27 464 081	41 856	10 634 831	16 994	13 984 009	9 168 249	41 840	1 652 501	99 800	3 537 369

数据来源：联合国粮食及农业组织数据。

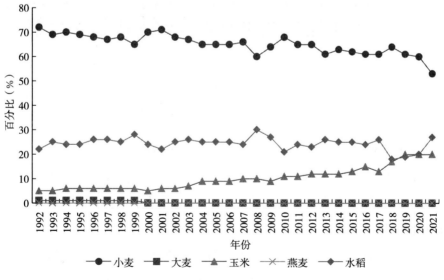

图 5-26 巴基斯坦主要粮食生产产量结构
数据来源：联合国粮食及农业组织数据库。

二、粮食产量变化

(一) 粮食总产变化

从粮食总产量的变化看,巴基斯坦粮食总产量总体为上升趋势,呈现螺旋式上升的特征。根据上升的过程可以分为三个时期:1992—1999 年为缓慢的螺旋上升时期,从 2 212.34 万吨增长至 2 779.79 万吨,年均增长率为 3.32%;2000—2001 年出现一个短暂的下降时期,以—11.42% 的年均增速从 3 048.12 万吨下降至 2 700.17 万吨;2002—2021 年为快速螺旋上升时期,在此期间虽然粮食产量有几次跌落 (2010 年、2012 年和 2018 年),但整体上呈增长趋势,从 2 729.30 万吨增长至 5 214.18 万吨,年均增长率为 3.47%,增速低于第一时期 (图 5 - 27)。

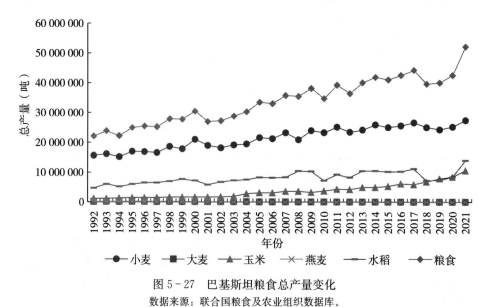

图 5 - 27　巴基斯坦粮食总产量变化
数据来源:联合国粮食及农业组织数据库。

从主要粮食作物产量变化看,小麦产量变化趋势与粮食一致,但增长速度有所差别。在缓慢上升时期 (1992—1999 年),小麦产量从 1 568.42 万吨增长到 1 869.40 万吨,年均增长速度达 2.97%,速度低于粮食总产量的增长水平。在快速增长时期 (2002—2021 年),小麦产量增长了 923.76 万吨,年均增长率是 2.18%,同样低于粮食在此时期的增长速度。玉米产量增长明显,1992—2021 年保持稳定的上升趋势,从 118.36 万吨增长至 1 063.48 万吨,年均增长率达 7.86%。大麦产量处于在波动中缓慢下降的趋势,1992—2021 年降低了 9.8 万吨，年均增长率为－4.08％。水稻则与大麦相反，1992—2021 年，在波动中增长了 930.99 万吨，增长较快（图 5-27）。

（二）粮食单产变化

巴基斯坦粮食作物单产总体保持上升趋势，玉米的单产水平上升较快，小麦和大麦单产在一定水平上下波动，水稻单产波动剧烈。1992—2002 年，玉米的单产从 1.40 吨/公顷增至 1.85 吨/公顷，增长速度较为缓慢。2003—2021 年玉米单位产量以 6.7％的年均增长率保持增长，并在 2010 年超过水稻的单产。水稻单产波动较剧烈，1992—2021 年在波动中不断上升，从 2.37 吨/公顷快速上升到 3.95 吨/公顷，年均增长率为 1.78％，但在 2018 年出现断崖式下跌，以－13.14％的年均增长率下降到 2020 年的 2.52 吨/公顷，2021 年又出现大幅增长，达到 3.95 吨/公顷。小麦和大麦的波动趋势一致，分别在 2.48 和 0.95 吨/公顷的单产水平上下浮动（图 5-28）。

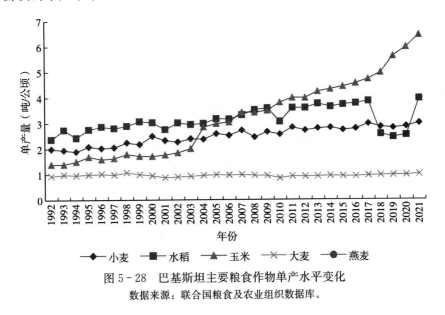

图 5-28　巴基斯坦主要粮食作物单产水平变化
数据来源：联合国粮食及农业组织数据库。

第八节　印　　度

一、粮食生产结构

印度粮食作物种类丰富，以水稻生产为主，且主要作物生产规模较大。从种植面积来看，和巴基斯坦相似，印度主要粮食作物种植面积变化较为平稳，在波动中有小幅度增长。1992—2021 年期间，主要粮食作物种植面积总体较为稳定，基本在 7 195.33 万公顷至 8 684.01 万公顷之间小范围波动。种植面积在 1992 年达到最低值，仅有 7 195.33 万公顷，并在 2021 年达到最大值，为 8 842.99 万公顷，比 1992 年增加了 1 647.66 万公顷，增长幅度为 22.9%，年均增长率为 0.71%（图 5-29）。

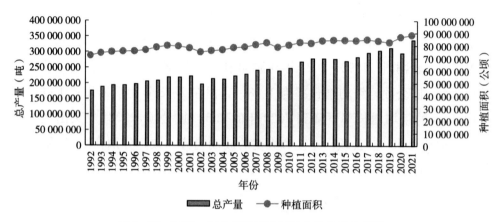

图 5-29 1992—2021 年印度主要粮食作物种植情况
数据来源：联合国粮食及农业组织数据库。

表 5-8 1992—2021 年印度主要粮食作物总产量和种植面积

年份	总产量（吨）				种植面积（公顷）			
	小麦	大麦	玉米	水稻	小麦	大麦	玉米	水稻
1992	55 689 504	1 698 700	9 601 000	109 001 200	23 261 904	953 900	5 962 500	41 775 000
1993	57 210 100	1 512 400	8 884 400	120 400 000	24 588 900	915 600	5 995 000	42 539 000
1994	59 840 000	1 312 700	9 534 000	122 640 000	25 147 300	794 100	6 135 800	42 814 000
1995	65 767 400	1 283 500	10 769 000	115 440 000	25 700 000	890 800	5 979 000	42 800 000
1996	62 097 400	1 510 000	10 816 000	122 500 000	25 011 000	824 000	6 300 000	43 400 000
1997	69 350 200	1 462 100	11 147 700	123 700 000	25 887 100	757 400	6 321 000	43 469 800
1998	66 345 000	1 679 400	11 509 600	129 055 000	26 696 100	857 800	6 203 700	44 802 300
1999	71 287 504	1 537 800	12 043 200	134 495 904	27 523 300	792 800	6 422 100	45 160 000
2000	76 368 896	1 447 000	13 160 200	127 464 896	27 486 000	724 500	6 611 300	44 712 000
2001	69 680 896	1 430 600	11 151 700	139 900 000	25 730 600	777 500	6 581 500	44 900 000
2002	72 766 304	1 424 500	14 984 300	107 730 304	26 344 700	659 500	6 635 200	41 176 100
2003	65 760 800	1 407 400	14 172 000	132 789 000	25 195 700	701 600	7 343 400	42 592 500
2004	72 156 200	1 297 600	14 709 900	124 697 104	26 594 700	657 000	7 430 400	41 906 700

（续）

年份	总产量（吨）				种植面积（公顷）			
	小麦	大麦	玉米	水稻	小麦	大麦	玉米	水稻
2005	68 636 896	1 207 100	15 097 000	137 690 096	26 382 900	616 500	7 588 300	43 659 800
2006	69 354 496	1 220 600	18 955 400	139 136 992	26 483 600	629 900	7 894 000	43 810 000
2007	75 806 704	1 330 000	19 731 400	144 570 000	27 994 500	646 200	8 117 300	43 910 000
2008	78 570 200	1 200 000	16 719 500	148 036 000	28 038 600	602 600	8 173 800	45 537 400
2009	80 679 400	1 689 100	21 725 800	135 672 992	27 752 400	705 700	8 261 600	41 918 300
2010	80 803 600	1 354 700	21 760 000	143 963 008	28 457 400	623 800	8 553 200	42 862 400
2011	86 874 000	1 662 900	22 260 000	157 900 000	29 068 600	705 400	8 780 000	44 010 000
2012	94 880 000	1 620 000	24 259 510	157 800 000	29 860 000	643 000	8 710 000	42 754 000
2013	93 510 000	1 750 000	24 170 000	159 200 000	29 650 000	695 000	9 430 000	44 135 950
2014	95 850 000	1 830 000	22 570 000	157 200 000	30 470 000	673 500	9 258 000	44 110 000
2015	86 530 000	1 613 000	25 900 000	156 540 000	31 470 000	707 000	8 690 000	43 390 000
2016	92 290 000	1 440 000	25 899 870	163 700 000	30 420 000	590 000	9 900 000	43 190 000
2017	98 510 220	1 747 450	28 752 880	168 500 000	30 785 230	656 250	9 633 200	43 774 070
2018	99 869 520	1 780 810	27 715 100	174 716 730	29 650 590	660 800	9 380 070	44 156 450
2019	103 596 230	1 633 070	30 160 000	177 645 000	29 318 790	575 600	9 027 130	43 780 000
2020	107 590 000	1 720 000	8 464 885	178 305 000	31 357 000	618 085	9 865 000	45 000 000
2021	109 590 000	1 660 000	31 650 000	195 425 000	31 610 000	580 927	9 860 000	46 379 000

数据来源：联合国粮食及农业组织数据。

从作物构成来看，印度粮食作物种类丰富，且各主要粮食作物生产规模较为均衡，四类主要粮食作物产量在粮食总产中占比超过90%。其中，水稻和小麦是最主要的粮食作物，二者总产量占主要粮食生产总量的85%左右。水稻是第一大粮食作物，1992—2021年，水稻产量占主要粮食总产量的比重在55%上下波动，后几年稳定在54%左右；2021年水稻种植面积为4 637.9万公顷，占主要粮食作物种植面积的52.45%。小麦是第二大粮食作物，与水稻呈相似变化趋势，1992—2021年，小麦产量占主要粮食总产量的比重在30%上下波动，后几年稳定在32%左右。除此之外，大麦和玉米也占有一定比例，2021年大麦的种植面积和产量分别为58.09万公顷和166万吨，占主要粮食种植面积和产量的比重分别为0.66%和0.49%。2021年玉米种植面积和产量分别为986万公顷和3 165万吨，占主要粮食种植面积和产量的比重分别为11.15%和9.35%。

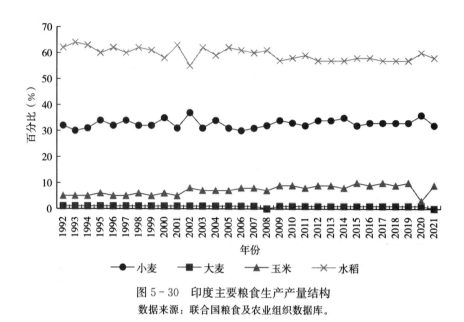

图 5 - 30　印度主要粮食生产产量结构

数据来源：联合国粮食及农业组织数据库。

二、粮食产量变化

（一）粮食总产变化

从粮食总产量的变化看，印度粮食总产量虽然有所波动，但是总体为上升趋势，且上升速度较快。就上升的过程可以分为两个时期：1992—2001 年为缓慢上升时期，十年间，粮食产量从 20 107.73 万吨增长到了 24 095.53 万吨，年均增长率为 2.81%。2001—2002 年出现了断崖式下降，2002 年的产量为 21 046.93 万吨，相较于前一年下降 3 048.60 万吨。在经历了断崖式下跌之后，进入第二时期，2003—2021 年为较快的螺旋上升时期，粮食产量虽有短暂回落（2004 年、2009 年、2015 年），但整体上保持较快增长态势，从 23 578.04 万吨增长至 33 832.5 万吨，年均增长率为 2.03%，增速高于第一时期（图 5 - 31）。

从主要粮食作物产量变化看，各粮食作物产量变化趋势与总产量变化趋势基本一致，但是增长速度有所差别，水稻、小麦产量增长明显。水稻产量变化与粮食总产变化最为相似，说明水稻对于印度粮食总产量的影响最大，在缓慢上升时期（1992—2001 年），水稻产量从 10 900.12 万吨增长到 17 830.50 万吨，年均增长速度为 2.81%，速度基本与粮食总产量的增长速度持平。在第二时期（2003—2021 年），水稻产量增长了 6 263.6 万吨，年均增长率为

2.17％，低于粮食总产量在此时期的增长速度。大麦产量一直在 151 万吨左右波动，近几年基本维持在 165 万吨左右。而小麦则呈较为稳定的上升趋势，1992—2021 年增长了 5 390.05 万吨，年均增长率为 2.36％。玉米与小麦呈现出了相似的增长趋势，2019 年相较 1992 年增长了 2 055.90 万吨，但在 2020 年出现断崖式下跌，跌幅达 2 169.51 万吨，至 2021 年玉米产量为 3 165 万吨（图 5 - 31）。

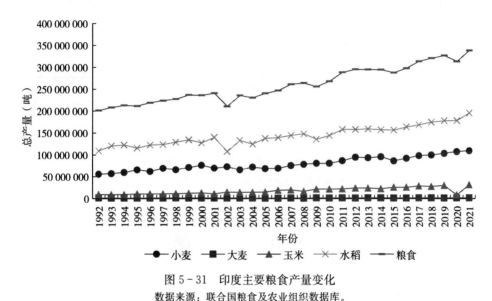

图 5 - 31 印度主要粮食产量变化
数据来源：联合国粮食及农业组织数据库。

（二）粮食单产变化

印度各主要粮食作物增产明显，且单产变化的总体特征都为上升趋势。其中，玉米和大麦的波动频率较高，都呈现螺旋式波动上升的趋势。1992—1995 年，玉米和大麦都出现了短暂的下降，玉米单产从 1.68 吨/公顷下降到 1.59 吨/公顷，而大麦从 1.78 吨/公顷下降到 1.44 吨/公顷。1996—2021 年，玉米单产以 2.55％的年均增长率保持增长，到 2021 年达到 3.21 吨/公顷，大麦则以 1.79％的增速增加到了 2021 年的 2.86 吨/公顷。水稻作为印度的第一大粮食作物，也是单产增量最大的作物，29 年间，水稻单产从 2.61 吨/公顷增加到了 4.21 吨/公顷，年均增长率为 1.67％。小麦单产和水稻单产类似，增长幅度均较大，相较于 1992 年，增加了 44.82％，至 2021 年，小麦单产达到 3.47 吨/公顷（图 5 - 32）。

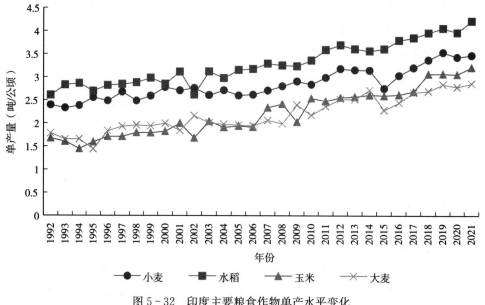

图 5-32 印度主要粮食作物单产水平变化

数据来源：联合国粮食及农业组织数据库。

第九节 伊 朗

一、粮食生产结构

伊朗粮食作物种类较为丰富，麦类、水稻、玉米作物均有种植，主要作物生产规模不断扩大。从种植面积来看，伊朗主要粮食作物种植面积总体呈下降态势。具体来看，主要粮食作物种植面积变动趋势可分为三个时期：第一时期为波动减少期（1992—1999 年），主要粮食作物种植面积不断波动下降，从1992 年的 938.55 万公顷下降至最低值 691.56 万公顷，下降幅度达 26.32％。第二时期为波动增长期（2000—2019 年），虽然种植面积有几次跌落（2008 年和 2015 年），但总体上呈增长态势，且增速较快，至 2019 年种植面积增长至最高点 1 112.87 万公顷，增幅达 58.73％。第三时期为较快下跌期（2020—2021 年），2019 年后，粮食作物种植面积呈现断崖式下跌，变动幅度较大，至2021 年主要粮食作物种植面积为 906.57 万公顷，相比 2020 年减少了 38.11 万公顷，减少幅度达 4.04％（图 5-33）。

从作物构成来看，伊朗粮食作物以麦类为主，各类作物产量占比悬殊，四

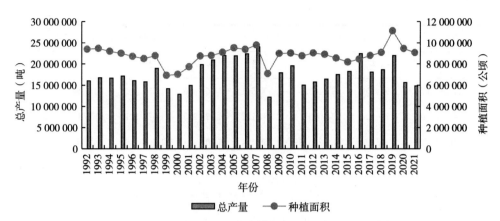

图 5 - 33 1992—2021 年伊朗主要粮食作物种植情况

数据来源：联合国粮食及农业组织数据库。

类主要粮食作物产量在粮食总产中占比达 95%。小麦和大麦是最主要的粮食作物，二者产量占主要粮食作物产量的比重超过 90%，其中小麦占比高于大麦。小麦是第一大粮食作物，1992—2021 年，小麦产量占主要粮食总产量的比重在波动中小幅上升，从 63.55% 上升到 86.07%；至 2021 年小麦种植面积为 647.39 万公顷，占主要粮食作物总种植面积的 71.41%。大麦是第二大作物，但与小麦相反，其产量占主要粮食总产量的比重在波动中小幅下降，从 19.13% 降低到 18.99%；至 2021 年大麦种植面积为 21.08 万公顷，占主要粮食作物种植面积的 23.25%。水稻产量占比呈波动下降趋势，1992 年为 14.74%，至 2016 年水稻产量比重降低至 13.04%，2017—2021 年在 11% 上下波动；至 2021 年水稻种植面积为 43.33 万公顷，占主要粮食作物种植面积的 4.78%。除此之外，玉米也占有一定比例，但是产量比重和种植面积占比均不足 10%，玉米呈现先快速上升后剧烈下降的趋势，产量占比从 1992 年的 2.57% 上升至 12.7% 后回落至 2021 年的 2.16%；至 2021 年，玉米的总产量和种植面积分别为 32.02 万吨和 5.02 万公顷（表 5 - 9、图 5 - 34）。

表 5 - 9 1992—2021 年伊朗主要粮食作物总产量和种植面积

年份	总产量（吨）				种植面积（公顷）			
	小麦	大麦	玉米	水稻	小麦	大麦	玉米	水稻
1992	10 178 679.4	3 064 993.7	412 715.2	2 360 138	6 639 577	2 085 762	64 076	596 040
1993	10 732 341.7	3 058 105	696 351	2 280 764.1	6 807 258	1 959 973	101 251	588 466
1994	10 869 560	3 044 695	512 101	2 258 969	6 781 766	1 756 528	77 664	563 381

（续）

年份	总产量（吨）				种植面积（公顷）			
	小麦	大麦	玉米	水稻	小麦	大麦	玉米	水稻
1995	11 227 545.9	2 952 265	697 245.5	2 300 901	6 567 440	1 751 574	114 232	565 575
1996	10 015 183	2 736 250	654 099.1	2 684 767	6 327 935	1 674 141	97 767	600 328
1997	10 044 716	2 498 556	889 290.3	2 350 124	6 298 995	1 501 486	132 417	563 211
1998	11 955 080.3	3 300 760.4	941 000	2 770 574	6 179 742	1 824 967	155 794	614 964
1999	8 673 197	1 998 959	1 155 651	2 348 241	4 739 067	1 402 991	186 387	587 151
2000	8 087 756	1 686 039	1 119 707	1 972 504.8	5 100 717	1 194 477	181 607	534 331
2001	9 458 618	2 423 069	1 064 186.4	1 990 223	5 553 132	1 487 179	172 721	514 791
2002	12 450 241.5	3 084 659.1	1 438 532.6	2 887 541.1	6 240 847	1 670 366	213 887	611 240
2003	13 439 565	2 908 074	1 653 001	2 931 138	6 409 406	1 510 128	245 827	615 283
2004	14 568 481	2 940 349	1 926 078	2 542 443	6 605 320	1 600 279	274 479	611 452
2005	14 307 970	2 856 667	1 995 252	2 736 843	6 950 720	1 659 170	276 277	628 105
2006	14 663 745	2 956 032	2 166 130	2 612 175	6 878 919	1 567 454	291 848	630 562
2007	15 886 608.5	3 103 980	2 361 299	2 664 237	7 222 311	1 641 829	307 015	615 910
2008	6 999 977.4	1 547 394	1 560 992.4	2 070 002.6	5 246 000	1 070 146	242 740	526 921
2009	12 093 027.5	2 368 995.5	1 335 002.6	2 137 005.7	6 647 371	1 572 999	225 639	535 813
2010	12 142 987.9	3 294 000.4	1 656 995.9	2 489 998.6	6 621 985	1 584 998	240 209	563 517
2011	8 677 966	2 533 994	1 907 007	1 893 013	6 377 003	1 588 002	265 012	529 998
2012	8 816 001	2 768 001	1 798 000	2 360 000	6 539 006	1 623 997	290 676	570 000
2013	9 304 246	2 812 117	1 851 999	2 449 995	6 399 992	1 635 001	290 015	564 997
2014	10 578 698.6	2 955 437.4	1 658 874.6	2 347 290.5	6 061 248	1 713 064	233 621	539 091
2015	11 522 318	3 201 584	1 168 629	2 347 701	5 715 616	1 762 616	166 163	529 967
2016	14 592 003	3 724 398	1 170 587	2 921 046	5 928 728	1 759 667	158 534	596 035
2017	12 704 746	2 746 678	693 510	1 956 281	6 526 587	1 765 538	103 627	396 877
2018	13 012 380.31	2 909 806.3	608 898.37	2 106 598.48	6 684 622	1 870 395	90 984	427 373
2019	14 500 000	3 600 000	1 400 000	2 486 418.61	8 058 668	2 284 885	210 159	575 000
2020	10 416 184.57	2 940 659.87	437 878.95	1 820 368.22	6 680 866	2 202 878	68 679	494 430
2021	10 093 578.64	2 814 263.68	320 169.71	1 595 344.62	6 473 949	2 108 193	50 217	433 311

数据来源：联合国粮食及农业组织数据。

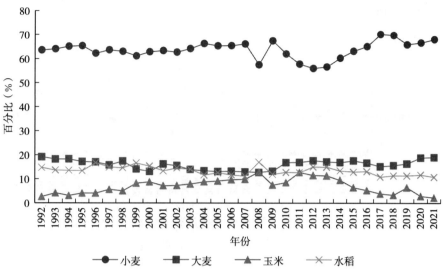

图 5 - 34　伊朗主要粮食生产产量结构
数据来源：联合国粮食及农业组织数据库。

二、粮食产量变化

（一）粮食总产变化

从粮食总产量变化来看，1992—2021 年伊朗粮食总产量总体呈下降趋势，但不同时期有所差异。生产变动状况大致可以分为三个时期：1992—2007 年为缓慢上升期，在此期间粮食产量有几次跌落（1997 年和 2010 年），但整体有小幅上升趋势，从 1 601.65 万吨增长到 2 401.61 万吨，年均增长率为 2.73%，其中 2003 年产量达到 2 093.18 万吨，这是伊朗粮食产量第一次突破两千万吨大关。2008—2019 年为快速上升时期，从 1 217.84 万吨增长到 2 198.64 万吨，年均增速为 5.52%，远高于第一时期。2020—2021 年为快速下跌时期，至 2021 年粮食产量为 1 482.34 万吨，相较于 1992 年减少 119.31 万吨（图 5 - 35）。

从主要粮食作物产量变化看，伊朗小麦产量总体呈增长态势，玉米、大麦和水稻的产量基本保持不变，燕麦种植面积为 0。小麦产量在 1992—2021 年间波动幅度较大，从 1992 年的 1 017.87 万吨波动上升至最高值 2007 年的 1 588.66 万吨，随后开始出现波动下降，至 2021 年产量回落至 1 009.36 万吨。1992—2021 年，水稻、玉米和大麦的总产量变化趋势较为平缓，分别在 282 万吨、124 万吨、235 万吨上下波动（图 5 - 35）。

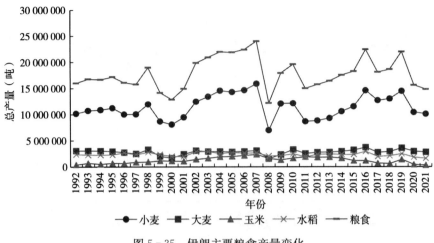

图 5 - 35　伊朗主要粮食产量变化

数据来源：联合国粮食及农业组织数据库。

（二）粮食单产变化

从单产量的变化来看，伊朗的各类粮食作物单产保持平稳，大麦、玉米和水稻在平稳变动中均有所下降，小麦有一定上升。具体来看，伊朗小麦每公顷产量先缓慢上升后小幅下降，1992—2007 年，小麦单产以 2.44％的年均增长率从 1.53 吨/公顷增长到 2.2 吨/公顷，2008—2021 年则快速降低到 1.56 吨/公顷，降幅达 29.12％。大麦、玉米和水稻分别在 1.67 吨/公顷、6.67 吨/公顷和 4.22 吨/公顷上下波动，至 2021 年分别达到 1.33 吨/公顷、6.38 吨/公顷和 3.68 吨/公顷（图 5 - 36）。

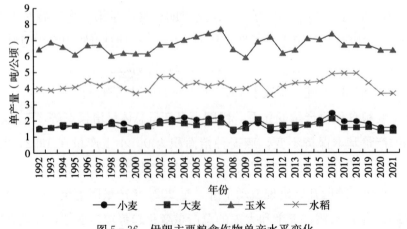

图 5 - 36　伊朗主要粮食作物单产水平变化

数据来源：联合国粮食及农业组织数据库。

第十节　观察员国和对话伙伴国

一、观察员国

（一）阿富汗

阿富汗粮食作物种类较为丰富，以小麦生产为主，且主要作物生产规模较大。从种植面积来看，阿富汗主要粮食作物种植面积不断变动，且变动幅度较大。具体来看，主要粮食作物种植面积变动趋势可分为三个时期。第一时期为波动下降期（1992—2001年），主要粮食作物种植面积从222.5万公顷下降至206.7万公顷，下降幅度达7.10%；第二个时期为波动上升期（2002—2014年），主要粮食作物种植面积以3.50%的年均增长率增长至2014年的334.32万公顷，增长幅度达51.07%；第三个时期为剧烈波动期（2015—2021年），主要粮食作物种植面积经历了大幅增减，在2014年达到最高值后不断下降，至2018年下降至最低值190.91万公顷，下降幅度达到42.9%，随后出现迅速回升，仅两年时间，回升至2020年的304.22万公顷。但主要粮食种植面积在短暂回升后，又断崖式下跌至2021年的216.21万公顷，降幅达28.93%（图5-37）。

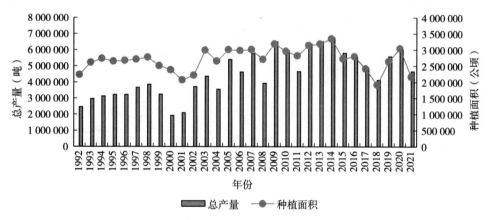

图5-37　1992—2021年阿富汗主要粮食作物种植情况
数据来源：联合国粮食及农业组织数据库。

从粮食总产量的变化看，阿富汗粮食总产量虽然有所波动，但是总体为上升趋势。具体来看，其变动趋势可以分为三个时期：1992—2000年为波动下降时期，粮食产量从245万吨减少到了191.8万吨，下降幅度较大，降幅达

21.71%。2001—2014 年为波动增长时期，13 年间，粮食总产量以 9.45% 的年均增长率增长至最高值 2014 年的 674.43 万吨，增长了 465.83 万吨，增幅达 223.31%。2015—2021 年为剧烈波动时期，粮食总产经历了大幅升降，具体来看粮食总产在 2014 年达到最高值后不断下降，至 2018 年比 2015 年下降了 167.31 万吨，降幅达 28.84%，随后出现迅速回升，仅两年时间，回升至 2020 年的 602.41 万吨，增幅达 45.90%。在短暂回升后，2021 年再次出现大幅下降，减产 136.28 万吨，仅为 466.13 万吨（图 5 - 37）。

从主要粮食作物生产构成来看，各粮食作物产量变化趋势与粮食总产量变化趋势基本一致，但是增长速度有所差别，小麦产量增长明显。小麦产量变化与粮食总产变化最为相似，说明小麦对于阿富汗粮食总产量的影响最大，在波动上升时期（1992—2014 年），小麦产量从 165 万吨增长到 537.03 万吨，年均增长速度为 5.51%，增长速度高于粮食总产量的增长速度。在第二时期（2015—2021 年），小麦产量减少了 77.3 万吨，减少幅度为 16.54%，低于粮食总产量在此时期的减少幅度。阿富汗的大麦产量一直在 27 万吨左右波动，近几年基本维持在 12 万吨左右。而小麦则呈较为稳定上升趋势，1992—2021 年增长了 225 万吨，年均增长率为 3.01%。玉米与大麦呈现出相似的增长趋势，即先上升后下降，至 2021 年玉米产量为 18 万吨，相较于 1992 年减少 12 万吨，减少幅度达 40%（图 5 - 38）。

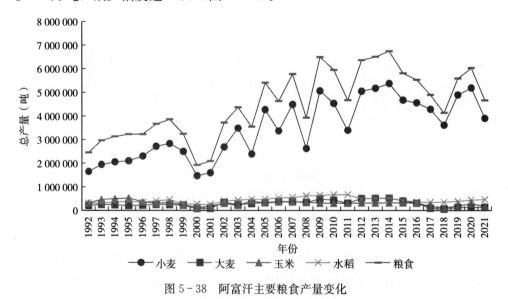

图 5 - 38　阿富汗主要粮食产量变化
数据来源：联合国粮食及农业组织数据库。

阿富汗各主要粮食作物增产明显，且波动幅度较大。其中，小麦和玉米的波动频率较高，都呈现螺旋式波动上升趋势。1992—2000年，玉米和小麦单产都出现了短暂的下降，玉米单产从1.5吨/公顷下降到1.2吨/公顷，而小麦从1.03吨/公顷下降到0.72吨/公顷。2001—2021年，小麦单位产量一直以4.41%的年均增长率保持增长，到2021年达到2.13吨/公顷，玉米则出现了波动下降，至2021年达到1.95吨/公顷。水稻作为阿富汗的第二大粮食作物，也是单产增量最大的作物，29年间，水稻从1.71吨/公顷增加到了3.01吨/公顷，年均增长率为1.96%。大麦单产和水稻单产类似，增长幅度均较大，相较于1992年，增加了82.41%，至2021年，大麦单产达到1.46吨/公顷（图5-39）。

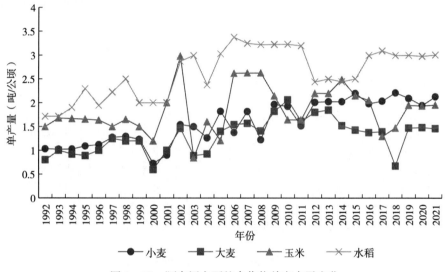

图5-39　阿富汗主要粮食作物单产水平变化
数据来源：联合国粮食及农业组织数据库。

（二）白俄罗斯

白俄罗斯粮食作物种类较为丰富，以麦类作物生产为主，且生产规模不断扩大。从种植面积来看，白俄罗斯主要粮食作物种植面积在波动中呈下降态势。具体来看，主要粮食作物种植面积变动趋势可分为三个时期：第一时期为短暂减少期（1992—1999年），种植面积出现了短暂下降的趋势，至1999年种植面积仅有584.65万公顷。第二时期为波动增长期（2000—2007年），种植面积在波动中不断增长，且增速较快，至2007年种植面积增长至821.66万公顷，增幅达33.94%。2007年后，主要粮食作物种植面积进入较长的波动变化期（2008—2021 年），基本在 615.2 万公顷至 724.77 万公顷之间波动，至 2021 年主要粮食作物种植面积为 724.77 万公顷，相比 1992 年减少了 82.78 万公顷，减少幅度达 10.25%（图 5 - 40）。

从粮食总产量变化来看，1992—2021 年白俄罗斯粮食总产量呈先下降后上升趋势，波动幅度较大。粮食总产量变动大致可分为三个时期，1992—1999 年为第一个时期，自苏联解体后，白俄罗斯的粮食产量以 −7.74% 的年均增长率从 398.96 万吨降低到 227.06 万吨，下降幅度达 43.09%，下降速度快于其他从苏联解体的国家。2000—2015 年为第二个时期，白俄罗斯粮食产量在 1999 年下降到低谷后在波动中不断增长，2015 年总产量达到 546.03 万吨，年均增长率为 4.38%。2016—2021 年为第三个时期，俄罗斯粮食产量在波动中增长，增速低于前一个时期，至 2021 年粮食产量达到 501.6 万吨，增幅为 6.21%（图 5 - 40）。

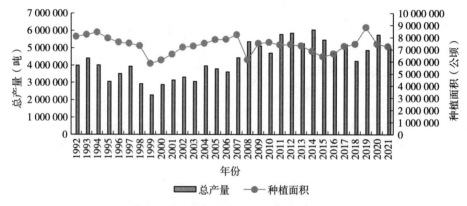

图 5 - 40　1992—2021 年白俄罗斯主要粮食作物种植情况
数据来源：联合国粮食及农业组织数据库。

从主要粮食作物生产构成来看，小麦产量变化趋势与粮食基本一致，但增长速度有所差别，玉米产量增长明显，大麦和燕麦产量均有不同程度下降。1992—2021 年，小麦产量以 7.14% 的年均增长率从 33.02 万吨增长至 244.1 万吨，增长幅度达 639.25%。玉米产量在 1992—2021 年保持稳定的上升趋势，从 0.3 万吨增长至 114.8 万吨，年均增长率达 22.76%。大麦产量处于在波动中缓慢下降的趋势，1992—2021 年降低了 185.68 万吨，年均增长率为 −3.4%。燕麦与大麦相似，在波动中减少了 37.26 万吨，减少幅度达 51.56%（图 5 - 41）。

从各作物单产变化来看，白俄罗斯粮食作物单产总体保持上升趋势，玉米

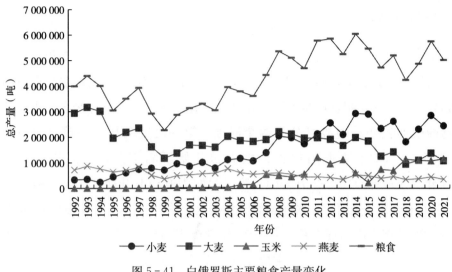

图 5-41　白俄罗斯主要粮食产量变化

数据来源：联合国粮食及农业组织数据库。

单产上升较快，小麦、大麦和燕麦单产均在一定水平上下波动。1992—2021 年玉米单位产量以 1.9% 的年均增长率保持增长，增长速度较快，至 2021 年达到 5.17 吨/公顷。小麦、大麦和燕麦单产的波动趋势较为一致，分别在 2.98、2.76 和 2.51 吨/公顷的单产水平上下浮动，相较于 1992 年分别增长了 0.56 吨/公顷、0.02 吨/公顷和 0.16 吨/公顷，至 2021 年分别达到 3.36 吨/公顷、2.68 吨/公顷和 2.33 吨/公顷（图 5-42）。

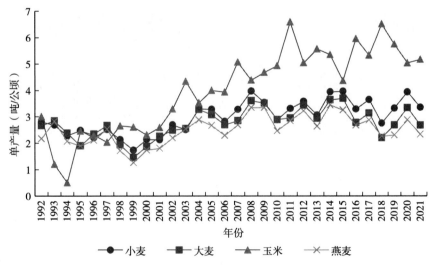

图 5-42　白俄罗斯主要粮食作物单产水平变化

数据来源：联合国粮食及农业组织数据库。

（三）蒙古国

蒙古国粮食种类相对单一，以麦类作物种植为主，且几类主要粮食种植规模变动幅度较大。从种植面积来看，主要粮食作物种植面积与粮食总产量的变动趋势较为一致，粮食产量受其种植面积变化影响较大。具体来看，主要粮食作物种植面积变动趋势可分为两个时期。第一时期为快速下降期（1992—2007年），1992年蒙古国粮食种植面积开始不断下降，且降幅明显，至2007年降至最低点11.92万公顷。第二时期为波动上升期（2008—2021年），在2007年达到最低值后，种植面积开始波动上升，升至2015年的37.14万公顷后，2016年再次出现下跌，到2017年跌至27.78万公顷；2018年后，再次出现较快增长，至2021年，主要粮食作物种植面积为46.25万公顷，相比2008年增加了30.99万公顷，增幅为203.15％（图5-43）。

从粮食总产量的变化看，蒙古国粮食总产量呈先下降后上升的趋势。根据其趋势可分为两个时期：下降时期1992—2005年，上升时期2006—2021年。在下降时期，粮食总产量从49.26万吨下降至7.66万吨，下降幅度达84.45％。在上升时期，粮食总产量以10.44％的年均增长率从13.79万吨增长至2021年的61.11万吨，增长幅度达343.15％（图5-43）。

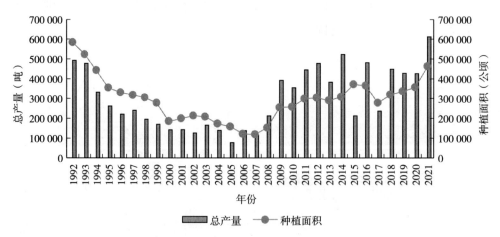

图5-43 1992—2021年蒙古国主要粮食作物种植情况
数据来源：联合国粮食及农业组织数据库。

从主要粮食作物生产构成来看，蒙古国小麦总产量和粮食总产量的变动趋势及速度基本一致，小麦产量对粮食总产出的贡献最大，且蒙古国仅种植小麦、大麦和燕麦三种作物。在粮食总产量的下降时期，小麦产量减少了

37.98 万吨，降幅达 83.8%，低于粮食在此时期的下降幅度；在粮食总产量的快速上升时期，小麦产量从 7.34 万吨增长到 56.63 万吨，年均增长速度为 10.44%，与粮食总产量的增长速度保持一致。蒙古国大麦的产量呈增长趋势，燕麦则呈下降趋势，相较于 1992 年，大麦 2021 年产量减少了 2.33 万吨，燕麦产量则增加了 2.88 万吨（图 5-44）。

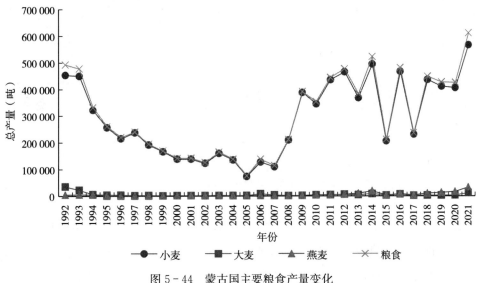

图 5-44　蒙古国主要粮食产量变化
数据来源：联合国粮食及农业组织数据库。

从单产量的变化来看，主要粮食作物单产水平都处于上升趋势，各作物增长速度存在差异。小麦、大麦和燕麦的单产水平在 1992—2021 年均波动上升，至 2021 年，小麦单产从 0.86 吨/公顷增加到 1.44 吨/公顷，增长幅度达 67.54%，在三种主要粮食作物中增长速度仅次于燕麦。燕麦单产以 4.39% 的年均增速从 1992 年的 0.423 1 吨/公顷增长到 2021 年的 1.469 9 吨/公顷，增长幅度达 247.41%，是增长速度最快的作物。相对于小麦和燕麦，大麦的增长趋势较为平缓，1992—2021 年，单产仅增长了 0.23 吨/公顷，增长幅度为 33.87%（图 5-45）。

二、对话伙伴国

（一）阿塞拜疆

阿塞拜疆粮食种类相对单一，以麦类作物种植为主，且几类主要粮食作物

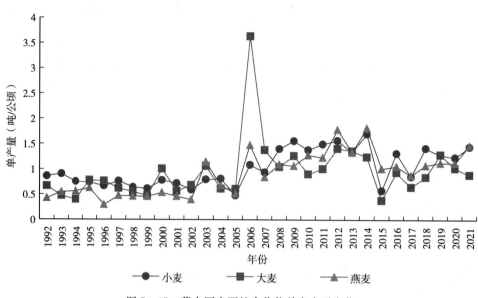

图 5-45　蒙古国主要粮食作物单产水平变化

数据来源：联合国粮食及农业组织数据库。

种植规模在波动中不断增大。从种植面积来看，主要粮食作物种植面积与粮食总产量的变动趋势较为一致，粮食产量受其种植面积变化影响较大。具体来看，主要粮食作物种植面积变动趋势可分为两个时期。第一时期为短暂下降期（1992—1999 年），与其他独联体国家相同，1992 年从苏联解体后阿塞拜疆粮食种植面积开始波动下降，且降幅明显，至 1999 年降至最低点 51.20 万公顷。第二时期为波动上升期（2000—2021 年），在 1999 年达到最低值后，种植面积开始波动上升，升至 2009 年，出现最高值 111.38 万公顷后，经历了短时间的回落，2018 年再次出现增长，增长至 105.53 万公顷；至 2021 年主要粮食作物种植面积为 98.75 万公顷，相比 1992 年增加了 36.19 万公顷，增幅为 57.85%（图 5-46）。

从粮食总产量的变化看，1992—2021 年阿塞拜疆粮食总产量和经历苏联解体后的其他独联体国家一样，有相似的变化特征——先降低后上升，且阿塞拜疆粮食产量增长和下降速度都较快。产量变动大致可划分为两个时期，第一时期为 1992—1998 年，粮食产量从 132.43 万吨降低到 91.52 万吨，下降了 30.9%，年均增长率为－5.97%，在独联体国家中下降速度较快。第二时期为 1999—2021 年，粮食产量在 1998 年下降到低谷后不断增长，2021 年总产量达到 325.49 万吨，年均增长率为 5.21%，增长速度较快（图 5-46）。

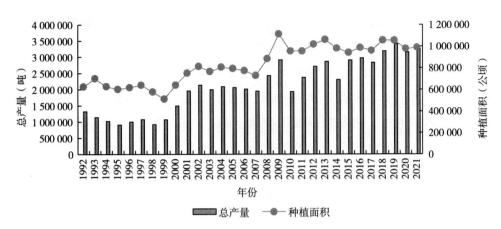

图 5-46 1992—2021 年阿塞拜疆主要粮食作物种植情况
数据来源：联合国粮食及农业组织数据库。

从主要粮食作物生产构成来看，小麦产量的增长变动趋势与粮食基本一致，表明阿塞拜疆小麦的收成直接影响该国粮食总产量。大麦是阿塞拜疆的第二大粮食作物，从 1992 年以来产量不断增加，至 2021 年大麦产量增长了76.25 万吨。玉米产量较 1992 年有小幅度增长，近几年基本稳定在 25 万吨左右（图 5-47）。

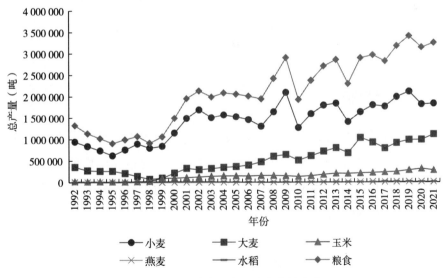

图 5-47 阿塞拜疆主要粮食产量变化
数据来源：联合国粮食及农业组织数据库。

从单产量的变化来看，大部分主要粮食作物单产水平都处于上升趋势，增长速度差异较大。小麦在主要粮食作物中增长幅度较大，1992—2021 年，小麦单产从 2.17 吨/公顷增加到 3.21 吨/公顷，增幅达 47.9%。玉米和水稻的单产在 1992—2021 年均大幅波动上升。玉米单产以 5.44% 的年均增速从 1992 年的 1.87 吨/公顷增长到 2021 年的 8.71 吨/公顷，增长幅度约 365%，是增长最快的作物；水稻单产则从 0.73 吨/增长到了 3.3 吨/公顷，增长幅度达 352%。相对于玉米和水稻，燕麦则呈现出小幅下降，1992—2021 年，单产在波动中降低了 0.02 吨/公顷（图 5-48）。

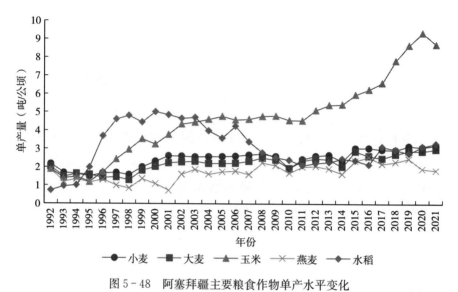

图 5-48　阿塞拜疆主要粮食作物单产水平变化
数据来源：联合国粮食及农业组织数据库。

（二）亚美尼亚

亚美尼亚粮食种类相对单一，以麦类作物种植为主，且几类主要粮食作物种植规模在波动中不断变小。从种植面积来看，主要粮食作物种植面积呈波动下降趋势。具体来看，主要粮食作物种植面积变动趋势可分为两个时期。第一时期为短暂下降期（1992—1995 年），1992 年从苏联解体后亚美尼亚粮食种植面积开始波动减少，且降幅明显，至 1995 年降至最低点 13.35 万公顷。第二时期为波动下降期（1996—2021 年），在 2005 年达到最高值后，种植面积开始波动下降，降至 2011 年的 15.06 万公顷后，2012 年再次出现增长，到 2016 年增至 18.6 万公顷；2016 年后，种植面积进入较长的下降期，至 2021 年主要粮食作物种植面积为 6.37 万公顷，相比 1992 年减少了 9.79 万公顷，降幅为 60.58%（图 5-49）。

从粮食总产量的变化看，亚美尼亚的粮食总产量变化幅度较大，波动剧烈。根据其变动趋势可分为两个时期：波动上升时期1992—2015年，断崖下跌时期2016—2021年。在剧烈波动时期粮食总产量以2.93%的年均增长率从29.89万吨上升到58.03万吨，上升幅度达94.15%。在2015年粮食总产量达到最高值后，进入断崖下跌期（2016—2021年），粮食总产量从2016年的57.78万吨下降到了2021年的14.51万吨，下降幅度达74.89%（图5-49）。

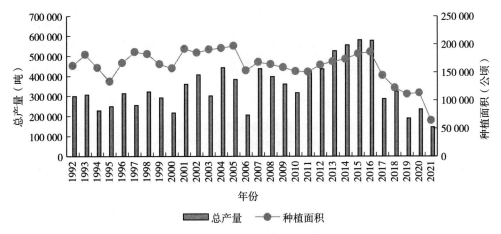

图5-49　1992—2021年亚美尼亚主要粮食作物种植情况
数据来源：联合国粮食及农业组织数据库。

从主要粮食作物生产结构看，小麦产量的变动速度和趋势与粮食相同，其与粮食变化趋势线的增减速度和增减状态基本一致，由此说明小麦的收成直接影响该国粮食的总产量。大麦是亚美尼亚的第二大粮食作物，产量减少幅度较大，1992—2021年，大麦由15.09万吨降低至3.8万吨降幅达74.82%。亚美尼亚的玉米产量自1992年保持小幅度增长，至2021年产量为0.6万吨，相较于1992年增加了0.18万吨（图5-50）。

从单产量的变化来看，亚美尼亚的玉米单产水平在波动中不断升高，小麦、大麦和燕麦单产变化趋势较为相似，均在一定范围浮动。具体来看，亚美尼亚玉米每公顷产量先小幅下降后快速上升，1992—1995年玉米单产从3.23吨/公顷降低到1.83吨/公顷，1996—2021年则在波动中迅速增长到5.58吨/公顷，增幅约151%。小麦在1992—2021年间在波动中有小幅增长，从2.16吨/公顷增长到2.47吨/公顷，增幅约14%。燕麦2021年的单产水平为0.9吨/公顷，较1992年的1.18吨/公顷有所下降（图5-51）。

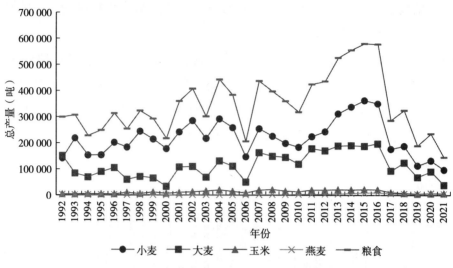

图 5-50 亚美尼亚主要粮食产量变化
数据来源：联合国粮食及农业组织数据库。

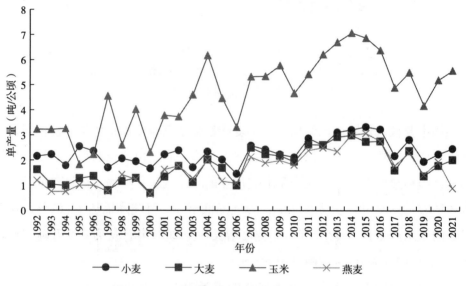

图 5-51 亚美尼亚主要粮食作物单产水平变化
数据来源：联合国粮食及农业组织数据库。

（三）柬埔寨

柬埔寨粮食作物种类较为丰富，主要作物生产规模不断扩大。从种植面积来看，柬埔寨主要粮食作物种植面积在波动中不断增加，且变动幅度较大。具体来看，主要粮食作物种植面积变动趋势可分为四个时期：第一时期为短暂减少期（1992—1994 年），种植面积出现了短暂下降的趋势，至 1994 年种植面积仅有 153.16 万公顷。第二时期为波动增长期（1995—2012 年），种植面积在波动中不断增长，至 2003 年种植面积增长至 232.6 万公顷；2003 年后，粮食作物种植面积进入较长的快速增长期，至 2012 年种植面积为 322.3 万公顷，较 2003 年增长幅度达 38.56%；第三个时期为短暂下跌期（2013—2015 年），种植面积在经历了较长时间的增长后，从 317.07 万公顷下降至 288.18 万公顷，降幅达 9.11%；第四时期为缓慢增长期（2016—2021 年），种植面积在不断增长，到 2021 年主要粮食作物种植面积为 341.93 万公顷，相比 2016 年增加了 39.59 万公顷，增幅达 13.09%（图 5-52）。

1992—2021 年柬埔寨粮食总产量总体呈上升趋势，但不同时期增长速度有所差异。生产变动状况大致可以分为三个时期：1992—2003 年为波动上升期，在此期间粮食产量有几次跌落（1994 年和 2002 年），但整体增长速度较快，从 228.1 万吨增长到 502.55 万吨，年均增长率为 7.44%，其中 2003 年产量达到 502.55 万吨，这是柬埔寨粮食产量第一次突破五百万吨大关。2004—2013 年为快速上升时期，从 442.69 万吨增长到 1 031.7 万吨，年均增速达 9.86%，高于第一时期增速。2014—2021 年为平稳增长时期，由 987.4 万吨增长至 1 233 万吨，增幅达 24.87%，年均增速为 3.22%（图 5-52）。

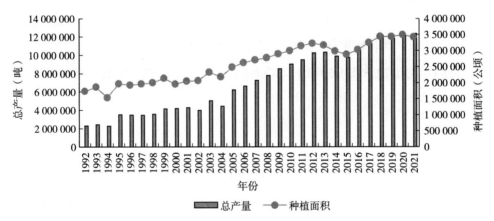

图 5-52 1992—2021 年柬埔寨主要粮食作物种植情况
数据来源：联合国粮食及农业组织数据库。

从主要粮食作物生产构成来看，柬埔寨主要粮食作物种类相对单一，仅生产水稻和玉米，产量均呈波动上升趋势。在粮食总产量的波动上升时期，水稻产量从 222.1 万吨增长到 471.1 万吨，年均增长速度为 16.25%，速度快于粮食总产量的增长速度。2004—2021 年，水稻产量增长了 723.97 万吨，年均增长率为 6.1%，低于粮食在此时期的增长速度。柬埔寨玉米的产量一直呈增长趋势，相较于 1992 年，2021 年产量增长了 86 万吨，增长了 14 倍多，增长幅度较大（图 5-53）。

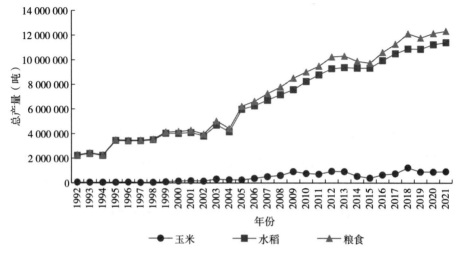

图 5-53　柬埔寨主要粮食产量变化
数据来源：联合国粮食及农业组织数据库。

柬埔寨主要粮食作物单产水平都处于上升趋势，但是波动幅度较大。水稻的单产水平在 1992—2021 年波动上升，从 1.32 吨/公顷增加到 2021 年的 3.51 吨/公顷，增长幅度达 166%。其次玉米单产增长速度更快，玉米单产以 5.26% 的年均增速从 1992 年的 1.25 吨/公顷增长到 2021 年的 5.53 吨/公顷，增长幅度达 342.4%（图 5-54）。

（四）尼泊尔

尼泊尔粮食作物种类较丰富，以水稻生产为主，且主要作物生产规模较大。从种植面积来看，主要粮食作物种植面积变化较为平稳，略有小幅度增长。具体来看，1992—2021 年期间，粮食作物种植面积整体变化不大，在 263.83 万公顷至 321.6 万公顷之间小范围波动。种植面积在 1992 年最低，仅有 263.83 万公顷，在 2017 年达到最大值，为 321.6 万公顷，至 2021 年，种植面积达到 318.62 万公顷，相比 1992 年增加了 54.79 万公顷，增长幅度为 20.77%，年均增长率为 0.65%（图 5-55）。

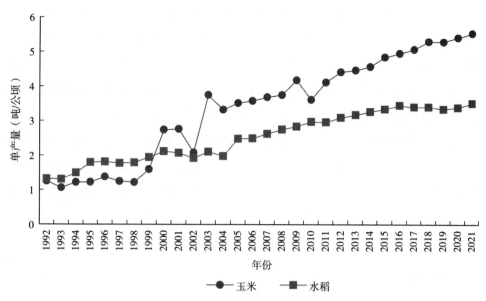

图 5-54　柬埔寨主要粮食作物单产水平变化
数据来源：联合国粮食及农业组织数据库。

从粮食总产量的变化看，尼泊尔粮食总产量总体上呈现缓慢的螺旋上升趋势。就上升的过程可以分为两个时期：1992—1999 年为快速螺旋上升时期，从 466.5 万吨增长至 629.86 万吨，增长幅度为 35.02%；2000—2021 年为缓慢螺旋上升时期，在此期间虽然粮食产量有几次跌落（2007 年、2010 年和 2016 年），但整体上呈增长趋势，从 684.57 万吨增长到至 1 077.62 万吨，年均增长率为 2.18%，增长幅度为 57.42%，增幅远大于第一时期（图 5-55）。

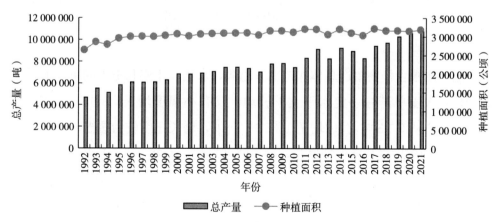

图 5-55　1992—2021 年尼泊尔主要粮食作物种植情况
数据来源：联合国粮食及农业组织数据库。

从主要粮食作物产量生产构成来看,水稻产量变化趋势与粮食一致,对粮食产量的贡献最大,其他粮食作物产量也占据一定的比重。在粮食总产量的快速螺旋上升时期(1992—1999 年),水稻产量从 25.85 万吨增长到 38.34 万吨,年均增长速度达 5.79%,速度高于粮食总产量的增长水平。在粮食总产量的缓慢上升时期,水稻产量增长了 140.52 万吨,年均增长率是 1.38%,同样高于粮食在此时期的增长速度。小麦和玉米产量增长明显,1992—2021 年保持稳定的上升趋势,29 年间分别增长了 136.53 万吨和 170.72 万吨,增长幅度分别为 79.18%和 32.29%。大麦产量在波动中有小幅度的增长,1992—2021 年仅增长了 0.18 万吨,增长幅度为 6.49%,增长幅度相对较小(图 5-56)。

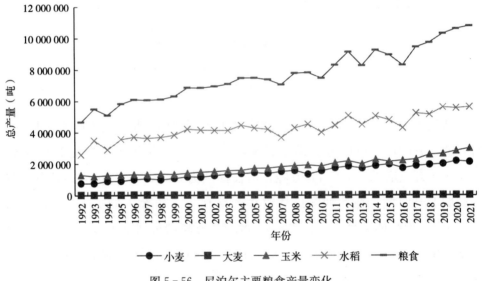

图 5-56 尼泊尔主要粮食产量变化
数据来源:联合国粮食及农业组织数据库。

尼泊尔粮食作物单产总体保持上升趋势,水稻、小麦和玉米的单产水平上升较快,大麦单产在一定水平上下波动,仅有小幅度增长。1992—2021 年,大麦的单产从 0.93 吨/公顷增至 1.35 吨/公顷,增长速度较为缓慢;水稻单产以 2.17%的年均增长率保持增长,增长速度较快,并在 2021 年达到历史最高值 3.82 吨/公顷;小麦单产波动较剧烈,1992—2021 年在波动中不断上升,从 1.33 吨/公顷快速上升到 2.99 吨/公顷,增长幅度较大,达到 124.3%;玉米单产变动呈稳定上升的趋势,从 1.66 吨/公顷增长至 3.05 吨/公顷,增长幅度达到 83.73%(图 5-57)。

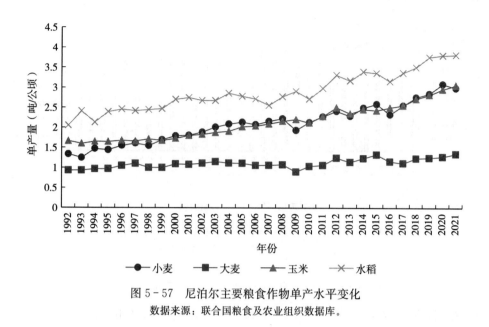

图 5 - 57　尼泊尔主要粮食作物单产水平变化

数据来源：联合国粮食及农业组织数据库。

（五）土耳其

土耳其粮食作物种类丰富，以麦类作物为主，且主要作物生产规模较大。从种植面积来看，和尼泊尔相似，土耳其主要粮食作物种植面积变化极为平稳，但其在波动中有小幅度下降。1992—2021 年期间，主要粮食作物种植面积变化可分为两个时期：保持平稳时期（1992—2005 年）；波动下降时期（2006—2021 年）。在保持平稳时期，主要粮食作物种植面积基本在 1 350 万公顷上下小范围波动。在波动下降时期，种植面积不断下降，并在 2018 年达到最低值，仅有 1 070.73 万公顷，至 2021 年种植面积为 1 072.64 万公顷，比1992 年减少了 281.6 万公顷，减少幅度为 20.79%，年均增长率为 −0.8%（图 5 - 58）。

从粮食总产量的变化看，土耳其粮食总产量虽然有所波动，但是总体为上升趋势，上升速度较慢。1992—2021 年粮食产量从 2 888 万吨增长到了3 142.6万吨，年均增长率为 0.29%，增长幅度达到 8.82%。粮食产量最高值出现在 2015 年，达到 3 817 万吨（图 5 - 58）。

从主要粮食作物生产构成来看，各粮食作物产量变化均呈波动趋势。具体来看，玉米产量变化在波动中不断上升，1992—2021 年以 3.9% 的年均增长率增长至 2021 年的 675 万吨，增幅达 203.37%。小麦的产量则呈现出不断波动

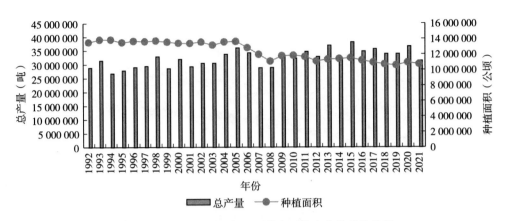

图 5-58　1992—2021 年土耳其主要粮食作物种植情况
数据来源：联合国粮食及农业组织数据库。

的趋势，且有小幅下降，2021 年产量为 1 765 万吨，相较 1992 年减少了 165 万吨，降幅达 8.55%。大麦产量和小麦波动趋势较为相似，2021 年产量为 575 万吨，相较于 1992 年减少了 115 万吨，降幅达 16.67%。而燕麦则呈较为稳定的上升趋势，1992—2021 年增长了 3.6 万吨，增长幅度为 15%，至 2021 年燕麦产量为 27.6 万吨（图 5-59）。

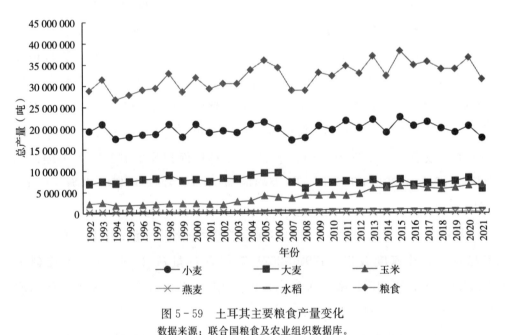

图 5-59　土耳其主要粮食产量变化
数据来源：联合国粮食及农业组织数据库。

土耳其各主要粮食作物单产变化趋势各异，水稻和玉米的单产增长明显，其他作物均在一定水平上下浮动。1992—2021 年，燕麦和小麦都呈波动中小幅上升的特征，燕麦的单产从 1.81 吨/公顷上升到 2.07 吨/公顷，而小麦则从 2.04 吨/公顷上升到 2.66 吨/公顷。1992—2021 年，水稻单产以 1.51% 的年均增长率保持增长，到 2021 年达到 7.72 吨/公顷，大麦则以 1.64% 的增速增加到了 2021 年的 1.87 吨/公顷。玉米作为土耳其的第一大粮食作物，也是单产增量最大的作物，30 年间，玉米从 4.24 吨/公顷增加到了 8.9 吨/公顷，增长幅度达 109.9%（图 5 - 60）。

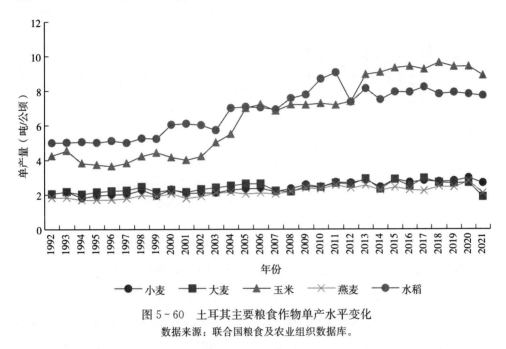

图 5 - 60　土耳其主要粮食作物单产水平变化
数据来源：联合国粮食及农业组织数据库。

（六）斯里兰卡

斯里兰卡粮食种类相对单一，以水稻作物种植为主，且主要粮食种植规模变动幅度较大。从种植面积来看，主要粮食作物种植面积与粮食总产量的变动趋势较为一致，粮食产量受其种植面积变化影响较大。具体来看，主要粮食作物种植面积变动趋势均呈螺旋上升的特征。1992 年开始斯里兰卡主要粮食种植面积不断波动上升，且增幅明显，至 2015 年增至最高点 130.72 万公顷。达到最高值后，种植面积开始波动下降，降至 2017 年的 84.42 万公顷后，2018 年再次出现较快增长，至 2021 年主要粮食作物种植面积为 123.34 万公顷，相比 1992 年增加了 43.96 万公顷，增幅为 55.39%（图 5 - 61）。

从粮食总产量的变化看，斯里兰卡粮食总产量和种植面积的变动趋势较为一致，呈现螺旋式上升的特征。1992—2015 年，粮食总产量从 236.85 万吨增长到 504.6 万吨，增长了 1.13 倍，年均增长率达 3.34%。之后粮食总产量从 2016 年的 466.4 万吨增长到了 2021 年的 562.2 万吨，年均增长率是 3.81%，且 2021 年的粮食产量是 30 年来的最高值（图 5 - 61）。

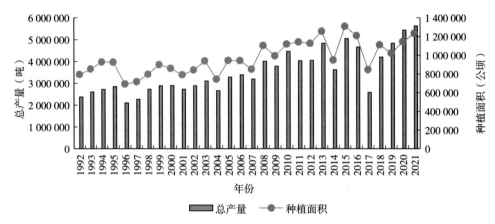

图 5 - 61 1992—2021 年斯里兰卡主要粮食作物种植情况
数据来源：联合国粮食及农业组织数据库。

从主要粮食作物生产构成来看，斯里兰卡水稻总产量和粮食总产量的变动趋势及速度基本一致，水稻产量对粮食总产出的贡献最大，且斯里兰卡仅种植水稻和玉米两种作物。具体来看，水稻产量的变化可分为两个时期，波动上升期（1992—2015 年）水稻产量从 233.97 万吨增长到 481.9 万吨，增幅达 105.97%，年均增长速度为 3.19%；剧烈波动期（2016—2021 年），水稻产量波动幅度较大，且有小幅增长，2021 年比 2016 年增加了 72.95 万吨，增幅达 16.5%。1992—2021 年，玉米的产量呈稳定增长趋势，相较于 1992 年，2021 年产量增加了 44.36 万吨，增长了 15.4 倍，达到 47.24 万吨（图 5 - 62）。

从单产量的变化来看，斯里兰卡玉米和水稻单产水平都处于上升趋势，增长速度存在差异。水稻和玉米的单产水平在 1992—2021 年均波动上升，至 2021 年水稻单产从 3.05 吨/公顷增加到 4.57 吨/公顷，增长幅度达 49.84%，玉米单产以 5.12% 的年均增速从 1992 年的 1.04 吨/公顷增长到 2021 年的 4.43 吨/公顷，增长幅度达到 326%，是增长最多的作物（图 5 - 63）。

（七）埃及

埃及粮食作物种类丰富，以麦类作物种植为主，且主要作物生产规模较

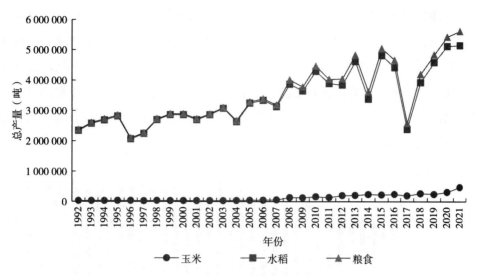

图 5 - 62　斯里兰卡主要粮食产量变化
数据来源：联合国粮食及农业组织数据库。

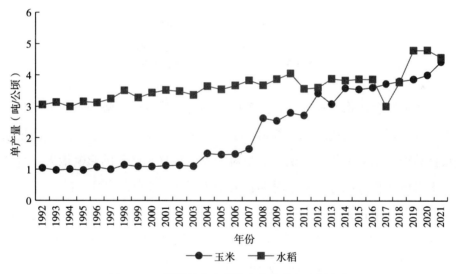

图 5 - 63　斯里兰卡主要粮食作物单产水平变化
数据来源：联合国粮食及农业组织数据库。

大。从种植面积来看，埃及主要粮食作物种植面积总体较为稳定，且有小幅增长。1992—2021 年期间，主要粮食作物种植面积基本在 232.02 万公顷至 342.73 万公顷之间小范围波动。种植面积在 1992 年为最低值，仅有 232.02 万公顷，并在 2019 年达到最大值，342.73 万公顷，2021 年比 1992 年增加了 60.48 万公顷，增长幅度为 26.07%，年均增长率为 0.8%（图 5 - 64）。

从粮食总产量的变化看，埃及粮食总产量虽然有所波动，但是总体呈上升趋势，有小幅增长。1992—2021 年粮食产量从 1 383.07 万吨增长到了 2 144.41 万吨，年均增长率为 1.52%。其中，2017—2018 年出现下跌，2018 年的产量为 1 666.6 万吨，相较于前一年下降 535.61 万吨。在经历了下跌后开始回升，粮食产量从 2019 年的 2 106.32 万吨增长至 2021 年的 2 144.4 万吨，增幅达 1.81%（图 5 - 64）。

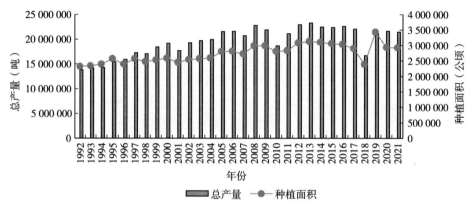

图 5 - 64　1992—2021 年埃及主要粮食作物种植情况
数据来源：联合国粮食及农业组织数据库。

从主要粮食作物产量变化看，各粮食作物产量变化趋势与总产量变化趋势基本一致，但是增长速度有所差别，小麦和玉米产量增长明显。玉米产量变化与粮食总产变化最为相似，说明玉米对于埃及粮食总产量的影响最大。具体来看，玉米的变化可以分为两个时期：波动上升期（1992—2017 年），玉米产量从 506.9 万吨增长到 854.26 万吨，年均增长速度为 2.11%，增长速度较快；快速上升期（2018—2021 年），玉米产量增加了 238.88 万吨，增幅达 46.74%，至 2021 年玉米产量为 750 万吨。水稻产量一直在 534 万吨左右波动，近几年基本维持在 480 万吨左右。而小麦则呈较为稳定的上升趋势，1992—2021 年增长了 438.2 万吨，增长幅度达 94.89%。大麦则呈下降趋势，2021 年相较 1992 年减少了 13.12 万吨，下降幅度达 27.64%（图 5 - 65）。

埃及各主要粮食作物增产明显，且单产变化的总体特征都为上升趋势。其中，玉米和大麦的波动频率较高，都呈现波动上升的趋势。1992—1994 年，玉米和大麦都出现了短暂的下降，玉米的单产从 6.13 吨/公顷下降到 5.91 吨/公顷，而大麦从 2.25 吨/公顷下降到 2.08 吨/公顷。1995—2021 年，玉米单位产量

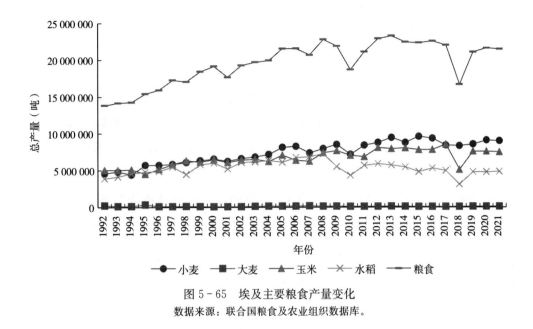

图 5 - 65　埃及主要粮食产量变化
数据来源：联合国粮食及农业组织数据库。

一直以 2.32％的年均增长率保持增长，到 2021 年达到 7.3 吨/公顷，但其在 2019 年出现断崖式下跌至最低值，为 4.95 吨/公顷；大麦则以 0.65％的增速增加到了 2021 年的 3.55 吨/公顷。小麦作为埃及的第一大粮食作物，单产增量也较大，从 5.25 吨/公顷增加到了 6.45 吨/公顷，增长幅度也较大，相较于 1992 年，增加了 22.86％（图 5 - 66）。

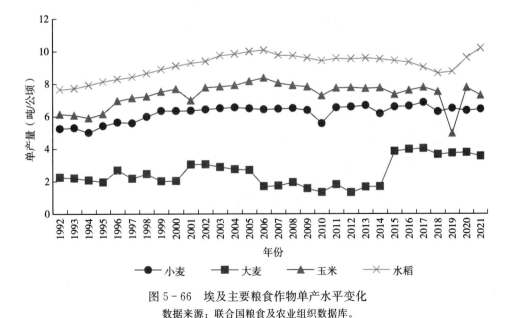

图 5 - 66　埃及主要粮食作物单产水平变化
数据来源：联合国粮食及农业组织数据库。

（八）卡塔尔

卡塔尔粮食种类相对单一，以麦类作物种植为主，且几类主要粮食作物种植规模不断缩小。从种植面积来看，主要粮食作物种植面积不断减少。根据变动趋势可分为两个时期：第一时期为剧烈浮动期（1992—2006 年），1992 年开始种植面积不断剧烈浮动，且增幅明显，至 2003 年增至历史最高值 1 831 公顷，但随后几年出现大范围下降，至 2006 年下降至 1 710 公顷。第二时期为断崖减少期（2007—2021 年），主要粮食作物种植面积不断减少，一直到 2019 年，种植面积下降至最低值，仅 127 公顷。但随后三年，出现小幅连续回升，至 2021 年主要粮食作物种植面积为 371 公顷，相比 2019 年增加了 244 公顷，增幅为 192.13%，但是相对于 1992 年，减少了 860 公顷，年均增速为－4.05%（图 5-67）。

从粮食总产量的变化看，和种植面积的变化相似，卡塔尔主要粮食总产量呈先显著波动后剧烈下降的趋势。根据其趋势可分为两个时期：波动时期 1992—2006 年，剧烈下降时期 2007—2021 年。在波动时期，粮食总产量先从 1992 年的 3 872 吨增长至最高值 2003 年的 6 601 吨，随后粮食总产量开始出现下降趋势，至 2006 年粮食总产下降至 5 740 吨，相较 1992 年增幅达 48.24%；剧烈下降时期粮食总产量从 4 302 吨下降到 3 176 吨，下降了 26.17%，年均增长率为－2.144%，相较于 1992 年减少了 696 吨，减少幅度为 17.98%（图 5-67）。

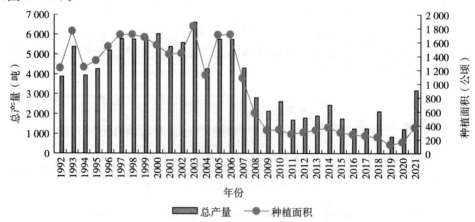

图 5-67　1992—2021 年卡塔尔主要粮食作物种植情况
数据来源：联合国粮食及农业组织数据库。

从主要粮食作物生产构成来看，卡塔尔主要生产小麦、大麦和玉米，大麦生产总量呈先波动增长后断崖降低的趋势，其他主要粮食作物产量总体呈现螺旋增长的趋势。1992—2021 年，小麦整体都呈螺旋上升趋势，从 157 吨增长到 252 吨。玉米与小麦类似，1992—2021 年玉米产量从 1992 年开始不断增加，从 299 吨以 8.03% 的年均增速增长到 2021 年的 2 809 吨。大麦产量在 1992—2001 年剧烈波动后断崖减少，至 2021 年达到 115 吨（图 5-68）。

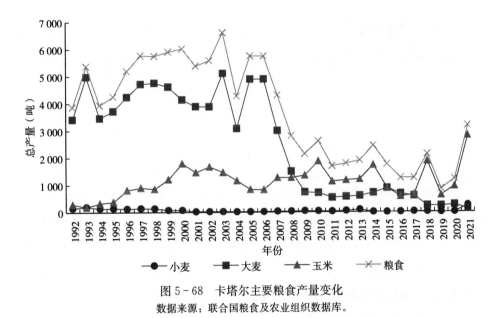

图 5-68 卡塔尔主要粮食产量变化
数据来源：联合国粮食及农业组织数据库。

卡塔尔主要粮食作物的单产水平变动较为平稳，仅有玉米在某些年份明显增长。玉米单产在 1992—2006 年在 12.5 吨/公顷上下波动，但从 2006—2010 年迅速提升到 20.76 吨/公顷，2010 年以后基本保持 12.52 吨/公顷左右的生产水平。小麦和大麦的单产水平比较稳定，变动不大，分别在 2.34 吨/公顷和 3.03 吨/公顷上下浮动，至 2021 年单产量分别为 2.31 吨/公顷和 3.03 吨/公顷（图 5-69）。

（九）沙特阿拉伯

沙特阿拉伯粮食生产结构单一，主要种植小麦、大麦和玉米，且产量较小，生产规模不断缩小。从种植面积来看，主要粮食作物种植面积整体呈下降趋势，波动频繁。具体来看，主要粮食作物种植面积变动趋势可分为三个时

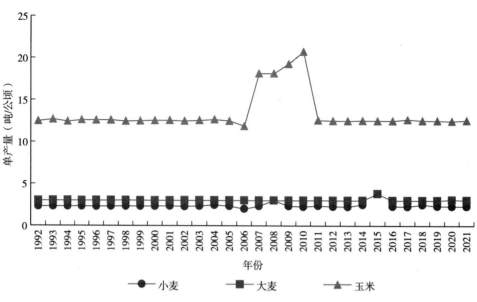

图 5 - 69　卡塔尔主要粮食作物单产水平变化
数据来源：联合国粮食及农业组织数据库。

期：第一时期为断崖式减少期（1992—1996 年），种植面积迅速下降，从 98.91 万公顷降低到 37.17 万公顷，年均增长率为－21.7%。第二时期为平稳波动期（1997—2007 年），主要粮食作物种植面积在 49 万公顷上下波动，在 2007 年达到 47.85 万公顷，相较 1997 年增加 1.24 万公顷。第三时期为波动下降期（2008—2021 年），主要粮食种植面积从 2008 年的 35.91 万公顷减少到 2021 年的 17.35 万公顷，减少幅度达 51.68%（图 5 - 70）。

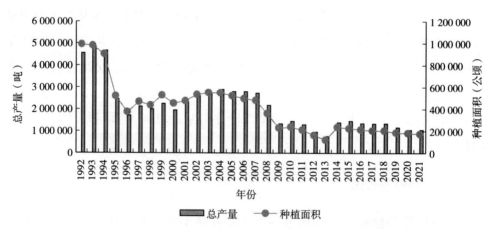

图 5 - 70　1992—2021 年沙特阿拉伯主要粮食作物种植情况
数据来源：联合国粮食及农业组织数据库。

从粮食总产量的变化看，1992—2021 年沙特阿拉伯粮食总产量呈先断崖下降后缓慢下降的趋势，波动幅度较大。粮食总产量生产变动大致可分为三个时期，1992—1996 年为第一个时期，沙特阿拉伯的粮食产量从 454.53 万吨降低到 170.66 万吨，降幅达 62.45%，年均增长率为 -21.72%，下降速度明显快于其他时期。1997—2007 年为第二个时期，沙特阿拉伯粮食产量在波动中不断增长，以 2.55% 的年均增长率从 211.59 万吨增长至 272.1 万吨。2008—2021 年为第三个时期，沙特阿拉伯粮食产量在波动中以较快速度减少，至 2021 年粮食产量达到 105.49 万吨，年均增长率为 -5.41%（图 5-70）。

从主要粮食作物产量变化看，沙特阿拉伯小麦产量的增长变动趋势与粮食相同，表明沙特阿拉伯小麦的收成直接影响该国粮食总产量。1992—2021 年，小麦产量呈波动下降的趋势，以 -6.36% 的年均增长率从 1992 年的 412.37 万吨下降至 2021 年的 61.26 万吨。大麦是沙特阿拉伯的第二大粮食作物，产量也呈波动下降趋势，2021 年产量为 38.33 万吨，相较 1992 年减少了 3.33 万吨。玉米产量则呈波动增长趋势，相较 1992 年，2021 年增长了 10.72 倍，达到 5.9 万吨（图 5-71）。

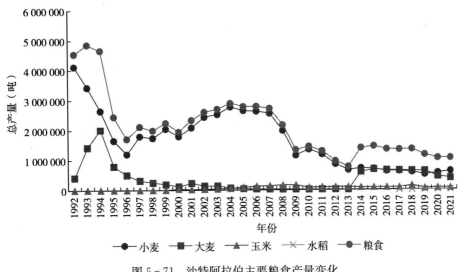

图 5-71　沙特阿拉伯主要粮食产量变化
数据来源：联合国粮食及农业组织数据库。

沙特阿拉伯玉米和小麦单产整体都呈波动上升趋势，水稻单产自 2017 年开始便呈增长态势，大麦单产则在波动中小幅下降。1992—2021 年，玉米和小麦的单产分别从 2.07 吨/公顷和 4.46 吨/公顷上升到 4.54 吨/公顷和 6.7 吨/

公顷。大麦单产则呈现波动下降的趋势，从 6.69 吨/公顷波动下降到 5.55 吨/公顷，下降幅度为 17.04％（图 5 - 72）。

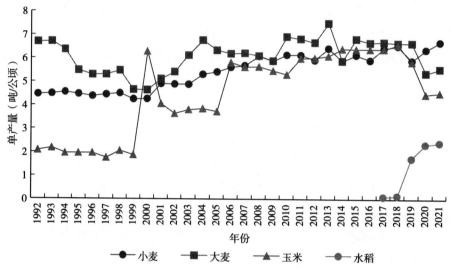

图 5 - 72　沙特阿拉伯主要粮食作物单产水平变化

数据来源：联合国粮食及农业组织数据库。

第六章 CHAPTER 6
上合组织国家粮食贸易现状 ▶▶▶

粮食安全事关国家和地区稳定，是世界各国面临的重大问题，通过国家间的粮食贸易可以很好解决粮食分布不均的问题。上合组织中既有粮食进口大国，也有出口大国，其中中国、巴基斯坦、伊朗是进口大国，吉尔吉斯斯坦、塔吉克斯坦、乌兹别克斯坦三国需要通过少量进口来填补国内供给缺口，俄罗斯、印度是出口大国，哈萨克斯坦也是净出口国家，各国应该积极利用上合组织平台，促进国家间的粮食贸易，保障国家粮食安全。本章从进出口总体趋势、进出口结构以及进出口市场分布等层面分析上合组织成员国、观察员国以及对话伙伴国粮食贸易现状。

第一节 中 国

中国虽是粮食生产大国，但也是进口大国。主要进口作物有大豆、玉米、小麦、大麦等，进口来源国有美国、加拿大和乌克兰等；主要出口作物有水稻、小麦等，出口目标国有韩国、缅甸和日本等。

一、粮食进口贸易

从进口量方面来看，中国粮食进口发生了较大变化，1992—2021 年进口量波动较为明显，总体呈"U"形变化趋势。1992 年进口粮食 1 866.05 万吨，进口额为 28.04 亿美元，从 1993 年开始，进口量开始上升，1995 年达到 2 853.78 万吨，进口额为 50.02 亿美元，分别增加了 52.93% 和 78.39%。1995—2003 年进口量小幅下降，进口量和进口额分别降至 904.55 万吨和

15.80 亿美元。2004 年为了弥补粮食供给不足，粮食进口规模开始不断扩大，进口量突增至 1 647.05 万吨，2005—2008 年又小幅下降。从 2008 年开始，随着居民收入水平提高，水资源、土地资源以及劳动力成本上升，中国再次增加进口。2015—2019 年进口量略有下降，2020 年后大幅增加，2021 年进口量达 7 135.32 万吨，进口额达 220.77 亿美元，相比 1992 年分别增加了 282.38％和 687.34％（图 6-1 和图 6-2）。

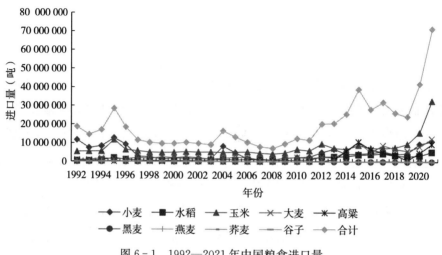

图 6-1　1992—2021 年中国粮食进口量

数据来源：联合国粮食及农业组织数据库。

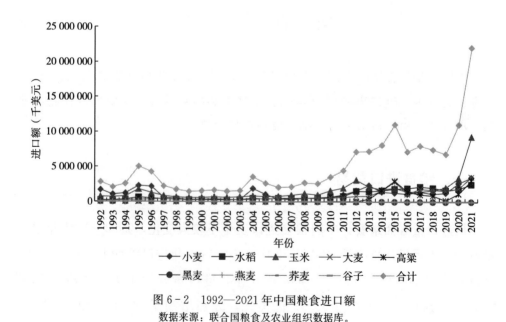

图 6-2　1992—2021 年中国粮食进口额

数据来源：联合国粮食及农业组织数据库。

　　从进口结构方面来看，1992—2021 年各作物进口量均呈上升趋势，其中玉米、小麦、大麦进口较多，是主要进口作物。2021 年粮食进口总量为7 135.32 万吨，进口总额为 220.77 亿美元，其中玉米、大麦、小麦、高粱和水稻进口量分别占 45.84％、17.54％、15.4％、13.29％和 7.46％，进口额分别占 42.37％、16.15％、15.76％、13.83％和 11.4％，其他作物进口量和进口额占比均不足 1％[①]（图 6 - 1 和图 6 - 2）。

　　从进口市场分布情况来看，进口来源国主要有美国、加拿大和乌克兰等。玉米从美国、乌克兰等国进口，小麦从乌克兰、加拿大、美国和俄罗斯等国进口，大麦从澳大利亚、加拿大和法国等国进口，高粱从美国等国进口。以2021 年中国进口量最高的玉米为例进行介绍，根据 UN Comtrade 数据显示，2021 年中国从世界进口玉米 2 834.82 万吨，进口额为 80.23 亿美元，其中从美国进口最多，为 1 982.71 万吨，占进口总量的 69.94％，从乌克兰和保加利亚进口 823.39 万吨和 14.5 万吨，分别占进口总量的 29.05％和 0.51％（表 6 - 1）。

表 6 - 1　2021 年中国玉米主要进口市场分布

玉米进口国	进口贸易量（吨）	进口贸易额（美元）
世界	28 348 177.36	8 022 672 502
美国	19 827 131	5 585 529 783
乌克兰	8 233 917.10	2 348 400 919
保加利亚	145 000	44 719 689
俄罗斯	89 256.92	21 271 411
缅甸	31 100.82	11 129 682
老挝	19 348.30	6 895 272
南非	1 655.64	1 060 899
阿根廷	389.97	474 895
秘鲁	181.71	342 354
法国	122.25	1 930 256

数据来源：联合国商品贸易统计数据库（UN Comtrade）。

二、粮食出口贸易

　　从出口量方面来看，中国虽然是粮食进口大国，但也拥有丰富的农业资

---

　　①　本节计算占比时，不将缺失作物考虑在内，下同。

源，具备向周边发展中国家出口粮食的潜力。1992—2021 年出口量呈现倒锯齿型。1992 年出口粮食 1 206.29 万吨，出口额为 15.26 亿美元，随后出口量缓慢增长后急剧下降，1996 年出口量仅有 67.54 万吨，相较 1992 年下降了94.4%，出口额也仅有 2.2 亿美元，下降了 85.58%；自 1996 年起，出口量波动上升，2003 年出口量达到最大值 2 158.48 万吨，此时出口额也达到最大值25.78 亿美元。2003—2015 年出口量呈折线下降趋势，2015 年出口量为 41.87万吨，出口额为 3.62 亿美元，2015 年后出口量开始缓慢上升，2021 年回升至241.07 万吨，相较 2015 年增长了 475.76%，出口额回升至 9.81 亿美元，相较 2015 年增长了 170.99%（图 6 - 3 和图 6 - 4）。

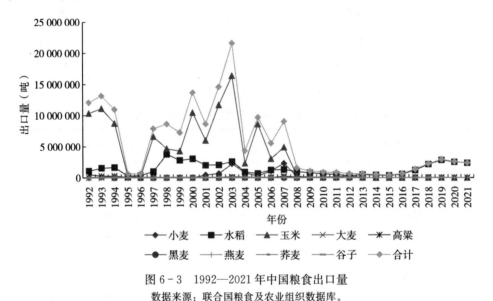

图 6 - 3　1992—2021 年中国粮食出口量
数据来源：联合国粮食及农业组织数据库。

从出口结构方面来看，1992—2021 年各类作物出口量均波动下降。1992—2007 年玉米、小麦和水稻是主要出口作物，2007 年粮食出口总量为905.64 万吨，出口总额为 19.52 亿美元，其中玉米、小麦和水稻出口量分别占比 54.29%、25.81% 和 14.74%，出口额分别占 44.81%、24.64% 和24.86%；其他作物出口总量和出口总额分别占比 5.16% 和 5.69%。2008—2021 年主要出口作物为水稻，2021 年粮食出口总量为 241.07 万吨，出口总额为 9.81 亿美元，其中水稻出口量和出口额占比分别为 98.84% 和 97.24%，其他作物出口总量占比不足 2%，总额占比不足 3%（图 6 - 3 和图 6 - 4）。

从出口市场分布情况来看，出口目标国主要有韩国、缅甸和日本等。水稻

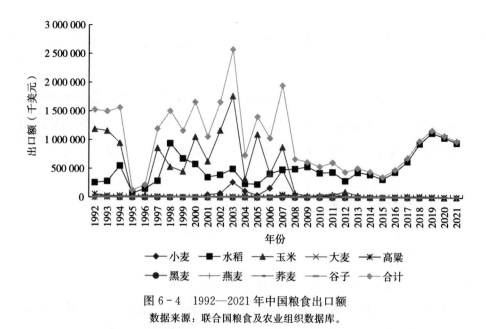

图 6 - 4 1992—2021 年中国粮食出口额

数据来源：联合国粮食及农业组织数据库。

向埃及、韩国等国出口，玉米向朝鲜、日本、韩国等国出口，小麦向朝鲜等国出口。以 2021 年中国出口量最高的水稻为例进行介绍，根据 UN Comtrade 数据显示，2021 年中国向世界出口水稻 244.79 万吨，出口额为 10.36 亿美元，其中向埃及出口最多，为 25 万吨，占出口总量的 10.21%，向韩国和塞拉利昂分别出口 22.6 万吨和 18.95 万吨，分别占出口总量的 9.24% 和 7.74%（表 6 - 2）。

表 6 - 2 2021 年中国水稻主要出口市场分布

水稻出口国	出口贸易量（吨）	出口贸易额（美元）
世界	2 447 886	1 035 657 899
埃及	250 000	80 129 750
韩国	226 094	186 803 363
塞拉利昂	189 500	54 710 000
科特迪瓦	168 040	49 871 700
巴布亚新几内亚	148 292.5	54 825 054
几内亚	146 985	44 137 820
喀麦隆	144 000	40 626 000
尼日尔	140 879.45	38 685 813
土耳其	120 500	38 338 450
美国	84 498.42	28 422 648

数据来源：联合国商品贸易统计数据库（UN Comtrade）。

第二节　俄　罗　斯

俄罗斯是粮食生产大国，也是出口大国，粮食进口较少，是一个净出口国家。主要进口作物有水稻、小麦等，进口来源国有印度、哈萨克斯坦等；主要出口作物有小麦、大麦和玉米等，出口目标国有埃及、土耳其等。

一、粮食进口贸易

从进口量方面来看，1992—2021 年俄罗斯粮食进口量总体呈先下降后保持较低水平的趋势。1992 年进口粮食 3 029.82 万吨，进口额为 44.14 亿美元，这是因为苏联刚解体，需要通过大量进口来满足粮食需求。1993 年经济疲软导致失业人数增加，农民队伍不断壮大，农业生产率开始提升，粮食产量增加，致使进口量开始下降，1995 年下降至 276.93 万吨，进口额为 4.08 亿美元，相较 1992 年分别下降了 90.86％和 90.76％。俄罗斯粮食自给率在逐步提高，这种状态一直持续到 2021 年，2021 年进口量仅有 54.89 万吨，进口额为 3.62 亿美元（图 6-5 和图 6-6）。

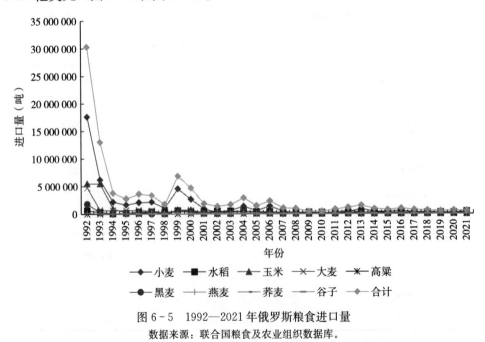

图 6-5　1992—2021 年俄罗斯粮食进口量
数据来源：联合国粮食及农业组织数据库。

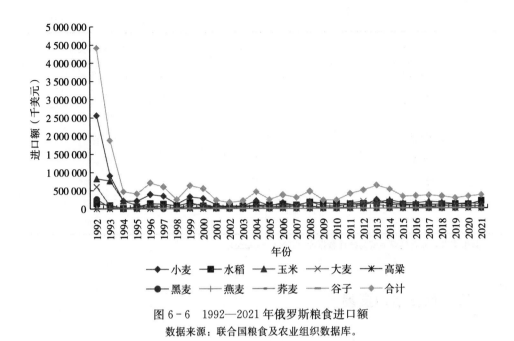

图 6 - 6　1992—2021 年俄罗斯粮食进口额
数据来源：联合国粮食及农业组织数据库。

从进口结构方面来看，1992—2021 年所有作物进口量均呈先下降后保持平稳不变趋势。其中 1992—2007 年小麦和玉米是主要进口作物，2008—2021 年主要进口水稻和小麦。2021 年粮食进口总量为 54.89 万吨，进口总额为 3.62 亿美元，其中水稻、小麦进口量分别占比 69.44%、22.44%，进口额分别占比 54.23%、13.59%；玉米进口量占比 6.38%，进口额占比 30.66%，玉米进口量少，但是进口额较高，这说明玉米的单价在粮食进口中较高；其他作物进口总量占比不足 2%，进口总额占比不足 2%（图 6-5 和图 6-6）。

从进口市场分布情况来看，进口来源国主要有印度、哈萨克斯坦等。水稻从印度、哈萨克斯坦和泰国等国进口，小麦从哈萨克斯坦和白俄罗斯等国进口。以 2021 年俄罗斯进口量最高的水稻为例进行介绍，根据 UN Comtrade 数据显示，2021 年俄罗斯从世界进口水稻 19.09 万吨，进口额为 9 841.26 万美元，其中从印度进口最多，为 13.3 万吨，占进口总量的 69.67%，从哈萨克斯坦和泰国进口水稻 3.63 万吨和 5 623.68 吨，分别占进口总量的 19.01% 和 2.95%（表 6-3）。

表 6 - 3　2021 年俄罗斯水稻主要进口市场分布

水稻进口国	进口贸易量（吨）	进口贸易额（美元）
世界	190 856.94	98 412 614
印度	132 996.07	69 627 426

（续）

水稻进口国	进口贸易量（吨）	进口贸易额（美元）
哈萨克斯坦	36 277.67	12 293 218
泰国	5 623.68	3 682 840
中国	5 176.74	2 588 728
巴基斯坦	3 927.23	2 434 804
柬埔寨	2 138.7	2 212 856
越南	2 108.33	1 530 350
意大利	1 042.03	1 739 978
美国	906.25	1 019 626

数据来源：联合国商品贸易统计数据库（UN Comtrade）。

二、粮食出口贸易

从出口量方面来看，俄罗斯是世界第二大粮食出口国。1992—2021 年出口量呈现稳步上升趋势。1992 年苏联解体，俄罗斯经济发展处于较低水平，其粮食出口量也处于较低水平，出口量仅有 1.28 万吨，出口额仅有 2.17 亿美元。从 2001 年开始，随着经济的复苏，农业人员增加，农业水平显著提高，粮食出口量持续上升，2018 年出口量达到历史最大值 5 467.87 万吨，当年出口额也达到历史最大值 103.96 亿美元。受新冠疫情防控影响，粮食出口量出现下降，2021 年出口量为 3 498.51 万吨，出口额为 92.44 亿美元（图 6 - 7 和图 6 - 8）。

从出口结构方面来看，1992—2021 年各类作物出口量均在波动上升，主要出口粮食作物为小麦、大麦和玉米。2021 年粮食出口总量为 3 498.51 万吨，出口总额为 92.44 亿美元，其中小麦、大麦和玉米出口量分别占比 78.22%、11.33% 和 8.39%，出口额分别占比 78.99%、10.46% 和 7.51%；其他作物出口量和出口额占比均不足 5%（图 6 - 7 和图 6 - 8）。

从出口市场分布情况来看，出口目标国主要有埃及、土耳其等。小麦向埃及、土耳其和孟加拉国等国出口，大麦向沙特阿拉伯、约旦和土耳其等国出口，玉米向土耳其、越南和韩国等国出口。以 2021 年俄罗斯出口量最高的小麦为例进行介绍，据 UN Comtrade 数据显示，2021 年俄罗斯向世界出口小麦 2 735.4 万吨，出口额为 73.02 亿美元，其中向土耳其和埃及出口较多，分别

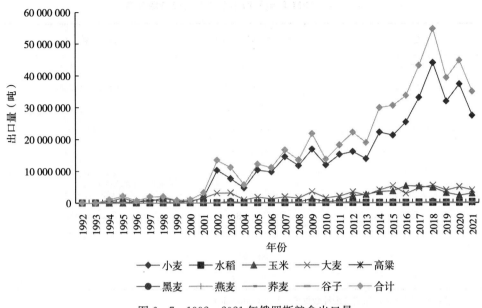

图 6-7 1992—2021 年俄罗斯粮食出口量

数据来源：联合国粮食及农业组织数据库。

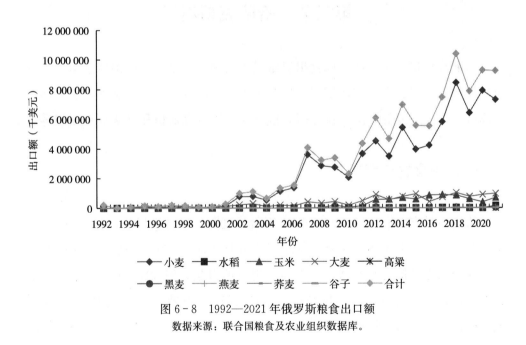

图 6-8 1992—2021 年俄罗斯粮食出口额

数据来源：联合国粮食及农业组织数据库。

为 671.11 万吨和 565.55 万吨，分别占出口总量的 24.53％和 20.68％；向阿塞拜疆和哈萨克斯坦出口小麦 105.85 万吨和 104.74 万吨，分别占出口总量的 3.87％和 3.83％（表 6-4）。

表 6 - 4　2021 年俄罗斯小麦主要出口市场分布

小麦出口国	出口贸易量（吨）	出口贸易额（美元）
世界	27 353 952.59	7 301 689 411
土耳其	6 711 072.75	1 803 290 736
埃及	5 655 477.80	1 552 598 413
阿塞拜疆	1 058 477.64	292 350 709
哈萨克斯坦	1 047 374.83	214 860 001
尼日利亚	974 505.36	253 531 747
孟加拉国	737 237.45	190 278 028
苏丹	689 408	202 781 486
拉脱维亚	668 710.38	175 954 178
沙特阿拉伯	663 775	195 442 452
也门	578 742.8	152 662 764

数据来源：联合国商品贸易统计数据库（UN Comtrade）。

第三节　哈萨克斯坦

哈萨克斯坦是中亚地区粮食出口量最大的国家，是一个净出口国家。主要进口作物有小麦、大麦和水稻等，进口来源国有俄罗斯、意大利等；主要出口作物有小麦、大麦等，出口目标国有俄罗斯、塔吉克斯坦和乌兹别克斯坦等。

一、粮食进口贸易

从进口量方面来看，1992—2021 年哈萨克斯坦粮食进口量总体表现平稳，除 2010 年和 2021 年外，其余年份进口量均未突破 100 万吨，原因在于哈萨克斯坦地广人稀且粮食产量高，基本能实现自给自足，但 2010 年由于干旱造成粮食大量减产，使当年进口量激增，高达 255.73 万吨，进口额为 5.44 亿美元，相较 1992 年分别增加了 209.53% 和 378.97%。2011—2016 年进口量恢复正常水平，2017 年出现缓慢上升趋势，2021 年上升至 151.3 万吨，进口额为5.61 亿美元（图 6 - 9 和图 6 - 10）。

从进口结构方面来看，1992—2021 年除 2010 年小麦进口量突增，其他年份各类作物进口量保持平稳，主要进口作物为小麦、大麦和水稻。2010 年粮

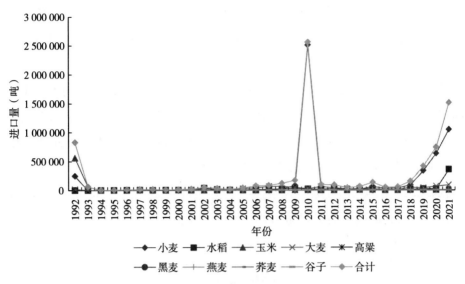

图 6 - 9 1992—2021 年哈萨克斯坦粮食进口量
数据来源：联合国粮食及农业组织数据库。

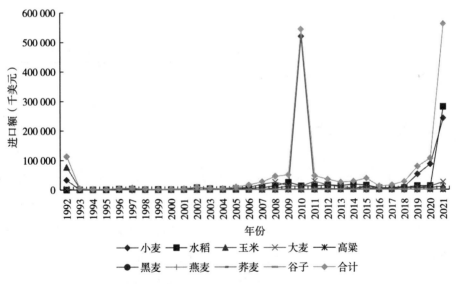

图 6 - 10 1992—2021 年哈萨克斯坦粮食进口额
数据来源：联合国粮食及农业组织数据库。

食进口总量为 255.73 万吨，进口总额为 5.44 亿美元，其中小麦、大麦进口量
分别占比 98.08% 和 1.06%，进口额分别占比 95.46% 和 1.96%；水稻进口量
占比 0.73%，进口额占比 2.23%，可以看出水稻进口单价较高。2021 年粮食进
口量为 151.30 万吨，进口额为 5.61 亿美元，其中小麦、水稻和大麦进口量分别

占比 69.28％、23.63％和 5.95％，进口额分别占比 43.01％、50.02％和 4.6％；其他粮食作物进口总量占比 1.18％，进口总额占比 2.34％（图 6-9 和图 6-10）。

从进口市场分布情况来看，进口来源国主要有俄罗斯、意大利等。小麦从俄罗斯、意大利等国进口，大麦从俄罗斯、伊朗等国进口，水稻从俄罗斯、印度等国进口。以 2021 年哈萨克斯坦进口量最高的小麦为例进行介绍，根据 UN Comtrade 数据显示，2021 年哈萨克斯坦从世界进口小麦 13.51 万吨，进口额为 2.22 亿美元，其中从俄罗斯进口量最高，为 13.50 万吨，占比 99.92％，从其他国家的进口量占比不足 1％（表 6-5）。

表 6-5 2021 年哈萨克斯坦小麦主要进口市场分布

小麦进口国	进口贸易量（吨）	进口贸易额（美元）
世界	135 110	221 959 705
俄罗斯	134 999	86 264 829
意大利	26	323 845
乌克兰	24	184 209
以色列	4	169 692

数据来源：联合国商品贸易统计数据库（UN Comtrade）。

二、粮食出口贸易

从出口量方面来看，1992—2021 年粮食出口量剧烈波动，这是因为哈萨克斯坦地广人稀，土壤肥沃，有着良好的粮食生产条件，但由于经济发展水平较低，农业科技含量不高，粮食产量极易受到气候的影响。1992 年出口粮食 288.60 万吨，出口额为 3.2 亿美元，2010 年和 2012 年遭遇严重的旱灾，导致 2011 年和 2013 年出口量锐减，分别较上一年减少 34.15％和 32.23％。但是总体来看出口量仍呈现增长趋势，2021 年出口量达到 560 万吨，出口额达到 13.26 亿美元，相较 1992 年分别增加了 94.04％和 314.38％（图 6-11 和图 6-12）。

从出口结构方面来看，1992—2021 年各类作物出口量有一定差别，主要以小麦和大麦为主，其出口量均波动上升。2021 年粮食出口总量为 560 万吨，出口总额为 13.26 亿美元，其中小麦、大麦和水稻出口量占比 68.12％、

26.07％和4.3％，出口额占比72.85％、19.34％和5.63％；其他作物出口总量占比1.51％，出口总额占比2.18％（图6-11和图6-12）。

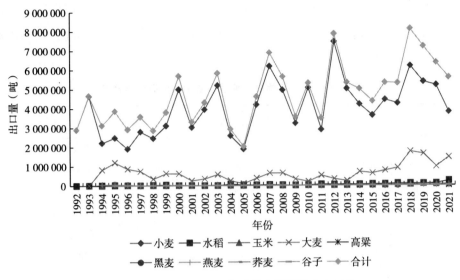

图6-11 1992—2021年哈萨克斯坦粮食出口量
数据来源：联合国粮食及农业组织数据库。

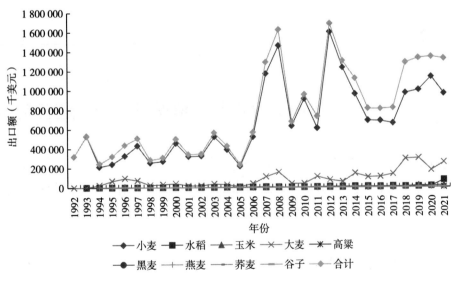

图6-12 1992—2021年哈萨克斯坦粮食出口额
数据来源：联合国粮食及农业组织数据库。

从出口市场分布情况来看，出口目标国主要有乌兹别克斯坦、塔吉克斯坦等。小麦向乌兹别克斯坦、塔吉克斯坦和阿富汗等国出口，大麦向中国、乌兹别克斯坦和塔吉克斯坦等国出口。以2021年哈萨克斯坦出口量最高的小麦为例进行介绍，据 UN Comtrade 数据显示，2021 年哈萨克斯坦向世界出口小麦 57.48 万吨，出口额为 14.26 亿美元，其中向乌兹别克斯坦和塔吉克斯坦出口较多，分别出口 27.59 万吨和 9.67 万吨，占出口总量的 48% 和 16.83%；向阿富汗和伊朗出口 5.71 万吨和 5.55 万吨，分别占出口总量的 9.94% 和 9.66%（表 6-6）。

表 6-6 2021 年哈萨克斯坦小麦主要出口市场分布

小麦出口国	出口贸易量（吨）	出口贸易额（美元）
世界	574 819	1 425 569 856
乌兹别克斯坦	275 938	623 558 139
塔吉克斯坦	96 717	239 710 485
阿富汗	57 141	131 257 213
伊朗	55 514	147 623 297
土库曼斯坦	22 380	70 102 413
意大利	20 100	69 796 399
中国	10 750	28 501 587
俄罗斯	9 697	37 214 698
阿塞拜疆	8 948	26 006 075
土耳其	7 400	19 070 221

数据来源：联合国商品贸易统计数据库（UN Comtrade）。

第四节　吉尔吉斯斯坦

　　吉尔吉斯斯坦粮食出口规模较小，进口较多，是一个净进口国家。主要进口作物有小麦、大麦和水稻等，进口来源国有俄罗斯、哈萨克斯坦等；主要出口作物有水稻、玉米等，出口目标国有乌兹别克斯坦等。

一、粮食进口贸易

　　从进口量方面来看，1992—2021 年吉尔吉斯斯坦粮食进口量先下降后呈现"拱桥"形变动。独立后，进口量急剧下降，从 1992 年的 110.6 万吨下降至 1994 年的 9.27 万吨，进口额由 16 150 万美元下降至 2 860.3 万美元，分别减少了 91.62% 和 82.29%。1995—2021 年进口量呈现先波动上升后波动下降

的趋势。2021 年进口量为 24.1 万吨，进口额为 6 500.5 万美元，相较 1994 年
分别增长了 159.98％和 127.27％（图 6-13 和图 6-14）。

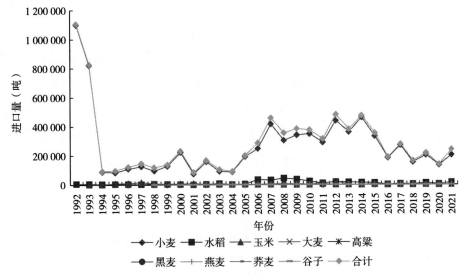

图 6-13　1992—2021 年吉尔吉斯斯坦粮食进口量
数据来源：联合国粮食及农业组织数据库。

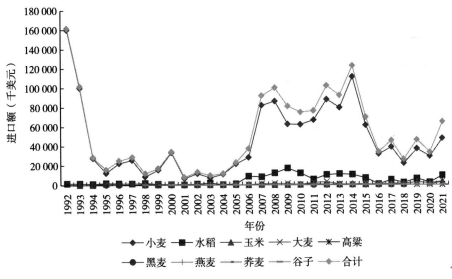

图 6-14　1992—2021 年吉尔吉斯斯坦粮食进口额
数据来源：联合国粮食及农业组织数据库。

从进口结构方面来看，1992—2021 年各类作物进口量变化趋势不尽相同，
小麦变化趋势与总量变化相似，水稻变动趋势呈"拱桥形"，其他作物进口量
较少，主要进口作物为小麦、大麦和水稻。2021 年粮食进口总量为 24.1 万

吨，进口总额为 6 500.5 万美元，其中小麦、大麦和水稻进口量分别占比 84.77％、8％和 6.32％，进口额分别占比 73.5％、5.32％和 14.82％；玉米进口量占比 0.51％，进口额占比 5.12％，可以看出玉米进口单价较高；其他作物进口量和进口额占比均不足 2％（图 6-13 和图 6-14）。

从进口市场分布情况来看，进口来源国主要有俄罗斯、哈萨克斯坦等。小麦从俄罗斯和哈萨克斯坦等国进口，水稻从哈萨克斯坦、俄罗斯等国进口，玉米从匈牙利、中国等国进口。以 2021 年吉尔吉斯斯坦进口量最高的小麦为例进行介绍，根据 UN Comtrade 数据显示，2021 年吉尔吉斯斯坦从世界进口小麦 23.49 万吨，进口额为 5 388.2 万美元，其中从俄罗斯和哈萨克斯坦进口小麦较多，分别为 13.84 万吨和 9.55 万吨，分别占进口总量的 58.9％和 40.67％；从其他国家的进口总量占比不足 1％（表 6-7）。

表 6-7　2021 年吉尔吉斯斯坦小麦主要进口市场分布

小麦进口国	进口贸易量（吨）	进口贸易额（美元）
世界	234 919.45	53 882 032
俄罗斯	138 361.40	32 026 285
哈萨克斯坦	95 543.05	21 457 473
乌兹别克斯坦	1 000	394 479
土耳其	15	3 795

数据来源：联合国商品贸易统计数据库（UN Comtrade）。

二、粮食出口贸易

从出口量方面来看，吉尔吉斯斯坦出口规模较小，1992—2021 年出口量总体呈先上升后下降趋势。1992 年和 1993 年粮食短缺，吉尔吉斯斯坦大规模进口小麦等作物，两年的出口量均为零。1994 年粮食出口量为 2 500 吨，出口额为 74.8 万美元，从 1995 年开始，出口量开始上升，1998 年出口量达到了历史最高值 13 943 吨，出口额为 263.7 万美元，相较 1994 年分别增加了 457.72％和 252.54％。1999—2021 年出口量波动变化，2021 年出口量为 7 832.01 吨，出口额为 219.7 万美元（图 6-15 和图 6-16）。

从出口结构方面来看，1992—2021 年各类作物出口量均有差异。1992 年和 1993 年各类作物出口量均为零，1994—2010 年出口量波动起伏较大，主要

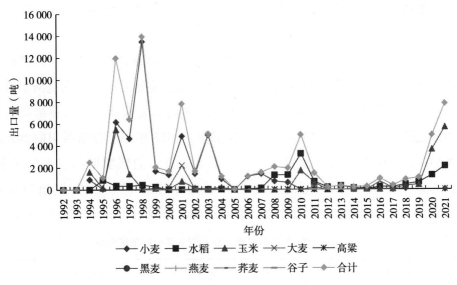

图 6-15　1992—2021 年吉尔吉斯斯坦粮食出口量
数据来源：联合国粮食及农业组织数据库。

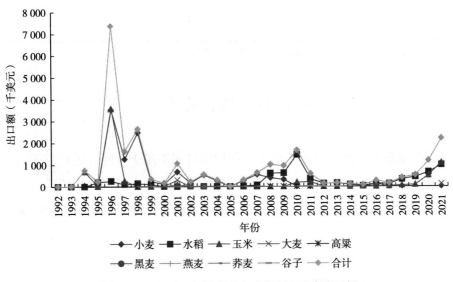

图 6-16　1992—2021 年吉尔吉斯斯坦粮食出口额
数据来源：联合国粮食及农业组织数据库。

出口作物为小麦、水稻和玉米，以出口量最高的 1998 年分析。1998 年粮食出口总量为 1.39 万吨，出口总额为 263.7 万美元，其中小麦、水稻、玉米出口量分别占比 96.54%、3.04% 和 0.36%，出口额分别占比 93.67%、5.69% 和 0.46%。2011—2021 年各类作物出口量保持平稳变化，主要出口作物为水稻、玉米。2021 年粮食出口总量为 7 832.01 吨，出口总额为 219.7 万美元，其中玉米、水稻出口量分别占比 72.31% 和 27.2%，出口额分别占比 49.75% 和 44.88%（图 6 - 15 和图 6 - 16）。

从出口市场分布情况来看，出口目标国主要有乌兹别克斯坦等。水稻向俄罗斯、伊拉克、哈萨克斯坦等国出口，玉米向哈萨克斯坦、乌兹别克斯坦等国出口，小麦向哈萨克斯坦等国出口。以 2021 年吉尔吉斯斯坦出口量最高的水稻为例进行介绍，据 UN Comtrade 数据显示，2021 年吉尔吉斯斯坦向世界出口水稻 1 115.62 吨，出口额为 55.66 万美元，其中向俄罗斯出口水稻最多，为 814.26 吨，占出口总量的 72.99%；向伊拉克和哈萨克斯坦出口水稻 186.51 吨和 114.85 吨，分别占出口总量的 16.72% 和 10.29%（表 6 - 8）。

表 6 - 8　2021 年吉尔吉斯斯坦水稻主要出口市场分布

水稻出口国	出口贸易量（吨）	出口贸易额（美元）
世界	1 115.62	556 646
俄罗斯	814.26	440 550
伊拉克	186.51	62 577
哈萨克斯坦	114.85	53 519

数据来源：联合国商品贸易统计数据库（UN Comtrade）。

第五节　塔吉克斯坦

塔吉克斯坦粮食出口总量较少，年均出口量不足 1 万吨，进口较多，是一个净进口国家。主要进口作物有小麦、水稻等，进口来源国有俄罗斯、哈萨克斯坦和巴基斯坦等；主要出口作物有水稻、小麦等，出口目标国有伊拉克、乌克兰等。

一、粮食进口贸易

从进口量方面来看，1992—2021 年塔吉克斯坦粮食进口量呈现先下降后上升的"U"形趋势。1992 年进口量为 114.4 万吨，进口额为 1.49 亿美元，随后进口量开始下降，2004 年下降至历史最低点，进口量为 12.82 万吨，进口额为 1 206.3 万美元，分别下降了 88.79% 和 91.90%；2004—2021 年进口量开始缓慢上升，2021 年升至 115.01 万吨，进口额升至 2.98 亿美元，成为中亚地区第二大粮食进口国家（图 6-17 和图 6-18）。

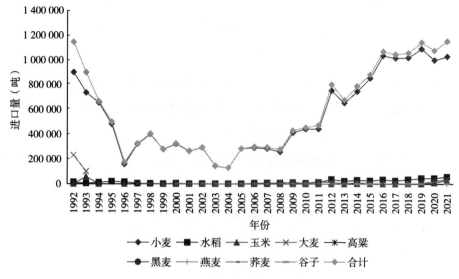

图 6-17　1992—2021 年塔吉克斯坦粮食进口量
数据来源：联合国粮食及农业组织数据库。

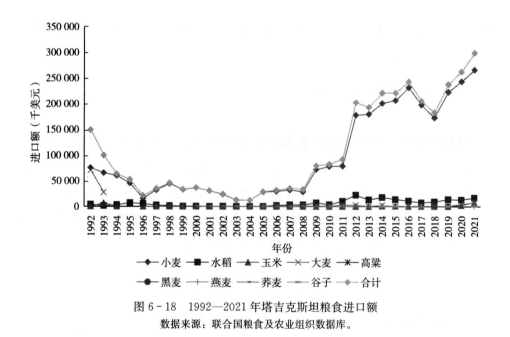

图 6-18　1992—2021 年塔吉克斯坦粮食进口额
数据来源：联合国粮食及农业组织数据库。

从进口结构方面来看，1992—2021 年各类作物进口趋势大致呈现"U"形，主要进口作物为小麦、水稻。2021 年粮食进口总量为 115.01 万吨，进口总额为 2.98 亿美元，其中小麦、水稻进口量分别占比 89.41% 和 5%，进口额分别占比 89.11％和 5.58％；其他作物进口量和进口额占比均未超过 6％（图 6-17 和图 6-18）。

从进口市场分布情况来看，进口来源国主要有俄罗斯、哈萨克斯坦和巴基斯坦等。小麦从哈萨克斯坦、俄罗斯等国进口，水稻从哈萨克斯坦、俄罗斯和巴基斯坦等国进口。以 2021 年进口量最高的小麦为例进行介绍，根据 UN Comtrade 数据显示，2021 年塔吉克斯坦从世界进口小麦 102.83 万吨，进口额为 26 593.9 万美元，其中从哈萨克斯坦进口最多，为 98.46 万吨，占小麦进口总量的 95.75％，从乌兹别克斯坦和俄罗斯分别进口 4.32 万吨和 471.39 吨，分别占进口总量的 4.2％和 0.05％（表 6-9）。

表 6-9 2021 年塔吉克斯坦小麦主要进口市场分布

小麦进口国	进口贸易量（吨）	进口贸易额（美元）
世界	1 028 258.29	265 938 677
哈萨克斯坦	984 579	256 298 106
乌兹别克斯坦	43 207.90	9 419 849
俄罗斯	471.39	220 722

数据来源：联合国商品贸易统计数据库（UN Comtrade）。

二、粮食出口贸易

从出口量方面来看，塔吉克斯坦是出口小国，仅出口少量水稻。1992—2021 年出口量均未超过 1 万吨，仅在少数年份有出口。2001 年出口量为 1 750 吨，出口额为 20 万美元；2003—2015 年粮食出口量波动上升，2015 年达到最大值，为 9 843 吨，出口额为 406.4 万美元，相较 2001 年分别增加了 4.62 倍和 19.32 倍；2015 年后出口量急速下降，2021 年出口量仅有 700 吨，出口额为 16.1 万美元（图 6-19 和图 6-20）。

从出口结构方面来看，1992—2021 年各类作物出口量都较少，只有少数几个年份有少量出口，主要出口作物为水稻，部分年份也有少量小麦出口。粮食出口主要分布在 2001 年、2004—2015 年，以部分出口量较高的年份分析。2001 年、2004 年、2011 年和 2015 年分别出口水稻 66 吨、3 676 吨、3 691 吨、9 843吨，出口额分别为 2 万美元、115.8 万美元、192.8 万美元和 406.4 万美元。此外，在 2001 年小麦出口量超过水稻，成为主要出口作物，出口量为

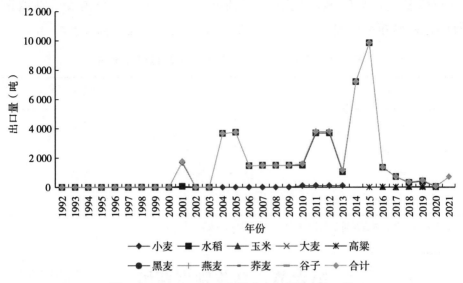

图 6 - 19　1992—2021 年塔吉克斯坦粮食出口量
数据来源：联合国粮食及农业组织数据库。

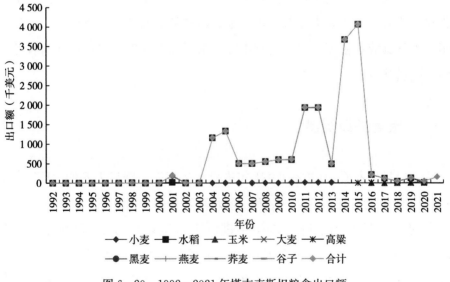

图 6 - 20　1992—2021 年塔吉克斯坦粮食出口额
数据来源：联合国粮食及农业组织数据库。

1 684 吨，占粮食出口总量的 96.23%，出口额为 18 万美元，占出口总额的 90%（图 6 - 19 和图 6 - 20）。

从出口市场分布情况来看，出口目标国主要有伊拉克、乌克兰等。以 2021 年塔吉克斯坦出口量最高的水稻为例进行介绍，据 UN Comtrade 数据显示，2021 年塔吉克斯坦向世界出口水稻约 43 吨，出口额为 9 416 美元，其中向伊拉克出口最多，为 21.92 吨，占出口总量的 50.99%，向乌克兰和哈萨克斯坦分别出口 17.44 吨和 3.64 吨，分别占出口总量的 40.57% 和 8.47%（表 6-10）。

表 6-10 2021 年塔吉克斯坦水稻主要出口市场分布

水稻出口国	出口贸易量（吨）	出口贸易额（美元）
世界	42.99	9 416
伊拉克	21.92	3 288
乌克兰	17.44	5 557
哈萨克斯坦	3.64	571

数据来源：联合国商品贸易统计数据库（UN Comtrade）。

第六节 乌兹别克斯坦

乌兹别克斯坦粮食出口总量较少，进口较多，是一个净进口国家。主要进口作物有小麦、玉米和大麦等，进口来源国有俄罗斯、哈萨克斯坦、吉尔吉斯斯坦和土耳其等；主要出口作物有小麦、水稻和大麦等，出口目标国有塔吉克斯坦、阿富汗等。

一、粮食进口贸易

从进口量方面看，1992—2021 年进口量呈现先下降后上升的"U"形变化趋势。1992 年进口量最大，为 470.52 万吨，进口额为 6.71 亿美元，1993—2004 年进口量呈波动下降，2004 年进口量跌至最低点 2.45 万吨，下降了 99.48%，进口额为 655.1 万美元；2004 年后乌兹别克斯坦对粮食需求量开始增大，进口量开始波动上升，2021 年达到 234.55 万吨，进口额为 6.7 亿美元（图 6-21 和图 6-22）。

从进口结构方面来看，1992—2021 年各类作物进口趋势大致呈现"U"形，主要进口作物为小麦、玉米和大麦。2021 年粮食进口总量为 234.55 万吨，进口总额为 6.7 亿美元，其中小麦、大麦和玉米进口量分别占比 92.66%、2.51% 和 2.44%，进口额分别占比 92.01%、2.20% 和 3.56%；其他作物进口量、进口额占比均未超过 3%（图 6-21 和图 6-22）。

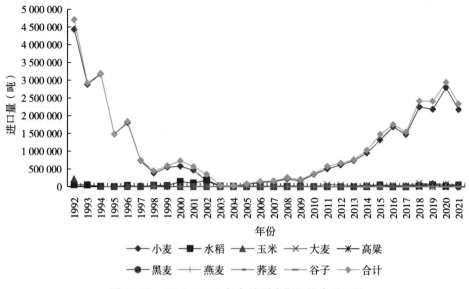

图 6 - 21 1992—2021 年乌兹别克斯坦粮食进口量
数据来源：联合国粮食及农业组织数据库。

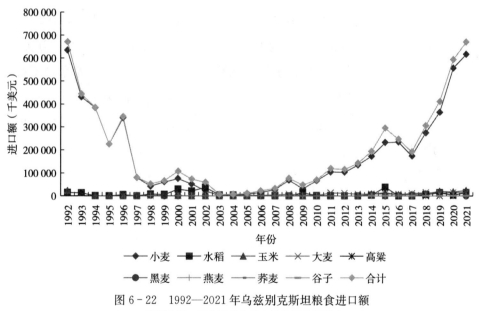

图 6 - 22 1992—2021 年乌兹别克斯坦粮食进口额
数据来源：联合国粮食及农业组织数据库。

从进口市场分布情况来看，进口来源国主要有俄罗斯、哈萨克斯坦、吉尔吉斯斯坦和土耳其等。小麦从哈萨克斯坦、俄罗斯等国进口，玉米从哈萨克斯坦、吉尔吉斯斯坦和土耳其等国进口，大麦从哈萨克斯坦、丹麦等国进口。以2021 年乌兹别克斯坦进口量最高的小麦为例进行介绍，根据 UN Comtrade 数据显示，2021 年乌兹别克斯坦从世界进口小麦 222.73 万吨，进口额为 6.16 亿美元，其中从哈萨克斯坦进口最多，为 221.6 万吨，占进口总量的 99.49％，从俄罗斯进口 1.13 万吨，占进口总量的 0.51％（表 6-11）。

表 6-11　2021 年乌兹别克斯坦小麦主要进口市场分布

小麦进口国	进口贸易量（吨）	进口贸易额（美元）
世界	2 227 284.36	616 417 002
哈萨克斯坦	2 216 010.94	612 844 451
俄罗斯	11 272.93	3 572 417
法国	0.484	134

数据来源：联合国商品贸易统计数据库（UN Comtrade）。

二、粮食出口贸易

从出口量方面来看，乌兹别克斯坦出口粮食较少。1992—2021 年出口量波动变化较大，1992 年没有粮食出口，1993—1996 年出口量波动上升，1997 年主要出口大麦、小麦和水稻，出口总量为 13.25 万吨，出口额为 9 250 万美元；1998—2003 年出口量处于较低且平稳的水平，2004—2021 年出口量呈现不稳定的波动状态，2004 年出口量达到最高值 30.87 万吨，出口额为 4 610.1 万美元，2021 年出口量降至 2.7 万吨，出口额降至 801.8 万美元。（图 6-23 和图 6-24）。

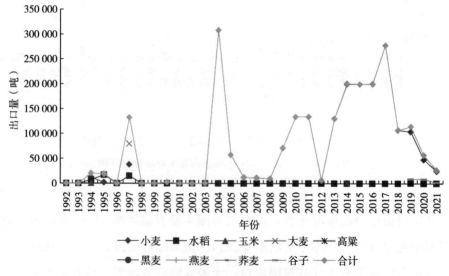

图 6-23　1992—2021 年乌兹别克斯坦粮食出口量
数据来源：联合国粮食及农业组织数据库。

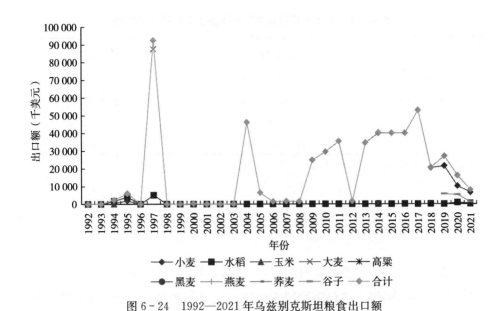

图 6 - 24　1992—2021 年乌兹别克斯坦粮食出口额
数据来源：联合国粮食及农业组织数据库。

从出口结构方面来看，与塔吉克斯坦情况相似，1992—2021 年各类作物出口量都较少，只有少数几个年份有少量出口，主要出口作物为小麦，部分年份有水稻、大麦。分作物描述如下：小麦方面，2003 年前出口量较少，2004 年突增至 30.87 万吨，出口额为 4 610.1 万美元，2005—2008 年出现下降，2008—2018 年波动上升，2018 年出口量达到 10.7 万吨，出口额为 2 048.4 万美元，之后一直保持下降趋势。水稻方面，1994—1997 年出口量较多，1997 年达到最大值 15 000 吨，1998—2013 年出口量为 0，2014—2020 年少量出口，2021 年出口 242.02 吨。大麦方面，仅有 1997 年和 2014 年出口大麦，出口量分别为 7.95 万吨和 780 吨，出口额分别为 8 750 万美元和 20.3 万美元（图 6 - 23 和图 6 - 24）。

从出口市场分布情况来看，出口目标国主要有塔吉克斯坦、阿富汗等。小麦向塔吉克斯坦和阿富汗等国出口，水稻向阿富汗、美国等国出口。以 2021 年乌兹别克斯坦出口量最高的小麦为例进行介绍，据 UN Comtrade 数据显示，2021 年乌兹别克斯坦向世界出口小麦约 2.35 万吨，出口额为 645.22 万美元，其中向塔吉克斯坦出口最多，为 2.15 万吨，占出口总量的 91.74%，向阿富汗和吉尔吉斯斯坦分别出口 988.96 吨和 949.62 吨，分别占出口总量的 4.22% 和 4.05%（表 6 - 12）。

表 6 - 12　2021 年乌兹别克斯坦小麦主要出口市场分布

小麦出口国	出口贸易量（吨）	出口贸易额（美元）
世界	23 458.71	6 452 215
塔吉克斯坦	21 520.138	5 794 570
阿富汗	988.96	265 573
吉尔吉斯斯坦	949.62	392 072

数据来源：联合国商品贸易统计数据库（UN Comtrade）。

第七节　巴基斯坦

巴基斯坦既有粮食进口也有出口，但出口量大于进口量。主要进口作物有小麦、玉米和水稻等，进口来源国有中国、俄罗斯和乌克兰等；主要出口作物有水稻、玉米等，出口目标国有中国、马来西亚等。

一、粮食进口贸易

从进口量方面来看，1992—2021 年进口量波动变化。1992—1999 年进口量维持在 250 万吨上下波动，2000 年急剧下降至 105.45 万吨，此时进口额为 1.52 亿美元；2001—2004 年进口量处于较低水平，2005—2019 年进口量有剧烈波动，最终维持在较低进口水平。2020 年后政府为了控制通货膨胀而增加粮食进口，该年进口量突增至 253.64 万吨，相较 1992 年增加了 24.09％，进口额为 9.06 亿美元；2021 年进口量为 254.73 万吨，进口额为 9.7 亿美元（图 6 - 25 和图 6 - 26）。

从进口结构方面来看，1992—2021 年各类作物进口量波动变化，主要进口作物为小麦、玉米和水稻。2021 年粮食进口总量为 254.73 万吨，进口总额为 9.7 亿美元，其中小麦和玉米进口量分别占比 97.6％和 1.14％，进口额占比 83.75％和 7.5％；水稻的进口量占比未超过 1％，进口额占比 8.47％；其他作物进口量、进口额占比均未超过 1％（图 6 - 25 和图 6 - 26）。

从进口市场分布情况来看，进口来源国主要有中国、俄罗斯和乌克兰等。小麦从乌克兰、俄罗斯和保加利亚等国进口，玉米从泰国、美国等国进口，水稻从中国等国进口。以 2021 年巴基斯坦进口量最高的小麦为例进行介绍，根

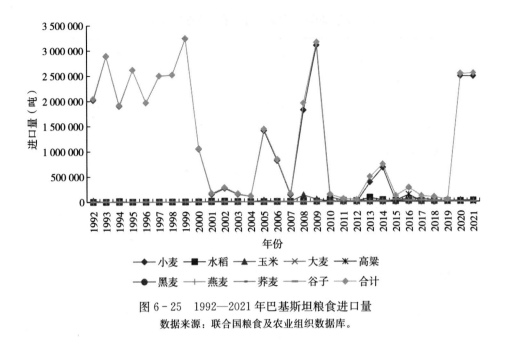

图 6 - 25　1992—2021 年巴基斯坦粮食进口量
数据来源：联合国粮食及农业组织数据库。

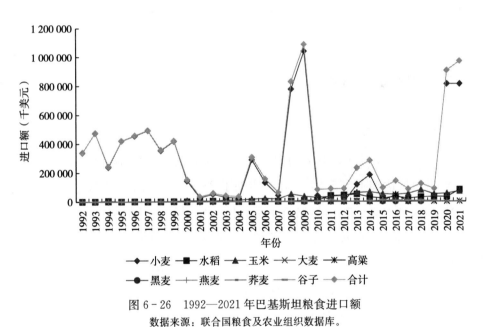

图 6 - 26　1992—2021 年巴基斯坦粮食进口额
数据来源：联合国粮食及农业组织数据库。

据 UN Comtrade 数据显示，2021 年巴基斯坦从世界进口小麦 248.62 万吨，进口额为 8.13 亿美元，其中从乌克兰进口最多，为 134.60 万吨，占进口总量的 54.14％，从俄罗斯和保加利亚分别进口 52.91 万吨和 27.73 万吨，分别占进口总量的 21.28％和 11.15％（表 6 - 13）。

表 6-13　2021 年巴基斯坦小麦主要进口市场分布

小麦进口国	进口贸易量（吨）	进口贸易额（美元）
世界	2 486 191	812 733 381
乌克兰	1 346 044	477 783 694
俄罗斯	529 053	150 117 919
保加利亚	277 284	91 801 762
巴西	65 684	15 368 261
法国	65 470	18 717 275
阿根廷	59 600	16 724 192
罗马尼亚	56 506	18 032 294
阿拉伯联合酋长国	51 705	14 598 827
德国	34 839	9 584 387
黎巴嫩	3	3
墨西哥	3	4 762

数据来源：联合国商品贸易统计数据库（UN Comtrade）。

二、粮食出口贸易

从出口量方面来看，1992—2021 年巴基斯坦粮食出口量波动上升，主要出口作物为水稻。1992 年出口量为 151.18 万吨，出口额为 4.12 亿美元，2011 年出口量达到了 575.37 万吨，增加了 280.59%，出口额高达 28.07 亿美元。从 2012 年开始，出口量略有下降，但总体仍呈上升趋势，2021 年出口量为 806.35 万吨，出口额为 40.85 亿美元（图 6-27 和图 6-28）。

从出口结构方面来看，1992—2021 年各类作物出口量均呈上升趋势，主要出口作物为水稻和玉米，以 2021 年为例进行分析。2021 年粮食出口总量为 806.35 万吨，出口总额为 40.85 亿美元，其中水稻和玉米出口量分别占比 93.06% 和 6.9%，出口额分别占比 97.38% 和 2.61%，其他作物出口量、出口额占比均未超过 1%（图 6-27 和图 6-28）。

从出口市场分布情况来看，出口目标国主要有中国、马来西亚等。水稻向中国、马来西亚和阿富汗等国出口，玉米向越南、马来西亚和阿曼等国出口。以 2021 年巴基斯坦出口量最高的水稻为例进行介绍，据 UN Comtrade 数据显

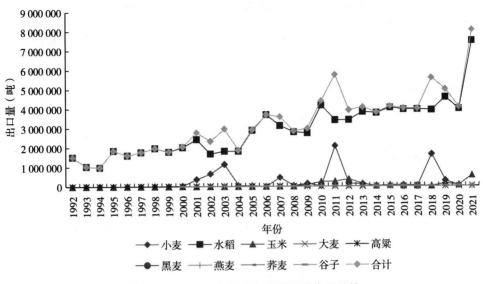

图 6 - 27　1992—2021 年巴基斯坦粮食出口量
数据来源：联合国粮食及农业组织数据库。

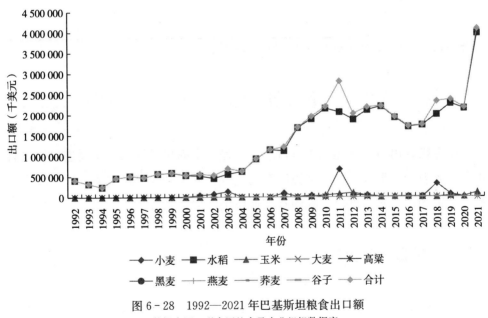

图 6 - 28　1992—2021 年巴基斯坦粮食出口额
数据来源：联合国粮食及农业组织数据库。

示，2021 年巴基斯坦向世界出口水稻 398.59 万吨，出口额为 21.53 亿美元，其中向中国出口最多，为 93.50 万吨，占出口总量的 23.46%，向马来西亚和阿富汗出口 32.11 万吨和 31.74 万吨，分别占出口总量的 8.06% 和 7.96%（表 6 - 14）。

表6-14　2021年巴基斯坦水稻主要出口市场分布

水稻出口国	出口贸易量（吨）	出口贸易额（美元）
世界	3 985 944	2 152 502 752
中国	934 952	381 244 057
马来西亚	321 093	142 617 070
阿富汗	317 384	121 094 839
肯尼亚	229 307	120 492 164
阿拉伯联合酋长国	203 939	122 422 637
哈萨克斯坦	181 730	127 251 501
莫桑比克	144 073	61 736 886
英国	129 476	103 588 907
沙特阿拉伯	114 408	85 134 879
比利时	112 518	88 350 487
荷兰	94 694	71 229 212
意大利	88 897	74 624 007
其他	659 402 000	421 099 167

数据来源：联合国商品贸易统计数据库（UN Comtrade）。

第八节　印　　度

印度粮食出口总量远大于进口总量，是一个净出口国家。主要进口作物有小麦、大麦和玉米等，进口来源国有乌克兰、澳大利亚等；主要出口作物有水稻、玉米和小麦等，出口目标国有孟加拉国、尼泊尔等。

一、粮食进口贸易

从进口量方面来看，印度作为粮食出口大国，只有少数年份有进口，其他年份进口量接近于零。1992—2000年进口量呈现先下降后上升再下降的"波浪线形"变动趋势，两个高峰分别出现在1992年和1998年，进口量分别为146.61万吨和181.24万吨，进口额分别为2.98亿美元和2.81亿美元。2001—2021年，只有2006—2007年和2015—2017年有明显进口，其中2006年进口量最高，达608.70万吨，进口额为12.94亿美元（图6-29和图6-30）。

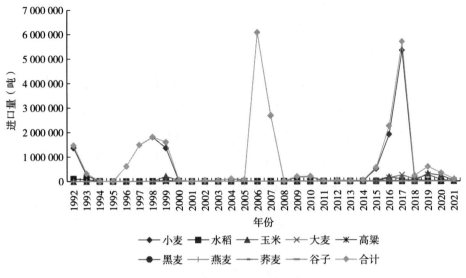

图 6-29 1992—2021 年印度粮食进口量
数据来源：联合国粮食及农业组织数据库。

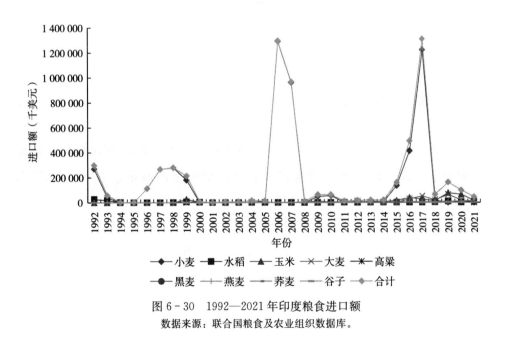

图 6-30 1992—2021 年印度粮食进口额
数据来源：联合国粮食及农业组织数据库。

从进口结构方面来看，1992—2021 年各类作物进口与总体变化趋势相一致，只有少数几个年份有进口数据，主要进口作物为小麦、大麦和玉米。这里以进口量高且较近的 2017 年为例进行介绍，2017 年粮食进口总量为 570.66 万吨，进口总额为 13.10 亿美元，其中小麦、大麦和玉米进口量分别占比 93.69%、4.38% 和 1.45%，进口额分别占比 93.40%、3.93% 和 2.02%；其他作物进口量、进口额占比均未超过 1%（图 6-29 和图 6-30）。

从进口市场分布情况来看，进口来源国主要有乌克兰、澳大利亚等。小麦从乌克兰、澳大利亚等国进口，大麦从阿根廷、乌拉圭等国进口，玉米从乌克兰、阿根廷等国进口。以 2021 年印度进口量最高的小麦为例进行介绍，根据 UN Comtrade 数据显示，2021 年印度从世界进口小麦 5.62 吨，进口额为 2.48 万美元，其中从澳大利亚进口最多，为 5.09 吨，占进口总量的 90.57%，从墨西哥和英国进口 0.3 吨和 0.22 吨，分别占进口总量的 5.34% 和 3.91%（表 6-15）。

表 6-15　2021 年印度小麦主要进口市场分布

小麦进口国	进口贸易量（吨）	进口贸易额（美元）
世界	5.62	24 842
澳大利亚	5.09	22 629
墨西哥	0.3	423
英国	0.22	1 745
美国	0.01	43

数据来源：联合国商品贸易统计数据库（UN Comtrade）。

二、粮食出口贸易

从出口量方面来看，印度是粮食出口大国，1992—2021 年出口量总体呈上升趋势，1992—2013 年出口量波动上升，1992 年出口量仅有 61.76 万吨，出口额为 3.78 亿美元，2013 出口量为 2 341.49 万吨，增加了 36.91 倍，出口额为 116.28 亿美元。2014 出口量开始下降，2019 年降至 1 044.52 万吨。2020年开始回升，2021 年出口量和出口额均达到最大值，出口量为 5 213.81 万吨，出口额为 219.42 亿美元（图 6-31 和图 6-32）。

从出口结构方面来看，1992—2021 年各类作物出口量均呈上升趋势，主要出口作物为水稻、玉米和小麦。2021 年粮食出口总量为 5 213.81 万吨，出口总额为 219.42 亿美元，其中水稻、小麦和玉米出口量分别占比 81.09%、11.68% 和 6.93%，出口额分别占比 87.65%、7.85% 和 4.26%；其他作物出口量、出口额占比均未超过 1%（图 6-31 和图 6-32）。

从出口市场分布情况来看，出口目标国主要有孟加拉国、尼泊尔等。水稻向孟加拉国、尼泊尔和贝宁等国家出口，玉米向孟加拉国、越南等国家出口，

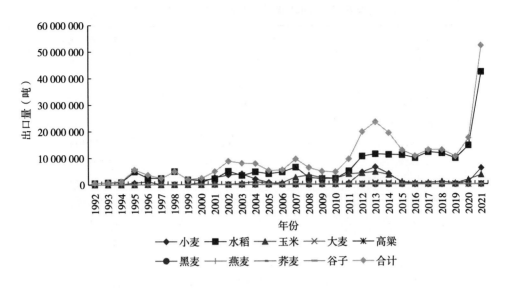

图 6-31 1992—2021 年印度粮食出口量
数据来源：联合国粮食及农业组织数据库。

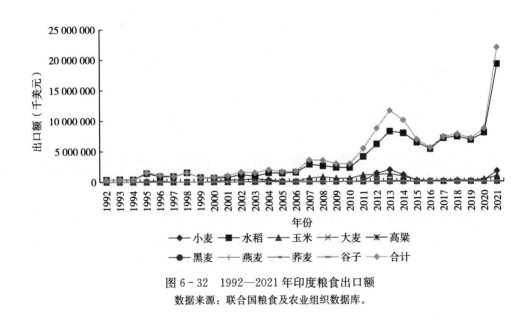

图 6-32 1992—2021 年印度粮食出口额
数据来源：联合国粮食及农业组织数据库。

小麦向孟加拉国、阿联酋和斯里兰卡等国家出口。以 2021 年印度出口量最高的水稻为例进行介绍，据 UN Comtrade 数据显示，2021 年印度向世界出口水稻 2 127.99 万吨，出口额为 96.24 亿美元，共向 170 个国家出口，其中向孟加拉国出口最多，为 248.33 万吨，占水稻出口总量的 11.67%；向尼泊尔和贝宁出口 132.08 万吨和 127.47 万吨，分别占出口总量的 6.21% 和 5.99%（表 6-16）。

表 6 - 16 2021 年印度水稻主要出口市场分布

水稻出口国	出口贸易量（吨）	出口贸易额（美元）
世界	21 279 907.06	9 623 556 833
孟加拉国	2 483 279.22	934 229 741
尼泊尔	1 320 826.6	427 346 854
贝宁	1 274 725.22	454 536 039
中国	1 208 396.556	369 391 949
塞内加尔	1 181 315.127	335 792 124
科特迪瓦	909 674.254	318 753 279
沙特阿拉伯	909 205.628	788 155 008
伊朗	871 375.4	662 011 442
越南	814 209.368	262 346 131
伊拉克	747 958.2	521 965 479
几内亚	726 770.594	263 344 533
多哥	676 443.9	238 245 814
吉布提	500 179.37	163 209 832
阿拉伯联合酋长国	480 946.454	319 287 281
马来西亚	460 152.71	204 019 369
马达加斯加	455 411.04	149 998 070
喀麦隆	437 233.062	154 303 580
其他	5 821 804.357	3 056 620 221

数据来源：联合国商品贸易统计数据库（UN Comtrade）。

第九节 伊 朗

伊朗粮食进口量远大于出口量，是一个净进口国家。主要进口作物有玉米、小麦、水稻和大麦等，进口来源国有印度、巴基斯坦、瑞士等；主要出口作物有玉米、水稻和小麦等，出口目标国有阿富汗、伊拉克等。

一、粮食进口贸易

从进口量方面来看，1992—2021 年粮食进口量波动上升。1992 年进口量为 551.4 万吨，进口额为 13.69 亿美元，随后呈波动上升，2000 年进口量升至 1 094.48 万吨，此时进口额为 18.39 亿美元；2001—2007 年进口量波动下降，2007 年下降至 538.15 万吨，此时进口额为 15.53 亿美元；2008—2016 年进口量呈"M"形，2017年开始持续上升，2021年进口量达到最大值2 196.42万吨，此时进口额为83.99亿美元，分别比1992年增加了298.34%和513.51%（图6-33和图6-34）。

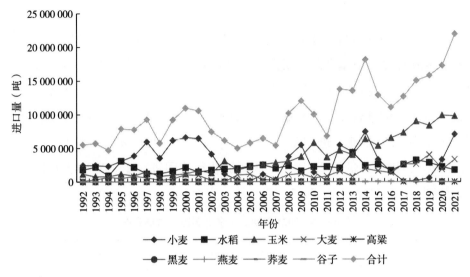

图6-33　1992—2021年伊朗粮食进口量
数据来源：联合国粮食及农业组织数据库。

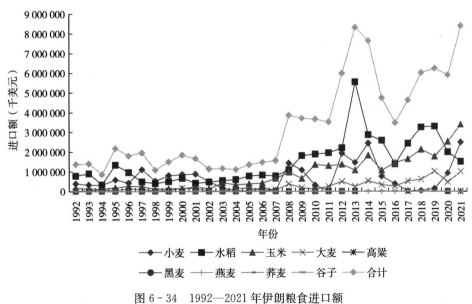

图6-34　1992—2021年伊朗粮食进口额
数据来源：联合国粮食及农业组织数据库。

从进口结构方面来看，1992—2021年各类作物进口量波动变化，主要进口作物为玉米、小麦、水稻和大麦。2021年粮食进口总量为2 196.42万吨，

进口总额为 83.99 亿美元，其中玉米、小麦、水稻和大麦进口量分别占比
44.52％、32.21％、8.05％ 和 15.19％，进口额占比 40.47％、29.60％、
17.93％和11.96％；其他作物进口量、进口额占比均未超过 1％（图 6-33 和
图 6-34）。

从进口市场分布情况来看，进口来源国主要有印度、巴基斯坦、瑞士等。
水稻主要从印度、巴基斯坦、泰国等国进口，玉米从瑞士、英国、荷兰、新加
坡等国进口，小麦从瑞士、俄罗斯、乌克兰等国进口。以 2021 年伊朗进口量
最高的玉米为例进行介绍，根据 UN Comtrade 数据显示，2021 年伊朗从世界
进口玉米 89.83 万吨，进口额为 21.15 亿美元，其中从瑞士进口最多，为
19.53 吨，占进口总量的 21.74％，从新加坡和英国进口 16.62 万吨和 16.07 万
吨，分别占进口总量的 18.5％和 17.89％（表 6-17）。

表 6-17　2021 年伊朗玉米主要进口市场分布

玉米进口国	进口贸易量（吨）	进口贸易额（美元）
世界	898 284	2 115 338 146
瑞士	195 330	447 366 787
新加坡	166 176	387 936 274
英国	160 663	376 310 420
荷兰	160 440	378 911 204
俄罗斯	78 965	188 126 741
巴西	39 771	87 292 885
阿拉伯联合酋长国	27 770	77 060 287
奥地利	22 305	52 113 890
西班牙	17 312	42 703 003
乌克兰	12 334	29 678 966

数据来源：联合国商品贸易统计数据库（UN Comtrade）。

二、粮食出口贸易

从出口量方面来看，伊朗出口粮食较少，只有少数年份有粮食出口。
1992—2006 年粮食出口量极少，年均出口量只有 2 853.37 吨；2007 年与
2010 年小麦出口量增加，总出口量分别为 49.2 万吨和 52.08 万吨，出口额
分别为 1.29 亿美元和 1.39 亿美元；2011—2021 年出口量围绕在 5 万吨上下

波动，2021 年出口量为 9.18 万吨，出口额为 1 955.1 万美元（图 6 - 35 和图 6 - 36）。

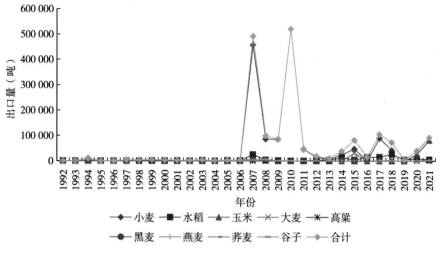

图 6 - 35 1992—2021 年伊朗粮食出口量
数据来源：联合国粮食及农业组织数据库。

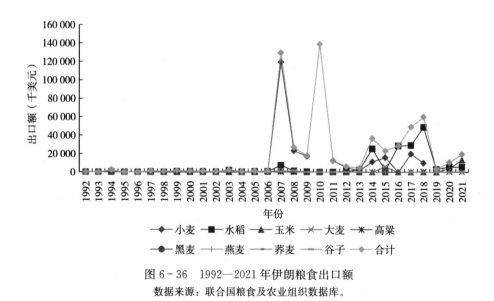

图 6 - 36 1992—2021 年伊朗粮食出口额
数据来源：联合国粮食及农业组织数据库。

从出口结构方面来看，1992—2021 年各类作物出口量都较少，只有少数几个年份有少量出口，主要出口作物为玉米、水稻和小麦。2021 年粮食出口总量为 9.18 万吨，出口额为 1 955.1 万美元，其中玉米、水稻、谷子和高粱出口量分别占比 89.26%、5.59%、2.7% 和 2.4%，出口额分别占比 68.27%、28.70%、0.75% 和 2.22%（图 6 - 35 和图 6 - 36）

从出口市场分布情况来看，出口目标国主要有阿富汗、伊拉克等。玉米向阿富汗、阿塞拜疆等国家出口，水稻向伊拉克、阿富汗等国家出口，小麦向阿曼、伊拉克等国家出口。以 2021 年伊朗出口量最高的玉米为例进行介绍，据 UN Comtrade 数据显示，2021 年伊朗向世界出口玉米 34.69 吨，出口额为 19.62 万美元，其中向阿富汗出口最多，为 32.31 吨，占玉米出口总量的 93.14%；向其他国家出口均不足 1%（表 6 - 18）。

表 6 - 18　2021 年伊朗玉米主要出口市场分布

玉米出口国	出口贸易量（吨）	出口贸易额（美元）
世界	34.69	196 197
阿富汗	32.31	127 483
阿塞拜疆	2	66 000
伊拉克	0.24	2 282
阿拉伯联合酋长国	0.14	432

数据来源：联合国商品贸易统计数据库（UN Comtrade）。

第十节　观察员国和对话伙伴国

一、观察员国

上海合作组织观察员国有阿富汗、白俄罗斯和蒙古国，三个观察员国均受到经济发展水平以及一些不可抗力不同程度的制约，农业生产水平较低，均以粮食进口为主，出口较少，甚至为零，故本部分主要对各国进口情况进行分析（表 6 - 19）。

表 6 - 19　1992—2021 年观察员国粮食进口量和进口额

	年份	阿富汗	白俄罗斯	蒙古国
	1992	222 000	1 510 500	9 000
	1999	377 000	527 749	15 610
进口量（吨）	2006	659 997	355 337	38 395
	2013	432 803	170 907	52 660
	2021	1 148 499	405 750	361 182

(续)

	年份	阿富汗	白俄罗斯	蒙古国
	1992	33 600	208 500	3 400
	1999	66 000	64 300	5 233
进口额（千美元）	2006	130 665	73 249	10 404
	2013	233 140	103 087	36 021
	2021	445 628	173 186	126 711

数据来源：联合国粮食及农业组织数据库。

阿富汗缺少现代化、高科技农业设施，粮食不能自给自足，每年需要国际援助或进口解决粮食短缺问题。1992年粮食进口量为22.2万吨，随后进口量逐年攀升，2021年进口量达到114.85万吨，比1992年增加了92.65万吨。其中水稻和小麦进口量占粮食进口的98.86%，是阿富汗主要进口作物，水稻主要从巴基斯坦、哈萨克斯坦等国进口，小麦从哈萨克斯坦、乌兹别克斯坦、土库曼斯坦等国进口（联合国商品贸易数据库）。

白俄罗斯农业基础设施良好，粮食自给率已达到94%，但部分作物仍需进口。1992年粮食进口量为151.05万吨，2013年降至17.09万吨，随后进口量开始回升，2021年升至40.58万吨，比1992年减少了73%。其中大麦和玉米进口量分别占进口总量的44.67%和31%，是白俄罗斯主要进口作物，大麦主要从乌克兰、丹麦、瑞士等国进口，玉米从俄罗斯、乌克兰等国进口（联合国商品贸易数据库）。

蒙古国农业不是国民经济的支柱产业，但关系国计民生，历来受到政府的重视。私有化以来，由于经济衰退及投入不足，生产力大幅倒退，种植面积和产量锐减，导致粮食进口量增加。1992年粮食进口量为9 000吨，随后进口量保持持续增长，2021年达到36.12万吨，比1992年增加了35.22万吨。其中小麦和水稻的进口量分别占进口总量的52.81%和34.84%，是蒙古国主要进口作物。小麦主要从俄罗斯等国进口，水稻从中国、俄罗斯、越南等国进口（联合国商品贸易数据库）。

二、对话伙伴国

上海合作组织对话伙伴国有阿塞拜疆、亚美尼亚、柬埔寨、尼泊尔、土耳其、斯里兰卡、埃及、沙特阿拉伯和卡塔尔，9 个对话伙伴国均以粮食进口为主，柬埔寨、土耳其和埃及有少量出口，其他国家出口极少，故本部分主要对各国进口情况进行分析（表 6-20）。

表 6-20　1992—2021 年对话伙伴国粮食进口量和进口额

	年份	阿塞拜疆	亚美尼亚	柬埔寨	尼泊尔	土耳其	斯里兰卡	埃及	沙特阿拉伯	卡塔尔
进口量（吨）	1992	654 000	470 000	162 000	75 000	782 663	525 105	6 744 197	7 280 576	150 815
	1999	586 529	283 296	130 112	112 732	3 240 259	1 486 068	8 969 354	7 527 170	158 422
	2006	1 167 226	370 900	97 512	350 229	839 981	2 449 997	11 988 436	10 842 905	225 422
	2013	1 646 693	455 368	105 931	949 821	6 368 063	2 925 373	16 144 318	17 311 884	376 472
	2021	1 294 833	392 698	306 128	3 336 854	14 302 587	1 626 057	13 069 924	12 917 919	765 400.1
进口额（千美元）	1992	93 000	80 000	44 000	13 979	499 599	119 812	887 941	887 941	40 199
	1999	78 997	53 738	28 717	25 757	256 479	234 627	1 256 030	1 256 030	61 494
	2006	169 539	67 731	24 174	81 665	2 149 429	446 390	1 983 210	1 983 210	92 958
	2013	441 236	150 327	20 128	295 198	3 561 426	1 179 173	4 750 094	4 750 094	273 427
	2021	421 486	96 161	96 178	1 136 935	4 432 591	606 939	4 991 588	4 991 588	376 880

数据来源：联合国粮食及农业组织数据库。

阿塞拜疆农业在国民经济中占比较小，需要进口大量粮食以满足国内生活需要。1992 年粮食进口量为 65.4 万吨，随后进口量折线上升，2013 年达到最大值 164.67 万吨，受疫情防控影响，2021 年回降至 129.48 万吨，但相较 1992 年还是增加了 98%。其中小麦和水稻的进口量分别占进口总量的 86.21% 和 7.16%，是阿塞拜疆主要进口作物。小麦主要从俄罗斯、哈萨克斯坦、土耳其等国进口，水稻从印度、哈萨克斯坦、俄罗斯等国进口（联合国商品贸易数据库）。

亚美尼亚属于高原国家，全国平均海拔 1 800 米，山多地少，农业欠发达。1992 年粮食进口量为 47 万吨，1999 年下降至 28.33 万吨，比 1992 年下降 18.67 万吨，2006 年后逐年上升，2018 年上升至 45.54 万吨，随后稍有回落，2021 年降至 39.27 万吨，比 1992 年减少了 16%。其中小麦和玉米的进口量分别占进口总量的 74.50% 和 15.27%，是亚美尼亚主要进口作物。小麦主要从俄罗斯、格鲁吉亚等国进口，玉米从俄罗斯、格鲁吉亚、法国等国进口（联合国商品贸易数据库）。

柬埔寨农业在国民经济中具有举足轻重的地位，尽管存在基础设施和技术落后、资金和人才匮乏等制约因素，但其农业资源丰富、自然条件优越、劳动力充足、市场潜力较大。1992年粮食进口量为16.2万吨，2006年降至最小值9.75万吨，比1992年下降6.45万吨，随后进口量开始回升，2021年进口量达30.61万吨，比1992年增加了89%。其中玉米、水稻和小麦的进口量分别占进口总量的46.02%、27.03%和26.67%，是柬埔寨主要进口作物。玉米主要从阿根廷、越南、巴西、泰国等国进口，水稻从越南、缅甸、美国等国进口，小麦从巴西、澳大利亚、阿根廷等国进口（联合国商品贸易数据库）。

尼泊尔农业是其最重要的产业，农业人口占总人口约80%，耕地面积为325.1万公顷。1992年粮食进口量为7.5万吨，随后进口量呈现稳步上升趋势，2021年进口量上升至333.69万吨，比1992年增加了326.19万吨。其中水稻、玉米和小麦的进口量分别占进口总量的69.26%、19.85%和10.77%，是尼泊尔主要进口作物。水稻主要从印度、日本、美国等国进口，玉米从印度、孟加拉国、巴基斯坦等国进口，小麦从印度、乌克兰、加拿大等国进口（联合国商品贸易数据库）。

土耳其拥有较好的农业基础，是中东地区最大的小麦生产国，也是世界最主要的大麦生产国。1992年粮食进口量为78.27万吨，1999年进口量升至324.03万吨，随后进口量开始下降，2006年降至84万吨，下降持续时间较短，2021年进口量又上升至1 430.26万吨，比1992年增加了1 351.99万吨。其中小麦、玉米和水稻的进口量分别占进口总量的69.22%、16.48%和7.92%，是土耳其主要进口作物。小麦主要从俄罗斯、乌克兰、加拿大等国进口，玉米从乌克兰、罗马尼亚、俄罗斯等国进口，水稻从中国、希腊、俄罗斯等国进口（联合国商品贸易数据库）。

斯里兰卡粮食作物需要依赖进口。1992年粮食进口量为52.51万吨，随后保持上升态势，2013年进口量达到最大值292.54万吨，2014年开始出现缓慢下降，2021年进口量降至162.61万吨，比1992年增加了209.67%。其中水稻和玉米的进口量分别占进口总量的58.40%和36.63%，是斯里兰卡主要进口作物。水稻主要从巴基斯坦、印度等国进口，玉米从巴基斯坦、泰国、乌克兰等国进口（联合国商品贸易数据库）。

埃及不重视农业基础设施建设，导致农业技术发展滞后，同时人口膨胀导致人均耕地减少，粮食供不应求，需要通过进口满足。1992年粮食进口量为674.42万吨，随后保持上升态势，2013年进口量达到最大值1 614.43万吨，2014年开始出现缓慢下降，2021年进口量降至1 306.99万吨，比1992年增

加了 94%。其中玉米、小麦和水稻分别占进口总量的 53.42%、44.18% 和
2.35%，是埃及主要进口作物。玉米主要从巴西、阿根廷、乌克兰等国进口，
小麦从俄罗斯、乌克兰、法国等国进口，水稻从印度、中国、泰国等国进口
（联合国商品贸易数据库）。

沙特阿拉伯大部分地区被沙漠覆盖，受自然条件限制，不得不大量进口粮
食。1992 年粮食进口量为 728.06 万吨，随后保持上升态势，2013 年进口量达
到最大值 1 731.19 万吨，2014 年开始出现缓慢下降，2021 年进口量降至
1 291.79 万吨，比 1992 年增加了 77%。其中大麦、玉米、水稻和小麦分别占
进口总量的 41.68%、22.72%、17.92% 和 17.63%，是沙特阿拉伯主要进口
作物。大麦主要从澳大利亚、俄罗斯、乌克兰等国进口，玉米从阿根廷、美
国、巴西等国进口，水稻从印度、巴基斯坦、美国等国进口，小麦从波兰、乌
克兰、俄罗斯等国进口（联合国商品贸易数据库）。

卡塔尔沙漠众多，缺乏天然耕地，粮食、蔬菜、肉类难以维持自给自足，
主要依靠进口。1992 年粮食进口量为 15.08 万吨，随后进口量逐年攀升，
2021 年进口量升至 76.54 万吨，比 1992 年增加了 407.56%。其中水稻、小麦
和大麦分别占进口总量的 42.02%、24.68% 和 23.25%，是卡塔尔主要进口作
物。水稻主要从印度、越南、巴基斯坦等国进口，小麦从也门、印度、阿曼等
国进口，大麦从澳大利亚、印度、菲律宾等国进口（联合国商品贸易数据库）。

第七章 CHAPTER 7
上合组织成员国粮食政策 ▶▶▶

粮食安全是国家经济安全的重要组成部分，是维护国家地位和主权的关键因素，也是保障国民身体健康的必要条件。为确保国内粮食安全，各国制定和实施经济、组织和其他相关政策，保障国内生产能满足国民对粮食的基本需求，同时降低本国粮食安全对潜在外部威胁的脆弱性。由于观察员国和对话伙伴国中针对粮食政策的有关资料获取困难，所以本章仅介绍上合组织成员国粮食政策的相关内容。

第一节　中　　国

新中国成立以来，在政策层面围绕粮食安全进行了曲折艰难的探索。从实行统购统销、四轮粮改、支持保护政策到最新一轮的结构调整，实现了政策基调从"取"到"予"、政策内容从单一到多元、调控方式从政府为主到与市场相结合、政策导向从增产到提高竞争力的转变（陈祥云等，2020）。"中国人的饭碗任何时候都要牢牢端在自己手上"，现行的粮食政策体系采用多种手段多方位确保"端牢中国饭碗"，本节主要从粮食安全政策、粮食最低收购政策、粮食支持政策、粮食保险政策和粮食流通政策等五个方面来介绍中国的粮食政策。

一、粮食安全政策

随着中国农业结构的不断优化完善，区域布局逐步合理，粮食生产连年丰收，有效地保障了国家粮食安全，为稳定经济社会发展大局提供有力支持。但部分地区也出现耕地"非粮化"倾向，一些地方把农业结构调整简单理解为压减粮食生产，一些经营主体在永久基本农田上违规种树挖塘，一些工商资本大规模流转耕地改种非粮作物等，如果任由这些问题发展，将影响国家粮食安全。对此，国家出台了多项相关政策保障粮食安全。

（1）明确耕地利用优先顺序。设置18亿亩耕地红线，按照耕地和永久基本农田、生态保护红线、城镇开发边界的顺序，统筹划定落实三条控制线。对耕地实行特殊保护和用途管制，严格控制耕地转为林地、园地等其他类型农用地。永久基本农田是依法划定的优质耕地，重点用于粮食生产，特别是保障稻谷、小麦、玉米三大谷物的种植面积。一般耕地应主要用于粮食和棉、油、糖、蔬菜等农产品及饲草饲料生产。耕地在优先满足粮食和食用农产品生产基础上，适度用于非食用农产品生产。

（2）加强粮食生产功能区监管。把粮食生产功能区落实到地块，引导种植目标作物，保障粮食种植面积。组织开展粮食生产功能区划定情况"回头看"，对粮食种植面积大但划定面积少的进行补划，对耕地性质发生改变、不符合划定标准的予以剔除并及时补划。引导作物一年两熟以上的粮食生产功能区至少生产一季粮食，种植非粮作物的要在一季后能够恢复粮食生产。

（3）严禁违规占用永久基本农田种树挖塘。贯彻土地管理法、基本农田保护条例有关规定，落实耕地保护目标和永久基本农田保护任务。严格规范在永久基本农田上农业生产经营活动，禁止占用永久基本农田从事林果业以及挖塘养鱼、非法取土等破坏耕作层的行为，禁止闲置、荒芜永久基本农田。利用永久基本农田发展稻渔、稻虾、稻蟹等综合立体种养，应当以不破坏永久基本农田为前提，沟坑占比要符合稻渔综合种养技术规范通则标准。

（4）严格落实粮食安全省长责任制。各省、自治区、直辖市人民政府切实承担起保障本地区粮食安全的主体责任，稳定粮食种植面积，将粮食生产目标任务分解到市县。省长要承担的责任有：稳定发展粮食生产，巩固和提高粮食生产能力；落实和完善粮食扶持政策，抓好粮食收购，保护农民种粮积极性；管好地方粮食储备；实施粮食收储供应安全保障工程，加强粮食流通能力建设等。

（5）加强耕地种粮情况监测。农业农村部、自然资源部要综合运用卫星遥感等现代信息技术，每半年开展一次全国耕地种粮情况监测评价，建立耕地"非粮化"情况通报机制。各地区要对本区域耕地种粮情况进行动态监测评价，发现问题及时整改，重大情况及时报告。定期对粮食生产功能区内目标作物种植情况进行监测评价，实行信息化、精细化管理，及时更新电子地图和数据库。

（6）落实产粮大县奖励政策。为缓解产粮（油）大县财政困难，提高地方政府抓好粮食、油料生产积极性，促进粮食、油料和制种产业发展，保障国家粮油安全，中央财政实行产粮（油）大县奖励政策，对符合规定的产粮大县、产油大县、商品粮大省、制种大县、"优质粮食工程"实施省份给予奖励。按照动态奖励机制，中央财政每年根据近年全国各县级行政单位粮食生产情况，筛选入围获奖县，按因素法分配奖励资金。常规产粮大县入围条件：一是近五年平均粮食产量大于 4 亿斤，且粮食商品量大于 1 000 万斤 * 的县级行政单位；二是未达到上述标准，但在主产区粮食产量或商品量列前 15 位，非主产区列前 5 位的县级行政单位。在常规产粮大县奖励基础上，中央财政对粮食产量或商品量特大的超级产粮大县给予重点奖励。超级产粮大县入围条件：近五年平均粮食产量或商品量分别位于全国前 100 名的县。

二、粮食最低收购价政策

粮食价格主要是通过粮食保护价政策来保障农民的基本利益。最低收购价由国家事先确定，当市场价格高于最低收购价格时，农民自由销售粮食，各类收购主体按照市场粮价自行收购，不用启动执行预案；当市场价格低于最低收购价格时，启动执行预案，按照最低收购价收购粮食，其他粮食企业仍是随行就市进行收购。最低收购价政策对粮食品种、粮食区域、实行时间都有严格规定。各农作物的收购区域略有差异，粮食收购保护价以粮食主产区为主要实施范围，为主产地区带来基本利益，避免粮食主产地区出现产粮面积减小等状况，保障国内基本粮食产量；同时粮食最低收购价政策也不是全年实施，而是有时间限制的，农民可以在夏粮和秋粮的收获季节内按照最低收购价销售粮食，超过期限后农民只能按照市场供求关系决定的价格销售粮食，不再执行最低收购价政策。

在实行最低收购价政策的时候，政府委托中储粮总公司及其有关分公司，受中储粮总公司委托的中粮、中纺、中航工业、农垦集团所属企业及有关地方

---

* 1 斤＝500 克。

骨干企业、北京等 7 个主销区省级地方储备粮管理公司（或单位）、地方储备粮管理公司（或单位）等企业参与粮食收购。同时，在经济方面，粮食价格保护所产生的费用、利息等及销售过程中产生的亏损均由企业挂账承担。相比于粮食补贴政策，粮食收购保护价的基准价，不再由国家进行统一划分，而是由各省市、各地区根据地区发展状况进行基准价的制定。在粮食收购数量方面，也没有限定，但国有粮食企业必须按照保护价进行粮食收购（黄柳玲，2020）。

作为重要的农业政策，粮食最低收购价政策的目标也是依据不同时期农村经济发展形势及政策实施效果而有所调整，2016 年以前的主要目标应该是围绕供给目标和收入目标来决策的，而 2015 年实施农业供给侧改革以来，目标调整为以保供给质量为主。最低收购价政策使得农民在收回种植成本的同时获得合理收益，避免了"谷贱伤农"和"卖粮难"。

自 2014 年起，相关政策连续指出要完善粮食等重要农产品价格形成机制，深化农产品收储制度和价格形成机制改革。从 2016 年开始，分品种稳步推进粮食最低收购价政策改革，2016 年首次小幅下调早籼稻最低收购价，2017 年全面小幅下调稻谷三个种类的最低收购价。2018 年加大了改革力度，首次小幅下调小麦最低收购价，较大幅度全面下调稻谷最低收购价（何蒲明和魏君英，2019）。2020 年后小麦和稻谷最低收购价连续两年有所提高，并开始对小麦和稻谷限定最低收购价总量。重农抓粮的积极信号持续释放，在保持对种粮农民直接补贴力度稳定的同时，保障种粮农民合理收益（李明建，2022）。

三、粮食支持政策

中国粮食支持政策长期以增产为导向，侧重粮食前端生产保障，旨在保障粮食产量。2006 年取消农业税以来，政府逐步加大了对粮食生产的支持力度，基本形成了稳定粮食生产能力、促进农业可持续发展的政策框架体系，为实现国家粮食安全发挥了重要作用（普霁喆和钟钰，2021）。为解决农业生产资料价格上涨压减农户收益的问题，政府开始实施生产资料综合直补，初步形成了粮食直接补贴、良种补贴、农资综合补贴和农机具购置补贴为主的"四项补贴"政策，开启了国家直接补贴农民的政策安排。但由于直接补贴与耕地种粮面积不挂钩，激励效果并不显著。为此，2016 年经国务院批准，在全国范围内推行"三补合一"改革，将"农作物良种补贴、种粮农民直接补贴和农资综合补贴"等三项补贴合并为农业支持保护补贴,以进一步支持耕地地力保护和鼓励粮食适度规模经营(毛佳和朱述斌,2021)。与以往不同的是,农业支持保护补贴直接与粮食播种面积挂钩,并设定了规模经营门槛,旨在激励农户扩大粮食生产规模。

耕地地力保护补贴对象为所有具有耕地承包权的种地农民,补贴金额与耕地面积挂钩。不同省份采用不同的计算方法和补贴标准,计算方法包括确权面积、实际耕种面积、二轮耕地承包面积、计税耕地面积等。补贴标准的制定根据各地区的补贴资金总额和补贴依据进行综合考虑,全部直补到户。近几年,耕地地力保护补贴总体资金规模稳定。

粮食适度规模经营补贴对象为粮食适度规模生产经营者,主要包括种粮大户、家庭农场、农民合作社和农业社会化服务组织等新型经营主体和新型服务主体。该补贴对种植面积有一定要求,具体面积则参考每个地区的政策文件要求,其补贴方式主要有贷款贴息、重大技术推广与服务补助等。在重大技术推广与服务补助方面,可采取多种发放方式,如"先服务后补助"、提供物化补助、政府购买服务。但实施粮食补贴政策是为了保障国家粮食安全,因此不鼓励对新型经营主体实行现金直补。

2019年中国粮食补贴政策有以下调整。取消粮食补贴主要针对以下人群:一是拥有土地经营权,却没有进行粮食生产活动,荒废土地的人群;二是没有获得国家许可经营权,擅自开垦荒地的农民;三是不愿意荒废土地,将土地承包给其他人的农民,这份补贴将转移给该块土地种植的农民。与此同时,提高粮食补贴主要针对以下人群:一是承包他人土地的农民,将加大对这群农民的补贴力度,保障他们的收入,提高其生产积极性;二是规模化种植的农民,规模化经营采用机械化、集约化生产方式,提高农业生产率和土地利用率,实现土地资源最大化利用(黄艳平,2019)。

同时,为破除玉米产业发展难题,打开农业供给侧结构性改革的新局面,2016年正式取消实行了九年的玉米临时收储政策,建立了玉米"市场化收购"加"补贴"新机制,明确"市场定价、价补分离"的原则,建立市场价格形成机制和玉米生产者补贴制度。在玉米生产者补贴取得成效之后,为支持深化稻谷收储制度和价格形成机制改革,保障农民种粮收益基本稳定,又于2018年开始实施稻谷生产者补贴。

在生产者补贴政策执行过程中,将玉米、大豆与稻谷生产者补贴拨付到省区，由地方政府制定具体的补贴实施办法，明确补贴标准、补贴对象、补贴依据等，并负责将补贴资金兑付给玉米、大豆与稻谷生产者。在政策执行上，一方面实行市场化收购，鼓励并支持跟玉米、大豆与稻谷深加工、饲料、贸易及储备相关的多元市场主体入市参与收购，发挥市场在价格形成中的决定性作用，完善了粮食价格形成机制。另一方面实施价补分离，即逐步实现粮食补贴政策由间接补贴转向直接补贴，价格交给市场决定，而补贴由政府单独核算明确承担（张明等，2021）。

四、粮食保险政策

农业保险是保障农业生产的重要措施。2007 年开始实施农业保险保费补贴政策，此后中国农业保险不断扩面、增品、提标，覆盖三大粮食作物、天然橡胶、油料作物等 16 个大宗农产品及 60 余个地方优势特色农产品（赵展慧，2021）。为进一步提升农业保险保障水平，推动农业保险转型升级，更好地服务保障国家粮食安全，有关部门发布了《关于扩大三大粮食作物完全成本保险和种植收入保险实施范围的通知》，明确指出通过扩大三大粮食作物完全成本保险和种植收入保险实施范围，进一步增强农业保险产品吸引力，助力健全符合中国农业发展特点的支持保护政策体系和农村金融服务体系，稳定种粮农民收益，支持现代农业发展，保障国家粮食安全。

保险分为完全成本保险和种植收入保险，其中，完全成本保险为保险金额覆盖直接物化成本、土地成本和人工成本等农业生产总成本的农业保险，其保险责任包括当地主要自然灾害、重大病虫害和意外事故等。种植收入保险为保险金额体现农产品价格和产量，其保险责任涵盖农产品价格、产量波动导致的收入损失。实施完全成本保险和种植收入保险的地区以及有关农户、农业生产经营组织、承保机构均应坚持自主自愿原则；保险标的为稻谷、小麦、玉米三大粮食作物；保险费率按照保本微利原则厘定，综合费用率不高于 20%；保险保障对象为全体农户，包括适度规模经营农户和小农户。

农业保险高质量发展加速，财政支持发挥了重要保障作用。首先，对种植业保险保费补贴比例进行统一，提高中央财政对中西部和东北地区种植业保险的支持力度。对于稻谷、小麦、玉米、棉花、马铃薯、油料作物、糖料作物、天然橡胶、三大粮食作物（稻谷、小麦、玉米）制种保险的保费，在省级财政平均补贴比例不低于25％的基础上，对中西部和东北地区补贴45％、对东部地区补贴35％。其中，对中西部和东北地区棉花、马铃薯、油料作物、糖料作物、天然橡胶、三大粮食作物制种保险的保费补贴比例由35％或40％统一提高至45％。其次，优化了省级补贴比例计算方式，给予地方财政更大自主权。以保费规模为权重，加权平均计算省级财政补贴比例。

五、粮食流通政策

为了保护粮食生产者的积极性，促进粮食生产，维护粮食流通秩序，中国自2021年4月15日起施行《粮食流通管理条例》，在境内从事粮食（指小麦、稻谷、玉米、杂粮及其成品粮）的收购、销售、储存、运输、加工、进出口等经营活动，应当遵守该条例。鼓励多种所有制市场主体从事粮食经营活动，促进公平竞争。

条例规定，从事粮食收购的经营者，应具备与其收购粮食品种、数量相适应的能力；从事粮食收购的企业，应向收购地的县级人民政府粮食和储备行政管理部门备案；县级以上地方人民政府粮食和储备行政管理部门应加强粮食收购管理和服务，规范粮食收购活动。具体如下：

（1）粮食收购者收购粮食，应当告知售粮者或者在收购场所公示粮食的品种、质量标准和收购价格；应当执行国家粮食质量标准，按质论价，不得损害农民和其他粮食生产者的利益；应当及时向售粮者支付售粮款，不得拖欠；不得接受任何组织或者个人的委托代扣、代缴任何税、费和其他款项；应当按照国家有关规定进行质量安全检验，确保粮食质量安全，对不符合食品安全标准的粮食，应当作为非食用用途单独储存。

（2）粮食收购企业应当向收购地的县级人民政府粮食和储备行政管理部门定期报告粮食收购数量等有关情况；跨省收购粮食，应当向收购地和粮食收购企业所在地的县级人民政府粮食和储备行政管理部门定期报告粮食收购数量等有关情况。

（3）运输粮食应当严格执行国家粮食运输的技术规范，减少粮食运输损耗；不得使用被污染的运输工具或者包装材料运输粮食，不得与有毒有害物质混装运输。

（4）从事粮食食品生产，应当符合食品安全法律、法规和标准规定的条件和要求，对其生产的食品安全负责。

（5）销售粮食应当严格执行国家粮食质量等有关标准，不得短斤少两、掺杂使假、以次充好，不得囤积居奇、垄断或者操纵粮食价格、欺行霸市。

（6）粮食储存期间，应当定期进行粮食品质检验，粮食品质达到轻度不宜存时应当及时出库。

粮食经营者从事政策性粮食经营活动，应当严格遵守国家有关规定，不得有下列行为：

（1）虚报粮食收储数量。

（2）通过以陈顶新、以次充好、低收高转、虚假购销、虚假轮换、违规倒卖等方式，套取粮食价差和财政补贴，骗取信贷资金。

（3）挤占、挪用、克扣财政补贴、信贷资金。

（4）以政策性粮食为债务作担保或者清偿债务。

（5）利用政策性粮食进行除政府委托的政策性任务以外的其他商业经营。

（6）在政策性粮食出库时掺杂使假、以次充好、调换标的物，拒不执行出库指令或者阻挠出库。

（7）购买国家限定用途的政策性粮食，违规倒卖或者不按照规定用途处置。

（8）擅自动用政策性粮食。

（9）其他违反国家政策性粮食经营管理规定的行为。

第二节　俄　罗　斯

尽管俄罗斯幅员辽阔、东西跨度长、耕地面积大，但所在纬度高，适宜农作物生长的气候欠佳，除政策性因素外，俄罗斯农业发展不稳定受气候因素影响较大，食品加工能力较低，进口食品比重较高，可见俄罗斯粮食安全状况存在潜在的不稳定性。为保障粮食安全，俄罗斯政府采取了完善支持农业发展的法律法规体系、不断健全确保粮食安全的机制，同时针对实际情况采取了应对政策。本节主要从粮食补贴政策、粮食安全政策、粮食税收政策等三个方面来介绍俄罗斯的粮食政策。

一、粮食补贴政策

（一）价格补贴政策

俄罗斯政府发布的《1991—2000 年俄罗斯联邦农业集体企业财务状况报告》指出：价格自由化不仅导致食品价格快速上涨，居民食品需求缩减，而且工业品尤其是农用机器和材料的价格上涨快于农产品价格，这导致许多农业企业、农场和农户亏损。因此，俄罗斯政府不得不实行价格补贴政策来扶持农业发展。

价格补贴政策主要面向农业企业和小型农场，包括购买化肥补贴、良种补贴、用于农业播种的燃料补贴等，例如 2010 年政府购买化肥补贴超过 100 亿卢布，2012 年减至 50 多亿卢布。此外，俄罗斯政府利用地区财政对粮食市场价格加以干预。从 1999 年起，俄罗斯政府采取措施调节工农业产品的价格比例，解决工农业产品价格剪刀差即工农业产品价值的不等价交换问题。2001年以来，政府通过限定最低和最高粮食价格来制定价格区间以调节和稳定国内农产品价格。

根据《俄罗斯联邦农业发展法》，俄罗斯政府对部分农产品实行国家采购干预和商品干预措施，以稳定农产品和食品市场价格，提高农业商品生产者收入水平。所谓国家采购干预，是指在农产品销售价格下降至低于最低结算价格时，国家从农产品生产者手中采购农产品。而国家商品干预则是在农产品销售价格上涨至高于最高结算价格时出售所购买的农产品。这些农产品包括：食用小麦、饲料、大麦、黑麦和玉米。

（二）保险补贴政策

俄罗斯从政策上支持发展农作物保险，建立农作物产量保险机制。2005年政府决定成立国家保险公司，负责执行农业保险政策。《俄罗斯联邦农业发展法》规定：影响农产品生产的自然灾害造成的农产品（粮食作物、油料作物、经济作物、饲料作物、瓜类作物等）风险损失，均在国家支持实施的农业保险范围内。农业商品生产者从财政资金中按保险合同缴纳的保险金（保险费）50％获得补助金。在《2008—2012 年国家农业发展和农产品、原料及食品市场调节规划》中，将作物保险土地面积占全国耕地总面积的比重从 2006

年的 18％提高至 2012 年的 40％，政府将为粮食、油籽、工业作物、饲料作物、蔬菜，以及其他多年生作物提供 40％的作物保险费用补贴。俄罗斯农业部还鼓励签署农业保险协议，并主张将这种农业保险同国家保险补贴挂钩。

为实施国家在农业领域引入的保险机制法律，提升农民和农业企业的抗风险能力，在加入世界贸易组织后，俄罗斯联邦预算列支约 60 亿卢布用于补贴农业保险的保费，其中，50 亿卢布用于种植业，10 亿卢布用于畜牧业。同时，要求地方政府也必须从地方预算中拨出相应款项，以保证支付国家承担的 50％的农业保险费（孙化钢，2016）。

二、粮食安全政策

（一）粮食安全制度体制和经济措施

俄罗斯粮食安全制度体制和经济措施包括保障粮食安全的联邦法律条例、俄罗斯联邦总统命令、俄罗斯联邦政府以及安全理事会的各项规定。根据区域特点，政府正在实施国家统一的粮食安全经济政策，并制定和执行粮食安全法，以提高国内农产品的生产水平和竞争力。在基础设施和组织机制方面，政府致力于建设高效的粮食市场，以降低从生产商到最终消费者的物流成本，并扩大农产品的采购范围。同时，政府也鼓励各种形式的合作，特别是在营销领域，以消除不必要的中间环节，为粮食及其他农产品的批发市场创造良好的运作环境。

此外，政府还制定并通过规范的法律体系和条例，确定国家资金预算，为农业经济产业的运作提供条件。这些举措旨在确保粮食安全和农业经济的可持续发展。政府将继续致力于改善农产品生产和供应链的效率，促进农民的收入增长，提高粮食市场的透明度和竞争力，以实现全面的粮食安全和农业发展。

（二）加强政府机构与非营利组织的合作

联邦政府给州政府执行机构和非营利组织授权，以支持农业生产，确保粮食安全。发挥州政府执行机构与非营利组织的相互作用，通过合作协议，以及联合研讨会、展览会和其他活动，促进粮食领域的社会经济合作，加强对粮食安全的支持，并提高各地区对农业生产支持的有效性。例如俄罗斯联邦政府对哥萨克协会的支持。

（1）俄罗斯联邦国防部、俄罗斯联邦内政部等机构需按照程序规定，向哥萨克协会转让汽车、拖拉机和其他设备以协助哥萨克协会生产和供应国家所需的农产品和原材料。

（2）俄罗斯联邦农业部应与俄罗斯联邦各执行权力机构合作，按照规定的程序向哥萨克协会提供帮助，向哥萨克协会及其组建的从事农业生产、农业机械设备、畜牧、种子种植的企业提供其所需的现代化生产的专业技能；提供农业生产、加工和销售领域的信息及咨询服务。

（3）拿出部分发展农业生产和农村社会工程建设的预算拨款以援助哥萨克协会，协助哥萨克协会及其组建的企业销售其生产的粮食和产品，以满足地区需要。

三、粮食税收政策

俄罗斯在调整粮食政策方面采取了切实的措施，以减轻农民的负担。其中最重要的举措是减少税种，并实行统一的农业税制。自 2002 年起，俄罗斯将农业商品生产者需缴纳的税种由原来的 20 余种减少到 10 种。从 2004 年开始，俄罗斯实施了《统一农业税法》，将农业税改为统一征收。在缴纳统一农业税后，农业企业不再需要缴纳利润税、增值税、财产税和统一社会税。个体农户也不再需要缴纳个人所得税、增值税、个人财产税以及用于生产经营的统一社会税。其他税费按照一般规定进行缴纳。实施统一农业税的总体原则是减轻税负，农业商品生产者的纳税额应相当于上一年度缴纳的全部税费总额的 1/4。农业企业可以选择缴纳统一农业税，也可以按照原来的税制纳税。到 2008 年，约有 65％的农业企业开始缴纳统一农业税。根据规定，统一农业税按照农业企业总收益与总成本之差的 6％征收，这一税率的实行使农业企业和农户每年少缴纳了 150 亿卢布的税款。此外，俄罗斯还免除了农产品生产企业的一些税务负担，政府对农业企业的补贴金额远远超过企业所缴纳的税收。

此外，俄罗斯在粮食增值税方面实行了税收优惠政策，将适用对象如饲料谷物、混合饲料、油籽粕和油籽饼等农业投入品的增值税税率设定为 10％，而标准税率为 18％。该优惠政策的目的是促进农业生产和提供更好的税收环境。为了适应市场需求，俄罗斯于 2012 年通过一项法律，进一步加强了对农业生产者的税收优惠政策，规定农业企业的利润税将长期实行零税率政策。同时，在 2017 年 12 月 31 日之前，对一些粮食种子、种畜等农产品的增值税继续实行 10% 的优惠税率。俄罗斯农产品市场准入涉及关税削减和关税配额的核心问题。在关税削减方面，加入世界贸易组织后，俄罗斯农产品的平均进口关税从 13.2% 下降到 10.8%。

通过实行粮食增值税优惠政策、减少税率并加强税收优惠，以及进行关税削减和关税配额的调整，俄罗斯政府致力于降低农民的负担，提高农业竞争力。这些政策措施有助于促进农业发展，提高农产品生产水平，并为农民创造了更好的税收环境和市场准入。

第三节　哈萨克斯坦

哈萨克斯坦农业资源丰富，近年来政府逐步提高对农业发展的重视程度，同时为确保本国粮食安全，不断改革完善粮食政策。本节主要从粮食价格支持政策、粮食补贴政策和粮食税收政策等三个方面来介绍哈萨克斯坦的粮食政策。

一、粮食价格支持政策

粮食价格支持政策是国家提高或稳定粮食价格水平以支持粮食生产者的工具手段，是提高农民收入、促进国内农业发展的措施之一。哈萨克斯坦粮食价格支持政策主要包括双期货粮食收购政策和价格管制制度等方面。

（一）双期货粮食收购政策

双期货粮食收购政策旨在通过国家粮食收购稳定粮食价格，避免粮食市场的动荡。哈萨克斯坦分两个层次进行国家粮食收购，在国民银行执行审慎监管的第二级银行的保证下，国家每年以固定价格分两个批次对国内粮食进行收购，春夏季融资（期货购买），秋季（实际）直接购买，之后政府确定收购的粮食价格，对于不合理的增长或下降趋势予以及时控制和调整，消除垄断价格的出现，削弱价格扭曲，进而最终保护农产品生产者和消费者。

（二）价格管制制度

农产品价格管制制度旨在保护消费者和生产者的利益，它是一个自由波动的价格，上限保护消费者的利益，下限保护生产者的利益。哈萨克斯坦农产品价格管制制度主要包括调整国内农产品流通方向并规定一些农产品的最低价格。

第一，调整国内农产品流通方面，畜牧业是哈萨克斯坦农业中存在问题最多的行业。相对于世界价格而言，哈萨克斯坦的畜产品价格较高。例如，牛肉价格水平是世界价格的 121%，高出俄罗斯 39%。价格也同样高于其他欧洲国家。在此高价下，哈萨克斯坦农民处于不利地位。为稳定农产品市场，哈萨克斯坦开展农产品采购和价格干预措施。采购和价格干预的顺序和数量由政府决定，实施采购业务和价格干预的专业组织名单及其报酬由政府批准，但不允许在收获期间实行对农作物生产的价格干预。同时，为平衡关税同盟国之间的国内价格，哈萨克斯坦在国内那些价格低于最低保证水平的地区购买剩余产品，并在那些对应产品短缺的市场上放货。

第二，确定农产品最低价格方面，由于哈萨克斯坦食品市场的国家监管体系并不能够很好地刺激粮食生产的增长。其国内进口食品市场的饱和降低了对本国技术落后和竞争力缺乏的食品行业发展的关注度。因此，2011 年，哈萨克斯坦政府通过限制社会重要产品的贸易补贴规模，批准了 31 种食品的最低价格。

二、粮食补贴政策

粮食补贴是国家粮食支持与保护政策体系中最主要、最常用的政策工具，是政府通过各领域多种补贴政策提高粮食生产者种粮积极性、保障国家粮食安全的重要措施。哈萨克斯坦农业部正加强涉农补贴管理，将补贴的重点转向鼓励生产种植、鼓励购买农业机械设备，购买种子、除草剂、化肥等。

（一）生产补贴

哈萨克斯坦明确了优先发展行业，针对部分农业生产成本进行了调整，并给予一定的补贴。为了保障国内的粮食和肉类需求，哈萨克斯坦将家禽、肉制品、乳制品、鱼类、植物油、水果、蔬菜和糖作为优先发展的农产品行业。价格调整方面，首先调低了农作物种子的价格，鼓励农业生产；其次对农业机械所需要的燃油、润滑剂及春耕、收割所必需的其他商品价格进行了相应的调整。相应地，农产品补贴方面，政府每年为谷物生产补贴提供预算资金 1.2 亿美元；且普通种子不再享有补贴，改为对优良种子的最终购买者提供补贴。

（二）农业机械设备租赁补贴

为鼓励生产，哈萨克斯坦对农业机械设备的租赁进行补贴。哈萨克斯坦主要种类的农业器械的购买数量在减少，主要由于中间费用过高，农业生产者资金不足，租赁者在进口时还要承担汇率风险。为此，政府在对从国外进口的农业机械实施补贴（6%～12%）的同时，也降低租赁公司贷款利息，从而保证广大农民能以较为合理的价位租到机械设备，且各银行以 4.5%利率提供的农业设备租借费用由政府负担。

（三）耕种和收割费用补贴

哈萨克斯坦政府对一些农业耕种和收割环节需要资金的地方也实行了补贴。从 2013 年起将原来对小麦的补贴，转用于农业耕种和收割环节，使生产者可以有充足的资金来保障粮食的采购数量，以稳定市场价格以及农业机械设备的租赁价格等。

（四）农业生产者融资补贴

哈萨克斯坦农业部制订了融资方案用于解决农业生产融资困难的问题。强调要采用国有系统的担保，以降低私人资本投资农业生产的风险，农业部专门制订了采用国家担保的融资方案。该方案建议各地区的社会企业集团通过提高其注册资本来实施资本化，而这些资本可以用于农业生产者对金融机构、二级银行借款的担保。这既可以降低贷款方的要求，也可以提高金融机构对发展农业领域信贷的兴趣，从而保障了农业生产者的融资渠道。同时自 2006 年开始，哈萨克斯坦也实施了预算计划补贴。

（五）农业企业补贴

对农业企业实施的综合性财政补贴是针对农业建筑和安装工作以及机械设备投资费用的部分补偿，补偿费用从 20%到 80%不等。自这项国家支持措施开始实施以来，共对 2 729 个农业综合企业提供了补贴，补贴总额为 191 亿坚戈，吸引的投资总额为 678 亿坚戈。降低对农业综合企业实体提供的贷款或租赁协议的利率，用来补充营运资金，购买固定资产等本国货币利率降低 7%，外币利率降低 5%。为了减轻农业综合企业实体的信贷负担和破产风险，自 2013 年以来，哈萨克斯坦已采取措施从财务上恢复农业综合企业实体的债务，财务回收条款规定将贷款期限延长至 9 年，将利率降低至 14%，其中 7% 来自国家预算，以及金融机构取消的罚款。

三、粮食税收政策

哈萨克斯坦的税收政策经历了多次改革，相较于之前，新税法调整了税种和税率，减轻了非原料领域税赋，增加了原料领域税赋，给予中小企业更多优势政策。同时《农业经营——2020》明确了通过税收优惠促进农业领域发展的相关措施。农业税收制度遵循属地原则，纳税义务主要依据纳税人的所得是否来源于境内，而不考虑其是否为哈萨克斯坦公民或居民。其农业用地税率根据土地质量分级纳税，对从事农业生产的法人和农产品加工企业的税收减征 70%，极大地减轻了农业生产领域的税负。

（一）主要税赋和税率

在哈萨克斯坦从事经营活动的本国和外国公司的常设机构有义务对企业所得税、增值税、消费税、土地税、运输工具税等税种纳税。具体内容如表 7-1 所示。

（1）企业所得税。调整后的企业所得税相较于 2009 年降低了 15%。

（2）增值税。哈萨克斯坦政府正积极下调税率，降低部分行业的增值税税率，并首先适用于中小企业。税费的计算依据是商品或服务价值（包括消费税和关税），进口商品同样要缴纳增值税，按货物的价值征收。该国农业免税组织每年约有 300 亿坚戈的收入，为了减少食品行业的增值税，该组织每年投入约 35 亿坚戈资金直接用于农业现代化的生产和成本的降低。哈萨克斯坦对以下行业降低了 70% 的增值税税率：肉类和肉类产品的生产、果蔬加工和保存、植物和动物油和动物脂肪的制造、牛奶的加工和干酪的生产、制粉工业产品等。

（3）消费税。消费税限定在某些商品和经营活动，涉及农业的商品包括酒精、鱼子、巧克力、原材料等，税率由哈萨克斯坦政府确定。

（4）土地税。所有拥有地权和土地长期使用权或初期无偿临时使用土地的组织（法人或自然人）均是土地税的纳税人，农业用地率根据土地质量分级后加总确定，然后纳税。

（5）运输工具税。在该国注册的拥有运输工具的自然人和法人都是运输工具的纳税人，税率按照运输工具的具体情况定期进行调整。

表 7-1　哈萨克斯坦企业纳税税种及其主要规定

税种	相关纳税规定
企业所得税	2011 年新税法规定，企业所得税变更为 15%。对中小企业取消所得税预付的规定，亏损期从 3 年延长到 10 年
增值税	2009 年新税法将增值税下调至 12%，规定企业缴纳增值税的现金周转额起征点提高一倍，达到 3 800 万坚戈
消费税	税率由哈萨克斯坦政府根据货物的价值按百分比确定
土地税	农业用地率根据土地品质分级后汇总纳税：草原最低品质地（1 级）每公顷 0.48 坚戈，土地品质越高，税费越高。为鼓励有效利用土地，哈萨克斯坦根据不同的土地征收渐进式土地使用税，税率从 0.1%～0.5% 不等
运输工具税	税率取决于运输工具种类、发动机容量、出厂时间，并按月核算指标计算，每年根据税率支付一次

资料来源：哈萨克斯坦新税法（2009）。

（二）投资税收优惠政策

投资主体分为"外国投资者"和"本国投资者"。哈萨克斯坦投资税收优惠政策针对上述两种情况做出以下规定：

（1）在哈萨克斯坦的外国投资者一律享受国民待遇。无论国内还是国外投资者，大家都只享受一条税收特惠：允许投资者在三年内均等地或是一次性地从公司所得税中扣除投资者当初投入房产、机械设备上的资金。从"产出"中拿够了相当于投资者"付出"的部分之后，一切都要按章纳税。同时外国和本国投资者在免受征用和国有化、接受国家机关检查、解决投资争端、使用收入、接受因国家机关和工作人员行为造成损失的补偿等方面享有平等权利和地位。

（2）符合条件的外国投资者可额外享受一定的优惠和特惠。提供优惠和特惠的条件是：第一，投资者向哈萨克斯坦法人的固定资本进行直接投资；第二，投资者在实施投资合同时，具有履行义务和执行职责相应的金融、技术和组织能力的正式文件。满足上述条件的外国投资者，可额外享受以下特惠：第一，投资者进口生产设备免关税；第二，对外国投资者在土地使用、房产、机械设备、测量仪器、交通工具等方面，实行一次性实体资助，国家实物赠与的价值不超过投资总规模的30％。

第四节　吉尔吉斯斯坦

吉尔吉斯斯坦农业增长率低于整个经济部门的增长率，该国的人口增长趋势要求更高的粮食生产力和产量，为了提高粮食生产，保障粮食安全，吉尔吉斯斯坦政府采取了一系列的粮食政策。本节主要从粮食安全政策、粮食补贴政策以及粮食贸易政策等三个方面来介绍吉尔吉斯斯坦的粮食政策。

一、粮食安全政策

（一）改善粮食供应

在改善粮食供应方面，政府采取的措施主要包括：①刺激产量增长。改良粮食种子并鼓励农业生产者进行集中化生产，支持合作小农场；②提高农业生产效率。改进现有资源使用的管理机制以提高牧场和水资源使用效率，提高农业生产者对这些资源的可获得性；③加强对粮食库存的质量监测。对国家物资储备系统中的粮食的范围和储存日期进行评估，建立从粮食生产过剩地区向粮食生产不足地区的转移机制；④大力发展水利灌溉。吉尔吉斯斯坦农业部在《2013—2017年国家稳定发展战略》中提出了农业领域的投资项目清单，总金额为1.57亿美元，包括以下内容，新开垦2.2万公顷灌溉地；改善3.7万公顷土地的灌溉供水；提高5万公顷土地的改良状况等。

（二）形成有效的监管体系

在形成有效监管体系方面，政府采取的措施包括：①完善食品安全管理体系。为改善国家食品安全管理体系，政府将处置不符合规范的农产品，如果发现农产品中残留违禁有害物质，不符合国家卫生监督食品的卫生标准，经政府批准，将会对相关农产品和原料进行控制和监督。将掺假产品的概念引入《食品流通条例》以提高供应链运输过程中的食品安全；②改进供应链基础设施。将根据联合国粮食及农业组织的标准，通过改进粮食供应链每个阶段的执行系统，提高粮食安全可追溯系统的效率，确保食品安全；③培养相关人才。加强对粮食生产、储存和销售以及粮食安全创新技术人才的培训；④改进信息系统。考虑到目标受众的不同需要、兴趣，通过加强食品安全宣传，提高所有供应链成员、食品消费者的食品安全要求意识。

二、粮食补贴政策

吉尔吉斯斯坦粮食补贴政策主要包括对种子种植领域的补贴以及对农业生产者的补贴。

种子种植补贴方式主要通过在种子生产中引入国家补贴机制，向种子农场划拨预算资金，从而确保地方政府、种子农场和农业生产者之间的可持续发展。关于种子种植补贴的政策主要围绕直接提供资金补贴和种子作物补贴两个部分。一是提供直接资金补贴，包括农民购买化肥和除草剂的资金补贴；对粮食作物的优质种子生产者给予资金补贴，确保优质种子的市场价值高于普通种子价值的40%；对已获得优良种子认证养殖的农场给予资金补贴；向生产重点农作物种子的农场提供资金补贴。二是提供种子作物补贴，包括为农作物提供高质量的合格种子材料，使生产的种子质量符合当地标准，并扩大补贴作物的种类；帮助农场将其种子出售给农业生产者；保存优良的动植物产品基因库。

对农业生产者的补贴主要包括四个方面。第一，免除使用农机时消耗燃油和润滑油的关税税费以满足农业生产者对田间作业的需求。第二，确定农业生产者所需燃料及润滑剂数量，制定相应的燃料分配程序，并从国家储备中运送燃料和润滑油，以满足田间工作中农业生产者的需求。第三，农业生产者的优先补贴对象为遭受自然灾害影响的以及位于边境、高山村庄地区的农业生产者。第四，每年向吉尔吉斯共和国的最高议会代表提供有关农村商品生产者的信息，在实地工作期间向他们提供国家支持。

三、粮食贸易政策

（一）农产品非关税壁垒

吉尔吉斯斯坦实施的非关税壁垒措施较少，主要以卫生和植物卫生检疫措施（Sanitary and Phytosanitary，简称 SPS）和技术性贸易壁垒（Technical Barriers to Trade，TBT）为主。截至 2017 年 12 月 31 日，在农产品方面，吉尔吉斯斯坦共采取了 11 项非关税壁垒措施，其中 9 项 SPS 措施，主要涉及谷物、水产品、乳制品、水果、咖啡和茶、活动物、油籽和油；2 项 TBT 措施，主要涉及除烟草外的其他农产品（表 7-2）。

表 7-2　吉尔吉斯斯坦农产品非关税壁垒实施情况

非关税壁垒措施类型	数量	涉及主要产品
SPS	9	谷物、水果、活动物、水产品、水果、油籽和油、咖啡和茶
TBT	2	除烟草外的其他农产品

数据来源：WTO 数据库。

吉尔吉斯斯坦政府根据《关于对进口商品安全指标进行监督决定》的规定，部分商品在进入该国境内时必须接受强制性的安全检验。这项安全检验工作由政府指定的监管机构或地方商检部门负责进行。商检采用了"一站式"服务的方式，同一批商品只能由一个机构进行一次检验。一般情况下，检验工作应在 5 个工作日内完成。如果某个州（市）对同一种商品设有多个商检机构，进口商有权选择其中一家机构进行检验。对进口商品的监督检验收费标准由吉尔吉斯斯坦政府规定。如受验商品不符合安全标准，指定监管机构或商检部门应向进口商发放禁止在吉尔吉斯斯坦境内销售该商品的命令并负责通知海关，同时协助海关提出对该商品的处置意见（转口、再加工或销毁）。

（二）农产品出口退税政策

根据吉尔吉斯斯坦现行法律规定，出口退税适用于以下两种情况：

农产品的复出口：这是指在吉尔吉斯斯坦境内加工进口农作物后再次出口的商品。凭借海关监管部门颁发的许可证（有效期 1 年），可享受退还农作物进口时缴纳的关税和增值税的优惠待遇。

利用本地采购的农作物加工的出口商品：无论商品种类如何，在出口时均可享受退还增值税的优惠待遇。

第五节　塔吉克斯坦

为解决粮食安全问题以及增加农业出口创汇，塔吉克斯坦独立后高度重视农业发展，出台的多项政策把农业尤其是粮食生产作为国家优先发展方向。本节主要从粮食安全政策、粮食贸易政策和粮食支持政策等三个方面来介绍塔吉克斯坦的粮食政策。

一、粮食安全政策

塔吉克斯坦主要通过国内自产来保障粮食供应，预防粮食危机。国家当局采取了一系列措施改善粮食质量和人民健康，确保粮食安全。

（一）遵循的主要原则

（1）无论法律和组织形式如何，确保组织和企业平等进入食品市场。

（2）防止州一级的粮食安全水平下降。

（3）在竞争基础上对国内农产品、原材料和食品生产者提供国家支持。

（4）在监测的基础上做出管理决策，以形成和维持国内食品市场的平衡。

（5）促进非营利组织、工业和其他组织在农产品、原材料和食品的生产、供应和加工中的作用。

（6）确保食品市场状况信息的公开性。

（7）保障食品要求的全面统一性。

（8）生产、进口和销售的食品质量符合食品安全法规的要求。

（9）食品国家资源的形成、更新和补充，不受内部和外部因素的影响。

（10）在有针对性地使用和管理自然资源的基础上有效组织农业生产，以便为人民和工业提供国家可持续经济增长和社会发展所需数量的农业资源。

（二）主要政策方向

（1）制定基本食品清单。

（2）确保基本食品在物质上和经济上的可获得性。

（3）确保生产符合技术法规、标准和法规要求的农业原料和现成食品。

（4）按照技术法规、标准的要求确保安全进口。

（5）激活对外经济活动，包括进出口平衡。

（6）实施有效的农业政策。

（7）在发生粮食危机或受到威胁时，国家权力执行机构可以在有限的时间内建立食品的规范分配，为民众迅速采购、运送和分发基本食品。

（8）监测食品和农业原材料市场的状况。

（9）发展食品和农业原材料贸易中的信息和通信技术。

（三）确保粮食安全和改善人民营养获取方面

推进土地和水利改革，建立基于公平和可持续分配的土地和水资源管理系统；在农业工业部门稳定增长的基础上确保粮食的经济和实物供应；农业生产多样化，考虑到对环境和土地质量的影响最小化，制定措施以替代危险化学品；增加在国内市场上获得改良种子和肥料的机会，鼓励使用新的农业方法和技术来增加农业产量；为粮食安全和良好营养建立有效的风险管理和监测系统（支持重要食品的生产和进口、营养监测系统的组织、预警、储备）；通过协调农业、健康、社会保护领域的政策，提高对营养价值的认识、完善有效的融资政策；将灌溉、排水等基础设施维护和运营系统的可持续运作，作为灌溉农业、粮食安全、农村地区人口就业和实地减贫的可持续运作的基础；发展农产品市场，克服障碍，确保农产品生产者直接进入市场；引入有效的国家奖励制度，开发和恢复农业循环盐碱地、涝地和未使用的灌溉土地。

二、粮食贸易政策

塔吉克斯坦实行较为宽松的对外贸易政策，企业法人、自然人都可从事进出口贸易，一般商品均放开经营。

（一）许可证、配额限制商品

塔吉克斯坦受许可证、配额限制的商品如下：

（1）出口商品：金、铝、棉花、烟草、皮革；贵重和半贵重金属、合金及其制品；稀有金属、生产合金用的稀土原料、合成物及制品等。

（2）进口商品：小麦、面粉、石油类产品；农业经济作物、观赏性草本植物（包括种子）及蚕种；有毒物、植物保护化学物品、化肥等。

（二）进出口商品检验检疫

种子、植物、植物加工的进出口产品必须办理植物检疫证书。每一批进口的商品，必须要有相应的文件：①植物检疫部门允许进口的检疫证书；②商品产地国家的产品质检、检疫证书。进口商须提前 30 天提交申请书，提供有关商品的全部信息，为质检服务付费，检疫证书的有效期为 3 个月。

出口商在出口商品时必须提前 30 天向植物检疫部门提交正式申请及有关商品的全部信息，包括：合同复印件、数量、装运地点、发运目的地等，提前 15 天提交样品备检，为质检服务交费。

（三）粮食进出口管理

根据《塔吉克斯坦至 2030 年国家发展战略》和《塔吉克斯坦 2016—2020 年促进出口和进口替代国家方案》对食品的进出口进行管理，做出了以下规定：①减少对进口食品的依赖；②通过刺激制造商和出口商来确保发展出口食品的生产和进口替代；③提高国内食品生产商在国内外消费者市场上的竞争力。同时为了提高该国消费市场上食品进出口管制的效率，计划在边境口岸建立食品安全流动实验室、食品进出口电子数据库以及恢复食品安全管制点的基础设施，并提高食品安全专家的专业资质。

三、粮食支持政策

为进一步提高国内产品在世界市场上的竞争力，塔吉克斯坦政府制定并于 2020 年 10 月 28 日通过了《至 2040 年塔吉克斯坦共和国的农业产业集群以及为实施最佳农业实践创造有利条件的计划》。

（一）农业部门的主要发展方向

（1）对所有类别的土地进行清点，以便在该国引入土地地籍，并进一步有针对性和有效地利用土地资源。

（2）改善种子农场结构，通过整合提高其能力和效率，为农场提供高质量的繁殖种子、动植物育种。

（3）在地区建立大型农业产业集群，以完成棉纤维、皮革、蚕茧、葡萄、水果、油籽和其他农产品的加工，建立肉类和奶牛养殖场、集约化果园和冷藏物流中心。

（4）使以出口为导向的农产品符合国际 GAP 认证标准，提升产品竞争力。

（5）通过改善土地管理、扩大该领域的公私合作机制以及增加现代温室的面积，支持该国的粮食安全措施。

（二）发展的主要目标

（1）确保农业的可持续发展。

（2）确保农业生产力的增长。

（3）到 2025 年实现 70％的粮食自给率，其中包括 80％的基本食品（小麦、土豆、植物油、大米）。

（三）主要政策措施

（1）改善农业部门的管理政策和体制基础。

（2）加强对农业的物质技术基础和信息支持。

（3）贯彻有机农业原则和"绿色"贸易原则，增加粮食安全和改善食品质量。

（4）修复灌溉系统和排水系统，以改善盐碱地和湿地。

（5）提高农业生产者的能力。

第六节 乌兹别克斯坦

近年来乌兹别克斯坦农业的稳步发展已经基本解决了粮食安全问题，并逐渐使其从粮食进口国转变成了粮食出口国。本节主要从粮食税收政策、粮食贸易政策和粮食金融政策等三个方面来介绍乌兹别克斯坦的粮食政策。

一、粮食税收政策

乌兹别克斯坦政府自独立之后简化了农业企业的税收方法，税收政策对本国企业和外资企业是不一样的。

对于本国农业企业，税收采取以下优惠政策：①农业企业缴纳单一土地税；②农业企业免征道路基金、养老基金、医疗基金和教育基金；③新成立的农业企业免征单一土地税两年；④实施灌溉系统的农业企业免征单一土地税 5 年，单一土地税的税率平均为 15％，具体取决于位置、气候以及获得水、基础设施和劳动力的机会。

对于外国农业企业，税收采取以下优惠政策：①从事农产品的外资企业，自注册之日起 2 年内免缴利润税；②外资占 50％以上的生产型合资企业，投产后 2 年内免缴利润税，两年后，法定资本在 100 万美元或以上的合资企业，缴纳利润税税率为 16％；③外资项目若被列入国家投资计划，则享受前 7 年免缴利润税、7 年后减半利润税的优惠政策；④对在偏远农村建立民用消费品生产和深加工的外资企业，根据外资规模确定利润税、财产税、社会基础设施、环保税及道路基金费的优惠程度；⑤若外资企业生产的产品用于出口，则 2 年内免收利润税，增值税可缓交，2 年免税期过后，根据出口创汇额占销售总额的比例减免两税（利润税和财产税），出口创汇额占销售总额的 15％～30％，"两税"均减免 30％，出口外汇额占销售总额的 30％以上，"两税"均减免 50％；⑥对注册资金中外资超过 50 万美元的合资企业，则免征财产税；⑦作为投资引入的技术设备免缴增值税（20％）和进口关税，其他生产所需原料等免缴进口关税；⑧直接投资超过 5 000 万美元的外国企业法人从本国进口自身所需产品，则免缴进口关税。

二、粮食贸易政策

乌兹别克斯坦的粮食贸易政策主要包括出口许可制度、出口补贴政策。

（一）出口许可制度

该国商品出口许可制自 1997 年 11 月 1 日起废止，自此对外贸易体制相对开放，对进出口商品没有数量、配额及许可证限制。但是对于特殊商品，尤其是关系到国家稳定的商品政府实行出口许可制度甚至禁止出口，且其出口合同须先在乌兹别克斯坦投资和外贸部登记。

2015 年 8 月政府发布修订后的《批准禁止出口清单》，禁止出口的农产品包括：小麦、黑麦、大麦、燕麦、大米、玉米、荞麦等粮食以及牲畜、家禽、肉、食用肉副食产品、糖等。2017 年 1 月，乌兹别克斯坦总统签署命令，取消了部分谷物、肉类、奶制品、糖、植物油、皮革和丝绸原料等在内的一些产品的出口禁令。2018 年 10 月 30 日，乌兹别克斯坦总统签署《关于进一步促进贸易自由化和发展竞争商品市场的措施》总统令，决定自 2019 年 1 月 1 日起取消猪肉、家禽、其他肉类和食物副产品、猪油和家禽油脂、植物油、糖、面包产品、钨矿石和丝绸废料的出口限制。

（二）出口补贴制度

乌兹别克斯坦出口补贴制度仍然广泛存在于其农产品出口。该补贴主要有两种形式：一是直接补贴，2013 年成立私营企业出口基金会，除对出口企业免征规定的税种外，直接对企业拨款以促其产品出口。此外该基金还为企业提供出口合同起草、注册和保险服务，并协助 100 余家企业进行销售市场调查；二是间接补贴，主要表现为减免产品出口时的运费。该笔补贴由国家预算承担，投资和外贸部下属的出口促进局被任命为支付补贴的授权机构。政策规定运费报销比例为 50％，但在向邻国出口产品时将不会享受铁路运费补贴。

三、粮食金融政策

乌兹别克斯坦的粮食金融政策主要包括融资政策和小额信贷政策。

（一）融资政策

乌兹别克斯坦农业融资主体主要为外国企业以及国际组织。在吸引外国企业融资方面，完善了本国的农业投资法规，相继颁布了《外资法》《外国投资权益保障和维护措施》以及多项总统令、政策法规等，法案明确规定外国投资者获得的收益可以用于再投资活动或根据投资者的意愿确定，外资在投资活动结束后返回给投资者并保证投资没有政治或其他风险，以上政策从法律层面上充分保证了外国投资者财产权利不受侵犯（李宝琴，2013）。同时，通过降低准入门槛、税收优惠等政策吸引外资。

该国对外国投资的农业企业有以下优惠政策：①在进口自身生产所需材料时，自完成国家注册之日起，2 年内免除进口关税；②外国投资者在合资企业中最低持股比例从 30％ 降到 15％，合资企业的最低注册资金从 6 亿索姆（1 美元约合 7 800 索姆）降到 4 亿索姆；③对在政府划定的农业人口聚集区投资的外资企业给予特殊优惠政策，包括免缴所得税（利润税）、财产税、公共事业和社会基础设施发展税、小企业统一税费、养路费等。

在吸引国际组织融资方面，主要依靠政府与国际组织签署相关合作协议。

政府为国际组织营造积极的经商环境，国际组织则提供相应低息贷款或者无偿捐助用于农业发展。

（二）小额信贷政策

农业小额信贷是由商业银行根据还款、付款、安全性、紧迫性和针对性等具体情况进行发放的，旨在为农民和其他法人实体的小企业解决生产过程中资金短缺、贷款困难等问题。

农业小额信贷政策仅提供给本国的居民，且只为以下目的借款人提供：①购买小型农业生产设备、原材料、半成品；②购买农业生产资料，包括用于购买种子、牲畜、饲料等；③经营农业小型生产组织。

但并不是所有的农业生产都能享受到小额信贷政策，该政策不能为出于以下目的借款人发行：①未偿还以前贷款或任何其他债务；②烟草种植和酒精饮料的生产；③开展贸易和中介活动；④不用于农业生产目的的项目。

农业小额信贷（以下称借款人）的主体为家庭农场和农业企业，利率是由借款人与银行在贷款协议的基础上达成的共同协议确定的，但不得超过中央银行正式确定的再融资利率。在贷款时限方面，商业银行以合同形式向借款人发行小额信贷，最长为 3 年。贷款在客户的额外活期存款账户所在地发放，不允许向其他银行的客户发放贷款，仅允许在不超过 1.5 年的时间内向农民提供现金。在贷款金额方面，若贷款为外币，则外币汇率为贷款当日中央银行的汇率，金额最高为 1 万美元。此外，政府在银行设立特别基金，用于发行优惠贷款，优惠贷款特别基金的小额信贷利率设定为发行当日的中央银行再融资利率的 50% 以上。

第七节　巴基斯坦

过去几十年，巴基斯坦在粮食生产方面取得了重大进展，但是由于人口高速增长、快速城市化、价格波动以及购买力低下等原因，巴基斯坦粮食安全仍然存在许多问题，为了应对粮食安全问题，巴基斯坦政府制订了一系列粮食政策。本节主要从粮食安全政策、粮食补贴政策以及粮食金融政策等三个方面来介绍巴基斯坦的粮食政策。

一、粮食安全政策

尽管巴基斯坦能够实现粮食自给自足，但是巴基斯坦仍然存在严重的粮食获取及供应问题，加之新冠疫情防控导致贫困和失业人口增加，恶化了巴基斯坦粮食不安全状况，迫切需要联邦政府、省级政府和私营部门共同协调粮食供应与消费。

（一）粮食生产安全

为了保障粮食生产安全，政府在肥料、农药和种子等领域进行了投入。

1. 肥料。巴基斯坦土壤有机质含量低，极度缺乏养分且 pH 较高，因此对合成肥料具有较大的依赖性，然而由于肥料价格持续增加导致肥料的施用量近几年逐渐减少，对此政府采取的政策措施主要包括：①下调肥料价格，以满足市场需求；②由各省建立土壤肥力实验室，以确保向农民及决策者提供可持续土壤管理信息；③促进堆肥等有机肥料的生产；④通过减税补贴钾肥和磷肥生产。

2. 农药。巴基斯坦长期存在农药滥用的情况，农药的滥用导致了害虫抗药性和化学残留物以及地下水污染和环境污染等一系列问题，杀虫剂的质量也影响到了粮食的产量。对此政府采取的政策措施包括：①减少农药的滥用，以确保食品符合粮农组织/世卫组织食品法典委员会的安全标准；②各省建立省级农药分析室；③促进发展处置危险废物和过期农药的焚化设施；④升级和重组农药植物保护司的农药进口和登记科；⑤加强农药的生产认证以保护环境和生物多样性；⑥普及农药的安全使用知识。

3. 种子。种子是作物生产的重要投入，其他农业投入的效率在很大程度上取决于此。该国认证种子的供应仅限于少数几种主要作物，如小麦、水稻和棉花，然而，对于饲料、豆类和蔬菜等次要作物，认证种子几乎不存在。玉米、蔬菜、油籽和饲料的杂交种子仍在进口清单上。1976 年《种子法》和2015 年《种子法》为在该国建立现代种业提供了必要的立法支持。政策措施主要包括：①加强和重组联邦种子认证和注册部；②大力发展研究设施，开发潜在作物，例如蔬菜、油料、粮食和饲料作物的杂交品种；③建立种子技术研究和培训机构；④发展必要的立法和监管支持系统，以发展现代种业；⑤发展乡村种子企业、种子库和果树苗圃。

（二）粮食供应安全

巴基斯坦政府通过加强粮食贸易监管以及气候灾害监测以改善粮食供应的稳定性。

1. 粮食贸易监管方面。 通过加强粮食贸易监管，可以确保该国稳定的粮食供给。巴基斯坦政府将会根据《动植物卫生检疫措施协议》（简称 SPS）全面实施食品安全法，为消费者提供安全的食品，其次制定粮食和食品的安全监管法律，并建立可靠的食品监管贸易制度，最后与国际组织签署关于 SPS 的双边和多边合作协议，并在出入境口岸对食品出口实施检验检疫控制。

2. 气候灾害监测方面。 气候变化和极端天气对粮食安全以及农民的生计存在着极大的威胁。由于巴基斯坦气候变化，其农作物产量也随之降低。为了在气候变化中全面应对灾害管理，巴基斯坦政府成立了气候变化部，并于2011 年更名为国家灾害管理部，以应对全球变暖带来的威胁并保护国内环境。具体政策措施包括：①建立气候智能型作物部门，同时侧重于生物技术、资源保护和和谐生产；②与省政府合作，为作物和牲畜推广部门以及农民开发极端气候事件预警和应急系统；③与世界粮食计划署合作，确定易受灾害影响的粮食不安全区。

二、粮食补贴政策

巴基斯坦农业及粮食补贴主要体现在对粮食价格的补贴。价格补贴政策覆盖多种农产品，政府每年都会制定小麦和水稻等粮食的支持价格，小麦和水稻作为巴基斯坦主要粮食作物，价格稍微上调就直接影响公众的食品消费，其贸易价格也受到政府高度重视（表 7-3）。由于各国间的小麦价格差以及政府监督过于松散，据估计巴基斯坦每年都有超过 100 万吨的小麦被非法走私到阿富汗或伊朗（Sharif 等，2000）。因此阿富汗和伊朗的粮食走私问题也影响了政府价格支持政策的作用。在巴基斯坦农业储藏及供应公司（PASSCO）和省级食品部门的支持下，政府每年可维持 400 万吨小麦运营储备和至少 100 万吨小麦战略储备。

表 7-3 巴基斯坦主要粮食支持价格

单位：巴基斯坦卢比/40 千克

年度	小麦	水稻（印度香米）	水稻（国际水稻研究所）
2005	415	—	300
2006	425	—	306
2007	625	—	—
2008	950	1 250	700
2009	950	1 000	600
2010	950	—	—
2011	1 050	—	—
2012	1 200	—	—
2013	1 200	—	—
2014	1 300	—	—
2015	1 300	—	—
2016	1 300	—	—
2017	1 300	—	—
2018	1 300	—	—

数据来源：巴基斯坦国家粮食和研究部。

而持续性的价格补贴也给巴基斯坦政府的财政造成了巨大压力，因此政府也在逐年减少农业补贴，具体政策措施主要有：①注重粮食和农业生产系统的可持续强化，提高全要素生产率，有效利用生产资源来代替部分粮食和农业投入补贴；②应重新审查小麦采购政策和支持价格，并可能逐步取消，确定有利于小股东和最弱势群体的退出战略；③对采购豆类和油籽等进口粮食作物的支持价格可以用来促进进口替代，而不是补贴小麦和糖类商品的出口；④提高粮食采购、储存和分配系统的效率。

为了应对疫情，巴基斯坦政府出台了相应的农业补贴计划，2020 年巴基斯坦政府批准了粮食安全与研究部提出的总额 566 亿卢比的疫情应对农业补贴计划。根据该计划，政府将向农民购买化肥提供约 370 亿卢比的直接补贴，为农业贷款提供 88 亿卢比的贷款利率补贴，为棉花种子补贴 23 亿卢比，为白飞虱杀虫剂补贴 60 亿卢比，为本地制造的拖拉机提供为期一年的 25 亿卢比的销售税补贴。

三、粮食金融政策

巴基斯坦农业信贷机构的历史可追溯到 1947 年，当时引入了 Taccavi 贷款、合作社和合作银行的贷款支付方式。随后，于1961年成立了巴基斯坦农业发展银行（ADBP），该银行在后来进行了重组，并逐渐发展成为现今的Zarai Taraqiati银行（ZTBL）。自1972年起，商业银行也开始向农民提供信贷服务。到20世纪90年代初，Zarai Taraqiati银行和商业银行推出了更高效的信贷业务，导致合作社和合作银行提供的Taccavi贷款逐渐减少。巴基斯坦较大的农业信贷银行有ABL、HBL、MCB、UBL、ZTBL和PPCBL等小额贷款银行。其中，ZTBL是全国最大的正规农业信贷机构。

自2001年起，巴基斯坦国家银行指导下的私人银行纷纷推出农业信贷业务，以增加信贷可用量。这些业务涵盖了作物信用保险、作物高产计划、农业工具采购贷款、一站式操作、绿色革命贷款和农业再融资等多个领域。这些金融计划的目标之一是提升农民的技术知识水平。

巴基斯坦有近72%的农户属于小农户，土地持有量不超过5.5英亩①。这些小农户生活拮据，无法积累足够的储蓄来维持农场正常运营，因此他们需要依赖信贷来解决问题。然而，小农户很难承担昂贵的非正规信贷，因此廉价的官方信贷成为他们合理且易于接受的选择。

巴基斯坦农业信贷需求的增长一直高于实际发放的机构信贷，结果导致大多数农民被迫以非常高的成本从非正规渠道获得信贷，并且信贷市场存在着交易成本高、利率高、借贷程序烦琐、缺乏抵押品等一系列问题。对此粮食安全和研究部主要采取了以下措施：①对特定地区的农业金融产品进行评估以加强地区经济；②根据NARS（National Agricultural Research Systems）的建议扩大参与社区的信贷范围；③通过单一窗口业务在农村人口中推广低成本小额信贷。

第八节 印　度

印度一直以来的粮食政策目标是实现粮食自给，并以可接受的价格向消费者提供基本粮食产品。为了促进农业发展并保护国内粮食免受国际竞争的影响，政府长期以来一直致力于为农业提供强有力的财政支持和全面的控制。这些措施有效地促进了农业的迅速发展，使得印度能够保持相对较高的粮食自给率。本节主要从粮食补贴政策、粮食价格支持政策、粮食采购与分配政策、粮

---

① 1英亩＝4 046.86平方米。

食收储政策四个方面介绍印度粮食政策。

一、粮食补贴政策

印度采取多种形式的补贴，包括灌溉补贴、化肥补贴、农业用电补贴等。其中，化肥补贴是政府最主要的补贴方式之一。该政策主要通过直接向化肥生产商支付补贴款项，以低于市场价格的方式向农民销售化肥。实施化肥补贴政策不仅有助于减轻农民的农业投入负担，还可以激励他们积极从事农业生产。印度自独立以来，化肥的价格并非由供需决定，而是由政府决定的。然而，化肥补贴政策并非一成不变的。在 2010 年 4 月，为解决印度农业中化肥养分失衡的问题，政府进行了化肥补贴政策改革，提出了"基础营养补贴"（NBS）的概念。该政策旨在增加含硫化肥的生产量，通过向缺硫的田地提供含硫化肥以提高农业产量。印度政府在化肥补贴方面投入资金逐年增加。例如，在 2012 年 11 月，农民在购买钾肥和磷肥时只需支付 58％到 73％的价格，其余部分由政府补贴。然而，化肥补贴政策也带来了一些负面影响，如土壤养分失衡、环境污染和地下水枯竭等问题，并导致了财政赤字的增加。过量使用化肥会适得其反，不仅无法增加粮食产量，还会降低土壤肥力。尽管有大量证据表明农业补贴存在巨大的浪费，但印度历届政府仍然坚持推动补贴政策的实施。

2013 年议会通过的国家粮食安全法案为全国 8.2 亿人口提供了粮食补贴，为了达到这项目标，需要更多的财政预算支持，因此印度 2014 年粮食补贴预算资金提高到 1.15 万亿卢比。尽管粮食补贴预算净增 2 300 亿卢比，但由于超额粮食储备，中央财政拨付完 2013 年的 9 200 亿卢比的预算后，尚拖欠印度粮食公司（FCI）4 000 亿卢比的粮食采购资金。由于定向分配系统粮食采购量扩大，从上财年结转的挂账采购资金高达 3 200 亿卢比，支付的贷款利息已超过 600 亿卢比。随着挂账资金额急剧攀升，本财年结束前，FCI 将不得不通过短期信贷融资 1 500 亿卢比用以支付粮食采购等费用。此后，印度政府为了稳定粮食价格，继续提高粮食补贴的财政预算，2018 年仅大米和小麦的收购补贴预算就高达 2 400 亿卢比。

二、粮食价格支持政策

价格政策的主要目标是保护农民和消费者的利益。印度的粮食安全体系和价格政策主要采取了三个措施：最低支持价格（MSP）、缓冲库存操作（BS）和公共分配系统（TPDS）。

最低支持价格是由印度农业成本和价格委员会根据各种经济因素制定和实施的，包括生产成本、市场化成本、生活成本、政治成本和经济成本等。最初，印度政府制定价格支持政策的目的是为农民提供一个防止农产品价格大幅下跌的安全网。然而，后来的政策结果表明，价格政策不仅可以提高农民的收入和保证粮食安全，还对印度农业经济转型产生了积极的影响。

在农产品价格政策改革中，将 23 种农产品的价格放宽至由市场决定。公共或合作机构以市场价格购买产品，然后按照政府制定的固定价格进行销售。对大米和小麦实行缓冲库存，通过公共分配系统分配受补贴的粮食和糖类。印度政府还通过各种公共或私人机构，如印度食品公司、印度棉花公司、印度黄麻公司、中央仓储公司、印度农业合作营销联盟有限公司、印度全国消费者合作联合会有限公司、烟草局等，对大宗农产品进行采购。然后中央负责粮食的采购、储存和运输，各邦负责贫困人口数量的统计、核查和粮食分配。政府将农产品价格设定为贫困线以上和贫困线以下两种不同的价格，不同收入消费者购买粮食的价格也不同。实践证明，相对于以前的公共分配系统，不同标准线的公共分配系统更为有效，这不仅减轻了政府的财政负担，而且提高了粮食的市场配置效率，提高了整个社会的福利水平。

针对未受最低价格支持政策保护的农产品，印度政府采取市场干预计划政策进行支持。随着国内外经济环境的变化，印度所有农产品的最低支持价格呈上升趋势。如表 7-4 所示，以小麦、大麦、绿豆和小扁豆为例，从 2011 年至 2015 年，部分粮食的最低支持价格都在上涨。例如，2015—2016 年度，绿豆和小扁豆的最低支持价格相比上个财年同种农产品的价格，每公担[①]涨幅达到250 卢比。如果不改变现有政策，印度农产品最低价格支持所需的资金将不断增加，进而增加印度政府的财政负担（郭冰，2018）。

表 7-4　2011—2016 年印度部分粮食价格支持情况

单位：卢比/公担

种类	2011—2012 年	2012—2013 年	2013—2014 年	2014—2015 年	2015—2016 年
小麦	1 285	1 350	1 400	1 450	1 525

---

① 1 公担＝100 千克。

（续）

种类	2011—2012 年	2012—2013 年	2013—2014 年	2014—2015 年	2015—2016 年
大麦	980	980	1 100	1 150	1 225
绿豆	2 800	3 000	3 100	3 175	3 425
小扁豆	2 800	2 900	2 950	3 075	3 325

数据来源：印度农业部。

三、粮食采购与分配政策

为了确保家庭居民在粮食经济方面具有可获得性，粮食采购与分配政策的重点是确保粮食的顺利流通。政策的目标是通过粮食储备和相对公平合理的分配来保障民众的粮食安全。印度的粮食采购与分配政策主要通过公共分配系统（TPDS）来运作。其实施流程如下：印度中央政府和一些食品公司联合从指定采购区域进行采购、储存，并将粮食运送到指定的仓库。然后中央政府以低于采购的价格将其批发给各邦政府。各邦政府负责从中央仓库运输粮食，并通过平价商店向各地区的消费者分配粮食。为了实现相对公平，印度政府规定贫困线以下的消费者可以以较低的价格通过公共分配系统购买粮食，而贫困线以上的消费者需要按规定价格购买。因此，该政策的最大特点是为所有地区的贫困人口提供补贴，而不是为贫困地区的所有人提供补贴，补贴的精确性较强。

为了促进印度本地粮食采购的增加并减少粮食补贴，印度政府推出了粮食分散采购计划（DCP）。该计划涵盖了印度的多个邦，包括奥里萨邦、卡纳塔克邦、喀拉拉邦、西孟加拉邦、恰蒂斯加尔邦、安达曼和尼科巴群岛等，这些地区都按照粮食分散采购计划进行大米采购。自 2000—2007 年期间的 38.22万吨至 2007—2011 年期间的 56.99 万吨，印度的小麦和大米的年平均综合采购量已经有所增加。

充足的印度粮食采购量和有序的粮食分配对于稳定社会秩序、民众生活和国家粮食安全至关重要。印度政府除了致力于保障居民的粮食安全，还制定了针对妇女和儿童营养问题的专门方案，如实施儿童综合发展服务计划和每日一餐计划等。与 20 世纪 60 年代需要粮食援助进口的国家相比，如今的印度政府正准备提供超过 60 吨的国产粮食，以履行食品安全法中规定的法律权利。印度国家食品安全条例已于 2013 年 7 月通过，并希望在各个地区实施类似的食品安全条例。

四、粮食收储政策

由于印度粮食加工处理不当、储存配套设施不完善、虫灾问题以及糟糕的后勤管理等原因，每年都出现惊人的粮食浪费现象。此外，新鲜水果和蔬菜也因收获后处理不善、冷藏设施不足、加工条件不佳以及销售渠道不便等基础设施问题，面临着巨大的浪费挑战。印度在仓库管理方面起步较早，1956年国会通过了《农产品开发和仓库公司法》，并成立了中央仓库公司；此外，1965年成立的粮食公司也在各地建立了较为完善的仓储设施。然而，印度大部分储备设施规模较小，质量结构较低，并且缺乏及时的维护，使得使用期限大打折扣。以2018年为例，印度约有6 800个国有批发市场或曼地（Mandis）的仓库，其中大部分因过度充塞和维修不及时而迅速恶化，因此印度政府颁布了相关的仓库管理政策来解决粮食储备过程中的损失问题。

印度于2010年10月颁布实施了仓库法案，该法案预计将改善商品融资，并增加对农产品仓储的招商引资计划。根据仓库法案规定，仓库单据可作为商业交易票据使用。该法案还设立了仓库发展管理局，以监管仓库管理系统。该计划的主要目标是分级建立政府和私营部门的仓库，并实现仓库的标准化和质量化。这无疑将增加印度农业现代化的实践经验，促进公共投资和私人投资，提高地方政府和企业的投资积极性。尽管该仓库法案仍存在一些缺陷，但它标志着印度具有里程碑意义的立法进展。该法案的实施刺激了大量大宗商品融资担保，并增加了私营部门对农业仓库的投资，在一定程度上缓解了粮食储存设施和管理短缺问题。

印度正不断加强粮食储备体系建设，并在现代物流设施、仓储烘干设施以及仓房维修改造、农户科学储粮装具配置等方面取得明显突破，与之前建设的储备粮库相比有了巨大的改进。这一改革掀起了对政府粮食储存模式和技术的改革浪潮。改革计划包括建设几十个钢式筒仓存储设施的公私合营模式（PPP），以及签署长期合同建设传统码头仓的私人公司担保（PEG）项目。通过采用民营化的方式推进仓储设施建设，印度政府在现代粮食流通产业的发展方面取得了显著成效。

在建设新仓库的同时，印度政府还致力于发挥现有仓库的作用。他们积极推动建立粮食仓房维修改造的长效机制，进一步改善粮油仓储设施条件。对于受到自然灾害影响的仓储设施，政府也将进行及时的灾后应急维修和重建。此外，印度政府还设立了农户科学储粮专项资金，旨在减少农户储粮损失等，与仓库建设相配套的交通基础设施建设也需要加强。印度的公路等交通设施分布不均，在边远偏僻的村庄仍然是土路，尽管拥有较长的海岸线，但政府尚未充分利用其便利的海运条件。近年来，印度政府一直重视交通、仓库等基础设施的建设，但农产品的运输和储藏仍是限制经济发展的瓶颈（郭冰，2018）。

<h2 style="text-align:center">第九节 伊 朗</h2>

粮食生产是伊朗农业经济的主要组成部分，而政策扶持是其粮食增产的重要因素。伊朗政府采取了一系列措施来保证国家粮食安全，确保国民的饮食供应和物价水平的稳定，保障人民的食品安全和利益。本节主要从粮食安全政策、粮食补贴政策和粮食科技政策三个方面来介绍伊朗的粮食政策。

一、粮食安全政策

作为中东地区粮食生产大国，同时也是世界粮食生产大国，农业在伊朗国民经济中占有重要地位，因此政府出台了大量政策支持国内粮食生产的发展。政府将粮食和营养安全列入国家发展议程，在粮食、营养和卫生的倡导下，打开了一扇机会之窗。第三个《国家经济发展五年计划》（2000—2004 年）第197 条明确规定，粮食和营养安全是发展的支柱，也是减少营养相关疾病发病率和改善公共健康的手段。2003 年粮食安全再次被列入国家发展议程，伊朗的 20 年远景规划（2025 年）对此给予了极大关注。

粮食安全被认为是可持续发展的重要组成部分之一。2004 年依靠粮食系统治理的范式转变，伊朗卫生、教育和体育部联合制定了《国家粮食和营养安全跨部门发展政策声明》，该声明旨在使人民都能获得健康的食物，消除营养不良以及减少粮食浪费。

第四个《国家经济发展五年计划》（2005—2009 年）再次讨论了粮食和营养安全问题。该计划试图将粮食和营养安全与公共卫生结合起来，并将卫生部门与粮食和农业部门联系起来。与此同时，为了促进食品和营养安全，2005

年由最高卫生委员会和国家食品营养委员会合并成立了食品和卫生委员会。该委员会由总统领导，成员包括三名副总统、九名部长和两个政府组织（环境保护组织和伊朗伊斯兰共和国国家广播公司），其决定与内阁的决定一样具有约束力，该部门主要负责制定粮食以及营养健康政策。

第五个《国家经济发展五年计划》（2011—2015年）也载有规定，要求将粮食和营养政策纳入国家发展议程并使之制度化，重新设计理想的食物篮子并提高营养知识水平。同时其强调了要重点发展农业生产，提高粮食产量，具体表现为：①提高农业在国民经济中的地位，增加农业产值，把推动农业发展作为扶贫的重要内容；②提高国内粮食的生产力尤其是保证主要粮食作物的自给自足，保障粮食安全；③关注农业生产的商品化和可持续发展，对灾害和风险的应对，以及农业生产中的个体化投入。第六个《国家经济发展五年计划》（2016—2021年）中，仍然提到了粮食和农业、营养和卫生部门，以重申它们对国家发展的贡献。

伊朗实施了多项粮食安全政策，旨在确保国内粮食供应和保障人民的食品安全。具体措施如下：

（1）农业发展和支持：政府通过提供贷款、技术支持和培训等方式，促进农业的发展和提高农业生产效率。这有助于增加粮食生产量，减少对进口粮食的依赖。

（2）粮食储备：政府建立了粮食储备系统，用于应对紧急情况和粮食供应不稳定的情况，并采取措施确保储备粮食的质量和数量，同时进行库存管理和监测。

（3）农田管理和灌溉：政府致力于改善农田管理和灌溉设施，以提高土地利用效率和农业生产能力。这有助于增加农作物产量和改善农业可持续性。

（4）种子和品种改良：政府支持种子研发和品种改良项目，以培育适应当地环境和气候条件的优良农作物品种。这有助于提高作物产量、抗病虫害能力和适应性。

（5）食品安全监管：政府加强食品安全监管，确保粮食生产、加工和销售环节的卫生安全和质量合规，包括食品检验、标准制定、卫生认证和监督等方面的措施。

（6）国际合作和贸易：伊朗积极参与国际粮食合作和贸易，与其他国家和国际组织合作，以确保粮食供应的多样性和可靠性。政府努力维持与其他国家的农产品贸易，并参与全球粮食安全倡议。

农业是国民经济的基础，粮食安全也属于国防安全的一部分，尤其对于伊朗这样的石油输出国，油气工业占国民经济的绝大部分，经济结构单一，更需要发展农业平衡国内经济结构，提高国内粮食产量以保障本国的粮食安全。

二、粮食补贴政策

伊朗在大力发展石油化工工业的同时，也大力扶持国内农业的发展，强调农业是伊朗经济的基础，把提高粮食产量作为伊朗政府的中心任务之一，试图在粮食供应方面实现基本自给，以摆脱对西方的依赖（孔莉等，2016）。政府通过多种方式鼓励和促进本土农业生产，增加本国粮食供应。主要包括：

（1）最直接的是对农业进行高额的财政补贴。政府每年都会预先划定从农民手中收购小麦的特定价格，以减少农民由于受到市场粮食价格的季节波动而受到的损失。

（2）政府对在农产品生产上的改进给予广泛的补贴，如对农药和化肥的使用等。

（3）政府扩大了针对农民的短期信用贷款，以及对农民实行免税的措施。

（4）政府对主要的粮食产品提供补贴，这些商品被认为是基本的生活必需品，通过补贴来保持它们的价格相对稳定和可负担。

（5）政府通过设定最高售价的方式来控制粮食价格，以确保它们对大多数人口来说是可负担的，帮助低收入家庭解决粮食购买问题，同时保证市场价格稳定，避免价格的过度波动和不公平的市场行为。

（6）政府设立了一些销售点以提供补贴商品，并以优惠价格销售给符合条件的消费者，这些销售点通常是政府管理的商店或市场。

（7）政府根据经济情况和财政可行性对粮食补贴金额进行调整。

三、粮食科技政策

除了财政上的补贴，伊朗政府还推动了一系列针对传统农业的改革，包括进口高品质的改良种子，与他国签订农业合作协议等。为提高农民的科技水平，伊朗还成立了农业科研、教育与推广组织（AREEO），专门负责农业科研、技术推广和人才培训。该组织归属伊朗农业部，前身是农业部的顾问机构，下设有计划与支持部、教育及人力资源培训局、推广部和研究部。该部门负责在国家层面指导监督各省进行粮食作物的生产和推广，同时还在各市级城市成立农业推广办公室，通过开展现代农业生产技术的培训和宣传，出版影视宣传资料和杂志等，提高农民的科技水平，推动伊朗粮食生产的现代化。此外，小城市和偏远落后的农村地区，还会派农业技术推广员或专家对当地农民的农业生产提供指导。

伊朗在粮食科技领域实施了一系列政策来促进农业创新和提高粮食生产效率。具体如下：

（1）科研支持：政府鼓励和支持农业科研，为科研机构和农业大学提供资金和资源，推动农业科技的发展，促进粮食生产和农业创新。

（2）技术培训：政府提供技术培训和知识传递，帮助农民了解和应用先进的农业技术，通过培训农民掌握现代农业技术和管理实践，提高粮食生产效率和质量。

（3）农业机械化：政府鼓励农业机械化，提供贷款和补贴来支持农民购买和使用农业机械设备。这有助于提高农业劳动生产力，减少人力成本，提高粮食生产效率。

（4）种子和品种改良：政府支持种子研发和品种改良项目，以培育适应当地环境和气候条件的优良农作物品种，从而提高作物产量、抗病虫害能力和适应性。

（5）水资源管理：政府致力于改善水资源管理和灌溉技术，以提高农田的用水效率，政府投资于现代化的灌溉系统和水资源管理基础设施，帮助农民更有效地利用水资源。

（6）农业数字化：政府推动农业数字化转型，包括智能农业、农业物联网和农业大数据的应用，进一步提高农业生产和管理的效率，优化农作物种植和管理决策。

（7）改进粮食产业基础设施：政府通过改善运输、储存和加工等粮食产业基础设施，提高粮食供应和加工生产效率。

这些政策措施旨在支持粮食种植业的发展，保障本国粮食安全，确保国民有足够的食物供应，并促进农业的可持续发展。总的来说，伊朗的粮食政策是以保障国民基本生活需求为核心，同时也注重发展本土农业，推进产业升级和技术创新。

第八章 CHAPTER 8
上合组织成员国之间的粮食合作构想 ▶▶▶

上合组织作为最大的跨区域性国际组织，自成立以来，各成员国之间相互了解程度不断加深，在粮食贸易、科技合作和人才交流等领域有着广阔的发展前景。各成员国通过建立合作机制、搭建合作平台等方式推动粮食合作规模不断扩大，但随着区域合作进程的深化，迫切需要拓展粮食合作领域，创新合作模式，带动粮食合作往新的方向发展。因此，本章将梳理上合组织成员国粮食合作存在的机遇及挑战，并在此基础上提出加强组织间粮食合作的思路与对策。

第一节　上合组织成员国粮食合作的机遇

随着上海合作组织的不断发展，各国间的粮食安全合作已由最初的粮食贸易逐渐向覆盖整个粮食产业链合作的方向发展，期望通过推进农业生产技术进步、扩大农业资本投入、深化国际粮食合作来实现农业的综合发展。

一、农业生产技术的进步和推广

在上合组织国家的农业合作中，农业科技合作是保障各国农作物产量、农产品质量的有力措施，这主要表现在种质资源合作、农业技术交流、农业科技合作平台建设、农业科技合作模式推广等多方面，农业生产技术的进步与推广能够大幅提高农业生产力，从而推动农业生产方式由传统粗放型向现代集约型的转变，为农业的可持续发展打下基础。

（一）上合组织成员国的种质资源合作日益深化

依靠上合组织平台，各国在农业种质资源与品种交流领域的合作成效逐渐显现，中国从俄罗斯引进的马铃薯、小麦、亚麻、大豆、玉米和黄瓜等种质资源，从中亚国家引进的小麦、玉米、水稻、棉花、甜菜、豆类、特产园艺和花卉等农作物品种，通过应用生物技术培育出了高产、抗病虫、抗倒伏的植物新品种，构建了功能植物的产品研发创新体系，为农业生产的可持续发展提供科技支撑。又如，哈萨克斯坦借助上合组织国家的技术和资金，已培育出了具有较高产量、抗病虫害能力的马铃薯新品种和亩产达到 319 千克的冬小麦，其中该小麦品种比以往平均亩产高出 144 千克。总体来看，种质资源的深化合作实现了农业产量的持续提升和资源的可持续利用，是未来各国农业合作的主要方向。

（二）上合组织成员国农业技术交流稳步推进

农业技术交流能够有效提升各成员国农业生产能力，从而助力上合组织粮食合作。例如，中国与俄罗斯在农业机械化、农田灌溉、转基因生物技术领域的技术合作，中国与哈萨克斯坦在作物秸秆处理、微生物杀虫、植物保护领域的合作，中国与巴基斯坦在节水灌溉领域的合作，中国与乌克兰在蜜蜂育种繁殖领域的合作等，在增加农作物产量的同时，也帮助各国实现了农业的转型发展。此外，除了传统的农业科技合作领域外，上合组织各国在新型农业技术方面的合作机遇也在不断增加：一是植物生物技术的应用尤其是分子生物学和基因组研究的迅速发展，为上合组织农产品品质改良开辟了一条崭新的途径；二是动物生物技术的应用，通过研究动物遗传规律、探究动物生长发育机理，为上合组织应用现代生物技术改良遗传性状、培育新品种提供了发展新方向；三是生物技术在资源节约领域的应用，应用生物技术进行再生能源的利用，解决能源短缺问题，还可以扩大饲料、药品等来源途径，满足上合组织成员国的发展需要，此外通过无废物的良性循环，能够减少环境污染，充分利用各种资源等。

（三）上合组织成员国农业科技合作平台相继建成

通过实施国际科技项目，有效带动了上合组织国家农业科技合作基地和合作实验室等平台建设。自 2010 年开始，上合组织通过定期召开农业部长会议的方式专门讨论成员国农业合作问题，到 2021 年已成功举办 6 届，在促进农业合作方面取得了丰硕成果，签署了一系列农业合作协议和农业合作机制。在农业合作协议的指导下，上合组织相继设立了研究中心、研究室等农业科技研究机构，例如中国新疆-哈萨克斯坦畜牧业研究中心、阿拉木图-新疆畜产品合作科学研究室、中国新疆畜牧科学院-哈萨克斯坦农业科学院畜牧技术合作促进中心、中俄国际微生态研究中心。未来上合组织在农业平台搭建上依然具备良好的发展机遇，因此可以在政策层面继续鼓励支持构建科技转化平台，充分发挥市场规律，为企业与科研机构的农业科技成果转化提供专业化的信息技术服务，破除沟通交流障碍，进而充分发挥各成员国的科技优势、基础设施优势、信息资源优势、人才资源优势。

（四）上合组织成员国农业科技合作模式日益成熟

经过近 20 年的发展，上合组织国家的国际农业科技合作模式日益成熟，主要形成以帮扶为特点的垂直合作模式和以共同开发为主的水平合作模式。从垂直合作模式来看，上合组织依据"因地制宜""系统化帮扶"的原则进行了针对性、适应性农业创新体系建设帮扶，例如，中国依托上合组织平台，以中国科学院为核心合作科研机构，于 2015 年在新疆成立中亚生态环境研究中心，同时在阿拉木图、比什凯克和杜尚别采取与外方联合的方式，成立了具有独立法人资格的分中心，帮助中亚地区培养农业水土保持、植物病虫害防治人才，同时派遣专家实地指导、推介先进的农业生产管理经验，以共推农业绿色生产为纽带促进上合组织农业技术合作。此外作为中国最早设立的农业高新技术产业示范区，杨凌农业高新技术产业示范区已累计举办 20 多期面向上合组织成员国的农业技术研修班，为哈萨克斯坦、吉尔吉斯斯坦等中亚国家培训了一批农业官员和技术人员。从水平合作模式来看，多年来上合组织各国的科技管理部门、非公立性科研组织、高校院所、科技企业采取联合的方式进行农业科技合作交流，尤其是以中塔农业技术合作园、新疆中亚现代农业科技创新与交流中心、中哈现代农业产业创新示范园等示范中心的建立使得上合组织农业科技水平式合作模式日益走向成熟。

二、农业资本投入的不断扩大

农业投资是融入全球农产品价值链的有效手段。打造上合组织国际合作新平台，农业投资合作是核心内容，也是坚实后盾。

（一）上合组织成员国农业投资范围不断扩大

农业投资是通过充分利用国内国外两个市场、两种资源，重新配置各国资源，有利于提高资源利用效率，助推被投资国生产水平的提高。近年来，上合组织成员国不断深化经贸合作，并且积极出台对外投资相关法律法规，营造了良好的投资环境。以中国为例，中国在中亚地区投资耕地面积总计约为21 909公顷，并建立了配套的农业科技园区用以发展境外农业，如小麦、大豆种植、畜牧养殖等，不仅为当地创造了400余个工作岗位，还对3 000余名农业技术人员进行培训，这有助于提高当地农业技术和生产水平（杜盼盼，2021）。此外，上合组织中中国与俄罗斯的农业投资发展迅速，投资方式也由传统的绿地投资转变为参股、并购等方式，中国与印度两国还在大数据、生物技术和机器人等领域不断创新农业科学技术，使两国农业投资合作逐步向智能化方向发展。

（二）种植业是上合组织国家农业投资的主要产业

上海合作组织成员国大都位于世界粮食主产区，拥有丰富的土地资源及旱作农业资源，因此从产业类别看，种植业是上合组织国家农业投资的主要产业。中国在上合组织国家投资成立的农业企业已达117家，占中国境外企业总数的13.2%，其中，从事种植业的企业有73家（张庆萍等，2018）。在粮食生产供应上，上合组织在保障本国民众生活需求的同时，也面临着调整粮食生产结构的重任，即在耕地和水资源有限的情况下，通过提升资源利用效率来保障畜牧产品和果蔬等经济作物的产量。上合组织国家中哈萨克斯坦是粮食生产和出口大国，乌兹别克斯坦、土库曼斯坦、塔吉克斯坦是主要的产棉国，因此依据各国的农业禀赋特点对其种植业开展进一步的投资是未来上合组织农业合作的主要方向，而根据统计资料，中国对上合组织国家种植业直接投资存量已达10.2亿美元，其中，粮食作物为7.4亿美元，经济作物为2.8亿美元（张庆萍等，2017）。整体来看，种植业的投资规模不大，依然具有良好的合作机遇。

（三）境外合作区成为开展上合组织农业合作的重要平台

上合组织成员国现阶段都希望通过经济建设来加强彼此间的合作，在互利共赢的基础上，上合组织成员国正深挖区域合作潜力，而境外经济贸易合作区则是开展国际农业合作的重要平台。根据中国商务部统计，截至 2020 年 12 月，中国通过商务部确认考核的境外经贸合作区共有 20 个，其中，与上合组织国家建立 7 个经贸合作区。这 7 个经贸合作区中，涉及农、林、牧、渔业的有 4 个，有 3 个为综合类经贸合作区。

具体来看，上合组织的农业境外合作区已初具规模，例如中国新疆中泰新丝路农业投资有限公司在塔吉克斯坦丹加拉投资建设的农业纺织产业园正在稳步推进中，由中国企业河南贵友实业集团有限公司牵头设立的吉尔吉斯斯坦亚洲之星农业产业合作区已成为"丝绸之路经济带"中亚地区产业链条较完整、基础设施较完善的农业产业合作区（中国一带一路网）。虽然中国在上合组织国家已建立了一定数量的境外经贸合作区，但从实际运营效果看，距离预期仍存在一定差距，因此如果能针对境外合作区的运行问题深化多边合作、推动投资合作平台建设以及创新多种融资方式，那么境外经贸合作区将为上合组织带来更多发展成果。

三、国际粮食合作的不断深化

面对日趋严峻的全球粮食安全问题，粮食合作已从单纯外部粮食援助向能力建设转变，通过强化多边协作，以缓解农产品供应压力和粮价上涨。当前上合组织粮食合作主要表现在内部合作能力不断提升以及外部国家农业合作示范区不断增加等两个方面。

（一）上合组织内部粮食合作能力不断提升

在气候变化、疫情持续、区域冲突的多重影响下，各粮食出口国先后采取了不同程度的粮食出口限制措施，例如印度限制了小麦、面粉、大米的出口量，柬埔寨和埃及也先后公布了大米出口禁令，由此给世界粮食安全带来的威胁需时刻警惕。为应对危机，上合组织也针对性地发表了有关粮食安全合作的声明，主要针对成员国的粮食安全形势信息合作、粮食产品贸易合作、粮食交通运输走廊和路线合作、检验检疫合作等未来合作方向。而合作能力的提升依赖于上合组织各国间良好的农业互补性，自然资源方面俄罗斯具有丰富的土地、水源、森林和渔业资源，哈萨克斯坦具有丰富的水土资源，乌兹别克斯坦具有绿洲资源等；农产品贸易方面，中国依靠良好的农业生产条件向中亚地区出口劳动密集型和资本密集型农产品，如时令或反季蔬菜、花卉、水果、种苗、畜产品等鲜活农产品，此外还有农业机械、化肥农药等农资出口，而从中亚和俄罗斯进口土地密集型农产品，如谷物、棉花、生丝、皮革等农产品；农业技术方面，上合组织国家各具优势，例如中国在农作物培育、病虫害预防、土地改良、农业机械生产等方面具备比较优势，俄罗斯在农作物遗传研究、动植物免疫、种质资源以及畜牧业品种改良等方面经验丰富，中亚国家则在农业灌溉、经济作物种植等方面具有生产优势。因此，依据良好的合作基础，上合组织各成员国能够进一步加强粮食安全合作、拓宽农业产业链条，以更好地应对气候变化以及粮食危机。

（二）重点国家合作示范区数量不断增加

上合组织国家农业资源丰富，可以通过共建粮食合作示范区的方式发挥各国的农业生产优势，从而加强在组织内部的推广。根据中国国际贸易促进委员会的统计，中国在中亚地区已成立 4 个境外合作产业园区，其中 2 个农业合作示范园，2 个工业示范园，2 个农业示范园分别为吉尔吉斯斯坦亚洲之星农业产业合作区和塔吉克斯坦-中国农业合作示范园，亚洲之星农业产业合作区被确定为国家级"境外经济贸易合作区"，是我国唯一获得三部委确认的境外经贸合作区，而塔吉克斯坦-中国农业合作示范园是新疆利华棉业股份有限公司启动的农业投资项目，也是首批境外农业合作示范区建设试点之一；在欧洲地区，已成立 9 个境外合作产业园区，中俄间的合作园区数量为 4 个，其中 1 个农业合作示范园区，为中俄（滨海边疆区）现代农业产业合作区，2004 年建立的中俄（滨海边疆区）现代农业产业合作区是我国第一个境外国家级农业产业园区，其合作范围涵盖了种植、养殖、加工，相关领域的合作例如农业科技、动植物检验检疫也在积极开展。因此，随着上合组织重点国家合作示范区数量的不断增加，更好地发挥境外农业合作示范区在上合组织农业发展中的作用尤为重要，尤其是围绕种、养、加工、物流等领域加强基础设施建设，优化农业产业链条，形成产业集群，是未来上合组织粮食合作需要关注的重要方向。

第二节　上合组织成员国粮食合作的挑战

虽然多年来上合组织国家在粮食合作领域具备许多良好的合作基础，但同样也面临着许多挑战。根据联合国粮食及农业组织对于粮食安全的定义，上合组织国家的粮食安全存在不同程度的风险，整体处于偏高的水平，特别是粮食利用率和粮食稳定性的指标较低。加之农业基础设施整体薄弱，农业现代化水平偏低，使得上合组织成员国在粮食安全合作过程中依旧面临严峻的内外部挑战，从而使成员国之间的粮食合作进程受到了极大的限制。

一、上合组织国家农业基础条件普遍较差

上合组织多数国家均面临农业基础设施条件较差、从事农业劳动力人口不足、人均耕地资源较为短缺等问题，而这些问题的解决在短期内难以完成，农业发展具有不确定性。

农业基础设施方面，上合组织多数国家具有产业基础，但农业基础条件较差。其中，中亚地区存在着耕地资源闲置、农业机械化程度较低、国内灌溉设施的维护不佳、运河闸门和水泵保护不善、土地盐碱化程度严重的问题（Bucknalletal，2003），对当地农业生产的稳定性产生了严重影响。特别是乌兹别克斯坦、塔吉克斯坦的农业技术、农业节水灌溉技术等方面都存在着明显的资源利用率低下等情况。

农业劳动力方面，上合组织国家农业劳动力管理较为严格。上合组织成员国中，劳动力供给国主要包括中国、吉尔吉斯斯坦和塔吉克斯坦，而劳动力需求国主要是俄罗斯和哈萨克斯坦。上合组织的长期目标是"在2020年前，致力于在互利基础上最大效益地利用区域资源，为贸易投资创造有利条件，以逐步实现货物、资本、服务和技术的自由流动"，其中并未涉及劳动力自由流动，因此也在一定程度上说明某些成员国对于劳动力移民的担忧。

耕地资源方面，上合组织国家中，除哈萨克斯坦和俄罗斯外，其他国家人均耕地面积占有量较低。其中，印度、中国、俄罗斯和哈萨克斯坦国土面积庞大，但是印度和中国的人口基数较大，人均耕地面积排名相对靠后。由于人均耕地面积不足，印度和中国的农业生产多为小规模家庭经营，从而导致粮食产

出效率较低。

二、上合组织国家贸易便利化程度低

上合组织国家农产品贸易便利化与贸易自由度较低，存在着跨境农产品贸易通关成本偏高、程序复杂、耗时较长、检验标准不统一等问题，使得各国开展粮食合作的积极性受到了一定程度的影响。

贸易便利化水平方面，上合组织国家还有很大的提升空间，与农产品贸易发达国家相比，上合组织国家在跨境贸易中程序复杂、要求的进口单证种类多、时间成本较高。例如，哈萨克斯坦、吉尔吉斯斯坦、乌兹比克斯坦和塔吉克斯坦在进口方面均需要提供检验检疫单证 10 份以上，使得外贸企业的检验成本增加、跨境交易的时间延长，从而降低了企业的贸易便利化水平。在 2020 年世界银行发布的跨境贸易便利度排名中，除中国和印度外，上合组织其他国家排名偏后，贸易便利化水平较低。

基础设施方面，上合组织国家存在着交通不够便利、基础设施较为落后的问题。例如，卡拉苏口岸是中国与塔吉克斯坦唯一的陆路口岸，海拔 4 000 多米，地理条件恶劣，且每年通关时间仅有半年，因此两国的大宗货物贸易只能绕行邻国，增加了贸易成本和时间成本，还可能受到邻国牵制。俄罗斯公路交通基础设施评分较低，世界经济论坛数据显示，俄罗斯的公路质量在世界排名中位于第 114 位，处于较为落后的位置，铁路、航空和水运虽有一定基础，但多为苏联时期建造，较为陈旧。巴基斯坦的交通基础设施发展也相对滞后，铁路建设长期停滞，海运方面，虽拥有卡拉奇港、卡西姆港和瓜达尔港三大港口，但海运能力较弱，货物进出口多依赖外轮。较为落后的基础设施制约着经济发展，增加了运输成本，因此贸易便利化水平有待提高。

三、上合组织国家地缘政治风险和社会政治风险较高

稳定的政治环境是上合组织国家间贸易与投资合作顺利开展的重要因素。但上合组织涵盖的中亚和南亚及周边地区仍面临"三股势力"的威胁，加上大国博弈和地区摩擦等因素的影响，会给成员国开展相关的粮食安全合作带来一定的挑战，导致上合组织国家地缘政治风险和社会政治风险的因素有很多，主

要有以下几个方面：

一是部分成员国国内面临领导人政权更迭、利益格局重新洗牌的风险。经过独立后二十多年发展，独联体国家的政治、经济和社会体制已发生巨大变化，产生很多新的具有不同需求的社会集团，导致社会利益分配失衡，从而在转轨过程中积累了大量矛盾。

二是贫富差距大，使得成员国国民心理失衡。市场经济条件下，享有资源和地理优势的地区、市场需求强大的行业及能力强的个人往往会在激烈的市场竞争中取胜，获得较大利益，再加上改革过程中权力分配不均，使得上合组织成员国国内的区域间、行业间和个人间的收入差距扩大。不满情绪累积到一定程度就容易引发社会动荡。

三是部分国家地区内的"三股势力"依然活跃。伊斯兰教是中亚各国最大的宗教，中亚各国独立后，伊斯兰教日益浓厚，在此过程中，宗教激进主义和宗教极端亦随之兴起，宗教极端势力不仅威胁政权安全，对中亚国家、俄罗斯和中国新疆的本土传统文化与价值观也产生了巨大影响。

四是国际局势动荡，从而使上合组织其他国家受到影响。

四、上合组织国家法律法规不健全

上合组织国家间的合作离不开坚实的国际法律法规。但上合组织国家面临着营商环境复杂、投资壁垒较多、与粮食安全领域相关的法律法规还不够健全的问题，这对区域内扩大农业投资规模等带来不利影响。

《世界银行》2019 年发布的报告指出，俄罗斯、哈萨克斯坦等上合组织国家的营商环境较为复杂，投资壁垒较多，降低了外商投资的积极性。例如，在营商便利指数中，除中国、俄罗斯、哈萨克斯坦分别排名为 31、28、25 外，其余六个国家排名均在 60 之后，伊朗更是排到 127 名。由于存在着营商环境复杂、投资壁垒较多等问题，极大限制了上合组织国家间的粮食投资与合作。

上合组织的法律法规不够健全，法律体系尚欠成熟，使得成员国间开展粮食合作受到了极大的阻碍。例如，哈萨克斯坦法律法规的稳定性较差，具有随机性或投机性，尤其是投资法更替频繁，在涉外货物运输及涉外技术转让等方面，甚至存在无法可依的情况。上合组织反恐法律也存在着一些不足，如对于恐怖主义的界定不够清晰、反恐刑事法律协助较为被动、反恐司法合作领域存在引渡不利的可能，这些问题都制约着上合组织间的合作交流。

第三节　上合组织成员国粮食合作的模式构想

随着国际产能合作的日益深化，上合组织成员国间粮食合作持续发展，各国粮食合作模式、领域和方式不断拓展和创新，深化各国间的粮食合作成为未来发展的必然趋势。

一、企业合资生产模式

企业是上合组织成员国开展粮食合作的微观主体，因此合资共建生产基地，共同合作生产的模式是围绕企业而出现的。该模式是指上合组织成员国企业为满足国民对粮食多种类、高质量的需求而共同出资建造符合条件的粮食生产基地。

为了满足上合组织各国国民对高质量、多种类农产品的需求，各国相关企业可以一起出资建立各类农产品的设施基地，该基地的主要作用在于提供各类原材料开展农产品生产和加工，这能够保证原材料天然无公害，进一步为生产出高质量、符合环保要求的食品提供保障。并且随着经济全球化以及各国人民生活水平不断提高，人们也更加重视食品安全问题，因此面对其他国家出口的农产品，在入关时各进口国对这些产品的各项指标也提出了更高的要求，而各成员国可以充分发挥积极合作优势，分别在各国建立各类农产品生产和加工基地，以此实现资料共享、合作共赢的目的；同时也有利于各国更好地了解其他国家对农产品进出关卡的标准，有利于促使各国生产出更高质量、更符号环保要求的产品，在该过程中还可以充分发挥双边经营网络的优势，降低产品进入其他国家市场的成本。

二、合同生产模式

合同生产模式是指某一国家的企业拥有某类技术、技能和工艺的无形资产，其他国家通过与这些企业签订非投资性的、长期的无形资产转向合同进入该国市场。

上合组织可借鉴的合同生产模式包括以下四种：一是许可贸易，指的是一国的农业企业拥有某项优势技术，该企业与其他国家需要引进该项技术的农业企业签订许可协议，授权其他国家的企业使用技术的商标权和专利权开展生产和销售，并从中收取相对比例的许可费用。二是特许经营，指的是国内具有某方面优势的农业企业将自身的无形资产提供给其他国家的农业企业，在要求这些国家的企业严格遵守经营规则的同时从中收取管理费用。三是合同制造，指的是某一国家的农业企业与其他国家农业企业签订制造合同，该国企业主要任务是向其他国家的企业提供农业原材料和样品，其他国家的企业主要负责加工原材料和仿制成品，并且该国企业保留了产品的营销责任。四是工程承包合同，指的是某一国的农业企业或政府部门把农业基础设施项目或涉农产业项目委托给其他国家的承包公司或城建公司，这类公司需要按合同要求在规定时间内保质保量完成该项目。

在合同生产模式下，企业输出的主要是一些类似技术、技能和工艺的无形资产，这种模式可以克服粮食贸易壁垒和高运输成本导致产品国际竞争力下降的问题。此外，该模式还可以规避部分经营风险，给公司带来稳定的收入，且在最大程度发挥自身技术优势的同时充分利用国外资源。然而，由于该模式没有涉及投资和股权安排，导致企业可能无法控制受让方的经营活动，这存在受让方成长为自己未来竞争对手的风险，并且由于各国制度存在差异，部分企业在实施了合同生产模式后，一些国家就会限制该企业再以其他方式进入市场，导致企业在这些国家失去竞争力。未来，上合组织成员国在粮食生产方面也可以采取该类模式，相互利用对方的优势农业资源，生产满足本国消费者需求的粮食及加工品，以提高上合组织成员国的粮食合作水平。

三、粮食加工合作模式

上合组织成员国间的粮食合作多以贸易为主，但由于绝大多数粮食存在易腐烂变质和季节性强的特点，在贸易运输中对保鲜等有较高的要求，不仅容易增加损耗，还会增加其他成本。而粮食加工合作模式不仅能突破时间和空间的限制，还能改变传统、单一的粮食贸易方式，能在很大程度上解决以往损耗多、成本高等问题。

粮食加工合作是指在某国生产出的粮食不直接以原产品出口到别的国家，

而是与其他国家合作在本国建立加工基地，将产品加工为出口国所需的成品后再开展出口贸易。由于各国资源禀赋不一致，生产的粮食种类也存在差异，有必要促进各国开展粮食生产加工合作，能进一步充实各成员国的粮食市场，满足国民消费多样性的需求。例如上合组织大部分成员国气候类型单一，但中国气候多样，能生产出许多其他国家无法生产的粮食，然而这些粮食产地与大部分成员国的距离较远，并且还受到交通、成本等多种因素的影响，导致这些产品的贸易潜力并没有被充分发掘。因此，中国可以在这些粮食产地建立针对上合组织成员国需求的粮食出口加工基地，进一步释放合作潜力。此外，国家接壤往往会导致农业生产结构相似，使生产的粮食种类趋同，比如俄罗斯与中国、哈萨克斯坦接壤，中国与印度、巴基斯坦和中亚国家接壤，中亚国家也相互接壤，导致上合组织成员国部分粮食同质，制约了贸易的发展，通过粮食加工能在一定程度上解决该问题。

粮食加工业的发展不仅可以带动上合组织成员国农业的发展，优化资源配置，还可以带动粮食生产结构的调整，促进农业产业化和现代化。因此，在往后的粮食合作中，各国可以通过政策引导、鼓励有实力的粮食加工企业到其他成员国境内投资，建立粮食加工基地，加强成员国间的粮食合作，也可以与各国政府沟通协调，共同参与粮食加工基地建设。

四、国际农贸市场流通模式

上合组织各成员国已经建立了许多针对本国或所在区域的大型专业化农贸批发市场，这些市场在当地粮食流通中发挥着重要作用，但在国际贸易中发挥的作用较小，未来需要进一步推动该类农贸批发市场国际化。

随着上合组织成员国关系越发密切，粮食合作种类、方式等更加丰富，导致各国参与粮食外贸的工作人员大幅增加，这类工作人员需要走进其他成员国市场深入了解各国的粮食供需状况，其中不乏需要进入各国农贸批发市场开展调研、销售和采购等工作，长此以往，某些农贸批发市场将会顺应潮流升级成为国内、国外客商提供服务的国际农贸批发市场。因此，为加快成员国粮食合作进程，未来上合组织应充分利用各成员国在农产品上的互补性和地域上的便利性，考察选址建设国际农贸市场或将已有的农贸市场直接升级为国际性的农贸市场，各国需要对该市场提供相关优惠政策，如对市场内部的基础设施建设提供财政支持、降低或取消关税等，同时市场要为从事农贸业务的组织和个人提供产品和便捷的国际物流服务等。

建立面向上合组织成员国的国际农贸批发市场不仅可以加快成员国之间的粮食流通，并且在该模式实施以后，这些批发市场还可以作为相关人员的实习培训基地，例如某些培养国际经济人才的高校可以与批发市场合作，将学生派送出去培训，通过该途径培养更多面向上合组织的对外经贸专业人才。

五、粮食绿色物流通道模式

粮食绿色物流通道是为粮食构建的一种专门的通道式物流系统，依靠管理和技术手段来提高粮食物流的效率和质量。旨在通过优化物流过程、减少能源消耗、降低运输成本、提高物流可追溯性和保障粮食安全等方面，实现绿色、高效、安全的粮食物流。以往的粮食贸易中间环节过多、通关耗时过久，不仅效率低下，还会造成粮食损耗严重。因此，未来有必要针对上合组织成员国间的粮食流通设置专门的绿色通道，促进各国粮食在其他成员国快速通关，提高粮食流通效率。

粮食绿色物流通道首要目的在于促进成员国间的粮食快速通关，主要做法是各国海关部门在监管作业、放行调度、企业物流安排等各个环节制定高效衔接的通关方案，实现货物"即靠即查即放"，缩短提离货物的时间和货物等待检测结果的时间，节约仓储成本。首先，简化行政许可审批流程、搭建点对点信息直推渠道、第一时间办理出入境边防检查手续等便捷通关举措，通过大数据、生物识别、智能监控等技术手段，全力保障口岸通关顺畅。其次，在检疫环节优化各国进境粮食检疫监管流程，实现进口粮食通关无等待状态，加快粮食通关速度。这需要密切协调好对接企业的粮食进口计划和船期，并对装载进境散装粮食船舶的靠泊检疫条件开展提前评估，对于符合条件的粮食可以直接让其靠泊检疫。派出人员先于货物抵达码头，保证货到的第一时间就可以开展检疫工作。还可以通过利用无人机、现场视频连线等方式辅助开展进境粮食表层检验检疫，应用科技手段，在确保严密监管的前提下，大大提高查验作业效率，有效缩短查验用时。最后，各国可以根据其他成员国大型企业的具体情况来制定适当的检验检疫方案，例如可以采取减少锚地查验、改善粮食调运远程审批系统、实施进境粮食流向确认电子化管理等措施，尽可能缩短进境粮食在港停留的时间。

粮食绿色物流通道模式最大的优点在于简化流程，降低在粮食流通过程中因停止、等待造成能源和资源的浪费，不仅在很大程度上提高了农产品物流速度和效率，还能降低对环境带来的不利影响。具体表现为，一方面，在成员国间设置绿色物流通道不仅可以畅通外贸流通渠道，降低粮食的运输成本及其交易费用，还有助于形成各国粮食对外贸易的规模经营和品牌效应，提高自身竞争力；另一方面，绿色通道建立还能最大程度保证运输粮食的质量，不仅保护了各国内部的农业产业化安全，还能减少对外开展贸易时因绿色贸易壁垒引起的摩擦。

六、粮食合作数字化模式

当今世界正经历百年未有之大变局，国际政治关系不稳定，单边主义、保护主义、民粹主义抬头，加之全球范围内极端天气、病虫害等自然灾害和新冠疫情、俄乌冲突等突发事件频发，导致粮食国际贸易环境日趋复杂。在此背景下，传统国际粮食合作方式的不安全性和不稳定性也日益凸显。作为应对前述挑战的有效手段，数字经济发展在国际粮食合作领域扮演的角色已愈发重要。为降低粮食合作风险、强化合作的稳定性及可持续性，如何打造上合组织成员国粮食合作数字化新模式已成为上合组织及各成员国政府、涉农企业等关注的重要议题。

在粮食全产业链合作方面，数字经济作为未来经济增长的主要动力，能在很大程度上提高全要素生产率。未来在粮食产业链合作中，各成员国可以依托传感器、网络通信系统、工业软件等技术构建智能制造系统，以此实现物-物、人-人和人-机的交互。这种智能制造系统可以实现要素和资源的相互识别和实时联通。具体来说，数字化可以延伸到合作企业生产的核心环节，通过传感器接入设备和工具，实时获取生产和运营信息，提升管理的时效性、精准性和前瞻性，从而提高生产效率。同时，数字化还能够连接供应链和销售链，提高资源配置效率。数字化网络平台可以聚合产业链上的多个企业和生产要素，并为各方提供多种类型的交互机会和所需的各种服务。与传统的单点连接相比，数字化平台形成了多点连接的产业网链。当发生某些特殊情况时，智能化数字平台能够快速寻找替代方案或对原来方案进行调整，在最短时间内修补断裂的产业链，从而提高合作体系的稳定性和安全性。

作为未来粮食贸易领域的前沿方向，数字贸易现已发展为上合组织国家优化粮食合作模式、提升粮食合作效率的重要途径，更被上合组织及各成员国政府高度重视。2022 年，中国-上海合作组织数字贸易圆桌会便以"加强数字合作，促进贸易畅通"为主题，围绕数字产业发展和数字贸易进行了深入研讨，并具体分析了各国在数字农业、数字贸易领域的合作机遇和路径。此外，在多个发展纲要中，上合组织也都将数字贸易发展明确为成员国间合作的重要方向。在未来上合组织成员国粮食合作数字化的发展过程中，要做到聚焦平台搭建、模式创新、产业凝聚、主体强化等方面，进而赋能上合组织国家间粮食合作的发展。具体看，一是聚焦平台搭建，应充分借助上合组织粮食生产技术交流培训示范基地等，构建粮食数字化合作的基本技术、服务等平台；二是聚焦模式创新，通过整合各成员国科技优势资源，并结合各国粮食生产、贸易的发展现状，形成适宜上合组织国家粮食数字合作的新模式；三是聚焦产业凝聚，通过运用现代信息技术对各国传统粮食生产进行数字化指导与改造，发挥农业资源互补优势，聚焦产业凝聚以提升粮食合作效率；四是聚焦主体强化，通过明确多主体责任以提高粮食合作进程中的抗风险能力，从而能够提升粮食产量和质量的国际竞争力、助力粮食国际供应链打通，最终确保上合组织国家粮食合作的安全性和可持续性。

第四节 上合组织成员国粮食合作的对策

一、加强"双边＋多边"粮食合作机制

粮食合作机制是指为适应上合组织粮食合作需要，各国政府在调整合作关系中，通过规范合作行为，协调与汇合共同利益，促进粮食合作的一系列正式制度安排。经过 20 年的发展，上合组织形成了"双边＋多边"合作机制并存的局面，但仍需进一步加强完善。在"双边＋多边"合作中，双边合作是基础和根本目标，多边合作是双边合作的扩展和外溢，两者互为补充、相互促进。加强"双边＋多边"粮食合作机制，在发展双边合作关系的基础上，推动多边合作，同时通过多边合作成果进一步对双边关系发展进行反哺和促进（刘作奎，2021）。

不断加强政府间的双边合作。上合组织成员国应着眼长远和大局，强化政府间的双边合作，开展多领域、多层次的沟通磋商，推动双边关系全面发展，为粮食合作提供有力保障。第一，各成员国应加强沟通，促进多领域、多层次的交流与合作。增进沟通往来，建立有效的沟通协商、协作机制，增强各国经济发展规划和政策的协调性，协商解决合作中的问题，共同为务实合作及大型项目实施提供政策支持；第二，各国应在上合组织谅解备忘录下，推动签署粮食合作备忘录或制定粮食合作规划。充分发挥现有双边合作机制作用，积极推动建立高层次、常态化的粮食合作机制，加快签订上合组织双边投资贸易协定，加强政府间交流协作，加强投资保护、防疫检疫、税收金融、海关、人员互访等方面的合作，促进企业发展与政府政策有效衔接，为开展上合组织粮食合作创造更好的条件与合作环境。

通过双边关系的强化，推动多边合作发展。多边合作是双边合作的拓展、提升和外溢。在既定的机制下，上合组织成员国间双边合作以及在更广阔平台上的多边合作并行不悖，两者互为补充、相互促进。因此，上合组织应明确各国利益的契合点和冲突点，在粮食质量标准认证、产品检疫、定价、反补贴、进口配额、生产及出售许可证等方面达成协议，协调各国利益关系，规范各国的经济行为，并且在尽量减少利益冲突的基础上，创新各国间的粮食合作模式。此外，还应充分利用亚太经合组织、联合国亚太经社会、亚洲合作对话、中-东盟、二十国集团、澜沧江-湄公河合作等现有涉农多边机制，深化与联合国世界粮食计划署、世界贸易组织、联合国粮食及农业组织等国际机构的交流与合作，并加强与世界银行、亚洲开发银行、金砖国家新开发银行、丝路基金等合作，探索利用全球及区域开发性金融机构创新粮食国际合作的金融服务模式，积极营造开放、包容、公平、互利共赢的粮食合作环境。

二、健全粮食全产业链投资合作体系

当前上合组织国家间的粮食合作多以贸易为主，其他方式的合作较少。未来应扩大合作范围和增加合作模式、促进形式多样化，在把握上合组织成员国资源禀赋、生产条件等基础上，充分发挥各国优势，借助平台，利用各国在粮食生产加工领域的优势，拓展粮食全产业链投资合作，帮助上合组织国家提升粮食综合生产能力。

一是拓展成员国间粮食全产业链投资。开展农业投资是粮食合作的一种重要形式，海外农业投资形式多样，包括对粮食生产种植的直接投资和对粮食产业链的投资。上合组织成员国间的粮食产业投资仍以对粮食生产种植的直接投资形式为主，对更高价值链如粮食生产供应品（如种子、化肥、除草剂、农药、机械等）、粮食深加工、仓储、物流和零售等方面的投资较少。因此，要加大拓展成员国间粮食产业基础设施和粮食生产、加工、储运、流通等方面的双向投资，持续推进关键项目落地。粮食合作不仅限于买卖、生产线投资，而是进一步就粮农产品研发、品牌打造、包装设计、零售及物流合作等方面进行延伸，通过深入全产业链投资合作，带动更多涉农企业协同发展，推动粮食经济实现全产业链发展。

二是设立投资风险评估机构，降低粮食产业投资风险。在跨国企业粮食投资合作中，部分成员国存在地缘政治风险以及社会政治风险等，会影响国家间粮食投资合作。因此，应设立粮食投资风险评估机构，降低各国粮食投资风险。具体而言，根据项目投资流程，评选出风险评估管理者，以此设立粮食投资风险评估机构。该机构在企业开展粮食投资时，应深入投资企业，对该企业的财务状况、资金收支业务等进行仔细核实，评估其投资风险。并且，在设立的粮食投资风险评估机构中，应确立风险评估制度，主要将被投资方的政治动乱风险、战争事件风险、自然灾害损失风险、财产没收风险等纳入评估制度范围，在进行投资之前可按照要求组织风险评估，以便及时确定应对之策，用以提高各国在农业投资时抵御风险的能力。

三是创新各国粮食投资合作方式，提高投资回报率。其一，企业可在原有的投资管理基础上，创新粮食投资的立项，以适应当下粮食实际生产需求，使两国粮食投资与实际生产相匹配。其二，企业可在原有农业投资、项目合作的基础上，坚持以实际经济效益作为粮食投资的评价标准，强化投资成果检验与项目合作，注重粮食产前、产中与产后配套技术的组装，进一步创新各国粮食投资合作方式，为提高双方粮食投资回报率奠定良好基础。其三，各国粮食投资企业也可通过整合现有资源，优化产品配置，加大粮农产品的研发力度。如在小型农机、农药、有机食品、生物技术等优势领域中加大研发力度，在交流与合作中，提升各国产品和自身形象。在明确双方利益的基础上，将各国的优势结合起来，进而提高各国粮食投资合作回报率（苏红，2018）。

四是推行多元化融资方式，拓宽各国粮食投资合作融资渠道。一方面，投资双方应以政府为主体，鼓励多方企业参与建立粮食合作专项基金，为各国粮食投资合作提供充足的资金保障。政府对开拓国外市场、参与对外粮食合作、利用国外资源的粮农企业应给予专项补贴，并按照企业在参与对外粮食合作时产生的实际效益，给予相应的扶持资金（张秀梅，2019）。另一方面，鼓励民间资本参与是上合组织较好的融资渠道之一，通过适当的宣传，让大量闲置的民间资本发挥积极作用。并且，进一步加强对粮农企业财政、税收和金融的支持力度，鼓励粮农企业进行资产重新整合，开展一系列收购并购活动，促使农业资源的融资渠道向外汇储备方面开展。同时，根据市场的运行原则，拓宽粮食合作资本市场的直接融资渠道。在此过程中，各国粮农企业可达成战略合作，建立粮食合作基金平台，增加境外投资合作渠道，为各国粮食合作提供资金保障。此外，还可推动金融机构与企业合作，例如，使用控股方式增强粮农企业与金融机构的合作，满足各国粮食投资合作的资金需求。

三、持续推进粮食关联产业科技创新合作

随着上合组织成员国之间关系的密切发展以及粮食合作的增加，出现了科技、人才等短缺的情况，造成了合作不畅。为了使各国更好地推进合作关系，需要加强科技交流，强化技术支撑，促使粮食合作更加成熟。上合组织国家开展粮食科技合作的潜力巨大，未来应主要依靠现代技术解决成员国粮食安全问题。因此，应突出科技合作的先导地位，多渠道加强各国间知识分享和技术转移，这既符合多国利益，更促进了世界农业的发展。

首先，各国间要加强粮农机构、涉农企业在粮食关联产业创新领域的科技交流，推进各国粮食产业科技领域高水平、深层次务实合作，以促进产业发展。各国应继续加大粮食关联产业中的科技合作力度，从提高成员国粮食产业综合生产能力出发，结合各国需求并综合考虑国际粮食产业科技合作总体布局，在尊重和保护知识产权的基础上，通过共建联合实验室、专家互访、人才培养和技术培训等方式，进行联合粮食产业技术培训。培训项目可采用理论课、实验实习和参观考察相结合的教学模式，通过现场教学、远程指导、交流培训等形式向各国进行农技知识交流，培养业务骨干。培训内容可包括栽培和种植技术、农业管理、节水和荒漠化防治等方面。例如，各国可通过承办"粮食优良新品种""粮食育种技术示范与推广""农业管理和技术人员培训班"

等，邀请各国企业、机构、专家等人员学习交流有关培育粮食优良品种及产业化、设施农业、农业物联网、精准农业等实用技术课程，通过企业互通、联合培训、人才交流等方式，实现各国粮食产业更深层次的合作。

其次，各国要共同面对全球粮食安全、气候变化等挑战，共克难题，深度融合全球粮食产业链关键环节和重大增值节点，共同推动粮食产业科技的全球合作。例如开展粮食品种培育、种质资源交换、疫病疫情防控、共同研发和成果示范等，促进品种、技术和产品合作交流。加强粮食育种、重大动植物疫病防控、农业资源高效利用、环境保护、食品安全保障、农业机械、数字农业与智能化等领域的科技创新合作，促进农业提质增效和可持续发展。

最后，各国可以在乡村发展规划、基础设施建设、休闲观光农业、生态农业建设等方面开展政策、技术和人员交流，共同加快粮食生产数字化、智能化和绿色低碳发展，推动全球农业可持续发展（王田田等，2022）。

四、共建境外粮食合作示范园区

积极推动成员国共同建设粮食产业合作示范区等各类园区，形成产业集群和平台带动效应，以此来降低粮食合作成本，增强风险防范能力。各国应支持和引导企业参与粮食合作园区建设和运营，围绕生产、种植、深加工、粮农产品物流等领域加强基础设施建设，优化粮食产业链条，为实现上合组织互联互通提供支撑。同时鼓励企业通过共同出资、人才培养、技术合作和进出口等多种方式开展合作，促进当地就业，推进粮食生产、加工、物流、营销等产业融合发展，建立健全本地区粮食产业链与价值链，提升本区域粮食全球竞争力。此外，还需结合各成员国的意愿和基础条件，共建一批粮食合作示范区，构成上合组织粮食合作的新载体和新样板，为粮食安全合作开辟新路径。

在建立产业园区后应积极发挥其作用并加强园区合作。产业园区是区域经济发展和产业调整升级的空间聚集形式，是由政府或企业为促进某一产业发展而创立的特殊区位环境，由政府集中统一规划制定的区域，将特定产业、具有分工合作关系、不同规模等级的企业及其有关机构和组织等集中于一定区域内，并给予进驻企业一定优惠政策，通过资源共享带动关联产业发展，推动产业集群的形成和发展。粮食产业园区或示范区是粮食合作的样板，承担粮食产业开发、技术研发和推广、人才培养和技术培训、提高农业生产能力、创新农业管理模式等多重任务。

当前,加强产业园区合作主要有两个内容:一是在各国已有农业产业园区间开展的合作。比如中国四大农业示范区(包括侧重现代种植技术的杨凌农业高新技术产业示范区、侧重种业的北京现代农业科技城、侧重中低产田治理的黄河三角洲国家现代农业科技示范区、侧重外向型农业的连云港"一带一路"农业国际合作示范区)可在此发挥积极作用,尤其是杨凌农业高新技术产业示范区。各国可在已有的示范区中,建立粮食合作联合实验室,以粮食投资项目为主要载体,联合开展粮食商品研发与合作,深化各国间粮食投资合作。二是基于粮食合作构想共建共营粮食合作示范区。基于建立的示范区,各国应以企业牵头,成立粮食开发公司、粮食联合公司、股份制公司、农业合作社等多种类型的企业。并且,在示范区中鼓励这些企业,建立互惠互利的粮农商品贸易机制,自由进行粮食产品交易、投资与转换,进一步深化各国粮食合作。

五、共建共营全产业链跨境电商平台

当前上合组织间的粮食贸易合作还不够深入,从上合组织各国合作基础、趋势和现状分析,粮食全产业链合作的可能性是巨大的,符合各国国情、经济结构调整的需要、消费转型升级的需要。部分国家要素资源的禀赋优势突出,但潜力挖掘不足,各国共同开发粮食资源,必将成为新的经济增长点。未来应推动共建上合组织粮食贸易通道,并合作开展运输、仓储等粮食贸易基础设施一体化建设,提升贸易便利化水平,扩大贸易规模,拓宽贸易范围,共建粮食全产业链管理、监督和交易的跨境电商平台。

第一,上合组织各国企业或者政府共同出资组建合资公司或者管理机构,共同经营和管理全产业链多语言跨境电商平台。由平台分析各国粮食全产业链的种植、加工、资金、农资、物流、贸易、消费情况,进行产业分工,由出资者各自组织本国产业分工的资源,聚集到平台上共同经营和管理,平台风险和利益由各国出资者共担共享。

第二,基于多语言跨境电商平台开展粮食全产业链运营。根据各国粮食产业链条布局,充分发挥各方要素资源优势,从粮食全产业链角度布局和组建粮食全产业链的生态圈。平台将综合 B2C(Business to Customer)、B2B(Business to Business)的特性和特点,继承 B2B、B2C 交易平台的优秀基因,形成

围绕跨境电商平台开展业务的粮食全产业链生态圈。生态圈中每位成员发挥
自身要素资源的优势，共性的、共用的以及需要与各国政府协调的工作由平台
完成，即 B2P2B、B2P2C 模式。粮食全产业链跨境电商平台生态圈如图 8 - 1
所示。

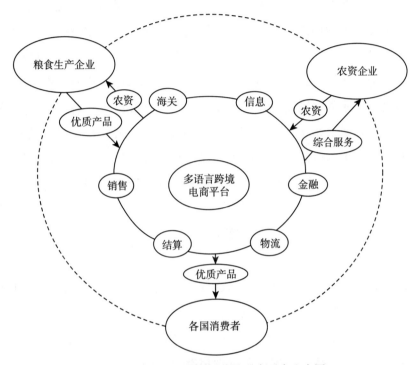

图 8 - 1　粮食全产业链跨境电商平台生态圈

全产业链生态圈的生产、加工、农资、物流、信息、贸易、销售等环节形
成一个既开放又封闭的供应链体系。开放是对所有消费者和产业链条上的企
业，只要符合平台要求、遵循平台标准并获得平台认证即可成为生态圈的一
员；封闭是平台经营的粮农产品、农资等所有商品只能是生态圈获得认证的企
业或者商品才能进入平台销售。在此基础上，加强成员国粮食检验检疫合作交
流，共建安全、高效、便捷的进出境粮食检疫监管措施和粮食质量安全追溯系
统，共同规范市场行为，提高粮食安全卫生水平（侯彦明和刘丽梅，2020）。

第三，完善各方面制度体系，为搭建粮食全产业链跨境电商平台提供保
障。①在各国法律框架下制定粮农产品质量标准、农资使用标准等，为全产业
链生态圈提供技术保障。②构建生产、加工、物流、贸易等全过程追溯体系，
实现商品条码、物流电子面单和追溯码全面融合，多码合一，为全产业链生态

圈提供过程管控保障。③整合各国金融要素资源，引进各国结算平台（如俄罗斯著名的 QIWI、中国的支付宝等），为生态群内各国企业提供金融服务，优化结算方式，为全产业链生态圈提供金融服务性质量保障。中国已与俄罗斯建立本币结算机制，与哈萨克斯坦和乌兹别克斯坦建立货币互换机制，将其中的部分资金用于农业贸易结算。未来，上合组织各成员国应继续确定与其他国家的结算货币等，为后期加强粮食全产业链合作奠定基础。④整合各国物流要素资源，加快"海外仓""保税仓""海外云仓"建设，构建完善的跨境物流供应链体系，为全产业链生态圈提供物流效率保障。⑤构建跨境电子商务人才培养体系。多语言人才无法满足跨境电商急剧增长的市场需求，各国高校跨境电商人才培养体系和课程体系框架还不完善，因此应依托各国相关高校共同建立跨境电商人才联合培养机制，共同举办跨境电商专业及社会培训班，共同开发跨境电商人才课程体系，迅速打造一批跨境电商人才服务于产业和行业。

六、搭建粮食信息交流共享平台

信息掌握不及时、不准确和不全面等问题，严重阻碍了上合组织国家间的粮食深入合作。搭建粮食信息交流平台，不仅能够促进各国资源和市场信息共享，促使各国及时了解其他成员国乃至世界粮食市场的动态信息、价格行情等，还能够利用信息技术实现农业管理精准化、培养现代化农民，从而不断提高上合组织成员国的粮食合作及上合组织在国际市场上的竞争力。

搭建粮食信息交流共享平台，实现粮食信息互通共享是一项长期、常态性的工作，未来上合组织应搭建统一的粮食信息共享平台，并安排专业人员管理，保证及时更新准确的粮食信息动态，推动成员国粮食产业的信息互通，促进各国间的相互了解，为加强各国粮食合作提供资料支撑。搭建共享平台可分为：粮农市场信息、农业技能培训交流、农业信息化普及、粮农招商集资以及农业环境保护五大板块。

第一，粮农市场信息板块。各国可在平台上自愿提供本国粮食市场信息，包括粮食生产、粮食加工、粮食运输物流、粮食交易价格等信息，通过粮食市场信息的交流，可以让成员国更好地了解彼此市场行情以及市场需求，为进一步深化粮食全产业链合作以及共同搭建电商合作平台提供基础。

第二，农业技能培训交流板块。通过技能培训交流板块，各国粮农企业、涉农高校以及科研机构等可在平台发布有关粮农种植、农业技术、种子培育以及粮食深加工等方面的培训交流会，通过培训交流帮助各国更好地交流有关粮食研究的最新进展，也能更好地促进上合组织国家间合作交流，为培养高素质人才起到积极的推动作用。

第三，农业信息化板块。利用信息技术节省人力与财力，一方面，平台能够通过实时监测粮食作物的生长动态，灵敏准确地反应粮食作物的生长需求，通过网络信息平台，对粮食作物种植与栽培方案进行跟进改良；另一方面，平台对不同区域各时期粮农信息进行有效整合，汲取种植经验，将先进的研究成果与农业技术相结合，通过信息共享实现粮食种植水平的提升。不仅如此，在粮食产业发展中，农户和管理人员可通过智能信息技术知晓种植的各项指标，通过数据库有效对接和预先掌控，结合其他地区的优秀农业实践案例，来制定合适的推广方案。当农业信息化普及面比较广时，根据各式各样的农业信息，构建农业信息共享平台，不仅能够加强粮食种植科学技术与信息技术的融合，而且能高效率服务粮食产业发展，促进各国农民增收。

第四，粮农招商集资板块。粮食企业招商引资是粮食合作的重要组成部分。各国投资商、涉农企业、种植户以及买卖双方可在政府及相关部门进行资格审查后，通过平台发布粮农产品出售、招商引资等信息，双方可在平台进行粮农交流与合作。进一步可在该板块公布上合组织成员国举办农产品和农资专业博览会、农业招商洽谈会等大型会议的相关内容，通过交流、决策最终达成合作意向，签订协议等。

第五，农业环境保护板块。通过信息技术统计，如果将化肥、农药等施用量控制在一定范围内，既可以提高生产效率，也可以防止环境污染。通过信息化技术处理，将粮食作物实时生产的数据第一时间发布在该板块，各国种植农户及企业可根据生产数据控制化肥、农药等施用量，也可以利用信息技术检测粮食作物适宜种植的时间、温度等，通过信息技术平台系统检测粮食作物生产状况，从而使各方面达到最优化，以防止农业残留物过量而导致的环境污染问题。不仅如此，各国涉农机构、高校等可在该板块举办有关农业环境保护、粮食作物农药用量控制等相关内容的会议，进一步加强各国间的粮食问题合作研究。

参考文献

References

陈珏颖，唐娅楠，刘合光，2013. 巴基斯坦的农业发展：政府干预措施和农产品增长模式 [J].
世界农业（7）：130 - 136.

陈祥云，李荣耀，赵劲松，2020. 我国粮食安全政策：演进轨迹、内在逻辑与战略取向 [J].
经济学家（10）：117 - 128.

杜盼盼，2021. 我国对中亚地区耕地投资潜力及风险评价研究 [D]. 杨陵：西北农林科技大学.

郭冰，2018. 印度农业政策变迁研究 [D]. 湘潭：湘潭大学.

韩振国，于永达，徐秀丽，2018. "一带一路"倡议下中国对外农业政策变迁分析 [J]. 世界农
业（12）：97 - 101.

何蒲明，魏君英，2019. 农业供给侧改革背景下粮食最低收购价政策改革研究 [J]. 农业现代
化研究，40（4）：629 - 637.

侯彦明，刘丽梅，2020. 中俄农业全产业链跨境电商发展及其平台合作模式 [J]. 物流技术，
39（10）：27 - 30.

黄柳玲，2020. 中国粮食安全政策演变与绩效评价体系研究 [J]. 现代经济信息（14）：4 - 5.

黄艳平，2019. 中华人民共和国成立 70 年我国粮食补贴政策演变研究 [J]. 乡村科技（19）：
12 - 14.

孔莉，陈俊华，喻发美，等，2016. 伊朗粮食生产的现状与前景 [J]. 世界农业，450（10）：
203 - 209.

李宝琴，依马木阿吉·艾比布拉，2013. 乌兹别克斯坦纳沃伊自由工业经济区引资政策 [J].
亚太经济（5）：86 - 90.

李明建，2022. 关于我国粮食最低收购价政策变迁与取向研究 [J]. 农业经济（1）：132 - 134.

李洋，施孝活，2018. "一带一路"倡议下中国与东南亚国家农业合作前景 [J]. 农业展望，14
（5）：76 - 80.

刘美秀，杨艳红，2013. 我国粮食对外贸易政策变迁与粮食进出口贸易的发展 [J]. 农业经济
问题，34（7）：84 - 88.

刘阳，2022. "一带一路"倡议下中国对乌兹别克斯坦水果进口贸易研究 [J]. 对外经贸（10）：

10 - 13.

刘作奎，2022. "双边＋多边" 理论：对中国-中东欧国家合作的新探索 [J]. 中共中央党校
（国家行政学院）学报，26（2）：129 - 136.

毛佳，朱述斌，2021. 新中国成立以来粮食安全财政政策的演进及其当代启示 [J]. 江西财经
大学学报（4）：114 - 124.

潘玥，2021. 从双边到多边：中国与东南亚国家的新冠疫苗合作 [J]. 东南亚研究（6）：132 - 152，
157 - 158.

普冀喆，钟钰，2021. 当前我国粮食支持政策改革研究 [J]. 理论学刊（6）：88 - 99.

苏红，2018. 中国与巴基斯坦农业投资合作的障碍及升级途径 [J]. 对外经贸实务（2）：37 - 40.

孙化钢，郭连成，2016. 俄罗斯农业政策评析 [J]. 国外社会科学（6）：84 - 91.

王殿华，拉娜，2013. 俄罗斯粮食安全与政策评析 [J]. 俄罗斯东欧中亚研究（3）：5.

王玫，2016. 中国粮食安全政策演变与绩效评价体系研究 [D]. 湛江：广东海洋大学.

王世海，2022. "一带一路" 国家地区粮食基本特点和加强粮食安全合作的对策建议 [J]. 中
国粮食经济（9）：22 - 25.

王炫凯，曲宝成，刘雪莹，曾子灏，2021. 国家粮食安全政策研究综述 [J]. 粮食问题研究
（6）：27 - 30.

魏凤，等，2018. 中国与哈萨克斯坦农业比较研究 [M]. 北京：中国农业出版社.

徐向梅，2022. 中国与哈萨克斯坦科技合作：交流与成果 [J]. 北方论丛（5）：44 - 52.

杨易，张倩，王先忠，范丽萍，徐继峰，吴瑞成，杨阳，2012. 中国农业国际合作机制的发展
现状、问题及政策建议 [J]. 世界农业（8）：41 - 44，61.

张明，杨颖，邹小容，2021. 新时期中国粮食补贴政策的战略协同与差异设计 [J]. 农业经济
问题（3）：53 - 61.

张庆萍，汪晶晶，王瑾，2022. 中国与上海合作组织国家农业合作（2001—2020 年）[J]. 欧亚
经济（1）：78 - 100，126.

张庆萍，朱晶，2017. 中国与上合组织国家农业贸易与投资合作——基于 "一带一路" 倡议框
架下的分析 [J]. 国际经济合作（2）：63 - 70.

张帅，2022. 全球发展倡议下的中国对外粮食安全合作 [J]. 国际问题研究（4）：117 - 137，142.

张小玲，唐明文，2016. 中亚五国农产品市场技术贸易壁垒及应对 [J]. 现代商贸工业，37
（32）：37 - 38.

张秀梅，2019. 中国与东盟国家农业合作研究 [D]. 长春：吉林财经大学.

张勇，2013. 中国企业在哈萨克斯坦投资的法律环境评析 [J]. 新疆师范大学学报（哲学社会
科学版），34（3）：48 - 54.

赵展慧，2021. 三大粮食作物农业保险政策扩面提标 保险护航 安心种粮 [J]. 农村·农业·农
民（A 版）（12）：17 - 18.

Ali B M，Naser K，Amirhossein T，et al，2022. Food and agriculture，nutrition and health related policy integration in Iran's national development agenda and their alignment with the sustainable development goals ［J］. Environment，Development and Sustainability，25（4）.

Iqbal M，Ahmad M，Abbas K，Mustafa K，2003. The impact of institutional credit on agricultural production in Pakistan ［J］. The Pakistan Development Review，42（4）：469-485.